Jörg Peters / Bernd Rolf

philo
praktisch 1

für die Jahrgangsstufen 5/6

Name	Vorname	Klasse/Jgst	Schuljahr
Naji	Sarah	5d	2022/2023
			20..../20....
			20..../20....
			20..../20....

C.C. BUCHNER

philopraktisch 1
für die Jahrgangsstufen 5/6

herausgegeben von Jörg Peters und Bernd Rolf
erarbeitet von Vanessa Albus, Christa Bohschke, Klaus Draken, Helmut Engels, Petra Krüger-Hufmann, Stefanie Perraut-Wendland, Jörg Peters, Martina Peters, Tanja Reinlein, Bernd Rolf, Rita Sandbrink, Claudia Schmidt, Georg Schneiderwind, Arndt Stermann und Eric Willems

1. Auflage, 9. Druck 2020

Alle Drucke dieser Auflage sind, weil untereinander unverändert, nebeneinander benutzbar.

Dieses Werk folgt der reformierten Rechtschreibung und Zeichensetzung. Ausnahmen bilden Texte, bei denen künstlerische, philologische oder lizenzrechtliche Gründe einer Änderung entgegenstehen.

© 2009 C.C.Buchner Verlag, Bamberg
Das Werk und seine Teile sind urheberrechtlich geschützt. Jede Verwertung in anderen als den gesetzlich zugelassenen Fällen bedarf der vorherigen schriftlichen Einwilligung des Verlages. Dies gilt insbesondere auch für Vervielfältigungen, Übersetzungen und Mikroverfilmungen.
Hinweis zu § 52a UrhG: Weder das Werk noch seine Teile dürfen ohne eine solche Einwilligung eingescannt und in ein Netzwerk eingestellt werden. Das gilt auch für Intranets von Schulen und sonstigen Bildungseinrichtungen.

Layout und Satz: mgo360 GmbH & Co. KG, Bamberg
Druck und Bindung: mgo360 GmbH & Co. KG, Bamberg

www.ccbuchner.de

ISBN 978-3-7661-6665-4

Liebe Schülerinnen und Schüler,

sicherlich fragt ihr euch, was euch im neuen Unterrichtsfach erwartet und was Philosophen eigentlich sind. Lasst uns mit der zweiten Frage beginnen, dann stoßen wir automatisch auf die erste. Also: Philosophen suchen nach Antworten auf Fragen, die alle Menschen angehen, aber sich nicht so leicht beantworten lassen. Für sie sind Fragen, deren Antworten man in einer Zeitung nachlesen kann, nicht besonders interessant. Fragen wie: Wie waren die Fußballergebnisse am letzten Wochenende? oder Welche Serie läuft am Montag auf einem bestimmten Fernsehkanal? finden sie nicht so spannend wie z. B. die Fragen: Wer bin ich? oder Wie kann ich mir den Ursprung der Welt und des Universums erklären?

Von jetzt an seid ihr Philosophen. Eure Aufgabe ist es nun, ähnlich wie Detektive auf die Suche nach möglichen Antworten zu bestimmten Fragen zu gehen. Dafür haben wir euch in diesem Buch 14 Themen zusammengestellt, von denen wir glauben, dass sie spannend sind und euch interessieren. Ihr habt z. B. die Möglichkeit, euch mit den beiden bereits genannten und den folgenden Fragen auseinanderzusetzen: Was ist eigentlich „gut" und was „böse"?, Wie gehe ich am besten mit Konflikten und Streitereien um?, Wer ist „arm", wer ist „reich"?, Brauchen Tiere unseren Schutz? oder Welche Gefahren sind möglicherweise mit Fernsehen, Handy und Internet verbunden? Darüber hinaus findet ihr in philopraktisch noch weitere sieben Themen, die euch vielleicht zum Nachdenken reizen.

Wenn ihr das Buch durchblättert, werdet ihr sehen, dass ihr nicht nur auf interessante Geschichten und Ausschnitte aus Jugendbüchern stoßt, sondern auch auf zahlreiche Bilder, Fotos, Internetadressen sowie Hinweise zu Video-Clips, die alle etwas mit dem Thema zu tun haben, mit dem ihr euch gerade befasst. Außerdem gibt es viele Vorschläge für Projekte, in denen ihr aktiv etwas gestalten könnt. Neugierig geworden? Das hoffen wir doch ganz stark.

Was den Unterricht betrifft, so dürft ihr durchaus mitbestimmen, mit welcher Frage oder welchem Problem ihr euch auseinandersetzen wollt. Wir bieten euch zu jedem der sieben Fragekreise nämlich zwei Themen an, von denen ihr dasjenige auswählen könnt, das euch am meisten interessiert. Dabei braucht ihr nicht alle Aufgaben zu bearbeiten; die grau gedruckten sind zusätzliche Aufgaben.

Wenn ihr ins Inhaltsverzeichnis schaut, seht ihr, dass einige Seiten mit einem Sternchen versehen sind. Die blauen Sternchen bedeuten, dass ihr hier mehr praktisch arbeitet, die roten, dass ihr euch hier mehr mit Texten beschäftigt.

Und jetzt viel Spaß bei der philosophischen Detektivarbeit und der Suche nach Antworten auf (eure) Fragen.

Inhalt

Fragenkreis 1: Die Frage nach dem Selbst

Ich und mein Leben — 6

1*	„Hallo, ich bin ..."	6
2	Ich bin Ich	8
3	Mein Name gehört zu mir	10
4	Ich und meine Gedanken	12
5	Ich und meine Wünsche und Träume	14
6*	Ich und meine Ängste	16
7	Von wegen „Keep cool"	18

Freizeit, freie Zeit — 20

1	Nach der Schule ...	20
2*	Zeit zum Spielen?!	22
3	Immer frei haben	24
4	Niemals frei haben	26
5*	Zeit sparen	28
6*	Sich Zeit nehmen	30
7	Freizeit sinnvoll gestalten	32

Fragenkreis 2: Die Frage nach dem Anderen

Der Mensch in der Gemeinschaft — 34

1	Miteinander geht's besser!	34
2	Familienleben	36
3*	Familie – etwas anders	38
4	Zusammengehörigkeit zeigen	40
5	Außen vor sein	42
6*	Wie funktioniert Gemeinschaft?	44
7*	Sich für die Gemeinschaft einsetzen	46

Umgang mit Konflikten — 48

1*	Schon wieder Streit?	48
2	Wie Jungen und Mädchen streiten	50
3	Immer Ärger zu Hause	52
4*	Hochschaukeln	54
5*	Woraus Streit entstehen kann	56
6	Konflikte lösen ohne Streit	58
7*	Von Streitschlichtern und Buddys	60

Fragenkreis 3: Die Frage nach dem guten Handeln

Wahrhaftigkeit und Lüge — 62

1	Haben Lügen lange Nasen?	62
2*	Lügen – warum denn nicht?	64
3	Mit zweierlei Maß	66
4*	Ausnahmen erlaubt?	68
5	Lügen, bis sich die Balken biegen	70
6*	Nicht gelogen, aber wahr?	72
7*	Nicht alles glauben	74

„Gut" und „böse" — 76

1	Am Ende siegt immer das Gute!?	76
2	Brav sein – nein danke!	78
3	Schlechter Schüler = böser Schüler?	80
4*	Warum Menschen gut oder böse handeln	82
5	Wer nicht hören will, muss fühlen ...	84
6*	Nicht wegschauen – eingreifen!	86
7	Gut handeln – gut leben	88

Fragenkreis 4: Die Frage nach Recht, Staat und Wirtschaft

Regeln und Gesetze — 90

1*	Vorschriften über Vorschriften ...	90
2*	Klassenregeln	92
3*	Wozu sind Gesetze da?	94
4	Und wenn ich mich nicht daran halte?	96
5	Fair Play	98
6*	Man nennt sie auch die Goldene	100
7	Das tut man nicht – oder doch?	102

Armut und Wohlstand — 104

1	Von Reichen und Armen	104
2*	Was Menschen brauchen	106
3	Kinder dieser Welt	108
4	Wenn das Geld nicht reicht ...	110
5	Barmherzigkeit – den Armen helfen	112
6*	Die Armut besiegen	114
7*	Die Welt *fair*-ändern	116

Inhalt

Fragenkreis 5: Die Frage nach Natur, Kultur und Technik

Leben von und mit der Natur — 118

1	Abenteuer Natur	118
2	Was ist eigentlich Natur?	120
3	Lebensgrundlage Natur	122
4	Im Einklang mit der Natur	124
5	Naturgewalt – Gewalt an der Natur	126
6	Bedrohte Natur	128
7*	Natur schützen und bewahren	130

Tiere als Mit-Lebewesen — 132

1*	Echt tierisch!	132
2	Was Tiere uns bedeuten	134
3*	Ich wünsche mir ein Haustier	136
4	Tierleben im Zoo und Zirkus	138
5	Art-*gerechte* Haltung	140
6	Die Tiere sind weg!	142
7*	Tiere achten, Tiere schützen	144

Fragenkreis 6: Die Frage nach Wahrheit, Wirklichkeit und Medien

Medienwelten — 146

1	Was für ein Medienrummel ...	146
2	Alles ist gut, solange du wild bist!	148
3*	Serienfans aufgepasst!	150
4	Du bist ein Superstar!	152
5	Immer erreichbar	154
6	Total vernetzt	156
7*	Wie wirklich ist die Medienwirklichkeit?	158

„Schön" und „hässlich" — 160

1*	„Schön schön" und „hübsch hässlich"	160
2	Umgang mit dem Schönen und Hässlichen	162
3	Thesi, der Ameisenbär	164
4	Fridolin XXL	166
5*	Unterschiedliche Schönheitsideale	168
6	Schönheitswahn?	170
7*	Nobody is perfect	172

Fragenkreis 7: Die Frage nach Ursprung, Zukunft und Sinn

Vom Anfang der Welt — 174

1*	Zurück zum Anfang	174
2	Wanna Issa und die Himmelsfrau	176
3*	Yin und Yang	178
4	Das Werk Gottes	180
5	Weltbilder im Wandel	182
6*	Erklärungsversuche der Naturwissenschaften	184
7*	Philosophische Gedanken zum Weltbeginn	186

Leben und Feste in unterschiedlichen Religionen — 188

1	Currywurst, Döner und Schawarma	188
2	Religionenpuzzle	190
3	Meine Religion – deine Religion	192
4	Feste feiern	194
5	Von Moses, Abraham und Jesus	196
6	Jetzt gehöre ich dazu!	198
7	Hohe Zeit – Hochzeit	200

Methodenüberblick	202
Personenregister	206
Sachregister	207
Textnachweise	209
Bildnachweise	214

Die Auswahl der Übungen und Übungsteile richtet sich nach den Schwerpunkten der schulinternen Curricula.

Ich und mein Leben

1 M1 Kartons zum Kennenlernen

Hier siehst du die Schuhkartons von Ayten und Nico. Beide besuchen die 5. Klasse und fühlen sich an ihrer neuen Schule sehr wohl. Damit sich aber alle Kinder der Klasse untereinander noch besser kennenlernen, hat sich die Lehrerin, Frau Mertens, etwas Besonderes einfallen lassen. Sie hat die Schülerinnen und Schüler gebeten, sich in einem Schuhkarton vorzustellen. Das heißt natürlich nicht, dass sie in einen Schuhkarton steigen sollten, dafür wäre jeder noch so große Karton zu klein! Nein, sie sollten mit Hilfe von Gegenständen, Zeichnungen oder Bildern, die sie in einen bemalten Schuhkarton kleben, den anderen mehr über sich und ihr persönliches Leben „erzählen". So etwas nennt man „Autoporträt" (Selbstbildnis).

Ayten und Nico haben ihr Autoporträt gestaltet und damit den anderen etwas über sich, ihre Vorlieben, ihre Hobbys, ihre Wünsche und andere in ihrem Leben wichtige Dinge mitgeteilt:

Nico spielt leidenschaftlich gerne Fußball und ist gut in Kunst. Deshalb siehst du in seinem Karton unter anderem das Bild eines Fußballs und einen Zeichenpinsel.

Wie du in Aytens Schuhkarton sehen kannst, mag sie offensichtlich gerne Musik hören und Urlaub in der Sonne machen. Außerdem scheint sie Babys im Augenblick besonders gerne zu haben – kein Wunder, denn sie hat gerade einen kleinen Bruder bekommen.

1 „Hallo, ich bin ..."

M2 Genau wie ich?

1. Suche jemanden, der im gleichen Monat wie du geboren ist.
Geburtsmonat:
Name:

2. Suche jemanden, der das gleiche Hobby hat wie du.
Hobby:
Name:

3. Suche jemanden, der das gleiche Lieblingstier hat wie du.
Lieblingstier:
Name:

4. Suche jemanden, der das gleiche Lieblingsgericht hat wie du.
Lieblingsgericht:
Name:

5. Suche jemanden, der für dieselbe Musikgruppe schwärmt wie du.
Musikgruppe:
Name:

6. Suche jemanden, der derselben Religion angehört wie du.
Religion:
Name:

7. Suche jemanden, der in deiner Nähe wohnt.
Straße und Ort:
Name:

8. Suche jemanden, der ebenso viele Geschwister hat wie du.
Geschwisteranzahl:
Name:

M3 Das bin ich!

Norman Rockwell, Girl at the Mirror, 1954

Aufgaben

1 Beschreibt, was ihr in den Autoporträts von Ayten und Nico noch erkennen könnt. Wofür könnten die Gegenstände und Symbole in den Kartons stehen? Was erfahrt ihr dadurch über die beiden? Was könnt ihr nicht über die beiden durch die Autoporträts erfahren? → M1

2 Gestalte dein Autoporträt mit Dingen, die etwas über deine Person verraten. Stelle dich mit Hilfe deines Autoporträts deiner Klasse vor. Stellt anschließend die gestalteten Kartons im Klassenraum aus. → M1 **K**

3 Übertrage zunächst die einzelnen Punkte (1. Geburtsmonat, 2. Hobby usw.) auf ein DIN A4-Blatt und beantworte sie für dich selbst. Du kannst natürlich auch noch weitere Aspekte ergänzen. Auf Kommando bewegen sich jetzt alle frei im Klassenraum und suchen Mitschüler oder Mitschülerinnen, die gleiche Beschreibungen aufgeschrieben haben. Notiere jeweils den Namen desjenigen bei der entsprechenden Antwort. Überlegt anschließend, wie viele Eigenschaften ihr mit den anderen teilt und was euch jeweils alleine ausmacht. → M2

4 Welche Fragen gehen dir durch den Kopf, wenn du in dein Spiegelbild schaust? Welche Fragen davon kann dir dein Spiegelbild beantworten? → M3

5 Schreibe einen Dialog mit deinem Spiegelbild. Was würde dir dein Spiegelbild alles über dich verraten? → M3 **S**

6 Was können andere Personen über dich sagen, was du deinem Spiegelbild nicht entnehmen kannst? → M3

7 Stell dir vor, du begegnest eines Tages einem Menschen, der genauso aussieht wie du. Was würde in dir vorgehen? Wäre er dein Spiegelbild? → M3 **G**

8 Für den Fall, dass ihr das Projekt 2 zu diesem Kapitel (vgl. S. 19) durchführen wollt: Bastelt euch ein Buddy Book (wie in der Anleitung im Methodenüberblick, S. 205 beschrieben), entwerft ein Bild für das Cover und gestaltet zu dieser und den folgenden sechs Doppelseiten jeweils eine Seite. **BB**

Ich und mein Leben

M1 Das kleine Ich-bin-ich

Auf der bunten Blumenwiese
geht ein buntes Tier spazieren,
wandert zwischen grünen Halmen,
wandert unter Schierlingspalmen,
freut sich, dass die Vögel singen,
freut sich an den Schmetterlingen,
freut sich, dass sich's freuen kann.
Aber dann ...
Aber dann
stört ein Laubfrosch seine Ruh,
und fragt das Tier: „Wer bist denn du?"
Da steht es und stutzt
und guckt ganz verdutzt
dem Frosch ins Gesicht:
„Das weiß ich nicht."
Der Laubfrosch quakt und fragt: „Nanu?
Ein namenloses Tier bist du?
Wer nicht weiß, wie er heißt,
und vergisst, wer er ist,
der ist dumm!"
Bumm.

Auf der bunten Blumenwiese
will das bunte Tier nicht bleiben.
Irgendeinen will es fragen,
irgendeiner soll ihm sagen,
wer es ist.

„Guten Morgen, Pferdemutter!
Guten Morgen, Pferdekind!
Seid ihr nicht vielleicht zwei Tiere,
die mir ähnlich sind?
Denn ich bin, ich weiß nicht wer,
dreh mich hin und dreh mich her,
dreh mich her und dreh mich hin,
möchte wissen, wer ich bin."

„Kleiner", sagt das Pferdekind,
„deine Haare wehn im Wind
so wie meine.
Aber deine
kleinen Beine
sind zu kurz,
und deine Ohren
sind viel länger als bei mir —
nein, du bist ein andres Tier!" [...]

Und das kleine bunte Tier,
das sich nicht mehr helfen kann,
fängt beinahe zu weinen an.
Aber dann ...

Aber dann bleibt das Tier mit einem Ruck,
mitten im Spazierengehen,
mitten auf der Straße stehen,
und es sagt ganz laut zu sich:
„Sicherlich gibt es mich:
ICH BIN ICH!" [...]

Zwischen hohen grünen Halmen
geht das ICH-BIN-ICH spazieren,
dreht sich nicht mehr hin und her,
denn es ist — ihr wisst schon wer.
Läuft gleich zu den Tieren hin:
„So jetzt weiß ich, wer ich bin!
Kennt ihr mich? ICH BIN ICH!"
Alle Tiere freuen sich,
niemand sagt zu ihm „Nanu?"
Schaf und Ziege,
Pferd und Kuh,
alle sagen: „Du bist du!"

Auch der Laubfrosch
quakt ihm zu:
„Du bist du!
Und wer das nicht weiß,
ist dumm!"
Bumm.

Mira Lobe

2 Ich bin Ich

M2 Herr Daume und das Nichts

In dem Roman Sams in Gefahr *von Paul Maar hat Herr Daume herausgefunden, dass mithilfe des Sams und seiner Wunschpunkte alle Wünsche, die er ausspricht, in Erfüllung gehen. An einer Stelle sagt er: „Ich wünsche – nichts." Daraufhin passiert Folgendes:*

Kaum hatte Herr Daume [seinen Wunsch] ausgesprochen, verschwand alles um ihn herum. Er hatte das Nichts herbeigewünscht. Es gab weder links noch rechts, weder Licht noch Dunkelheit, nicht mehr oben
5 oder unten, er stand nicht, aber er lag nicht, saß oder hockte auch nicht, man konnte seinen Zustand aber auch nicht Schweben nennen, es gab nichts um ihn herum, keinen Gegenstand, keinen Laut, kein Geräusch, nur das Nichts.
10 Herr Daume wollte sprechen, sich zurückwünschen. Aber es gab keine Sprache mehr. Herr Daume bekam Angst, dass auch er nichts sei, dass es ihn nun auch nicht mehr gebe. Doch dann sagte er sich: Wenn ich Angst habe, muss es mich auch geben, denn wer soll-
15 te sonst Angst haben? Das tröstete ihn. Er versuchte es mit Denken statt mit Sprechen, dachte ganz stark und konzentriert an seinen Wunsch und sagte innerlich: „Ich wünsche, dass ich wieder in meinem Zimmer bin!"
20 Kaum hatte er ausgedacht, hörte er schon das „Au!" des Sams und fand sich in seinem Wohnzimmer wieder.

Paul Maar

M3 Das „Ich" – ein Zufall?

Wenn statt mir jemand anderer
auf die Welt gekommen wär'.
Vielleicht meine Schwester
Oder mein Bruder
5 Oder irgendein fremdes blödes Luder –
Wie wär' die Welt dann ohne mich?
Und wo wäre denn dann ich?
Und würd' mich irgendwer vermissen?
Es tät ja keiner von mir wissen.
10 Statt mir wäre hier ein ganz anderes Kind,
würde bei meinen Eltern leben
und hätte mein ganzes Spielzeug im Spind.
Ja, sie hätten ihm sogar meinen Namen gegeben.

Martin Auer

M4 Charlie Browns Frage

Charles M. Schulz

Aufgaben

1. Erzählt die Geschichte des kleinen Ich-bin-Ich nach. → M1
2. Welches Problem bekommt das kleine Ich-bin-Ich, als es auf den Laubfrosch und die Pferde trifft? → M1
3. Schreibe die Gedanken auf, die deiner Meinung nach dem kleinen Ich-bin-Ich durch den Kopf gehen, bevor es ganz laut zu sich sagt: „Sicherlich gibt es mich: ICH BIN ICH!" → M1
4. Was sagt der Laubfrosch am Anfang der Geschichte und was am Ende? Vergleiche die beiden Aussagen. → M1
5. Zu wem kann man „Ich" und zu wem kann man „Du" sagen? → M1
6. Das Wort „ich" dient normalerweise dazu, sich als Sprecher zu bezeichnen: Gibt es in der Geschichte vom kleinen Ich-bin-Ich noch eine andere Bedeutung von Ich? Welche ist das? → M1
7. Erzähle, was mit Herrn Daume passiert. → M2
8. Warum lässt sich das Ich von Herrn Daume nicht wegzaubern? → M2
9. Ist es Zufall, dass du gerade der bist, der du bist? → M3
10. Hast du dir schon einmal gewünscht, jemand anders zu sein? Oder wärst du vielleicht lieber woanders auf die Welt gekommen? Erzähle. → M3/M4
11. Wo wärst du, wenn du nicht auf der Welt wärst? Gäbe es dich dann vielleicht trotzdem irgendwo? → M3/M4
12. Beantworte die Frage von Charlie Brown. → M4

Ich und mein Leben

3

M1 Lena und Serkan

L	IEB
E	IFRIG
N	ICHT FÜR BLÖDSINN ZU HABEN
A	NDEREN HILFT SIE GERNE

S	ELTEN KRANK
E	HRGEIZIG
R	ETTETE EINMAL EINE KATZE
K	ANN SCHNELL RENNEN
A	CHTET SEHR AUF SEINE SACHEN
N	ICHT LEICHT ZU ÜBERREDEN

M2 Und wie soll es heißen?

Dies ist eine Frage, mit der sich viele Eltern herumquälen. Schließlich stehen unzählige Namen zur Auswahl. Früher wurden Kinder im christlichen Kulturkreis oft nach Heiligen benannt. Viele Mädchen hießen: Maria, Theresa, Johanna usw. Jungen bekamen häufig den Namen von Aposteln bzw. Jüngern Jesu: Markus, Matthäus, Lukas, Johannes, Thomas, Simon usw. Dieses Brauchtum schloss irgendwann auch die Namen von Königinnen und Königen (Friedrich-Wilhelm, Elisabeth, Franz-Joseph) und anderer Berühmtheiten ein. Dies gilt vor allem für Filmstars und Musiker der jeweiligen Zeit. So entstehen immer wieder sogenannte „Modenamen", die zu einer bestimmten Zeit besonders aktuell sind und die dann viele Kinder tragen.

Jeder Name hat aber auch eine eigene Bedeutung, die für die Eltern wichtig sein kann, wenn sie ihrem Kind einen Namen geben. So bedeutet z. B.:

Felix – „der Glückliche"
Hannah – „Anmut, Liebreiz"
Andreas – „mannhaft, tapfer"
Sophie – „die Weise"

nach Peter Corey

M3 Du-weißt-schon-wer

In sieben Bänden erzählt Joanne K. Rowling die Geschichte des Zauberers Harry Potter und seines Kampfes gegen einen mächtigen Feind. Dessen Namen hört Harry zum ersten Mal vom Halbriesen Hagrid, dem Tierhüter in der Zaubererschule Hogwarts:

„Ach, Harry, vielleicht bin ich nicht der Richtige, um es dir zu sagen – aber einer muss es tun – und du kannst nicht nach Hogwarts gehen, ohne es zu wissen. [...] Nun, es ist am besten, wenn du so viel weißt, wie ich dir sagen kann – aber natürlich kann ich dir nicht alles sagen, es ist ein großes Geheimnis, manches davon jedenfalls ..."

Er [Hagrid] setzte sich, starrte einige Augenblicke lang ins Feuer und sagte dann: „Es fängt, glaube ich, mit – mit einem Typen namens – aber es ist unglaublich, dass du seinen Namen nicht kennst, in unserer Welt kennen ihn alle –"

„Wen?"

„Nun ja, ich nenn den Namen lieber nicht, wenn's nicht unbedingt sein muss. Keiner tut's."

„Warum nicht?"

„Schluckende Wasserspeier, Harry, die Leute haben immer noch Angst. Verflucht, ist das schwierig. Sieh mal, da war dieser Zauberer, der ... böse geworden ist. So böse, wie es nur geht. Schlimmer noch. Schlimmer als schlimm. Sein Name war ..."

Hagrid würgte, aber kein Wort kam hervor.

„Könntest du es aufschreiben?", schlug Harry vor.

„Nöh – kann ihn nicht buchstabieren. Na gut – Voldemort." Hagrid erschauerte. „Zwing mich nicht, das noch mal zu sagen. [...]"

Wie Hagrid fürchtet sich jeder in der Zaubererwelt vor Voldemort und bis auf Harry und wenige andere traut sich fast niemand, den Namen auszusprechen. Man nennt ihn nur den „dunklen Lord", „Du-weißt-schon-wer" oder „Der, dessen Name nicht genannt werden darf".

Inzwischen spürte [Harry] immer ein wenig Angst in sich hochkribbeln, wenn der Name von Du-weißt-schon-wer fiel. Das gehörte wohl dazu, wenn man in die Welt der Zauberer eintrat, doch es war viel einfacher gewesen, „Voldemort" zu sagen, ohne sich deswegen zu beunruhigen.

Joanne K. Rowling

3 Mein Name gehört zu mir

M4 Beinamen

KARL DER KÜHNE

KARL DER GROSSE

IWAN DER SCHRECKLICHE

M5 So weiß man doch jederzeit …

Karl der Große
Fritz der Lose
Paul der Weise
Jörg der Leise
Hans der Kleine
Franz der Feine
Kurt der Dicke
Max der Schicke
Fred der Reiche
Ulf der Weiche
Lars der Kühne
Ralf der Raue
Horst der Jäger
Gerd der Kläger
Heinz der Tolle
Meik der Volle ….
So weiß man doch jederzeit
über Menschen gleich Bescheid.

Erhard Horst Bellermann

M6 Das Recht auf einen Namen

Welche Rechte Kinder haben, ist in der Kinderrechtskonvention der Vereinten Nationen festgelegt. In Artikel 7 heißt es:

> Das Kind ist unverzüglich nach seiner Geburt in ein Register einzutragen und hat das Recht auf einen Namen von Geburt an [...].

Aufgaben

1 Erstellt solche Namensprofile für euch und einen Freund bzw. eine Freundin. Vergleicht untereinander: Gab es Unterschiede zwischen der Selbst- und der Fremdbeschreibung? ➜ M1

2 Was bedeutet dein eigener Name? Recherchiere dazu im Internet (Seite http://lexikon.beliebte-vornamen.de/ oder http://www.1names.de/) oder in Namensbüchern. Befrage deine Eltern, wie und warum sie sich für deinen Namen entschieden haben. ➜ M2

3 In Afrika werden Kinder z. B. auch nach dem Wochentag benannt, an dem sie geboren sind. Befragt Mitschüler/innen oder Freunde und Bekannte aus anderen Ländern, was ihre Namen bedeuten. ➜ M2

4 Glaubst du, dass Namen zu Personen passen oder auch nicht passen können? ➜ M1/M2

5 Im Roman hat sich Lord Voldemort seinen Namen selbst gegeben, indem er die Buchstaben seines tatsächlichen Namens Tom Vorlost Riddle neu zusammengestellt hat. Klärt im Englisch- und Französischunterricht zunächst die Bedeutung der Namen „Riddle" und „Voldemort". Warum haben in der Zaubererwelt alle so viel Angst, den Namen Lord Voldemorts auszusprechen? Was haltet ihr von den Umschreibungen seines Namens? ➜ M3

6 Wie sind Karl der Kühne, Karl der Große und Iwan der Schreckliche wohl zu ihren Namen gekommen? ➜ M4

7 „So weiß man doch jederzeit über Menschen gleich Bescheid." Was hältst du von diesen beiden letzten Zeilen in dem Gedicht? Begründe. ➜ M5

8 Früher haben die Menschen nur einen Namen, nämlich den Vornamen gehabt. Stellt Vermutungen darüber an, warum sie Beinamen erhalten haben. Wie wird das Problem der Beinamen heute gelöst? ➜ M4/M5

9 Stellt fest, wie viele gleiche Namen ihr in der Klasse habt. Wie haltet ihr eure Mitschülerinnen und Mitschüler auseinander? ➜ M4/M5

10 Warum ist es deiner Meinung nach wichtig, dass jedes Kind ein Recht auf einen eigenen Namen hat? ➜ M6

11 Führt folgendes Gedankenexperiment durch: Angenommen, es gäbe keine Namen. Würde sich dadurch im Leben der Menschen etwas ändern? Schreibe eine Geschichte dazu.

12 Schreibe einen Brief an deinen Namen und teile ihm mit, was du mit ihm verbindest. Ein möglicher Anfang könnte lauten:

Mein lieber Name ………,
jetzt kenne ich dich schon so lange und …

Ich und mein Leben

4 M1 Mir geht vieles durch den Kopf

FRAU OSTERMANN DENKT: Dass Daniel schon wieder keine Hausaufgaben gemacht hat, muss ich noch einmal mit ihm besprechen.

MARCEL DENKT: Ich habe es satt, dass Sandra mir immer sagt, was ich zu denken habe.

TUVESAN DENKT: Ich gehe mit Tom Fussball spielen, damit er auf andere Gedanken kommt.

ORN-ANONG DENKT: Ich muss noch einmal darüber nachdenken, ob ich Anna zu meiner Geburtstagsfete einlade.

ANDREINA DENKT: Die Mathe-Arbeit war viel schwieriger, als ich dachte.

SELAHATTIN DENKT: Ich kann mich nicht konzentrieren, meine Gedanken schweifen immer wieder ab.

M2 Ronja Räubertochter

Ronja lebt mit ihren Eltern, dem Räuberhauptmann Mattis und seiner Frau Lovis, auf der Mattisburg im Mattiswald. Eines Tages erhält sie zum ersten Mal die Erlaubnis, die Burg zu verlassen und den Wald zu erkunden.

Und Ronja ging. Ihr wurde bald klar, wie dumm sie gewesen war. Wie hatte sie nur glauben können, dass die große Steinhalle die ganze Welt sei? Nicht einmal die gewaltige Mattisburg war die ganze Welt. Nicht einmal der hohe Mattisberg war die ganze Welt, nein, die Welt war viel größer. Sie war so, dass einem der Atem stockte. Natürlich hatte Ronja gehört, wie Mattis und Lovis über das sprachen, was es außerhalb der Mattisburg gab. Vom Fluss hatten sie gesprochen. Aber erst, als sie ihn mit seinen wilden Strudeln tief unter dem Mattisberg hervorschäumen sah, begriff sie, was Flüsse waren. Vom Wald hatten sie gesprochen. Aber erst, als sie ihn so dunkel und verwunschen mit all seinen rauschenden Bäumen sah, begriff sie, was Wälder waren. Und sie lachte leise, weil es Flüsse und Wälder gab. Es war kaum zu glauben – wahr und wahrhaftig, es gab große Bäume und große Gewässer und alles war voller Leben, musste man da nicht lachen!

Astrid Lindgren

M3 Allein mit seinen Gedanken

Ich schau aus meinen Augen
hinaus, wie durch zwei Fenster.
Draußen gehen Leute,
aber drinnen sind Gespenster.
In meinem Kopf, da spukt es.
Da ist es nicht geheuer.
Da geschehn in der Minute
zweihundert Abenteuer.

Mein Kopf ist wie ein Haus
mit siebentausend Räumen.
Und jeder Raum ist voll
mit siebentausend Träumen.
Da draußen gehen Leute,
doch keiner kann herein.
In meinem Haus, in meinem Kopf,
da bin ich ganz allein.

Martin Auer

4 Ich und meine Gedanken

M4 Betrug im Genlabor

„Feierabend", meint Kommissar Binz gähnend nach einem Blick auf die Uhr.

„Ja, war mal wieder eine ruhige Nacht", entgegnet Bea Luchs und steht auf. In diesem Moment klingelt das Telefon. Die Kommissarin hebt den Hörer ab. „Kommen Sie schnell her", sagt eine Frau. „Drüben im Labor stimmt etwas nicht. Dort sitzt jemand gefesselt auf einem Stuhl!"

Bea Luchs notiert die Adresse der Frau, die mit Hilfe eines Feldstechers von ihrem Appartement aus frühmorgens um vier Uhr durch das erleuchtete Fenster des Labors diese ungewöhnliche Beobachtung gemacht hat.

„Binden Sie ihn los, Binz", meint Kommissarin Bea Luchs und deutet auf den in einen weißen Kittel gekleideten jungen Mann, der geknebelt und mit einem Seil an einen Stuhl gefesselt neben einem offenen Tresor sitzt.

Binz reißt dem Gefesselten das Pflaster vom Mund.

„Brrr! Vielen Dank für die Rettung", stößt der Laborant erleichtert aus.

Der Kommissar löst die Seile. Bea stellt dem Befreiten ein Glas Wasser auf den Tisch. „Trinken Sie erst mal. Dann erzählen Sie uns, was passiert ist."

Der Mann schüttelt den Kopf und reibt sich die wund gescheuerten Handgelenke. „Gestern Abend arbeitete ich länger. Plötzlich stürmten zwei Maskierte ins Labor, bedrohten mich mit einer Pistole und forderten mich auf, ihnen die neuesten Genforschungsberichte auszuhändigen."

„Worum handelt es sich dabei genau?", will Bea wissen.

„Tja, mein Chef hat eine große Entdeckung gemacht. Es ist alles noch geheim, deshalb darf ich auch nichts weitersagen. Die Labortests werden im Tresor verwahrt. Nachdem ich also den Tresor geöffnet hatte, fesselten sie mich an den Stuhl. Danach durchsuchten sie den Tresor, warfen alles, was sie nicht brauchen konnten, auf den Boden, nahmen die Forschungsberichte und verschwanden."

„Die zwei müssen Insider gewesen sein, sonst hätten sie wohl nichts von der Neuentdeckung gewusst", registriert Binz.

„Ja, und sie können Millionen verdienen, wenn sie die Unterlagen nach Amerika verkaufen", meint der Laborant überschwänglich.

„Sie hätten es ebenso machen können wie die beiden, stimmt's", fragt Bea Luchs.

„Aber nein! Der Verdacht wäre sofort auf mich gefallen, da ich außer meinem Chef als Einziger Zugang zum Tresor habe!", entgegnet der junge Mann entrüstet.

Bea blickt auf die Unterlagen am Boden. Sie schüttelt den Kopf und sagt: „Ich glaube, Sie haben den ganzen Raub organisiert. Denn die Geschichte, die Sie mir aufgetischt haben, klingt nicht logisch, mein Lieber."

Christine Egger

Aufgaben

1 Zu welcher abgebildeten Person gehören welche Gedanken? Begründe deine Antwort. → M1

2 Worüber denkt Ronja nach? Inwiefern unterscheiden sich ihre Gedanken von denen der Schüler? → M2

3 Habt ihr euch auch schon einmal solche Gedanken wie Ronja gemacht? Erzählt davon. → M2

4 Findet andere Begriffe für „denken". → M1/M2

5 In dem Gedicht wird der Kopf mit einem Haus verglichen. Zeichne das Haus mit seinen Räumen. Hier sind ein paar Leitfragen, die dir dabei helfen können: Welche Gedankenzimmer könnte es in dem Haus geben? Welche Gedanken könnten sich darin befinden? Hat das Haus einen dunklen Keller, in dem Gedanken verborgen bleiben sollen? Welche könnten das sein? → M3

6 Wie kommt Bea Luchs zu dem Schluss, dass der Laborant die Forschungsberichte gestohlen hat? → M4
Tipp: Um den Fall zu lösen, müsst ihr das Bild in eure Überlegungen einbeziehen.
(Die Lösung findet ihr auf Seite 213.)

7 Beschreibt, welche Gedanken euch durch den Kopf gegangen sind, um den Kriminalfall zu lösen. → M4

Ich und mein Leben

5 M1 Jeder hat Wünsche und Träume

M2 Die Wünsche von Eltern und Kindern

Da seine Tochter Ronja keine Räuberin werden möchte, hofft Mattis nun auf Birk, den Sohn seines Konkurrenten Borka:

„Wenn wir beide nicht mehr sind, wird wohl dein Sohn Häuptling werden. Denn meine Tochter will ja nicht. […]"
Als Borka das hörte, sah er ungemein zufrieden aus.
5 Aber Ronja rief quer über die Tafel: „Und du glaubst, Birk will Räuberhauptmann werden?"
„Das will er", versicherte Borka mit Nachdruck.
Da stand Birk auf […] und schwor einen Eid, dass er niemals ein Räuber werde, komme, was da wolle.
10 Ein drückendes Schweigen legte sich über die Steinhalle. Borka waren die Augen feucht geworden vor Kummer über seinen Sohn, der so aus der Art schlug.

Astrid Lindgren

M3 Rezept für eine „Wunschsuppe"

Man nehme:
eine große Menge „Neid",
verrühre sie mit einem nahezu unerfüllbaren Wunsch
gieße zu gleichen Teilen Dickköpfigkeit
und Uneinsichtigkeit hinzu,
und würze das Ganze noch kräftig mit Stolz.
Fertig ist die „Wunschsuppe"!

5 Ich und meine Wünsche und Träume

M4 Im goldenen Käfig

Auf der Terrasse eines wunderschönen Gartens stand auf einem Gartentisch ein vergoldeter Vogelbauer von erstaunlicher Größe. In ihm saß ein herrlicher Kakadu mit schneeweißem, gepflegtem Gefieder und beäugte neugierig die Schwalben, die sich um den Käfig herum auf dem Gartentisch niedergelassen hatten. „Wie hältst du es nur in diesem Käfig aus?", fragten die Vögel. „Oh, ich habe morgens und abends frisches Wasser und Körner, angereichert mit Vitaminen, und jede Woche darf ich baden und bekomme frischen Sand", erzählte der vornehme Kakadu den erstaunten Schwalben. „Und mein Käfig ist der schönste und größte, den es gab. Ich bin nämlich ein vornehmer Vogel! – Was bekommt ihr für Fressen?" „Ach, unsere Nahrung müssen wir uns selbst suchen", zwitscherten die Schwalben, „hier und da bleibt immer etwas für uns übrig. Unter der warmen Rinde der Bäume finden wir immer wieder Gutes. Man muss nur danach suchen. Und ein Bad im frischen Regen oder eine Dusche unter Baumblättern ist herrlich erfrischend. Und wenn es zu kalt wird, ziehen wir einfach nach Süden." „Nach Süden ziehen! Das ist doch sicher furchtbar anstrengend! Wie lange seid ihr denn da unterwegs?" „Das sind oft Wochen", erwiderten die Schwalben, „und es macht Spaß, so zusammen durch die Lüfte zu ziehen." „Ihr seid nirgendwo richtig zu Hause", entgegnete der Kakadu, „niemand kümmert sich um euch. Ich dagegen werde verwöhnt, und wenn ich wollte, könnte ich sicher auch fliegen. Aber es muss ja nicht so weit sein. Ich habe das nicht nötig. Jedenfalls bedaure ich euch, dass ihr so um eure Existenz kämpfen müsst!" „Wir sind nichts anderes gewöhnt", sagten die Schwalben. „Und unser Zuhause ist der Himmel und das ist herrlich! Spürst du die laue Luft? Es ist Sommer, und es ist zu schön, durch die Luft zu segeln und auf diesem oder jenem Baum Pausen einzulegen! Jeder neue Baum ist eine Welt für sich. Das alles ist aufregend und es gibt so viel zu entdecken und zu erfahren! Und das Allerschönste ist, sich vom Winde über einen glitzernden Bach tragen zu lassen, seinem Lauf zu folgen, egal wo er hinfließt! Da bekommst du eine Ahnung davon, wie alles zusammenhängt ..." „Das wäre mir denn doch zu unbequem", krächzte der Kakadu, „und meine eigene Welt in meinem herrlichen Haus reicht mir auch. Ihr könnt mir ja dann und wann von euren Abenteuern erzählen. Ich will aber nicht für mich selber sorgen müssen. Ich liebe den Luxus und bin stolz auf mich. Ich bin eben ein ganz besonderer Vogel!" „Da kannst du recht haben!", zwitscherten die Schwalben fröhlich und hoben sich in den Himmel.

nach Gabriele Münnix

Aufgaben

1 Warum, glaubt ihr, haben die Abgebildeten unterschiedliche Wünsche? ➜ M1

2 Welche Wünsche hast du zurzeit? Schreibe maximal drei Wünsche auf ein Blatt und tausche es dann mit dem deines Partners. Führt nun ein Schreibgespräch durch: Habt ihr gleiche oder ähnliche Wünsche? Können eure Wünsche realisiert werden? ➜ M1

3 Zeichne die Tabelle in dein Heft und trage deine Wünsche und Träume ein. Kreuze entsprechend an:

Wunsch/Traum	leicht erfüllbar	schwer erfüllbar	überhaupt nicht erfüllbar	ich kann selber zur Erfüllung beitragen
...				

Sprecht über eure Ergebnisse. ➜ M1

4 Beschreibt die Wünsche der Väter und die der Kinder. Wie geht die Unterhaltung jetzt wohl weiter? ➜ M2

5 Zwei Gedankenexperimente: Stell dir vor, ab sofort
   a) wäre das Wünschen gesetzlich verboten. Was würde sich bei dir, in deiner Familie, auf der Welt ändern?
   b) gäbe es eine Wunschmaschine, die auf Knopfdruck jeden Wunsch erfüllt. Wie würdest du dich verhalten, wenn du diese Maschine benutzen dürftest?

6 Würde dir die Wunschsuppe „schmecken"? Warum bzw. warum nicht? Schreibe selbst ein Rezept. ➜ M3

7 Beschreibe das Leben des Kakadus und das der Schwalben. ➜ M4

8 Welche Wünsche hat der Kakadu und welche Wünsche haben die Schwalben? Was haben die Lebensweisen mit ihren jeweiligen Wünschen zu tun? ➜ M4

9 Würdest du lieber wie der Kakadu oder wie die Schwalben leben? Begründe deine Antwort. ➜ M4

10 Diskutiert: Wurde der Kakadu gefangen oder sitzt er freiwillig im Käfig? ➜ M4

Ich und mein Leben

6 M1 Eine Neue in der Klasse

Ich würde mich am liebsten verstecken. Alle starren mich an. Lacht die mich aus? Ich würde am liebsten im Boden versinken...

Die ist aber schüchtern.

Du wärst auch schüchtern, wenn du da vorne stehen würdest.

Sie sieht nett aus.

M2 Ins Nichts geworfen

Es war einmal ein junger Adler in einem hohen, am Rande einer steilen Felswand gelegenen Adlerhorst. Alle seine Geschwister waren schon aus dem Nest und hatten gelernt zu fliegen. Er aber hatte fürchterliche Angst vor der endlosen Tiefe unter sich, denn seine Federn waren noch kurz und flaumig und seine Flügel noch klein.

„Woher soll ich wissen, ob diese kurzen Flügel mich tragen werden?", fragte er bang. „Und wie soll ich lernen zu fliegen, wenn ich es nicht vorher ausprobieren kann? Ich bin sicher nicht stark genug." [...]

„Du musst es einfach probieren!", ermutigte ihn die Adlermutter. „Du musst dich einfach trauen, ohne das geht es nicht. Breite deine Flügel aus, benutze Kopf und Schwanz als Steuer, so wie ich es dir gezeigt habe und es kann gar nichts passieren. Die Luft wird dich tragen, so wie sie alle Adler trägt."

„Aber woher weiß ich das?", fragte der kleine Adler. „Ich glaube nur, was ich sehe und ich sehe die Luft nicht. Ich sehe nichts. Und wenn ich nach unten sehe, wird mir ganz schlecht und ich habe keinen Mut mehr. Und woher weiß ich, dass ich ein Adler bin und dass die Luft mich tragen wird wie euch auch? Ich sehe doch ganz anders aus als ihr! Und ich bin das allerkleinste eurer Kinder!"

„Dann müssen wir dich eben aus dem Nest werfen, damit du das Fliegen lernst!", sagte der Adlervater, der eben hinzukam, mit strenger Stimme. „Du musst lernen, für dich selber zu sorgen, und kannst nicht immer hier im Nest bleiben. Irgendwann brauchen wir Platz für ein neues Gelege und müssen wieder brüten, und überhaupt – warum bist du denn nur so ängstlich?" [...].

„Ich habe so elende Angst, weil ich ganz allein bin beim Fliegen und nur auf mich gestellt", rief der kleine Adler. Und da wurde er auch schon gnadenlos ins gefürchtete Nichts geworfen.

Vor lauter Entsetzen [...] hielt der kleine Adler sich die Flügel vor die Augen. [...] „Flügel raus!", schrie da die Mutter, als sie sah, was passierte. Sie stürzte sich dem Kleinen im Sturzflug nach, war bald unter ihm und breitete ihre Flügel aus.

Da fand der kleine Adler den Mut – mit geschlossenen Augen –, die Flügel auszustrecken. Sie bremsten seinen Fall, das spürte er sofort und er flatterte einige Male, um wieder hoch zu kommen. Da merkte er, dass die Luft ihn tatsächlich trug, auch wenn er sie nicht sehen konnte. Aber er konnte sie spüren! Sie half ihm, wieder an Höhe zu gewinnen. [...]

„Es geht! Ich kann fliegen! Ich bin ein Adler!", rief er voller Begeisterung. Offenbar war er doch nicht zu schwach. Er konnte fliegen wie seine Brüder und Schwestern! Unternehmungslustig machte er ein paar Flugexperimente. Ob er sogar höhere Gipfel ansteuern konnte als den elterlichen?

Gabriele Münnix

6 Ich und meine Ängste

M3 Mit Angst umgehen

Charles M. Schulz

M4 Wie wird man seine Ängste wieder los?

Was passiert, wenn jemand deine Augen anpustet? Richtig, deine Lider schließen sich reflexartig, um deine Augen zu schützen. Das ist der sogenannte Lidschlussreflex. Unser Körper reagiert auf alle möglichen Formen von Gefahren immer mit einem Reflex. Wenn du Angst empfindest, dann ist diese Situation mit Herzklopfen, Zittern, Schweißausbruch und anderen unangenehmen Körperreaktionen verbunden: Wenn du z. B. einmal von einer Katze gekratzt und angefaucht wirst, weil du sie vielleicht geärgert hast, wirst du erschrecken und dein Körper zeigt die typischen Angstreaktionen. So kann es passieren, dass du deshalb in Zukunft auf jede noch so friedliche Katze mit Angst reagierst. Man kann sagen, du „lernst" die Angst bei jeder Begegnung mit einer Katze.

Selbstversuch: Schließe die Augen und stell dir noch einmal deine Angstsituation vor! Wie verhältst du dich meistens in solchen Situationen? Kannst du dir nun denken, warum deine Angst nicht verschwinden kann?

Erklärung: Häufig verhindern wir das „Verlernen" unserer Angst selber, indem wir vor der Angst auslösenden Situation davonlaufen, sie vermeiden, wie es in der Fachsprache heißt.

Wenn du wie in unserem Beispiel allen Katzen aus dem Weg gehst, nur weil dich einmal eine erschreckt hat, kannst du nie die Erfahrung machen, dass Katzen ungefährlich, ja die meisten von ihnen sogar wunderbare Schmusetiere sind, wenn du verständnisvoll mit ihnen umgehst.

nach Monika Hartig

Aufgaben

1 Welche weiteren Gedanken könnte die „Neue" noch haben? Was denken wohl die anderen Mädchen und Jungen noch? Zeichne diese oder eine ähnliche Situation nach und ergänze weitere Gedanken- bzw. Sprechblasen. ➜ M1

2 Was könnte dem Mädchen helfen, in dieser Situation weniger Angst zu empfinden? ➜ M1

3 Welche Gründe nennt der kleine Adler für seine Angst? Was hält der Adlervater dagegen? ➜ M2

4 Was führt dazu, dass der kleine Adler schließlich fliegen kann? ➜ M2

5 Wie beurteilt ihr das Verhalten des Vaters, den kleinen Adler einfach aus dem Nest zu werfen? ➜ M2

6 Was hältst du von der Aussage „Du schaffst es, wenn du daran glaubst"? ➜ M2

7 Was hältst du von der Methode, mit der Snoopy seine Angst zu vertreiben versucht? Glaubst du, dass er so seine Angst loswird? Begründe. ➜ M3

8 Wie entsteht Angst? ➜ M4

9 Welchen Rat würdest du jemandem geben, der zum Beispiel Angst vor Spinnen hat? ➜ M4

TIPP

Bei schlimmen Ängsten, mit denen du alleine nicht fertig wirst, helfen dir z. B. Schulpsycholog(inn)en oder ein kostenloses Sorgentelefon weiter!

▶ 0800 / 111 0 111 oder 111 0 222

Ich und mein Leben

7

M1 Nicht im Gleichgewicht

M2 Achterbahn

Ekrem wacht erschrocken auf, als sein Wecker klingelt. ❶ Nebenan dreht sich sein Bruder im Bett noch einmal um und murmelt: „Blödmann, stell den Wecker ab." ❷ Er hat heute erst viel später Schule.
⁵ Ekrem läuft zum Badezimmer, aber seine Schwester hat es noch blockiert. ❸ Nachdem Ekrem nun endlich duschen konnte und sich angezogen hat, sucht er seine neuen Fußballschuhe, die er heute beim Spiel zum ersten Mal tragen will. Er findet sie nicht und
¹⁰ muss deshalb die alten einpacken. ❹ Seine Mutter macht daraufhin eine dumme Bemerkung über seine Ordnung. ❺ Dafür gibt es aber zum Glück heute sein Lieblingsfrühstück. ❻
Auf dem Weg zur Schule trifft er seinen Freund Dennis.
¹⁵ Dieser sagt ihm, dass er seine neuen Fußballschuhe mitgebracht hat, die Ekrem am gestrigen Nachmittag bei ihm vergessen hatte. ❼ Beide kommen fünf Minuten zu spät in den Unterricht. Der Geschichtslehrer begrüßt sie mit den Worten: „Na ihr beiden,
²⁰ wohl mal wieder getrödelt?" ❽ Er trägt sie ins Klassenbuch ein. ❾ In der zweiten Stunde kommt die Englischlehrerin. Sie hat die korrigierten Klassenarbeiten in der Hand. ❿ Ekrem hat die zweitbeste Arbeit der Klasse. Die Lehrerin lobt ihn. ⓫
²⁵ Vor der Sportstunde am Nachmittag, in der das Fußballturnier der Stufe stattfindet, kommt der Sportlehrer auf Ekrem zu und teilt ihm mit, dass er heute die wichtige Position des Libero und Mannschaftsführers für den erkrankten Timo übernehmen soll. ⓬
³⁰ In der ersten Halbzeit schießt er das Führungstor. ⓭ Er vergibt aber kurz danach eine sichere Torchance, als er einen Strafstoß weit vorbei schießt. ⓮ Die gegnerischen Spieler grinsen. ⓯ In der zweiten Halbzeit wird er böse gefoult. Er kann nicht weiterspielen und
³⁵ wird ausgewechselt. ⓰ Dennoch gewinnt seine Mannschaft gegen die Parallelklasse. ⓱ Als Mannschaftsführer nimmt Ekrem die Siegerurkunde von der Schulleiterin entgegen. ⓲
Am Abend zeigt Ekrem seinem Vater die Englischarbeit
⁴⁰ und berichtet von dem gewonnenen Fußballspiel in der Schule. ⓳ Dieser ist stolz auf ihn und erlaubt endlich, dass Ekrem Mitglied im Fußballverein werden darf. ⓴
Erst im Bett merkt Ekrem, wie sehr sein Knie schmerzt. Er wird damit wohl doch morgen zum Arzt gehen
⁴⁵ müssen. ㉑

M3 Gefühlsgegensätze

Du kennst wahrscheinlich das Spiel Memory. Ziel ist es, so viele Paare wie möglich zu finden. In diesem Memory-Spiel geht es darum, Gegensätze zu finden.

unbekümmert   unzufrieden
ärgerlich   interessiert   ???
fröhlich   ängstlich
gelangweilt   zufrieden
bedrückt   traurig
ausgeglichen   niedergeschlagen
???   munter
erleichtert

7 Von wegen „Keep cool"

M4 Gefühle ausdrücken, Gefühle empfinden

Kunstwerke können Gefühle zum Ausdruck bringen und beim Betrachter Gefühle entstehen lassen.

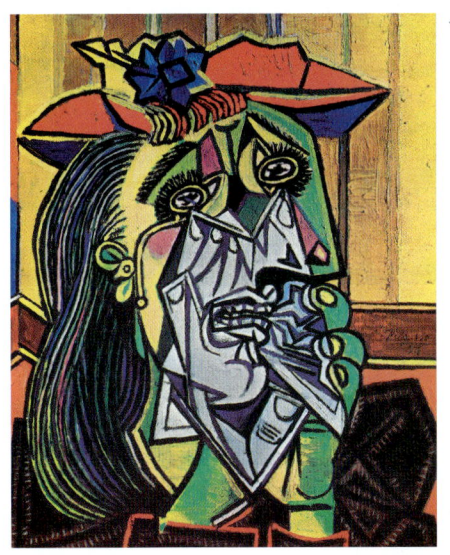

◀ Pablo Picasso, Weinende Frau, 1937

Wassily Kandinsky, ▶ Himmelblau, 1940

▼ Henri Matisse, Der Tanz, 1909-1910

Projekt 1: Gefühle in der Kunst

Beschreibt die Bilder und die Gefühle, die durch sie ausgedrückt werden. Wählt ein Bild aus bzw. bringt selbst ein eigenes Bild mit und schreibt eine Geschichte dazu. Lest euch eure Geschichten vor, diskutiert sie und stellt sie zu einem Reader zusammen. ➜ M4

Projekt 2: Buddy Books

Stellt euch die Buddy Books, die ihr von Doppelseite 1 bis hierher angefertigt habt, gegenseitig vor und sprecht darüber (vgl. S. 7, Aufgabe 8).

Aufgaben

1 Welche Gefühle drücken die Gesichter aus? ➜ M1
2 Welche Ereignisse im Vorfeld können zu den Gefühlen geführt haben? ➜ M1
3 Stellt selber unterschiedliche Gefühle durch Gesichtsausdruck und Körperhaltung dar und macht Fotos davon. Sie können Grundstock für eine Wandzeitung zum Thema „Gefühle" sein. ➜ M1
4 Stellt für jeden der Klasse je eine Symbolkarte für „gutes" und „schlechtes" Gefühl (z. B. Smilies) her. Während nun einer den Text „Achterbahn" vorliest, halten die anderen Schüler an den entsprechenden Textstellen die ihrer Meinung nach passende Karte hoch. ➜ M2
5 Welche unterschiedlichen Gefühle hat Ekrem im Laufe der Geschichte? Notiere zu den Ziffern 1-21 treffende Adjektive. ➜ M2
6 Ekrems Gefühle verlaufen wie eine Achterbahnfahrt, mal hinauf, mal hinunter. Zeichne Ekrems „Gefühlskurve". ➜ M2
7 Welche Memory-Karten ergeben zusammen ein Gegensatzpaar? Findet noch weitere Gegensatzpaare, stellt selber das Memory-Spiel her und spielt es. ➜ M3
8 Wenn du dich noch mehr im Einschätzen von Gefühlen üben willst, findest du Materialien und Aufgaben auch im Kapitel „Umgang mit Konflikten" (z. B. auf S. 48f., 50f., 53, 56f.).

Freizeit, freie Zeit

1 | M1 Das mache ich besonders gern!

M2 Was ich in meiner Freizeit mache ...

philopraktisch war in Nordrhein-Westfalen unterwegs und hat Schülerinnen und Schüler aller Schulformen befragt, was sie in ihrer Freizeit machen. Hier sind einige Beispiele:

Jonas (Realschule in Grevenbroich): Wenn ich aus der Schule komme, dann setze ich mich direkt vor den Computer und beschäftige mich mit allen möglichen Spielen. Wenn ich nicht vor dem Computer hocke, dann spiele ich entweder mit meiner Playstation oder gucke Fernsehen.

Zwischendurch mache ich dann auch meine Hausaufgaben. Manchmal treffe ich mich mit meinen Freunden. Dann beschäftigen wir uns meistens auch mit Computerspielen. Zuletzt haben wir Autorennen gespielt. Das war echt gut.

Merve (Hauptschule in Münster): Direkt nach dem Mittagessen mache ich meine Hausaufgaben. In der Regel sind sie ja auch schnell erledigt. Wenn ich trödeln würde, hätte ich gar keine Zeit für meine Freundinnen und mich. Dabei gehen wir doch so gerne

1 Nach der Schule ...

zum Shopping in die Stadt. Außerdem trifft man dort immer auch noch andere Bekannte. Dann gibt es viel zu erzählen. Manchmal gehen wir auch in ein Eiscafe und quatschen dort. Das ist eigentlich immer lustig.

Gloria (Gesamtschule in Duisburg): Montags und mittwochs habe ich immer bis 16:00 Uhr Schule. Dienstags und donnerstags bekomme ich nachmittags Nachhilfe in Mathe und Englisch. Meine Eltern wollen das so. Sie sagen immer, ich brauche gute Zeugnisse, weil ich später sonst keinen Ausbildungsplatz finde, und schon gar keinen, der mir Spaß macht. Meinen einzigen freien Nachmittag habe ich am Freitag. Aber da muss ich oft mit meiner Mutter zum Einkaufen fahren. So bleibt mir nur das Wochenende, um mich mit meinen Freundinnen zu treffen.

Kevin (Gymnasium in Bielefeld): Fußball, das ist alles, was mich interessiert. Es gibt keine Pause, in der wir nicht kicken. Mit meinen Freunden treffe ich mich immer auf dem Bolzplatz – auch bei schlechtem Wetter. Zweimal in der Woche gehe ich zum Training der Jugendmannschaft der Arminia. Am Wochenende ist normalerweise ein Spiel. Meine Mannschaft ist echt gut. Es kann sein, dass wir dieses Jahr die Meisterschaft gewinnen.

Mathis (Gesamtschule in Köln): In meiner Freizeit mache ich Musik. Einmal die Woche bekomme ich Unterricht in der Musikschule, klassische Gitarre – das ist gut für die Spieltechnik. Zu Hause habe ich aber noch eine E-Gitarre. Damit sitze ich dann oft stundenlang und probiere die neuesten Stücke aus. Mit vier anderen Jungs habe ich eine Band gegründet. Dreimal in der Woche treffen wir uns abends zur Probe. Wir haben schon mehrere Auftritte in Jugendheimen gehabt. Demnächst wollen wir eine CD aufnehmen. Ich hoffe, dass wir mal ganz groß rauskommen.

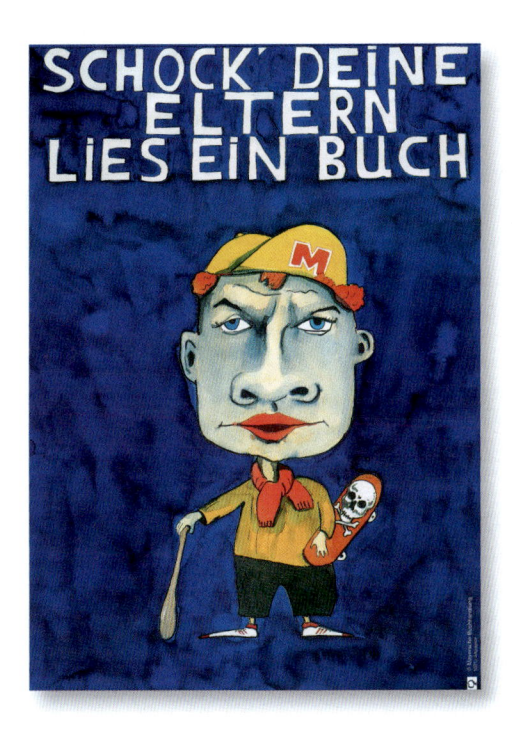

Vanessa (Gymnasium in Arnsberg): Meine Hobbys sind Reiten und Ballett. Zweimal in der Woche gehe ich in die Ballettschule. Die übrigen Nachmittage verbringe ich im Reitstall. Da ist viel zu tun, nicht nur reiten. Wenn man ein Pferd hat, muss man es ja auch füttern, pflegen, den Stall ausmisten usw. Die Wochenenden verbringe ich meistens damit, meinen Eltern vorzuführen, was ich gelernt habe, entweder mit dem Pferd im Parcours oder mit der Ballettgruppe auf der Bühne.

Gülbahar (Realschule in Aachen): Nach der Schule gehe ich immer direkt nach Hause. Dort warten meine kleinen Geschwister auf mich. Ich muss auf sie aufpassen und im Haushalt helfen, kochen, aufräumen und putzen, weil meine Mutter zur Arbeit geht. Vielleicht kommen einige meiner Freundinnen noch vorbei, dann können wir reden oder spielen. Das ist dann lustig. Manchmal darf ich nachmittags auch zu meinen Freundinnen gehen. Dann bin ich glücklich und habe besonders viel Spaß.

Aufgaben

1 Welche Freizeitbeschäftigungen erkennst du auf den Abbildungen? Findest du Dinge wieder, die du selber machst? → M1
2 Erzähle den anderen, wie du deine Freizeit verbringst. → M1
3 Wie sehen die Freizeitaktivitäten der befragten Schülerinnen und Schüler aus? → M2
4 Was hältst du von diesen Freizeitbeschäftigungen? Gibt es eine Schülerin oder einen Schüler, mit dem du gerne tauschen würdest bzw. auf keinen Fall tauschen wolltest? Begründe deine Auffassung. → M2

Freizeit, freie Zeit

M1 Noch gar nicht so lange her ...

Wir verließen morgens das Haus zum Spielen. Wir blieben den ganzen Tag weg und mussten erst zu Hause sein, wenn die Straßenlaternen angingen. Niemand wusste, wo wir waren, und wir hatten nicht einmal ein Handy dabei. Wir haben uns geschnitten, brachen Knochen und Zähne, und niemand wurde deswegen verklagt. Es waren eben Unfälle. Niemand hatte Schuld, außer uns selbst.

Wir hatten Freunde! Wir gingen einfach raus und trafen sie auf der Straße. Oder wir marschierten zu deren Heim und klingelten. Manchmal brauchten wir gar nicht zu klingeln und gingen einfach hinein. Ohne Termine und ohne Wissen unserer gegenseitigen Eltern. Keiner brachte uns, keiner holte uns. Wie war das nur möglich?

Wir dachten uns Spiele aus mit Holzstöcken und Tennisbällen. Außerdem aßen wir Würmer. Und die Prophezeiungen trafen nicht ein: Die Würmer lebten nicht in unseren Mägen für immer weiter, und mit den Stöcken stachen wir nicht besonders viele Augen aus. Beim Fußball durfte nur der mitmachen, der gut war. Wer weniger gut war, musste lernen, mit Enttäuschungen klar zu kommen.

Wir hatten nicht: Playstation, Nintendo 64, X-Box, Videospiele, Dolby Surround, eigene Fernseher, Computer, Internet ...

Anonym

M2 Wie Kinder früher ihre Freizeit verbracht haben

Einhakfangen

Teilt euch in Paare auf und hakt euch ein. Die freie Hand wird in die Hüfte gestemmt. Nun braucht ihr zwei Freiwillige: einen Fänger und einen Renner. Sobald sich der Renner bei irgendeinem Paar einhängt, kann er nicht mehr abgeschlagen werden. Dabei ruft er „Los!" und der, der an der anderen Außenseite steht, rennt weg. Wird er erwischt, dann wird gewechselt. Tipp: Ihr solltet euch alle als Schiedsrichter fühlen und darauf achten, dass die Paare oft wechseln.

Aufstand

Hockt euch Rücken an Rücken auf den Boden und hakt die Arme ein. Und jetzt versucht ganz einfach aufzustehen. Mit ein bisschen Übung dürfte es nicht allzu schwerfallen.

Rückenmalen

Partnerspiel: Einer von euch sitzt irgendwo, dein Partner sitzt oder steht hinter dir und malt Figuren oder Buchstaben auf deinen Rücken. Du musst versuchen, die Buchstaben oder die Zeichnung auf einem Blatt Papier nachzumalen.

Ein Brettspiel (Ritterspiel)

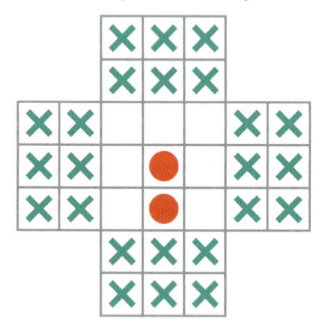

Von zwei Spielern übernimmt einer die beiden Ritter, der andere die 24 Angreifer. Die Angreifer besetzen die sechs Außenfelder der vier Kreuzarme (siehe Zeichnung), die beiden Verteidiger werden auf zwei beliebige Punkte der Burg (Mittelfeld) gestellt. Die Verteidiger dürfen springen und schlagen. Es besteht Schlagzwang. Die Angreifer dürfen nach allen Richtungen ziehen, aber nicht springen und schlagen. Die Belagerer haben gewonnen, wenn die Verteidiger blockiert sind, die Verteidiger, wenn sie so viele Angreifer geschlagen haben, dass sie nicht mehr blockiert werden können.

www.dueppel.de

2 Zeit zum Spielen?!

M3 Linas Wochenplan

Montag:
- 06:30 Aufstehen, Frühstück
- 07:20 Schule (inklusive Schulweg)
- 15:05 Ankunft zu Hause
- 15:10 Mittagessen
- 15:40 Wochenplan erledigen / lernen
- 16:30 sonstige Aktivitäten (lesen, ausruhen, im Internet surfen, Musik hören etc.)
- 17:00 Judo-Training (inklusive Weg)
- 19:00 Ankunft zu Hause
- 19:30 Klavier spielen
- 20:00 Abendessen
- 20:30 sonstige Aktivitäten
- 21:00 Licht aus!

Dienstag:
- 06:30 Aufstehen, Frühstück
- 07:20 Schule (inklusive Schulweg)
- 14:20 Ankunft zu Hause
- 14:30 Mittagessen
- 15:00 Wochenplan erledigen / lernen
- 16:30 Klavier spielen
- 17:30 sonstige Aktivitäten
- 19:30 Abendessen
- 20:00 Fernsehen
- 21:00 Licht aus!

Mittwoch:
- 06:30 Aufstehen, Frühstück
- 07:20 Schule (inklusive Schulweg)
- 15:05 Ankunft zu Hause
- 15:10 Mittagessen
- 15:30 Wochenplan erledigen / lernen
- 16:30 Verabredung mit einem Freund oder einer Freundin
- 19:00 Abendessen
- 20:30 sonstige Aktivitäten
- 21:00 Licht aus!

Donnerstag:
- 06:30 Aufstehen, Frühstück
- 07:20 Schule (inklusive Schulweg)
- 16:00 Ankunft zu Hause
- 16:10 Mittagessen
- 16:30 Klavier spielen
- 17:50 Chor (inklusive Weg)
- 20:30 Ankunft zuhause, Abendessen
- 21:00 Licht aus!

Freitag:
- 06:30 Aufstehen, Frühstück
- 07:20 Schule (inklusive Schulweg)
- 14:20 Ankunft zu Hause
- 14:30 Mittagessen
- 15:00 Wochenplan erledigen / lernen
- 16:00 Klavier spielen
- 16:45 Klavierunterricht (inklusive Weg)
- 17:30 in die Bücherei gehen
- 18:00 Fahrt nach Hause
- 18:15 sonstige Aktivitäten
- 19:30 Abendessen
- 20:15 Fernsehen
- 22:00 Licht aus!

Samstag:
- 10:00 Aufstehen, Frühstück
- 10:30 im Haushalt helfen
- 11:30 Einkaufen
- 13:00 Mittagessen
- 13:30 sonstige Aktivitäten
- 15:30 lernen
- 16:00 Klavier spielen
- 18:00 sonstige Aktivitäten
- 19:30 Abendessen
- 20:15 Fernsehen
- 22:00 Licht aus!

Sonntag:
- 07:45 Aufstehen, Frühstück
- 08:45 Chorauftritt (inklusive Weg)
- 12:15 Ankunft zu Hause
- 12:20 Mittagessen
- 12:40 sonstige Aktivitäten
- 18:30 Abendessen
- 19:00 Fernsehen
- 21:00 Licht aus!

Aufgaben

1. Worüber spricht der Autor? Fasse den Text kurz zusammen. → M1
2. Probiert die Spiele aus. Was haltet ihr von ihnen? → M2
3. Frage deine Eltern (eventuell auch deine Großeltern), welche Spiele sie früher, als sie in deinem Alter waren, am liebsten gespielt haben, und berichte darüber. → M2
4. Welche Spiele spielst du? Wie unterscheiden sich diese von den Spielen deiner Eltern und Großeltern? → M2
5. Sprecht über Linas Wochenplan. → M3
6. Fertige eine ähnliche Tabelle für dich an. → M3
7. Wann hat Lina Freizeit? Wann hast du Freizeit? → M3
8. Wie unterscheiden sich Linas oder auch deine Tage von den in M1 und M2 beschriebenen Erfahrungen? → M1-3
9. Schreibe auf, was für dich Freizeit ist.
10. Diskutiert: Seid ihr frei, wenn ihr Freizeit habt?

Freizeit, freie Zeit

3 M1 Pippi hat immer frei

In der kleinen Stadt wurde es bald allgemein bekannt, dass ein neunjähriges Mädchen allein in der Villa Kunterbunt wohnte. Die Mütter und Väter der Stadt fanden, dass das durchaus nicht ginge. Alle Kinder müssten doch jemanden haben, der sie ermahnt, und alle Kinder müssten in die Schule gehen und rechnen lernen. Und darum bestimmten alle Mütter und Väter, dass das kleine Mädchen in der Villa Kunterbunt sofort in ein Kinderheim solle.
Eines schönen Nachmittags hatte Pippi Thomas und Annika zu Kaffee und Pfefferkuchen eingeladen. [...] Herr Nilsson kletterte am Verandageländer rauf und runter. Und hin und wieder streckte das Pferd seine Nase vor, um einen Pfefferkuchen zu kriegen.
„Wie schön ist es doch zu leben", sagte Pippi und streckte ihre Beine weit aus. Gerade da kamen zwei Polizisten in voller Uniform durch die Gartentür. [...] „Bist du das Mädchen, das in die Villa Kunterbunt eingezogen ist?", fragte einer der Polizisten. „Im Gegenteil", sagte Pippi. „Ich bin eine ganz kleine Tante, die in der dritten Etage am anderen Ende der Stadt wohnt." Pippi sagte das nur, weil sie einen Spaß machen wollte. Aber die Polizisten fanden das durchaus nicht lustig. [...] Und dann erzählten sie, [...] dass Pippi einen Platz in einem Kinderheim bekäme.

„Ich hab schon einen Platz in einem Kinderheim", sagte Pippi. „Was sagst du, ist das schon geregelt?", fragte der Polizist. „Wo ist das Kinderheim?" „Hier", sagte Pippi stolz. „Ich bin ein Kind, und das hier ist mein Heim, also ist es ein Kinderheim. Und Platz habe ich hier. Reichlich Platz." „Liebes Kind", sagte der Polizist und lachte, „das verstehst du nicht. Du musst in ein richtiges Kinderheim und brauchst jemand, der sich um dich kümmert."
„Kann man in eurem Kinderheim Pferde haben?", fragte Pippi. „Nein, natürlich nicht", sagte der Polizist. „Das hab ich mir gedacht", sagte Pippi düster. „Na, aber Affen?" „Natürlich nicht, das musst du doch verstehen." „Ja", sagte Pippi, „dann müsst ihr euch von anderswoher Kinder für euer Kinderheim besorgen. Ich habe nicht die Absicht, dahin zu gehen."
„Aber begreifst du nicht, dass du in die Schule gehen musst?", fragte der Polizist. „Wozu muss ich in die Schule gehen?" „Um alles Mögliche zu lernen natürlich." „Was alles?", fragte Pippi. „Vieles", sagte der Polizist, „eine ganze Menge nützlicher Sachen, zum Beispiel Multiplikation, weißt du, das Einmaleins." „Ich bin gut neun Jahre ohne Plutimikation zurecht gekommen", sagte Pippi, „da wird es auch weiter so gehen."

Astrid Lindgren

M2 Ich habe nichts zu tun!

„Seine Welt ist der Dachboden. Niemand darf ihn sehen. Nur durch einen Lüftungsschlitz kann er nach draußen spähen, aber schon das ist riskant. Denn Luke ist ein Schattenkind: In seiner Gesellschaft darf es in jeder Familie höchstens zwei Kinder geben, doch er ist der dritte Sohn – und das ist lebensgefährlich."
So beginnt der Klappentext zu Margaret Peterson Haddixs Roman *Schattenkinder, der vom Leben des 12-jährigen Luke erzählt. Seit seine Mutter auch arbeiten gehen muss, ist Luke den ganzen Tag auf sich gestellt.*

An einem kühlen, verregneten Morgen [...] verließ Lukes Familie so fluchtartig das Haus, dass sie kaum Zeit hatte, sich zu verabschieden. Nach dem Frühstück schossen alle zur Tür hinaus [...].
Luke spähte durch den Türspalt, betrachtete das Durcheinander aus schmutzigen Pfannen und krümelbedeckten Tellern, die in der Küche zurückgeblieben

3 Immer frei haben

waren. Er wusste, dass er nicht zum Fenster hinübersehen durfte, aber er tat es trotzdem. Sein Herz machte einen seltsamen Hüpfer, als er sah, dass das Fenster zugezogen war. Jemand musste gestern Abend das Rouleau heruntergelassen haben, damit es in der Küche wärmer wurde, und hatte am Morgen vergessen es wieder hochzuziehen. Luke wagte sich noch ein Stück vor – ja, auch das andere Fenster war verdeckt. Zum ersten Mal seit sechs Monaten konnte er die Küche betreten ohne Angst davor haben zu müssen, dass er gesehen würde. Er konnte auf dem großen Linoleumfußboden herumrennen, springen, hüpfen – ja, sogar tanzen. Er konnte die Küche aufräumen und Mutter überraschen. Er konnte alles tun. [...]

Luke hat den Kopf jetzt voller Pläne. Zuerst will er die Küche aufräumen und dann Brot ansetzen für das Abendessen.

Er hatte zwar noch nie Brot gebacken, aber er hatte seiner Mutter unzählige Male dabei zugesehen. Dann konnte er vielleicht im restlichen Haus die Rouleaus herablassen und gründlich sauber machen. Staub saugen konnte er nicht – das war zu laut, aber Staub wischen, schrubben und wienern. Was würde sich die Mutter freuen. Dann, am Nachmittag, ehe Matthew, Mark [seine Brüder] und die Nachbarskinder nach Hause kamen, konnte er etwas für das Abendessen aufsetzen. Kartoffelsuppe vielleicht. Das könnte er von nun an jeden Tag machen. Hausarbeit oder Kochen waren ihm zwar bisher nicht sonderlich verlockend erschienen [...], aber es war besser als gar nichts. [...]

Luke ist noch sehr beschäftigt, als plötzlich sein Vater in der Tür steht:

Er war früher zurückgekommen. Das war nicht weiter tragisch. Aber in seinem Versteck auf der Treppe hatte Luke plötzlich das Gefühl, als sei das Radio so laut wie ein ganzes Orchester und der Geruch des Brotes könne drei Provinzen überziehen. [...]

Wie erwartet macht der Vater ihm Vorwürfe, weil er sich in der Küche aufgehalten hat. Luke ist wütend und traurig, seine Mutter versucht ihn zu trösten.

„Kannst du nicht mit ihm reden?", bat Luke. „Kannst du ihm nicht klarmachen ..."

Die Mutter strich ihm die Haare aus dem Gesicht. „Ich werde es versuchen", sagte sie. „Aber du weißt, dass er dich nur beschützen will. Wir dürfen kein Risiko eingehen." [...] Er ließ den Kopf hängen.

„Was soll ich denn machen?", fragte er. „Es gibt nichts für mich zu tun. Soll ich denn mein ganzes Leben lang in diesem Zimmer herumsitzen?"

Die Mutter strich ihm jetzt über die Haare. Es machte ihn unruhig und gereizt.

„Ach, Lukie", erwiderte sie. „Es gibt doch so vieles, was du tun kannst. Lesen und spielen und schlafen, wann immer du Lust hast ... Glaub mir, ich würde im Moment gerne meine Tage so verbringen wie du."

„Nein, das würdest du nicht", flüsterte Luke, aber er sagte es so leise, dass sie ihn mit Sicherheit nicht hören konnte. Er wusste, Mutter würde ihn nicht verstehen.

Margaret Peterson Haddix

Aufgaben

1 „Pippi hat immer frei." Diskutiert diese Aussage. ➔ M1
2 Würdest du gern leben wie Pippi Langstrumpf? Begründe. ➔ M1
3 Was spricht für und was spricht gegen die Lebensführung von Pippi Langstrumpf? ➔ M1
4 Vergleiche das Leben Lukes mit dem Pippi Langstrumpfs. Wo liegen Gemeinsamkeiten, wo Unterschiede? ➔ M1/M2
5 „Es gibt nichts für mich zu tun. Soll ich denn mein ganzes Leben lang hier herumsitzen?" Erläutere diese Aussage Lukes. ➔ M2
6 Denk dir ein gutes Ende für die Geschichte aus. Wie könnte Luke glücklich werden? ➔ M2

Freizeit, freie Zeit

4 M1 Marie aus Norwegen

Marie ist elf Jahre alt, ihre Mutter ist an der Spanischen Grippe gestorben. Während Maries Vater arbeitet, muss Marie sich um den Haushalt, den Stall und ihre kleine Schwester Karen kümmern. Sie ist oft müde, die Schule kommt häufig zu kurz und zum Spielen bleibt gar keine Zeit mehr.

„Dauernd musst du deine kleine Schwester im Schlepptau haben!"
Magnhilds Worte lassen Marie nicht so leicht los. Sie haften an ihr und
5 verändern sie. Die andern Mädchen müssen auch zu Hause helfen, sie müssen Wasser tragen und aufwischen und die kleinen Geschwister hüten und beim Kaufmann etwas
10 holen. Aber nicht immer, nicht ununterbrochen, nicht Tag für Tag.
Ich muss, weil ich muss, denkt Marie. Sie spürt plötzlich, dass sie wütend auf ihre Mutter ist. Die hätte ja nicht zu sterben brauchen! Die hätte gesund bleiben
15 und zu Hause sein und auf Karen aufpassen können, damit sie, Marie, zusammen mit den anderen großen Kindern bis ganz hinauf auf den Berg zum Rodeln hätte gehen können. Sie möchte das doch so gern! Sie will mehr Tempo und mehr Wind. Sie will schreien
20 und lachen und sich im Schnee wälzen. Aber auch an diesem Tag schnallt sie die Schier an, um mit Karen heimwärts zu ziehen.
Der Kaufladen liegt gleich hinter dem Bahnhofsgebäude. Heute ist kein Einkaufstag. Trotzdem bleibt
25 Marie unten an der schmalen Holztreppe stehen. In ihren schweren handgenähten Stiefeln geht sie die Stufen zur Tür hinauf.
„Heute ist nicht Einkaufstag, Marie!"
„Ich weiß. Aber ich brauche trotzdem was."
30 Karen macht sich an ihren Bindungen zu schaffen: „Dann wart auf mich!"
Marie verschwindet durch die Tür. Eine Glocke bimmelt und meldet Kundschaft. Da ist Karen auch schon an der Tür. Egal, wie vorsichtig sie sich hereinzu-
35 schleichen versucht, die Glocke läutet noch einmal.
„Ich möchte eine Tüte von dem Zuckerzeug dort",
sagt Marie und zeigt auf eines der Gläser auf dem Ladentisch. – „Und eine Tüte Bonbons und eine Tüte Krokant. Sie können es anschrei- 40 ben."
„Darfst du das denn?", fragt Laden-Anna.
„Ja", sagt Marie.
„Nein", sagt Karen. 45
Und danach, als sie wieder draußen vor der Tür sind: „Marie, du spinnst. Was wird Vater dazu sagen?"
„Der merkt das gar nicht."
„Dooooch … das wird er." Karen 50 wirft einen langen Blick auf die weißen Tüten in Maries Hand.
„Und außerdem werd ich's ihm sagen, wenn du mir nicht sofort von dem Zuckerzeug was gibst."
„Nur wenn du mir im Stall hilfst, wenn wir heim- 55 kommen."
„Jaa, versprech ich."
Die Backen dick voll Zuckerzeug, treten sie den Heimweg an. […] Im Haus ist es kalt und finster. In der Lampe auf dem Küchentisch ist kein Petroleum 60 mehr und die Holzkiste ist auch fast leer. […]
Marie nimmt Karen mit hinaus, um Holz zu holen. Sie kniet vor dem Küchenherd auf dem Fußboden, steckt Torf und Birkenrinde hinein und macht Feuer. Ehe sie in den Stall geht, sieht sie nach, ob genug 65 Wasser im Kessel ist, damit der Vater warmes Waschwasser hat, wenn er von der Arbeit kommt. Die ganze Zeit hat sie Süßigkeiten im Mund, sie lutscht sich durchs Melken, Ausmisten und Füttern. Hinter ihr versorgt Karen die Hühner. 70
Da steht der Vater in der Tür.
Marie erschrickt. Er kommt doch sonst nicht so früh. Ihre Kiefer pressen sich zusammen. Kann er den Geruch von Rahmbonbons trotz Kuh- und Hühnermist erkennen? 75
„Was für tüchtige Mädels!" Ein Schritt und er steht im Raum. „Geht nur ins Haus, ich besorge den Rest."
Die beiden Schwestern stehen mit geschlossenen Mündern wie festgenagelt da.

Torill Eide

4 Niemals frei haben

M2 Arnold von den Philippinen

Arnold lebt in der philippinischen Hauptstadt Manila. An der Straßenkreuzung bietet er Zeitungen und anderes zum Verkauf an. Man nennt seinen Handel „takal", den Verkauf von kleinen Einheiten. Das wenige Geld, das er dabei verdient, nimmt er am Abend mit nach Hause. Einen Teil davon gibt er seiner Mutter. Arnold beginnt morgens früh um fünf Uhr mit der Arbeit. Dann geht er zur Schule. Danach arbeitet er bis zum Abend weiter. Jungen wie Arnold gibt es viele auf den Philippinen. Sie suchen auf der Straße nach Gelegenheitsjobs. Sie verkaufen alles, was man sich vorstellen kann: Zigaretten, Kaugummis, Blumen, Kugelschreiber, Kappen, Nüsse, Obst. Sie wischen Windschutzscheiben und versuchen, ein paar Pesos zu bekommen. Erfinderisch und zäh sind sie alle.

M3 Wanda aus Südafrika

Wanda wohnt mit ihrem Vater in einem Armenviertel in Südafrika. Ihre Mutter starb bei der Geburt. Ihr Vater ist arbeitslos.
Die Arbeitslosigkeit beträgt im Land etwa 28 Prozent, das bedeutet, ungefähr drei von zehn Menschen haben keine Arbeit. In den verarmten Townships ist die Zahl der Arbeitslosen noch sehr viel höher.
Wanda ist meistens auf sich alleine gestellt. Da sie kein Geld besitzt und keine Schuluniform hat, die hier in diesem Land Pflicht ist, gibt es für sie keine andere Wahl: Sie muss arbeiten gehen und kann nicht, wie andere Kinder in ihrem Alter, die Schule besuchen. Sie sammelt von morgens bis abends Kartons und verkauft sie, um sich etwas zu essen zu kaufen und nicht stehlen zu müssen.

M4 Jogan aus Indien

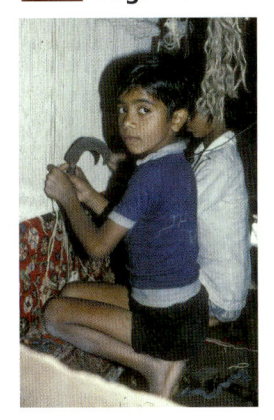

Jogan lebt im Norden von Indien. Dieser Teil des Landes gilt als Teppichgürtel. Viele der Teppiche, die in den Dörfern hier geknüpft werden, werden ins Ausland verkauft, vor allem nach Deutschland. 20 000 Kinder unter 14 Jahren arbeiten in Indien in Teppich-Knüpfereien – auch Jogan. Er hockt vor dem Knüpfrahmen und knotet konzentriert. Fehler beim Muster führen zu Lohnabzügen oder auch Schlägen. Jogan arbeitet zwölf Stunden am Tag, oft ohne Pause. Er hat keine Zeit, die Schule zu besuchen.
Die Arbeit dauert nicht nur lang, sondern ist anstrengend und gefährlich, denn die Wolle zum Knüpfen wird chemisch gefärbt. Der Wollstaub kann die jungen Teppich-Knüpfer krank machen. Jogan muss mit zwölf anderen Kindern in einer engen Webhütte arbeiten und nachts zwischen den Knüpfrahmen auf einer Matte auf dem Boden schlafen.

M2-M4: nach terre des hommes und www.helles-koepfchen.de

Aufgaben

1. Beschreibe Maries Situation. ➜ M1
2. Warum erschrickt Marie, als ihr Vater in den Stall kommt? Wie ist die Reaktion des Vaters zu verstehen? ➜ M1
3. Wie unterscheidet sich Maries Leben von dem Pippi Langstrumpfs (s. S. 24, M1)? ➜ M1
4. Bildet Dreiergruppen. Jeder liest die Geschichte eines Kindes und erzählt sie den anderen. Findet Gemeinsamkeiten zwischen den Kindern heraus. ➜ M2-M4
5. Wie unterscheidet sich die Situation Arnolds, Wandas und Jogans von der Maries? ➜ M1-M4
6. Findet ihr, dass die Kinder ein Recht auf Freizeit haben? Begründet eure Auffassung. ➜ M1-M4

Freizeit, freie Zeit

M1 Herr Fusi ist unzufrieden

In dem Buch Momo *erzählt Michael Ende von dem tapferen Mädchen, das es allein mit den grauen Männern aufnimmt, die den Menschen die Zeit stehlen. Auch der Friseur Herr Fusi wird ein Opfer der grauen Männer ...*

Es gibt ein großes und doch ganz alltägliches Geheimnis. Alle Menschen haben daran teil, jeder kennt es, aber die wenigsten denken je darüber nach. Die meisten Leute nehmen es einfach so hin und wundern sich
5 kein bisschen darüber. Dieses Geheimnis ist die Zeit.
Es gibt Kalender und Uhren, um sie zu messen, aber das will wenig besagen, denn jeder weiß, dass einem eine einzige Stunde wie eine Ewigkeit vorkommen kann, mitunter kann sie aber auch wie ein Augen-
10 blick vergehen – je nachdem, was man in dieser Stunde erlebt.
Denn Zeit ist Leben. Und das Leben wohnt im Herzen. Eines Tages stand Herr Fusi in der Tür seines Ladens und wartete auf Kundschaft. [...] „Mein Leben geht so
15 dahin", dachte er, „mit Scherengeklapper und Geschwätz und Seifenschaum. Was habe ich eigentlich von meinem Dasein? Und wenn ich einmal tot bin, wird es sein, als hätte es mich nie gegeben."
Es war nun durchaus nicht so, dass Herr Fusi etwas
20 gegen ein Schwätzchen hatte. Er liebte es sogar sehr, den Kunden weitläufig seine Ansichten auseinanderzusetzen und von ihnen zu hören, was sie darüber dachten. Auch gegen Scherengeklapper und Seifenschaum hatte er nichts. Seine Arbeit bereitete ihm
25 ausgesprochenes Vergnügen, und er wusste, dass er sie gut machte. [...]
„Mein ganzes Leben ist verfehlt", dachte Herr Fusi. „Wer bin ich schon? Ein kleiner Friseur, das ist nun aus mir geworden. Wenn ich das richtige Leben füh-
30 ren könnte, dann wäre ich ein ganz anderer Mensch!"
Wie dieses richtige Leben allerdings beschaffen sein sollte, war Herrn Fusi nicht klar. Er stellte sich nur irgendetwas Bedeutendes vor, etwas Luxuriöses, etwas, wie man es immer in den Illustrierten sah.
35 „Aber", dachte er missmutig, „für so etwas lässt mir meine Arbeit keine Zeit. Denn für das richtige Leben muss man Zeit haben. Man muss frei sein. Ich aber bleibe mein Leben lang ein Gefangener von Scherengeklapper und Seifenschaum."

M2 Die Zeit-Spar-Kasse

Kurz darauf kommt ein grauer Herr in Herrn Fusis Laden und erklärt ihm, dass er von der Zeit-Spar-Kasse komme. Wenn Herr Fusi täglich zwei Stunden einspare und der Zeit-Spar-Kasse zur Verfügung stelle, dann würde er diese Zeit nach einem, zehn, fünfzehn oder zwanzig Jahren mit Zinsen zurückerhalten. Dann erklärt er Herrn Fusi, wie dieser Zeit sparen kann:

„Aber mein Bester [...], Sie werden doch wissen, wie man Zeit spart! Sie müssen zum Beispiel einfach schneller arbeiten und alles Überflüssige weglassen. Statt einer halben Stunde widmen Sie sich einem Kun-
5 den nur noch eine Viertelstunde. Sie vermeiden zeitraubende Unterhaltungen. Sie verkürzen die Stunde [Besuch] bei Ihrer alten Mutter auf eine halbe. Am besten geben Sie sie überhaupt in ein gutes, billiges Altersheim, wo für sie gesorgt wird, dann haben Sie
10 bereits eine ganze Stunde täglich gewonnen. Schaffen Sie den unnützen Wellensittich ab! Besuchen Sie Fräulein Daria [, die im Rollstuhl sitzt,] nur noch alle vierzehn Tage einmal, wenn es überhaupt sein muss. Lassen Sie die Viertelstunde Tagesrückschau ausfal-
15 len und vor allem, vertun Sie Ihre kostbare Zeit nicht mehr so oft mit Singen, Lesen oder gar mit Ihren sogenannten Freunden. Ich empfehle Ihnen übrigens ganz nebenbei, eine große, gutgehende Uhr in Ihren Laden zu hängen, damit Sie die Arbeit Ihres Lehrjun-
20 gen genau kontrollieren können."

5 Zeit sparen

Herr Fusi geht auf das Angebot des grauen Herrn ein und eröffnet ein Zeit-Spar-Konto. Nachdem der graue Herr den Friseursalon verlassen hat, kann Herr Fusi sich an diese Begegnung nicht mehr erinnern.

Und dann kam der erste Kunde an diesem Tag. Herr Fusi bediente ihn mürrisch, er ließ alles Überflüssige weg, schwieg und war tatsächlich statt in einer halben Stunde schon nach zwanzig Minuten fertig. Und ge-
25 nauso hielt er es von nun an bei jedem Kunden. Seine Arbeit machte ihm auf diese Weise überhaupt keinen Spaß mehr, aber das war ja nun auch nicht mehr wichtig. Er stellte zusätzlich zu seinem Lehrjungen noch zwei weitere Gehilfen ein und gab scharf darauf acht,
30 dass sie keine Sekunde verloren. Jeder Handgriff war nach einem genauen Zeitplan festgelegt. In Herrn Fusis Laden hing nun ein Schild mit der Aufschrift:

GESPARTE ZEIT IST DOPPELTE ZEIT!

An Fräulein Daria schrieb er einen kurzen, sachlichen Brief, dass er wegen Zeitmangels leider nicht mehr
35 kommen könne. Seinen Wellensittich verkaufte er einer Tierhandlung. Seine Mutter steckte er in ein gutes, aber billiges Altersheim und besuchte sie dort einmal im Monat. Und auch sonst befolgte er alle Ratschläge des grauen Herrn, die er ja nun für seine
40 eigenen Beschlüsse hielt.

Er wurde immer nervöser und ruheloser, denn eines war seltsam: Von all der Zeit, die er einsparte, blieb ihm tatsächlich niemals etwas übrig. Sie verschwand einfach auf rätselhafte Weise und war nicht mehr da.
45 Seine Tage wurden erst unmerklich, dann aber deutlich spürbar kürzer und kürzer. Ehe er sich's versah, war schon wieder eine Woche, ein Monat, ein Jahr herum und noch ein Jahr und noch eines.

M3 Wo bleibt die gesparte Zeit?

Diese Frage stellte er sich so wenig wie alle anderen Zeit-Sparer. Es war etwas wie eine blinde Besessenheit über ihn gekommen. Und wenn er manchmal mit Schrecken gewahr wurde, wie schnell und immer schneller seine Tage dahinrasten, dann sparte er nur 5 um so verbissener.

Wie Herrn Fusi, so ging es schon vielen Menschen in der großen Stadt. Und täglich wurden es mehr, die damit anfingen, das zu tun, was sie „Zeit sparen" nannten. Und je mehr es wurden, desto mehr folgten 10 nach, denn auch denen, die eigentlich nicht wollten, blieb gar nichts übrig, als mitzumachen. [...]

[Die Zeitsparer] konnten keine richtigen Feste mehr feiern, weder fröhliche noch ernste. Träumen galt bei ihnen fast als ein Verbrechen. Am allerwenigsten 15 aber konnten sie die Stille ertragen. Denn in der Stille überfiel sie Angst, weil sie ahnten, was in Wirklichkeit mit ihrem Leben geschah. Darum machten sie Lärm, wann immer die Stille drohte. Aber es war natürlich kein fröhlicher Lärm wie der auf einem Kinderspiel- 20 platz, sondern ein wütender und missmutiger, der die große Stadt von Tag zu Tag lauter erfüllte. [...]

Niemand schien zu merken, dass er, indem er Zeit sparte, in Wirklichkeit etwas ganz anderes sparte. Keiner wollte wahrhaben, dass sein Leben immer ärmer, 25 immer gleichförmiger und immer kälter wurde.

Deutlich zu fühlen jedoch bekamen es die Kinder, denn auch für sie hatte nun niemand mehr Zeit.

M1-M3: Michael Ende

Aufgaben

1 Stell dir vor, Herr Fusi wäre dein Nachbar. Was würdest du über ihn denken? → M1

2 Wie sieht das Leben von Herrn Fusi aus, bevor der graue Herr bei ihm auftaucht? → M1

3 Beschreibe, wie sich das Leben von Herrn Fusi verändert, nachdem er den Vertrag mit der Zeit-Spar-Kasse geschlossen hat. → M2

4 Diskutiert, ob es zutrifft, dass Erwachsene kaum noch Zeit für Kinder haben. Könnt ihr Beispiele dafür anführen? → M3

5 Was würdest du den Menschen, die keine Zeit mehr haben, raten? → M3

6 Ist es möglich, Zeit zu sparen? Begründe deine Antwort. → M1-3

Freizeit, freie Zeit

6

M1 Beppo Straßenkehrer

Manche Leute waren der Ansicht, Beppo Straßenkehrer sei nicht ganz richtig im Kopf. Das kam daher, dass er auf Fragen nur freundlich lächelte und keine Antwort gab. Er dachte nach. Und wenn er eine Antwort nicht nötig fand, schwieg er. […]
Er fuhr jeden Morgen lange vor Tagesanbruch mit seinem alten, quietschenden Fahrrad in die Stadt zu einem großen Gebäude. Dort wartete er in einem Hof zusammen mit seinen Kollegen, bis man ihm einen Besen und einen Karren gab und ihm eine bestimmte Straße zuwies, die er kehren sollte. Beppo liebte diese Stunden vor Tagesanbruch, wenn die Stadt noch schlief. Und er tat seine Arbeit gern und gründlich. Er wusste, es war eine sehr notwendige Arbeit. Wenn er so die Straßen kehrte, tat er es langsam, aber stetig: Bei jedem Schritt einen Atemzug und bei jedem Atemzug einen Besenstrich. Schritt – Atemzug – Besenstrich. Schritt – Atemzug – Besenstrich. Dazwischen blieb er manchmal ein Weilchen stehen und blickte nachdenklich vor sich hin. Und dann ging es wieder weiter – Schritt – Atemzug – Besenstrich – – –.
Während er sich so dahinbewegte, vor sich die schmutzige Straße und hinter sich die saubere, kamen ihm oft große Gedanken. Aber es waren Gedanken ohne Worte, Gedanken, die sich so schwer mitteilen ließen wie ein bestimmter Duft, an den man sich nur gerade eben noch erinnert, oder wie eine Farbe, von der man geträumt hat. Nach der Arbeit, wenn er bei Momo saß, erklärte er ihr seine großen Gedanken. […]
„Siehst du, Momo", sagte er dann zum Beispiel, „es ist so: Manchmal hat man eine sehr lange Straße vor sich. Man denkt, die ist so schrecklich lang; das kann man niemals schaffen, […] dann fängt man an, sich zu eilen. […] Und man strengt sich noch mehr an, man kriegt es mit der Angst, und zum Schluss ist man ganz außer Puste und kann nicht mehr. Und die Straße liegt immer noch vor einem. So darf man es nicht machen."
Er dachte einige Zeit nach. Dann sprach er weiter: „Man darf nie an die ganze Straße auf einmal denken, verstehst du? Man muss nur an den nächsten Schritt denken, an den nächsten Atemzug, an den nächsten Besenstrich. Und immer wieder nur an den nächsten. […] Dann macht es Freude; das ist wichtig, dann macht man seine Sache gut. Und so soll es sein."

Michael Ende

M2 Gaius Faulus

In der Geschichte Asterix und der Avernerschild *ist der Legionär Faulus zum Strafkehren in den Hof geschickt worden.*

> Nun, ich hab' die erste Hälfte der ersten Platte fertig. Ich verschnauf' ein wenig, dann feg' ich die zweite Hälfte der ersten …

> … Ich verschnauf' ein wenig, dann kommt die erste Hälfte der zweiten, ich versch…

Goscinny/Uderzo

M3 Der Fischer

In einem kleinen Hafen lag ein ärmlich gekleideter Fischer in seinem Boot und döste. Ein schick angezogener Tourist kam vorbei, holte seine Kamera hervor und machte Fotos. Dann sprach er den Fischer an, der inzwischen wach geworden war. Er fragte ihn: „Wann fährst du wieder aufs Meer hinaus und wirfst deine Netze aus?" „Heute nicht mehr", war die Antwort.

6 Sich Zeit nehmen

„Aber warum nicht? Du könntest doch noch viele Fische fangen." „Warum sollte ich noch einmal ausfahren? Ich habe heute Morgen schon einen guten Fang gemacht und der reicht für mich und meine Familie bis zum nächsten Tag", war die Antwort. „Nun, du könntest den Fisch zum Markt bringen und ihn dort verkaufen", sagte der Tourist. „Wozu soll das gut sein? Was habe ich davon, den Fisch zum Markt zu bringen?" „Es würde dir auf die Dauer viel Geld einbringen. Du könntest dir ein zweites Boot kaufen und würdest doppelt so viel fangen wie mit einem Boot." „Und was habe ich davon, noch mehr zu fangen?" „Du könntest noch mehr verdienen, dir weitere Boote kaufen und schließlich eine ganze Flotte. Die könnte so viel Fisch fangen, dass du die ganze Region hier beliefern könntest. Du würdest so viel Geld verdienen, dass du eine Fischfabrik bauen und den Fisch in andere Länder exportieren könntest. Du würdest ein reicher Mann werden und würdest im Geld schwimmen." „Und was soll ich dann machen mit all diesem Reichtum?" „Du könntest dann andere für dich arbeiten lassen und dich ausruhen und den ganzen Tag faul in der Sonne liegen." Da sprach der Fischer: „Aber das tue ich ja schon jetzt."

nach Heinrich Böll

M4 Der Papalagi hat keine Zeit

In dem Buch Der Papalagi *(sprich: Papalangi) beschreibt Erich Scheurmann unsere europäische Welt aus der Sicht eines Südseehäuptlings, der Europa für eine kurze Zeit besucht hat. „Papalagi" ist die Bezeichnung des Südseehäuptlings für einen Europäer.*

Der Papalagi ist immer unzufrieden mit seiner Zeit, und er klagt den großen Geist dafür an, dass er nicht mehr gegeben hat. Ja, er lästert Gott und seine große Weisheit, indem er jeden Tag nach einem ganz gewissen Plan teilt und zerteilt. Er zerschneidet ihn gerade so, als führe man kreuzweise mit einem Buschmesser durch eine weiche Kokosnuss. Alle Teile haben ihren Namen: Sekunde, Minute, Stunde. Die Sekunde ist kleiner als die Minute, diese kleiner als die Stunde, und man muss sechzig Minuten und noch viel mehr Sekunden haben, ehe man so viel hat wie eine Stunde. [...]
Es gibt in Europa nur wenige Menschen, die wirklich Zeit haben. Vielleicht gar keine. Daher rennen auch die meisten durchs Leben wie ein geworfener Stein. Fast alle sehen im Gehen zu Boden und schleudern die Arme weit von sich, um möglichst schnell voranzukommen. Wenn man sie anhält, rufen sie unwillig: „Was musst du mich stören? Ich habe keine Zeit, sieh zu, dass du die deine ausnützt!", sie tun gerade so, als ob ein Mensch, der schnell geht, mehr wert sei und tapferer als der, welcher langsam geht. [...] Ich glaube, die Zeit entschlüpft ihm wie eine Schlange in nasser Hand, gerade weil er sie zu sehr festhält. Er lässt sie nicht zu sich kommen. Er jagt immer mit ausgestreckten Händen hinter ihr her, er gönnt ihr die Ruhe nicht, sich in der Sonne zu lagern. Sie soll immer ganz nahe sein, soll etwas singen und sagen. Die Zeit aber ist still und friedfertig und liebt die Ruhe und das breite Lagern auf der Matte. Der Papalagi hat die Zeit nicht erkannt, er versteht sie nicht, und darum misshandelt er sie mit seinen rohen Sitten.

Erich Scheurmann

Aufgaben

1 Vergleiche, auf welche Art und Weise Beppo und Herr Fusi (s. S. 28, M1) ihre Arbeit verrichten. → M1
2 Wie unterscheidet sich die Einstellung des Legionärs von der Beppos? → M1/M2
3 Vergleiche die Einstellung des Fischers mit der des Touristen. → M3
4 Wer kann dich eher überzeugen: der Fischer oder der Tourist? Begründe. → M3
5 Der Südseehäuptling Tuiavii aus Tiavea schreibt über seine Eindrücke von Europa um ungefähr 1920. Was versteht er nicht an der europäischen Welt? Welche Konsequenzen sollten wir aus seinen Worten ziehen? Betrachte hierzu auch die Abbildung. → M4
6 Stell dir vor, der Südseehäuptling könnte Beppo, Gaius Faulus, den Fischer und den Touristen beobachten und mit ihnen sprechen. Was würde er ihnen jeweils sagen? → M1–M4

Der Mensch in der Gemeinschaft

1 M1 Einer, mehrere, viele

M2 Insel der blauen Delfine

Scott O'Dell erzählt in seinem Roman Die Insel der blauen Delfine *die Geschichte des Indianermädchens Won-a-pa-lei, das im Alter von zwölf Jahren allein auf einer Insel im Pazifik zurückbleibt, nachdem sein Stamm von den Aleutern ausgelöscht worden ist.*

Der Sommer ist die beste Zeit auf der Insel der blauen Delfine. Die Sonne scheint am wärmsten, und die Winde wehen sanfter, bisweilen aus dem Westen, manchmal aus dem Süden. Das Schiff konnte nun
5 jeden Tag zurückkommen. Ich verbrachte diese Zeit meist auf dem Felsblock, den Blick nach Osten gerichtet, nach der Richtung, wo das Land lag, das meine Leute aufgesucht hatten. Ich schaute und schaute hinaus aufs Meer, das nirgends ein Ende nahm.
10 Einmal sah ich in der Ferne etwas, das ich für ein Schiff hielt. Aber ich täuschte mich. Ein Wasserstrahl schoss in die Luft, ich wusste, dass es ein Walfisch war. Außer diesem Walfisch gab es in jenem Sommer nichts mehr zu sehen.
15 Mit dem ersten Wintersturm hörte die Hoffnung auf. Wenn das Schiff der weißen Männer nach mir ausgeschickt worden wäre, so hätte es in der guten Jahreszeit kommen müssen. Jetzt blieb mir nichts übrig, als zu warten, bis der Winter vorbei war. Wer weiß, viel-
20 leicht dauerte es noch länger.
Mit einem Mal fühlte ich mich sehr verlassen. Ich dachte daran, wie viele Sonnen über dem Meer auf-
und niedergehen würden, während ich mutterseelenallein auf dieser Insel lebte. Es war ein ganz neues und beängstigendes Gefühl. Bisher hatte ich ja stets 25
gehofft, das Schiff werde irgendwann zurückkommen, wie Matasaip gesagt hatte. Jetzt musste ich diese Hoffnung begraben. Ich war allein. Allein. Ich aß wenig, und wenn ich schlief, träumte ich von schrecklichen Dingen. [...] [Ich fasste den Entschluss, die Insel 30
zu verlassen. Es wäre] falsch gewesen, zu sagen, ich hätte Angst gehabt, als ich dort an der Küste stand. Meine Vorfahren hatten in ihren Kanus das Meer überquert, von dem Land hinter dem Horizont bis hierher zur Insel. [...] Von Kanus verstand ich nicht 35
halb so viel wie [...] [unsere] Männer, aber ich muss gestehen, dass mir nicht ernstlich bangte vor den Dingen, die mir auf meiner Fahrt zustoßen konnten. Alles war leichter zu ertragen als dieses Alleinsein auf der Insel, ohne Familie, ohne Gefährten, von wil- 40
den Hunden bedroht und, wo ich ging und stand, verfolgt von der Erinnerung an die, die gestorben oder gegangen waren. [...]
Rings um mich gab es nur noch Hügel und Täler aus Wasser. Wenn ich in eines der Täler sank, konnte ich 45
überhaupt nichts mehr sehen, und wenn [...] [mein] Kanu wieder auftauchte, war nur der weite, endlose Ozean da.

Scott O'Dell

1 Miteinander geht's besser!

M3 Die Bremer Stadtmusikanten

Es war einmal ein Mann, der hatte einen Esel, der zur Arbeit nicht mehr taugte. Da dachte der Herr daran, ihn wegzugeben. Als der Esel merkte, dass sein Herr etwas Böses im Sinn hatte, lief er fort und machte sich auf den Weg nach Bremen. Dort, so meinte er, könnte er ja Stadtmusikant werden. Unterwegs traf er auf Hund, Katze und Hahn, die ebenfalls aufgrund ihres Alters von ihren Herren dem Tod übergeben werden sollten. Der Esel schlug den Tieren vor, mit ihm zusammen als Musikanten nach Bremen zu reisen. Da ihnen der Vorschlag gefiel, zogen sie gemeinsam los.

Sie konnten die Stadt Bremen an einem Tag nicht erreichen und kamen abends in einen Wald, wo sie übernachten wollten. Da sah der Hahn vom Wipfel eines Baumes einen Lichtschein und erzählte seinen Gefährten, dass in der Nähe ein Haus sein müsse, denn er sehe ein Licht. Der Esel antwortete: „So wollen wir uns aufmachen und noch hingehen, denn hier ist die Herberge schlecht." Also machten sie sich auf den Weg. Bald standen sie vor einem hellerleuchteten Räuberhaus. Der Esel schaute durch das Fenster. „Ich sehe einen gedeckten Tisch mit Essen und Trinken. Räuber sitzen rundherum und lassen sich's gut gehen!"

Da überlegten die Tiere, wie sie es anfangen könnten, die Räuber hinauszujagen. Endlich fanden sie ein Mittel. Der Esel stellte sich mit den Vorderfüßen auf das Fenster, der Hund sprang auf des Esels Rücken, die Katze kletterte auf den Hund, und zuletzt flog der Hahn hinauf und setzte sich der Katze auf den Kopf. Als das geschehen war, fingen sie auf ein Zeichen an, ihre Musik zu machen: Der Esel schrie, der Hund bellte, die Katze miaute, und der Hahn krähte. Darauf stürzten sie durch das Fenster in die Stube hinein, dass die Scheiben klirrten. Die Räuber fuhren bei dem entsetzlichen Geschrei in die Höhe und flohen in größter Furcht in den Wald. Nun setzten sich die vier Gesellen an den Tisch, und jeder aß nach Herzenslust. Als sie fertig waren, löschten sie das Licht aus, und jeder suchte sich eine Schlafstätte nach seinem Geschmack. Der Esel legte sich auf den Mist, der Hund hinter die Tür, die Katze auf den Herd bei der warmen Asche, und der Hahn flog auf das Dach hinauf. Und weil sie müde waren von ihrem langen Weg, schliefen sie bald ein.

Als Mitternacht vorbei war und die Räuber sahen, dass kein Licht mehr im Haus brannte und alles ruhig schien, sprach der Hauptmann: „Wir hätten keine Angst haben dürfen." Er schickte einen Räuber zurück, um nachzusehen, ob noch jemand im Hause wäre. Der Räuber fand alles still. Er ging in die Küche und wollte ein Licht anzünden. Da sah er die feurigen Augen der Katze und meinte, es wären glühende Kohlen. Er hielt ein Streichholz daran, dass es Feuer fangen sollte. Aber die Katze verstand keinen Spaß, sprang ihm ins Gesicht und kratzte ihn aus Leibeskräften. Da erschrak er gewaltig und wollte zur Hintertür hinauslaufen. Aber der Hund, der da lag, sprang auf und biss ihn ins Bein. Als der Räuber am Misthaufen vorbeirannte, gab ihm der Esel noch einen tüchtigen Schlag mit dem Hinterfuß. Der Hahn aber, der von dem Lärm aus dem Schlaf geweckt worden war, rief vom Dach herunter: „Kikeriki!"

Da lief der Räuber zu seinem Hauptmann zurück und sprach: „In dem Haus sitzt eine Hexe, die hat mich angehaucht und mir mit ihren langen Fingern das Gesicht zerkratzt. An der Tür steht ein Mann mit einem Messer, der hat mich ins Bein gestochen. Auf dem Hof liegt ein schwarzes Ungetüm, das hat mit einem Holzprügel auf mich losgeschlagen. Und oben auf dem Dache, da sitzt der Richter, der rief: ‚Bringt mir den Schelm her!' Da machte ich, dass ich fortkam."

Von nun an getrauten sich die Räuber nicht mehr in das Haus. Den vier Bremer Stadtmusikanten aber gefiel's darin so gut, dass sie nicht wieder hinaus wollten.

Märchen der Gebrüder Grimm, gekürzt

Aufgaben

1 Vergleicht die Bilder miteinander. Welche Formen von Gemeinschaft zeigen sie? ➔ M1

2 Kennt ihr noch andere Gemeinschaftsformen? Erstellt eine Mindmap dazu. ➔ M1

3 Beschreibe die Situation und die Gefühle Won-a-pa-leis. ➔ M2

4 Warum schließen sich die vier Tiere im Märchen zusammen? ➔ M3

5 Beschreibt, inwiefern die Bremer Stadtmusikanten eine starke Gemeinschaft darstellen. ➔ M3

Der Mensch in der Gemeinschaft

2 M1 So ist es bei den Lehmanns

M2 Gut, dass ich meine Familie habe

Der Jugendroman Mein Freund Twist *von Susan Shreve erzählt von Ben, der an ADS (Aufmerksamkeitsdefizitsyndrom) leidet und erst in Twist, dem es genauso geht, einen Freund findet.*

Gerade als ich mich hinsetzen und weiter so tun wollte, als ob ich lernte, rief meine Mutter „Ben?" und sie klang ernst.
„Was war heute in der Schule los?", fragte sie, als ich
5 auf den Korbstuhl gegenüber vom Sofa rutschte, auf dem sie saß.
„Nicht viel."
„Fällt dir beim Wort ‚Flummi' etwas ein?", fragte sie. Mein Magen fühlte sich an, als wäre er unter meiner
10 Haut explodiert und ich müsste bald sterben.
Sie wartete nicht auf meine Antwort.
„Mr O'Dell hat mir erzählt, du und Twist wärt heute mit etwa fünfhundert Flummis zur Schule gekommen, die ihr alle in den Flur beim Essensraum geworfen
15 hättet.
Leute haben sich verletzt – zum Beispiel eine Lehrerin." Sie nahm ihre Brille ab und rieb sich die Augen.
„Und da hast du es, Benjamin. Das war wieder mal ein wundervoller Elternabend für deine Eltern."
20 „Darum geht es nicht, Jane. Das weißt du", sagte mein Vater ärgerlich zu meiner Mutter. „Wir müssen herausfinden, was heute passiert ist, und Ben mit den Schwierigkeiten helfen, in die er immer gerät."
„Wenn du meinst", sagte meine Mutter, „aber ich bin
25 mit meiner Weisheit am Ende, Ben. Das musst du verstehen. Das geht nun schon seit der ersten Klasse so mit dir."

„Ich habe eine Lernbehinderung", sagte ich schnell, ehe ich überhaupt darüber nachgedacht hatte, was ich eigentlich sagen wollte. „Ich kann nichts dagegen 30 machen."
„Natürlich kannst du was dagegen machen", sagte Mam.
„Wir wollen jetzt mal die Lernbehinderung beiseite lassen und herausfinden, was heute los war." 35
Und da überraschte ich mich selbst. Ich erzählte ihnen von Twist und mir und den Flummis. Es ist nicht so, dass ich meine Eltern anlüge, wenn ich in Schwierigkeiten bin, aber manchmal bleibe ich stumm und lass sie denken, was sie denken wollen. Aber plötzlich woll- 40 te ich, dass sie wussten, wie lustig wir es uns vorgestellt hatten, wenn Flummis durch die Flure hopsten. Ich erzählte ihnen, wie lustig es dann auch gewesen war, was stimmte, und ich sagte, dass es mir nicht Leid täte und dass die Lehrerin sich überhaupt nicht 45 verletzt habe und dass Twist mein bester Freund sei.
Das war nicht das, was meine Mutter hören wollte.
Die Wahrheit ist seltsam, besonders, wenn es Probleme gibt, wenn man sie ausspricht. Als ich anfing mit meinen Eltern zu reden, war ich gespannt wie ein 50 Gummiband, als ob ich in die Luft schnellen und aus dem Fenster schießen würde. Und dann, irgendwie so, als ob die Wahrheit zu sagen Medizin wäre, ging es mir langsam besser, es ging mir sogar gut. Ich war besonders froh darüber, meiner Mutter und meinem Vater 55 erzählen zu können, dass Twist im Begriff war mein bester Freund zu werden. Der erste, den ich je hatte.

Susan Shreve

2 Familienleben

M3 Martin und seine Mutter

Martin wohnte in einer Baracke neben dem Autofriedhof. Die Baracke war in zwei Hälften geteilt. In der einen Hälfte wohnten vier Spanier, in der anderen wohnte Martin mit seiner Mutter, die fast nie zu Hause war. Doch, zu Hause war sie schon, den ganzen Vormittag sogar, aber dann war Martin in der Schule. Er musste früh um halb acht fortgehen. Da schlief seine Mutter noch, denn sie kam spät nach Hause. Wenn er mittags aus der Schule heimkam, hatten sie gerade Zeit zusammen zu essen. Dann musste sie zur Arbeit fahren. Zehn Minuten brauchte sie zu Fuß bis zur Bushaltestelle, denn die Baracke lag am Stadtrand. Von dort musste sie noch eine halbe Stunde mit dem Bus fahren, bis sie zu dem Restaurant „Hubertusklause" kam, wo sie als Kellnerin arbeitete.

Einmal fragte Martin: „Warum arbeitest du nicht in der Nähe? Da brauchst du nicht so weit zu fahren und ich könnte dich auch mal besuchen." „Du weißt ja", antwortete sie, „dass ich das schon mal versucht habe, in der Snackbar in der Zenglerstraße. Aber dort war alles ganz anders als in der Hubertusklause. Ich bin eben so an die Hubertusklause gewöhnt. Ich kenne die meisten Leute, die dort essen. Sie grüßen mich und rufen: ‚Na, Rosel, wie geht's? Alles gesund daheim?'"

„Meinen sie mich damit?", fragte Martin. „Denn jemand anderen hast du doch nicht daheim."

„Ja, sie meinen dich."

Martin bekam rote Ohren vor Stolz.

Er dachte eine Weile nach, dann fragte er: „In der Snackbar fragen sie nicht nach mir?"

„Nein", antwortete die Mutter, „dort kennt niemand den anderen. Die Leute laufen aneinander vorbei ohne sich zu grüßen. Wer dort isst, schlingt sein Essen hinunter, so schnell er kann und rennt wieder hinaus. Das macht mich verrückt. In der Hubertusklause bleiben die Gäste wenigstens eine Weile sitzen, genießen das Essen und ruhen sich aus. Und sie geben auch Trinkgeld. In der Snackbar gibt's kein Trinkgeld. Da trägt sich jeder Gast selber sein Tablett mit dem Essen auf den Tisch. Und überhaupt: wenn ich mich irgendwo eingewöhnt habe, dann gehe ich nicht wieder weg."

„Aber wir sind fast nie zusammen", sagte Martin traurig. „Nur immer zu Mittag und in der Nacht."

„Und Sonntagvormittag und Dienstagnachmittag."

„Dienstagnachmittag zählt nicht", sagte Martin. „Da lässt du dir die Haare machen und gehst in der Stadt einkaufen und besuchst Tante Lotti."

„Manchmal nehme ich dich doch auch mit!"

„Aber manchmal sagst du auch: Bleib heute zu Hause, ich hab nur langweiliges Zeug zu erledigen. Und sonntags vormittags schläfst du bis um elf."

Die Mutter antwortete nicht. Nach einer Weile sagte sie: „Du bist ja schon groß und vernünftig. Du bist kein Baby mehr. Ich kann dich schon mal allein lassen."

Sie zog ihn an seinen abstehenden Ohren an sich heran und gab ihm einen Kuss.

Gudrun Pausewang

Aufgaben

1 Beschreibe die dargestellten Situationen in dieser Familie. Was könnte ihnen vorausgegangen sein, wie könnte es weitergehen? → M1

2 Suche dir eine dieser Situationen aus und schreibe eine dazu passende Geschichte. → M1

3 Beschreibt einen Tagesablauf in dieser Familie, in dem die Situationen aller vier Bilder vorkommen. → M1

4 Suche dir ein Bild aus, auf dem du an der Stelle des Kindes sein möchtest. Schreibe die Begründung hierzu auf eine Karte. Suche dir einen Partner bzw. eine Partnerin und lest euch gegenseitig die Begründung vor und erläutert sie.

5 Stellt andere Situationen aus dem Familienleben als Standbilder dar. Macht hiervon Fotos und versehst sie mit Sprech- oder Gedankenblasen. Ihr könnt auch aus mehreren Bildern eine Bildergeschichte machen. → M1

6 Welches Problem hat Ben in der Schule? → M2

7 Welche Bedeutung haben seine Eltern in dieser Situation für ihn? → M2

8 Welche Probleme haben Martin und seine Mutter? Wie gehen sie damit um? Gibt es eurer Meinung nach Möglichkeiten, diese Probleme aus dem Weg zu räumen? → M3

Der Mensch in der Gemeinschaft

3 | M1 Jede Familie ist anders

3 Familie – etwas anders

M2 Mehrere Generationen unter einem Dach

In einem Mehrgenerationenhaus leben Menschen unterschiedlichen Alters unter einem Dach – Kinder mit ihren Eltern, aber auch alte Menschen, die nicht mehr im Berufsleben stehen und vielleicht schon pflegebedürftig sind. Es ist ein bisschen so wie in einer Großfamilie in früheren Zeiten, die von Opa und Oma bis hin zu den Enkeln Menschen verschiedener Generationen umfasste. In einer modernen Kleinfamilie ist der Kontakt zwischen den Generationen verloren gegangen. Kinder wissen nichts mehr von den Bedürfnissen älterer Menschen, ältere Menschen haben keinen Kontakt mehr zu den Jüngsten. Das ist in einem Mehrgenerationenhaus anders. Alle Generationen haben hier Kontakt miteinander und unterstützen sich gegenseitig. So passen die Rentner Ilse und Wilhelm auf die Kinder Tim und Nina auf, während deren Eltern berufstätig sind oder mal keine Zeit haben, sich um ihre Kinder zu kümmern. Sie spielen mit ihnen, erzählen ihnen Geschichten, geben ihre Lebenserfahrung an sie weiter. Und die Jüngeren helfen den älteren Leuten bei Dingen, die sie nicht mehr selbständig erledigen können. So hat Michael neulich Christel geholfen, die kaputte Glühbirne in der Lampe auszutauschen. Außerdem hat Michael letzten Freitag die mittlerweile 80-jährige Gudrun, als sie wieder Rückenschmerzen hatte, zum Arzt gefahren. Marie bessert sich ihr Taschengeld damit auf, dass sie regelmäßig für Heinrich einkauft. Mark ist ganz stolz darauf, dass er Renate erklären konnte, wie ein Computer funktioniert und wie man im Internet surft. So haben alle Generationen etwas davon, in einem Haus zu leben.

M3 SOS-Kinderdorf

Der Name SOS-Kinderdorf signalisiert: Hier finden Mädchen und Jungen, die nicht in ihrem eigenen Elternhaus aufwachsen können, ein neues Zuhause. [...] Die Kinder leben zusammen mit ihrer SOS-Kinderdorfmutter oder ihrem SOS-Kinderdorfvater und ihren Geschwistern in einem Haus – dauerhaft und rund um die Uhr. Hier wird gespielt, gelacht, gestritten und gefeiert wie in einer richtigen Familie. Für die Kinder, die oft mit schmerzhaften Erfahrungen in ein SOS-Kinderdorf kommen, ist das ganz wichtig. Hier finden sie wieder Menschen, zu denen sie langfristig Vertrauen aufbauen können, die zuverlässig da sind – eine Familie eben. [...] Zusammen mit der SOS-Kinderdorfmutter oder dem SOS-Kinderdorfvater gelingt es den Kindern, die schlimmen Erfahrungen der Vergangenheit zu verarbeiten. So sagt der im SOS-Kinderdorf Worpswede groß gewordene Klaus über diese Einrichtung: „Im SOS-Kinderdorf habe ich gelernt, mich mit anderen zusammen wohl zu fühlen."

www.sos-kinderdorf.de

SOS KINDERDORF e.V.
Wir sind Familie

Aufgaben

1 Beschreibe die vier dargestellten Familien. Um welche Art von Familie handelt es sich (z. B. Kleinfamilie, Großfamilie usw.)? Wer gehört alles dazu? Wie könnten die einzelnen Personen zueinander stehen? Welchen Beruf, welche Vorlieben oder Hobbys könnten sie haben? ➔ M1

2 Zeichnet ähnliche „Familienbäume" für eure eigenen Familien und hängt sie in der Klasse auf. Ihr könnt auch Fotos einkleben oder nur die Namen hinschreiben. ➔ M1

3 Was haben die auf dieser Seite vorgestellten Formen des Zusammenlebens mit einer Familie gemeinsam, was unterscheidet sie davon? ➔ M2/M3

4 Informiert euch in Mehrgenerationenhäusern und SOS-Kinderdörfern und stellt eure Ergebnisse vor. ➔ M2/M3

5 Kennt ihr weitere Formen, wie Menschen zusammenleben? Welche? ➔ M1–M3

6 Wovon hängt es ab, ob das Zusammenleben in diesen Gemeinschaften gelingt? ➔ M1–M3

Der Mensch in der Gemeinschaft

4

M1 Von Flaggen, Vereinsabzeichen und Wappen

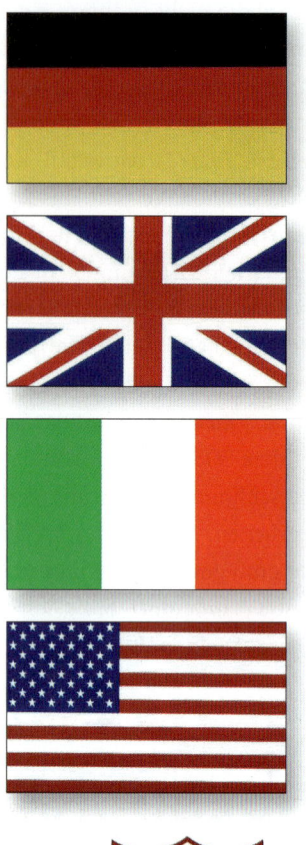

M2 Die Windjäger

Lovis ist am liebsten nachts im Wald. Nicht alleine, sondern zusammen mit den anderen Windjägern. So nennt sich seine Pfadfindergruppe. „Manchmal ist das schon unheimlich", sagt der Elfjährige. Aber für Angst oder Heimweh bleibt kaum Zeit. Dazu sind Pfadfinder meist zu beschäftigt: Die Kinder und Jugendlichen reisen gemeinsam durch ganz Europa. „Auf Fahrt gehen" sagen sie dazu. Unterwegs wird Lovis' Stamm Geisterburg aus Bargteheide in Schleswig-Holstein zur Ersatzfamilie. Die Älteren passen auf die Wölflinge auf – so heißen die Sechs- bis Elfjährigen. Pfadfinder sind die Jugendlichen bis 15 Jahre. Noch ältere Jungen tragen den Titel Rover, die Mädchen heißen Ranger. [...]
Gitarren, Gesangbücher und Trommeln gehören zu jedem Heimabend und zu jeder Fahrt unbedingt dazu. Im Gesangbuch *Fridolin* stehen zeitlose Lieder, die von Freiheit, Wanderschaft, Seefahrt und Gemeinschaft handeln. [...]
An dem Halstuch erkennt man die Pfadfinder überall auf der Welt. Die älteren Mädchen und Jungen vom Bund der Pfadfinderinnen und Pfadfinder tragen ein blaues Tuch mit gelben Streifen. „Als Wölfling hatte ich noch ein gelbes Tuch", sagt Lovis. An der Farbe erkennen die Pfadfinder, wie lange jemand dabei ist. Am Tuch sitzt außerdem der Stammesknoten mit dem Wappen. [...]
Ein Plastikzelt kommt echten Pfadfindern nicht in den Rucksack. Stattdessen nehmen sie wasserabweisende, feuerfeste schwarze Planen mit auf Fahrt. Im Lager knüpfen sie mehrere davon um eine Stange oder einen Baum. Die Planen sichern sie mit selbst geschnitzten Heringen. So entsteht ein Unterschlupf – eine Kothe –, in der bis zu acht Kinder Platz haben. „Mit fünf Mann liegt man darin aber viel bequemer", sagt Lovis. Bei gutem Wetter bleibt eine Öffnung im Zeltdach – auf dem Rücken liegend, können die Pfadfinder dann die Sterne sehen.

Hauke Friederichs

4 Zusammengehörigkeit zeigen

M3 Ein gemeinsames Outfit in der Schule

Die Anne-Frank-Realschule in Düsseldorf hat seit kurzem ihre eigene Schulkleidung. Schülerinnen und Schüler präsentierten sie auf dem Pausenhof.

M4 Schulkleidung – ja bitte!

An einem Detmolder Gymnasium kommt es zwischen Schülerinnen und Schülern in der Aula zu einer Debatte, ob auch an ihrer Schule künftig eine Schuluniform eingeführt werden soll. Die Schüler sind in zwei Lager geteilt. Kira nennt die Argumente der Befürworter von Schulkleidung:

> Wenn wir alle Schulkleidung tragen, dann lästert keiner mehr über die uncoole Kleidung von anderen.

> Ihr unterliegt keinem Gruppenzwang mehr, bestimmte Kleidung tragen zu müssen.

> Eure Eltern sparen viel Geld für Kleidung, weil ihr nicht immer trendy herumlaufen müsst.

> Unsere Schuluniform muss natürlich so gestaltet sein, dass sie uns allen gefällt.

> Wir werden uns unsere Freunde und Freundinnen nicht nach dem Aussehen, sondern nach ihrem Charakter aussuchen.

> Mit Schuluniformen werden wir uns viel mehr als Schulgemeinschaft fühlen, als das zurzeit der Fall ist.

> Wer von euch denkt, dass Schuluniformen langweilig sind, kann sie ja aufpeppen.

Kira

M5 Schulkleidung – nein danke!

Leon vertritt die Gegner der Schulkleidung:

> Wenn wir Schuluniformen tragen müssen, sehen wir alle gleich aus.

> Du kannst nicht die Farben tragen, die dir gefallen oder dir stehen.

> Du kannst dich nicht mehr so kleiden, wie du es für richtig hältst.

> Wenn du eine Schuluniform trägst, kannst du keine Persönlichkeit entwickeln.

Leon

> Es wird etliche unter uns geben, die versuchen werden, durch ihr Verhalten aufzufallen, weil es anders nicht mehr geht. Und es wird bestimmt kein gutes Verhalten sein.

> Es wird an unserer Schule vielleicht weniger untereinander gestritten. Dafür wird es aber wahrscheinlich zu Streitereien zwischen verschiedenen Schulen und Schularten kommen, wenn man erkennen kann, wer welche Schule besucht.

Aufgaben

1. Wofür stehen die abgebildeten Zeichen? Warum braucht eine Gemeinschaft solche Zeichen? ➔ M1
2. Worin unterscheiden sich die abgebildeten Gemeinschaften? ➔ M1
3. Beschreibe, wie es bei den Windjägern zugeht. Könntest du dir vorstellen, bei den Pfadfindern mitzumachen? Begründe deine Meinung. ➔ M2
4. Gibt es Gruppen oder Vereine, denen du dich zugehörig fühlst? Wie machst du das deutlich? ➔ M2
5. Wie findest du Schulkleidung? ➔ M3
6. Führt eine Diskussion zum Thema Schulkleidung durch. Setzt euch dabei mit den Argumenten aus M4 und M5 auseinander. Sollen in eurer Schule Schuluniformen eingeführt werden? ➔ M4/M5   **D**

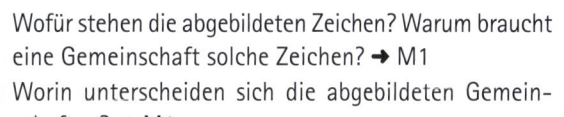

Der Mensch in der Gemeinschaft

5 M1 Außenseiter?

M2 Keine Chance!

Fridolin ist mit seiner Mutter nach Bremen umgezogen. Heute muss er zum ersten Mal in die neue Schule gehen.

Mitten auf dem Hof stand eine alte Kastanie, in die einmal vor vielen Jahren ein Blitz eingeschlagen hatte. Seitdem wuchs sie zweigeteilt. Dieses Wunder hatte mir der Rektor der Schule am Tag meiner Anmeldung stolz vorgeführt. Ich würde von nun an in die 5c gehen, und die 5c versammelte sich jeden Morgen unter diesem Blitzbaum.

„Stell dich einfach zu den anderen; wenn es klingelt, holt Frau Backenstoß euch dort ab. So ist es bei uns üblich." Zögernd setzte ich einen Fuß vor den anderen. Der Lärm, der von dort kam, war wie ein Sturm. „He, da kommt ein wandelnder Fleischberg!", rief ein Junge, als er mich sah, und prustete los. „Achtung, Monsterklumpen im Anmarsch!", rief ein anderer und kippte ächzend aus dem Baum, als hätte mein Anblick ihn zu Fall gebracht.

Und so ging es weiter. Jeden Tag.

„Aber nicht doch", sagte Frau Backenstoß missbilligend, wenn sie es mitbekam, aber oft bekam sie es nicht mit.

„Mann, ist der Neue fett – wie eine Tonne", flüsterte Lisa den Mädchen kopfschüttelnd zu. „Fettarsch! Horrorwalze! Mister Speck!", riefen Luca, Sebastian und Sebastian jeden Morgen, wenn sie mich sahen.

Luca, Sebastian und Sebastian waren eine berüchtigte Dreierbande der 5c und ich überlegte oft, was sie wohl früher so den lieben langen Tag getan hatten – ich meine, bevor ich in die Klasse kam, und es ihre Lieblingsbeschäftigung wurde, mich zu ärgern.

Jana Frey

5 Außen vor sein

M3 Gran Paradiso

In dem Film Gran Paradiso *ist eine ungewöhnliche Expedition auf dem Weg zu dem 4000 Meter hohen Berg Gran Paradiso. Die Gruppe besteht aus zwei Sozialarbeitern, zwei geistig Behinderten, drei zu Gefängnisstrafen Verurteilten und einem körperlich Behinderten. Von Anfang an bestehen Spannungen zwischen den drei „Knackis" und den drei Behinderten. Ein Erzählstrang des Films zeigt, wie sich die Beziehung zwischen dem an einen Rollstuhl gefesselten Mark und dem Geldräuber Wolf entwickelt.*

▶ **Im Bus** (0:35:33 – 0:36:25)

Wolf sitzt am Steuer des Busses, mit dem die Gruppe zum Fuße des Gran Paradiso fährt. Neben ihm sitzt Mark. Wolf beginnt ein Gespräch mit ihm.

Wolf: Sag mal, von wo an bist du eigentlich gelähmt? [...]
Mark [*aggressiv*]: Das geht dich 'nen Scheißdreck an.
Mark [*ruhig*]: Ich würde ein bisschen freundlicher zu mir sein. Ich meine, glaubst du, ich habe nichts anderes zu tun, als mit dir in Urlaub zu fahren? [...]
Mark [*aggressiv*]: Hättest ja nicht mitzufahren brauchen.
Wolf: Sei doch froh. Ohne mich kommst du da sowieso nicht hoch. [...]

▶ **Vor der Almhütte** (1:01:31 – 1:05:20)

Mark sitzt vor der Almhütte und schaut sich durch ein Fernglas zwei Bergsteiger an, die sich in einer Bergwand befinden.

Wolf: Hey.
Mark: Hey. [...] [*Er wendet sich an Wolf.*] Wie lange hast du noch?
Wolf: Knast?
Mark: Hm.
Wolf: Eigentlich noch zwei Jahre, aber ich komme in drei Wochen wegen guter Führung raus.
Mark: Schon komisch. Ich habe lebenslänglich.
Wolf: Wie ist das passiert?
Mark: Motorradunfall. Wir überholen 'ne Kolonne Laster. Einer kam rüber. Eingepennt, der Fahrer. Mein Vater war sofort tot. Wir waren auf dem Weg zum Gran Paradiso. [*Pause.*] Und du? Warum sitzt du im Knast?
[*Wolf erzählt, wie er auf der Flucht nach einem Raubüberfall auf einen Polizisten geschossen hat.*]
Mark: Du hast einfach geschossen?
[*Wolf dreht sich herum und geht.*]

▶ **Flucht?** (1:14:27 – 1:17:48)

Wolf hat in einem Biwak einen der beiden Bergsteiger, die Mark und er in der Bergwand beobachtet hatten, zusammengeschlagen, weil dieser sich der geistig behinderten Rosi gegenüber unverschämt und provozierend verhalten hat. Damit ist klar, dass er nicht frühzeitig aus dem Gefängnis kommen wird, sondern zwei weitere Jahre einsitzen muss. Mark kommt in seinem Rollstuhl an Wolfs Bett gefahren.

Wolf: Hey.
Mark: Was ist los?
Wolf: Ich kann nicht schlafen.
Mark: Warum?
Wolf: Ich schaff' das nicht. Noch zwei Jahre länger. [...]
Mark: Hast du schon mal vorgehabt, abzuhau'n?
Wolf: Rat' mal, warum ich nicht schlafen kann? Mit dem Schiff nach Argentinien. Und da irgendwo auf einer Hazienda arbeiten. [...]
Mark: Warum tust du es nicht?
Wolf: Und der Gipfel?
Mark: Es gibt Wichtigeres im Leben.
Wolf: Du willst mich wohl loswerden.
Mark: Natürlich. [*Er gibt Wolf die Autoschlüssel eines Betreuers, die er geklaut hat, damit Wolf flüchten kann. Wolf nimmt die Schlüssel nicht an.*]

▶ **Die Gipfelbesteigung** (1:31:36 – 1:34:17)

Wolf trägt Mark auf den Gipfel des Gran Paradiso

Aufgaben

1 Beschreibt anhand der Bilder, was es heißt, ein Außenseiter zu sein. Welche anderen Typen von Außenseitertum kennt ihr noch? ➜ M1

2 Was glaubt ihr, wie Fridolin sich in seiner neuen Klasse fühlt? Wie könnte es gelingen, ihn in die Klassengemeinschaft einzugliedern? ➜ M2

3 Wie stehen Mark und Wolf am Anfang der Reise zueinander? Wodurch wird deutlich, dass sie am Ende des Films zu Freunden geworden sind? ➜ M3

Der Mensch in der Gemeinschaft

M1 Einer für alle, alle für einen

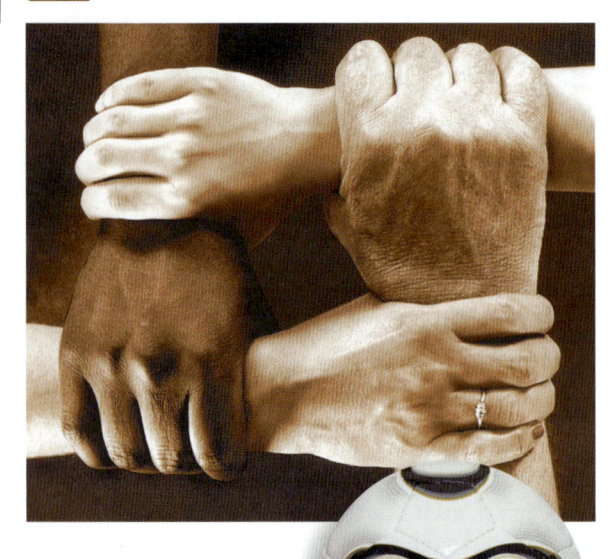

Fußball
ist unser Leben,
denn König
Fußball regiert die Welt.
Wir kämpfen und geben alles,
bis dann ein Tor nach dem andern fällt.
Ja einer für alle, alle für einen,
wir halten fest zusammen. […]
Ein jeder Gegner will uns natürlich schlagen,
er kann's versuchen, er darf es ruhig wagen,
doch sieht er denn nicht,
dass 100.000 Freunde zusammenstehen?

Lied der deutschen Fußballnationalmannschaft zur WM 1974

M2 Willi wird nicht verraten!

Die Mädchenbande „Die wilden Hühner" und die Jungenbande „Die Pygmäen" sind eigentlich nicht gut aufeinander zu sprechen. Aber jetzt hat Willi eine Dummheit gemacht und ist aus Furcht vor seinem Vater, der ihn schon öfter geschlagen hat, von zuhause weggelaufen. Als Willis wütender Vater in der großen Pause auf den Schulhof kommt, um von den Kindern zu erfahren, wo Willi sich versteckt hat, halten „Hühner" und „Pygmäen" zusammen.

„Wo ist er?", schnauzte Willis Vater und steckte sein Taschentuch wieder weg. „Wo ist Willi? Ihr wisst doch, wo er sich versteckt hat. Raus damit, oder ich schnapp mir jeden Einzelnen von euch." Drohend machte er einen Schritt vor.

Hühner und *Pygmäen* rückten eng, ganz eng zusammen.

„Können Sie nicht zählen?" Friedas Stimme zitterte nur ein ganz kleines bisschen. „Wir sind acht. Da nützt Ihnen Ihre Größe gar nichts. Und wenn … wenn …", das Zittern wurde stärker, weil Frieda so furchtbar wütend war, „wenn Sie Fred noch mal so durchschütteln, dann …"

„Was dann?", fragte Willis Vater. „Ich werd ja wohl fragen dürfen, wo mein Sohn ist, oder? Was glaubt der, wie lange ich mir das noch gefallen lasse, dass er nicht nach Hause kommt. Denkt er, ich löffel für ihn aus, was er sich eingebrockt hat?"

„Versprechen Sie denn, ihn nicht anzurühren, wenn er zurückkommt?", fragte Wilma.

Sprotte und Fred stießen ihr den Ellbogen fast gleichzeitig in die Seite, aber da war es schon raus.

„Na, seht ihr. Ihr wisst, wo er steckt. Dachte ich's mir doch." Willis Vater grinste selbstzufrieden und klopfte sich etwas Dreck vom Jackenärmel. „Los, raus damit. Mit jeder Minute, die ich hier rumstehe, wird der Ärger nur größer."

Feindselig starrten *Hühner* und *Pygmäen* ihn an.

„Und wenn der da rumsteht, bis er Moos ansetzt", murmelte Torte. „Nicht mal Hühner verraten ihre Freunde, oder?"

Cornelia Funke

6 Wie funktioniert Gemeinschaft?

M3 Kooperationsspiele

1. Die Gruppe trägt mich (Vertrauen)

Teilnehmer und Teilnehmerinnen: mindestens 20, Dauer: ca. 20 Minuten, Alter: ab 10 Jahre

Aus Sicherheitsgründen sollen die Teilnehmer und Teilnehmerinnen vor Beginn des Spiels Schmuck, Gürtel und andere scharfkantige Dinge ablegen.
Die Teilnehmer legen sich dicht nebeneinander auf den Boden, wie in einer Ölsardinendose mit dem Gesicht nach unten. Der erste Wellenreiter legt sich quer auf die Rücken der ersten Teilnehmer. Sogleich setzt sich die Welle in Bewegung: Die auf dem Boden liegenden Teilnehmer drehen sich einmal um sich selbst und versuchen mit dieser Bewegung, den Wellenreiter voranzuschieben. Von vorne beginnend drehen sich nun alle, die den Wellenreiter auf ihrem Rücken haben, in dieselbe Richtung, so dass dieser irgendwann hoffentlich sanft an das andere Ende, den Meeresstrand „gespült" wird.

2. Eine Gruppe ist nur eine Gruppe, wenn sie als Gruppe kooperiert (Koordination)

Teilnehmer und Teilnehmerinnen: mindestens 2, Dauer: ca. 20 Minuten, Alter: ab 10 Jahre

Die Teilnehmer beginnen zu zweit. Rücken an Rücken sitzen sie auf dem Boden und haken die Arme ein. Nun sollen sie gemeinsam aufstehen. Mit ein wenig Übung müsste es klappen. Nach dem ersten geglückten Versuch kommt eine dritte Person hinzu. Die drei versuchen ebenfalls, Rücken an Rücken und eingehakt, aufzustehen. Ist auch dies gelungen, wird weiter aufgestockt.

3. Gerettet (Kooperation)

Teilnehmer und Teilnehmerinnen: 10–30, Dauer: ca. 30 Minuten, Alter: ab 10 Jahre

Schiffbrüchige schwimmen im Meer. Sie drohen zu ertrinken. Da treibt in rascher Geschwindigkeit ein Floß vorbei. Ob es allen Schiffbrüchigen gelingt, auf das Floß zu kommen? Nach rascher Musik „schwimmen" die Spieler durch den Raum. In der Mitte befinden sich einige Stühle oder Bänke (davon höchstens so viele wie Mitspieler). Bricht die Musik ab, müssen alle Mitspieler versuchen, auf die Sitzgelegenheiten zu gelangen – und zwar so, dass kein Spieler mit den Füßen den Boden berührt. Die Kooperationsaufgabe besteht darin, dass alle auf dem „Floß" einen Platz erhalten sollen. Gelingt dies, wird das Spiel erneut gestartet – diesmal mit einer Sitzgelegenheit weniger.

M4 Das Gleichnis vom Körper und dem Magen

Man beschloss also, den Menenius Agrippa als Sprecher zum Volk zu schicken. Er verstand es, zu reden und war bei den Bürgern, aus deren Mitte er selbst stammte, sehr beliebt. Er [...] soll [...] Folgendes erzählt haben:

Einst war im Menschen noch nicht alles so harmonisch wie heute. Jedes Glied hatte seinen eigenen Willen, seine eigene Sprache. Da ärgerten sich die übrigen Glieder, dass sie nur für den Magen sorgten, für ihn arbeiteten und alles heranholten. Der Magen aber liege ruhig in der Mitte und tue nichts anderes, als sich mit den herangebrachten Dingen zu sättigen.

Die Glieder beschlossen also: Die Hände sollten keine Nahrung zum Munde führen, der Mund solle das Gebotene nicht nehmen, die Zähne nicht zerkauen. In dieser Zeit, in der sie den Magen durch Hunger zwingen wollten, wurden die Glieder selbst und der ganze Körper völlig schwach und elend.

Da sahen sie ein, dass auch die Aufgabe des Magens nicht die Faulheit war. Ebenso, wie er ernährt wurde, stärkte er auch wieder. Das durch die Verarbeitung der Nahrung erzeugte Blut, wodurch wir leben und gedeihen, verteilte er in alle Adern bis in alle Glieder des Körpers.

Titus Livius

Aufgaben

1 Was wird durch die Bilder und den Text ausgedrückt? Übrigens: Der abgebildete Fußball der WM 2006 trug den Namen „Teamgeist". → M1
2 Wie halten Pygmäen und Wilde Hühner zusammen? → M2
3 Kennt ihr andere Situationen, in denen es angebracht ist, zusammenzuhalten? → M2
4 Führt die Spiele durch und sprecht über eure Erfahrungen dabei. → M3
5 Welche Dinge, die für eine Gemeinschaft wichtig sind, werden durch diese Spiele angesprochen? → M3
6 Wie stellt Menenius sich eine Gemeinschaft vor? → M4
7 Malt ein Bild, wie ihr euch Gemeinschaft vorstellt. → M4

Der Mensch in der Gemeinschaft

7 **M1** **Brückenbauer**

philopraktisch: Helena, du machst bei dem Projekt „Brückenbauer" mit. Kannst du uns etwas darüber erzählen?

Helena: Das Projekt, bei dem ich mitmache, heißt „Brückenbauer – Jugendliche helfen älteren und behinderten Menschen". Mein Team „Sch'cool" von der Realschule Weil am Rhein unternimmt z. B. Ausflüge mit geistig behinderten Menschen. Ich glaube, wir waren bisher 75-mal unterwegs: unter anderem haben wir Hausbootfahrten gemacht, mehrtägige gemeinsame Freizeiten und einige Wochenendausflüge, die von uns Schülern mit großem Aufwand finanziert wurden.
Für Senioren haben wir PC-Kurse angeboten. Außerdem haben wir selbstgemachte Filme und Diashows in der Volkshochschule und im Seniorenkreis gezeigt.

philopraktisch: Macht ihr sonst noch etwas?

Helena: Ja. Wir haben z. B. in der „Stiftung Altenpflege" mitgeholfen, als sie Unterstützung brauchten. Wir haben auch beim Bau eines Rollstuhl-Parcours mitgewirkt, der Nicht-Behinderte auf die Schwierigkeiten von Rollstuhlfahrern aufmerksam machen soll.

philopraktisch: Warum machst du das alles?

Helena: Helfen ist etwas Schönes. Wenn ich mithelfen kann, dass es anderen Menschen besser geht, macht mich das richtig glücklich.

M2 **Und was ist eigentlich ein Idiot?**

Perikles

Ein **Idiot** ist nicht das, was ihr euch darunter vorstellt.

Als Idioten haben wir im alten Griechenland einen Menschen bezeichnet, der sich **nicht** für die Gemeinschaft einsetzte, sondern sich nur um seine **Angelegenheiten** kümmerte. Bei uns in Athen war es üblich, dass jeder freie Mann sich für seine Stadt **interessierte** und für das Wohl der **Gemeinschaft** eintrat. Deshalb habe ich gesagt: „Wer an den Dingen der Stadt keinen Anteil nimmt, ist kein stiller, sondern ein **schlechter** Bürger."

M3 **Das Kinderparlament von Rajasthan**

Tagsüber hütet die dreizehnjährige Neraj Jath Ziegen in der dürren, ausgetrockneten Felslandschaft am Rand der Wüste Thar. Nach Sonnenuntergang besucht sie die Abendschule ihres kleines Dorfes. Und in ihrer knappen Freizeit ist sie Ministerin für Ackerbau und Viehzucht im Parlament der Kinder von Rajasthan. Der Bundesstaat Rajasthan im Nordwesten Indiens gehört zu den unwirtlichsten Regionen des Landes. Am Rand der Wüste Thar ist es trocken, die Menschen gelten als rückständig und arm. Und doch hat sich hier ein Projekt entwickelt, das in ganz Indien einmalig ist: Damit die Kinder die Bedeutung von Demokratie und Rechtsstaatlichkeit erlernen, wurde das Parlament der Kinder gegründet. Die Idee entstand in den Abendschulen, die in den 1970er Jahren auf Initiative der nichtstaatlichen Organisation *Barefoot-College (Barfuß-Schule)* mit Unterstützung der UNESCO eröffnet wurden. Diese Schulen waren für Kinder gedacht, die tagsüber mit ihren Familien arbeiten mussten. Heute, nach über 25 Jahren, gibt es in der Region rund 150 Abendschulen mit über 3.000 Schülern.

7 Sich für die Gemeinschaft einsetzen

Eine davon ist die dreizehnjährige Neraj Jath, die im Kinderparlament zur Landwirtschaftsministerin gewählt wurde. In ihrem Amt kümmert sie sich etwa um die Ausstattung der Schulen und die Wasserversorgung in den Dörfern. Ihre Eltern sind stolz auf die junge Politikerin, die ihnen mittlerweile nicht nur Kenntnisse im Lesen und Schreiben voraushat, sondern auch unter den Erwachsenen im Dorf Respekt genießt. Gleichwohl muss Neraj zuhause ganz alltägliche Pflichten erledigen: Sie bäckt Chapati-Fladen, versorgt und melkt die Kühe und Ziegen und erledigt mit ihrer Mutter die Wäsche. Als Ministerin ist ihr Aufgabenbereich ungleich größer: Sie überwacht die Abendschulen, prüft, ob die Lehrer zuverlässig unterrichten, kümmert sich um defekte Schullampen und Wasserpumpen. Ihre Zuständigkeit geht über die Abendschulen hinaus.

Das derzeitige Hauptproblem der Menschen der Region und damit auch von Ministerin Neraj ist die lang anhaltende Dürre, die dazu geführt hat, dass die letzten Wasserreserven nicht gleichberechtigt unter den Familien und Kasten verteilt werden. So hat Neraj den Einfall, das traditionelle rajasthanische Puppentheater für ihre Ziele einzusetzen. Die Puppenspieler sollen Szenen aufführen, die den Dorfbewohnern zeigen, wie sie das kostbare Wasser sparen oder Zisternen bauen können. Davor jedoch muss sie den Ältestenrat des Dorfes überzeugen. Und das wird zur eigentlichen Herausforderung für Neraj. Denn in der traditionsverhafteten Gesellschaft Rajasthan zählt das Wort einer Frau wenig. Wird es da ein dreizehnjähriges Hirtenmädchen schaffen, die alten Männer für ihre Idee zu gewinnen?

www.geo.de

Aufgaben

1 Wofür setzt Helena sich ein? Warum ist sie eine „Brückenbauerin"? ➔ M1
2 Erklärt, wer im antiken Griechenland als „Idiot" bezeichnet wurde. ➔ M2
3 Was bedeutet das Zitat von Perikles: „Wer an den Dingen der Stadt keinen Anteil nimmt, ist kein stiller, sondern ein schlechter Bürger." ➔ M2
4 Versuche einen ganz normalen Tag im Leben von Neraj Jath zu beschreiben. ➔ M3
5 Warum hat man in Nerajs Dorf ein Kinderparlament eingerichtet? ➔ M3
6 Auch in Deutschland gibt es in vielen Städten Kinderparlamente. Informiere dich im Internet und stelle ein solches Parlament näher vor (Gruppenarbeit). Vielleicht gibt es auch eines in eurer Stadt oder in eurer Nähe. Dann vereinbart doch einmal einen Besuch dort. ➔ M3
7 Könntest du dir vorstellen, auch in einem solchen Kinderparlament mitzuarbeiten? Begründe deine Meinung. ➔ M3

Projekt: UNICEF-JuniorBotschafter-Wettbewerb

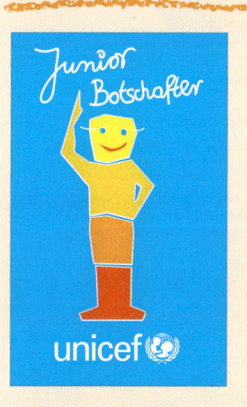

Eins haben alle Kinder der Welt gemeinsam: ihre Rechte. Fast alle Staaten haben die UN-Kinderrechtskonvention unterzeichnet und damit den Kindern versprochen, ihre Rechte zu achten. Aber auch heute noch werden Kinder in vielen Teilen der Welt benachteiligt, ausgebeutet und misshandelt. Und auch bei uns gibt's noch viel zu tun, damit Deutschland wirklich kinderfreundlich wird.

Auch ihr könnt aktiv werden: Welches Thema berührt euch besonders? Was findet ihr ungerecht – und was könnt ihr dagegen tun? Was muss passieren, damit eure Stadt zu einem besseren Ort für Kinder wird? Macht mit und engagiert euch als UNICEF-JuniorBotschafter. Mit der stärksten Aktion könnt ihr sogar UNICEF-JuniorBotschafter des Jahres werden – allein, im Team oder mit eurer Klasse.

Umgang mit Konflikten

1 **M1** Beste Freundinnen

Melli: „Hi Jana!"

Die zwei besten Freundinnen Jana und Melli treffen sich.

Jana: „Hi Melli, na wie geht´s?"

Melli fragt Jana, wo sie gestern Abend war, weil sie doch eigentlich bei ihr vorbeikommen wollte.

Jana erzählt von ihrem gestrigen Abend:

„Ich war bei Franzi, wir hatten echt Spaß. Zuerst sind wir total abgechillt, dann haben wir den spitzenmäßigen Wellness-Abend gemacht und zuletzt noch ein Video angeschaut."

Melli ist jetzt ziemlich verärgert:

„Ich dachte immer, du bist meine Freundin. Warum triffst du dich mit Franzi?"

Jana: „Ich kann doch so viele Freunde haben, wie ich will. Und ich muss nicht immer nur was mit dir machen."

Melli: „Aber du kannst mich doch nicht einfach total vergessen. Ich habe auf dich gewartet, du blöde Kuh!"

Und jetzt werden die beiden richtig böse und sagen sich fiese Sachen und Ausdrücke.

Melli rennt beleidigt zur Tür hinaus. Jana lässt sie einfach gehen.

1 Schon wieder Streit?

M2 Streitgefühle

> Wenn ich sauer bin, tut mir der Bauch richtig weh. Oder ich schwitze ganz doll und kriege keine Luft mehr. Mir wird ganz heiß unter den Füßen, und ich fühle mich, als würde ich gleich in die Luft gehen.
>
> *Klemens, 11*

> Wenn man streitet, ist man richtig wütend auf den anderen, man schreit ihn an und schubst ihn vielleicht auch.
>
> *Sven, 12*

> Wenn ich wütend bin, habe ich ein mulmiges Gefühl im Bauch. Da würde ich am liebsten gerade ausrasten. Dann habe ich eine riesige Wut in mir. Und kann an nichts anderes denken als an meine Wut.
>
> *Birte, 10*

> Wenn ich aggressiv bin, bin ich sehr wütend und würde am liebsten um mich schlagen. Ich schreie rum und knalle Türen zu. Ich bin halt richtig sauer.
>
> *Robert, 11*

nach Kristin Holighaus

M4 Sprichwörter

- Wer gern zankt, findet leicht eine Ursache.
- Wenn der eine nicht will, können zwei nicht miteinander streiten.
- Zanken zwei, so haben beide Unrecht.
- Man sollte nie im Streit auseinandergehen.
- Pack schlägt sich, Pack verträgt sich.
- Ein Streit ist leicht angefangen, aber schwer beendet.
- Der klügere gibt nach.
- Wenn zwei sich streiten, freut sich der dritte.

M3 Streit oder kein Streit?

1. Christine sieht schlecht und muss eine dicke Brille tragen. Ralf lacht sie immer aus. Eines Tages wehrt sich Christine und gibt Ralf eine Backpfeife.
2. Bei den Bundesjugendspielen laufen Jan, Philipp und Marco im 100-Meter-Lauf um die Wette. Jan will auf jeden Fall gewinnen.
3. Erik und Tom spielen Tischtennis auf dem Schulhof. Sie wollen Ahmet und Peter nicht mitspielen lassen, woraufhin die beiden sich einfach dazwischen stellen. Es beginnt eine Rauferei.
4. David und Sahand sind in Mathematik die Besten in der Klasse. Sie lachen über andere, die nicht so schnell rechnen können. Tina ärgert sich darüber, sagt aber nichts.
5. Bei einem Boxkampf um die Weltmeisterschaft im Schwergewicht ist es so hoch hergegangen, dass beide Gegner schon bluten. Aber sie machen weiter.
6. Michael stellt Eike absichtlich ein Bein. Eike fällt hin, steht auf und geht Michael an den Kragen. Der sagt, er habe nur Spaß gemacht und es tue ihm leid.

Aufgaben

1. Melli und Jana streiten sich. Wer hat angefangen, wer hat Schuld an dem Streit? ➔ M1
2. Musste es zu diesem Streit kommen oder hätten Melli und Jana ihn vermeiden können? Wenn ja, wie? ➔ M1
3. Sprecht über die Gefühle, die die Kinder äußern. Wie kann man mit ihnen umgehen? ➔ M2
4. Markiert im Raum eine Linie von der Tafel (Streit) bis zur Rückwand des Raumes (keine Streitgefahr). Stellt euch nach dem Vorlesen der einzelnen Situationen so an die Linie, dass euer Platz die Situation auf der Skala zwischen „Streit" und „keine Streitgefahr" anzeigt. Sprecht anschließend über eure Einschätzungen. ➔ M3
5. Was heißt für dich überhaupt Streiten? Sammelt gemeinsam Erkennungsmerkmale. ➔ M1-M3
6. Baut ein Standbild, das Streit darstellt. Vergleicht eure Beobachtungen dazu mit den zuvor gefundenen Merkmalen (Aufgabe 5). ➔ M1-M3
7. Schlagt in einem Lexikon die Stichwörter „Konflikt" und „Streit" nach und schreibt auf, worin der Unterschied besteht. ➔ M1-M3
8. Kennt ihr Situationen, auf die die Sprichwörter zutreffen? Erzähl. ➔ M4

Umgang mit Konflikten

2

M1 Calvin und Susi

Bill Watterson

M2 „Neben dem Fischkopf will ich nicht sitzen!"

Lola ist neu in der Klasse. Sie hat es dort nicht leicht und bislang auch noch keine Freundin gefunden. Dabei ist es ihr sehnlichster Wunsch, eine beste Freundin zu haben. Frau Wiegelmann hat sie neben Flo gesetzt, deren Mutter in einer Fischbude arbeitet.

Am nächsten Tag bekamen Annalisa und Frederike Streit. Vielleicht war Annalisa ja sauer, dass Frederike in den Pausen jetzt mit mir spielte. Jedenfalls zischten sich die beiden in der fünften Stunde ständig an. Als Annalisa Frederikes Federmäppchen vom Tisch schubste, klatschte Frau Wiegelmann die Hände zusammen. Das macht sie immer, wenn es laut wird. „Hey!", rief sie. „Was ist denn bei euch beiden los?"
„Frederike nimmt mir den ganzen Platz weg", schimpfte Annalisa.
„Gar nicht wahr", rief Frederike. „Du machst dich doch selber so breit."
„Nein, du!" „Nein, du!" Jetzt flog auch Annalisas Federmäppchen vom Tisch.

Sila und Riekje kicherten. [...]
Frau Wiegelmann ging zu den beiden an den Tisch.
„Ich will woanders sitzen", hörte ich Frederike sagen.
„Neben Lola."
Frau Wiegelmann schwieg. Dann sah sie zu mir. Ich nickte so heftig, dass mir fast der Kopf abfiel. „Also gut", entschied sie schließlich. „Wenn Flo einverstanden ist, kannst du mit ihr den Platz tauschen, Frederike."
Ich sah zu Flo. Die presste ihre Lippen zusammen. Aber da schrie Annalisa los. „Nö", rief sie und verschränkte beide Arme vor der Brust. „Neben dem Fischkopf will ich nicht sitzen!"
Flo knallte ihren Stift aufs Pult. „Ich bin kein Fischkopf, du blöde Kotzgurke!", brüllte sie mit einer erstaunlich lauten Stimme.
„Bist du wohl!", schrillte Annalisa zurück. „Du stinkst nach Fischfett, genau wie deine Mutter."
Flo sprang auf, stürzte auf Annalisa zu und knallte ihr KLATSCH die flache Hand ins Gesicht. [...]
Frau Wiegelmann griff Flo am Arm. „Du setzt dich sofort wieder auf deinen Platz", befahl sie.
Dann wandte sie sich an Annalisa. „Und du überlegst dir mal, was mehr wehtut. Eine Ohrfeige oder ein so gemeiner Satz!"
Annalisa funkelte Frau Wiegelmann böse an, und Flo setzte sich wieder neben mich. Sie zitterte richtig vor Wut. [...]
Frau Wiegelmann stand schon wieder an ihrem Pult. „Nach den Sommerferien könnt ihr euch umsetzen", sagte sie. „Bis dahin bleibt jeder an seinem Platz. Und jetzt holt die Hefte raus. Wir schreiben ein Diktat."
Ein Stöhnen ging durch die Klasse.

Isabel Abedi

M3 „Trau dich doch!"

Fröhlich begann Tom wie ein Vogel zu trillern [...], als plötzlich ein Fremder vor ihm stand, ein [gut gekleideter] Junge, etwas größer als er selbst. [...] Es lag etwas Städtisches in seinem Aussehen, was Tom bis ins Innerste reizte. Je länger Tom dieses elegante Wunder anstarrte, desto schäbiger kam er sich selbst vor. Keiner von beiden sprach ein Wort, aber sie ließen sich nicht aus den Augen. Sobald sich der eine bewegte, bewegte sich auch der andere, jedoch nur

2 Wie Jungen und Mädchen streiten

seitlich, immer im Kreis herum. Schließlich brach Tom das Schweigen. „Ich kann dich verprügeln!", sagte er. „Versuch's doch mal!", erwiderte der Fremde. „Ich kann's!" „Nein, das kannst du nicht!" „Und ob ich das kann!" „Nein!" „Doch!" „Nein!"

Eine unbehagliche Pause entstand. Darum fragte Tom: „Wie heißt du?" „Das geht dich gar nichts an!" „Wirst schon sehen, dass es mich was angeht!" „Na gut, dann zeig's mir doch!" […] „Du hältst dich wohl für besonders schlau, was? Ich könnte dich sogar mit einer Hand verdreschen, wenn ich wollte!" „Dann tu's doch endlich und rede nicht immer davon!" „Wenn du mich noch länger nervst, mach ich's!" „So, so, da sind mir schon ganz andere untergekommen!" […]

Es entstand eine weitere Pause. Schweigend umkreisten sich die beiden Gegner. Auf einmal standen sie Schulter an Schulter. „Verzieh dich endlich!", sagte Tom. „Verzieh dich doch selber!" „Hab aber keine Lust!" „Ich auch nicht!"

Mit rot erhitzten Gesichtern standen sie da, jeder ein Bein zur Seite gestemmt, und versuchten, sich gegenseitig wegzudrücken. Sie starrten sich hasserfüllt an. Doch keiner von beiden gab nach, keiner gewann einen Vorteil. […] Mit seinem großen Zeh zog Tom einen Strich in den Straßenstaub. „Einen Schritt drüber, und ich verhaue dich, dass du nicht mehr stehen kannst!", sagte er. Natürlich trat der Fremde über den Strich. Höhnisch sagte er: „So, jetzt zeig, was du kannst!" „Ich warne dich, reiz mich nicht! Für zwei Cents mache ich's sofort!" Der fremde Junge griff in seine Hosentasche und holte zwei Münzen heraus, die er Tom unter die Nase hielt. Tom schlug sie ihm aus der Hand.

Im nächsten Augenblick wälzten sich die beiden Jungen am Boden, ineinander verkrallt wie zwei Katzen. Sie rissen sich an den Haaren, schlugen und kratzten sich gegenseitig, zerrten an den Kleidern und bedeckten sich mit Dreck und Ruhm. Endlich nahm der verschlungene Kampfknoten erkennbare Formen an, Tom saß rittlings auf dem Neuen und bearbeitete ihn heftig mit den Fäusten. „Sag, dass du genug hast!", rief er. Der Fremde schlug um sich und versuchte, sich zu befreien. Er heulte vor Wut. „Sag genug!" Die Schläge prasselten weiter. Schließlich stieß der Junge ein halb ersticktes „.... nug" aus und Tom ließ unverzüglich von ihm ab. „Das wird dir eine Lehre sein!", keuchte er. „Besser, du passt nächstes Mal auf, mit wem du dich einlässt!" Heulend und schniefend lief der neue Junge davon und klopfte sich den Staub aus seinen zerfetzten Kleidern. Ab und zu wandte er sich um und stieß wilde Verwünschungen aus, was er das nächste Mal mit Tom alles anstellen würde. Tom antwortete nur mit Hohngelächter.

Bester Laune machte er sich auf den Heimweg. Doch kaum hatte er sich umgewandt, schnappte sich der Neue einen Stein und schleuderte ihn auf Tom. Er traf Tom genau zwischen den Schulterblättern. […] Der Fremde rannte, so schnell er konnte, davon. Tom verfolgte den Verräter bis zu seinem Haus, doch der Feind befand sich bereits in Sicherheit und streckte Tom durch die Fensterscheibe die Zunge heraus. Einige Zeit wartete Tom noch am Zaun und forderte den Fremden heraus. Doch schließlich erschien dessen Mutter, nannte Tom einen ungezogenen, bösartigen und gefährlichen Jungen und jagte ihn fort. Wütend trollte sich Tom. Er schwor bittere Rache. *Mark Twain*

---

1 An die Mädchen: Lasst ihr die Jungen bei euch mitspielen? An die Jungen: Lasst ihr Mädchen bei euch mitspielen? Ist es wegen dieser Frage schon zu Streit gekommen? → M1

2 Wie entwickelt sich der Streit zwischen Annalisa und Flo? Worum geht es in dem Streit? → M2

3 Wie könnte dieser Streit beigelegt werden? Zeigt eure Ideen in Rollenspielen. → M2

4 Aus welchem Grund streiten sich Tom und der Fremde? → M3

5 Beschreibt die Entwicklung und das Ende des Streits. → M3

6 Streiten Mädchen anders als Jungen? Geht von den Geschichten aus und vergleicht sie mit eigenen Erfahrungen. → M1-M3

Umgang mit Konflikten

M1 Was Eltern so sagen

> KANNST DU NICHT AUFPASSEN?!

> MUSST DU DEINE KLAMOTTEN IMMER SO VERSAUEN!?

> DEIN ZIMMER SIEHT AUS WIE EIN SAUSTALL!

> EINE 5? HAST DU DENN WIEDER KEINE VOKABELN GEÜBT?

> WO BIST DU DIE GANZE ZEIT GEWESEN? WIR HATTEN GESAGT, DASS DU UM SECHS UHR ZU HAUSE BIST!

> ???

> JETZT MACH ENDLICH DEINE HAUSAUFGABEN!!!!

> ???

M2 Unter Geschwistern

Geschwister leben meist zusammen und treffen in ihrem Zuhause mit ihren Interessen und Eigenarten aufeinander. Das kann sehr schön sein, weil man nicht allein als Kind in der Familie ist. Es kann aber auch zu Konflikten kommen, weil man sich nervt. Hier einige Sätze, wie sie unter Geschwistern fallen könnten:

„Mama, Julia stört uns immer beim Spielen!"

„Nie lässt du mich mit deinen Sachen spielen!"

„Immer spielst du mit meinen Sachen!"

„Raus hier, das ist mein Zimmer!"

„Mama, Kevin hat meine Schokolade aufgegessen!"

„Papa, die Susi hat mein Auto kaputt gemacht!"

„Gib das her! Das ist meins!"

„Lass mich in Ruhe!"

„Du darfst ja immer alles, ich nie!"

„Papa hat gesagt, das darfst du nicht!"

„Du bist so gemein!!"

3 Immer Ärger zu Hause

M3 „Andrea, wie konntest du nur!"

Andreas Mutter hat sich von ihrem Mann getrennt und lebt nun mit ihrer Tochter, die meist Andy genannt wird, bei ihrem neuen Freund und dessen Tochter Katie.
Katie ist wenig begeistert über ihre neue „Schwester", mit der sie sich ihr Zimmer teilen muss. Katie betritt das gemeinsame Zimmer:

„Wann haust du endlich wieder ab und gehst zu deinem langweiligen alten Papa? Es hängt mir zum Hals raus, dass du deine blöden Sachen im ganzen Zimmer verteilst. Deine Mutter meint es doch hoffentlich nicht
5 ernst, oder? Du bleibst doch jetzt nicht immer und ewig hier, oder?" Ich tauchte mit rotem Gesicht [unter der Bettdecke] auf. „Ich weiß nicht", murmelte ich. Katie schob ein Video ins Gerät und drückte auf den Knopf. [...] Katie drückte auf *Fast Forward*, sodass
10 Andy-Pandy und Teddy [, zwei Fernsehfiguren,] wie verrückt herumhampelten. Sobald sie den Korb sah, stoppte sie den Film. „Zeit, in deinen Korb zu springen, Andy". [...] „Hast du verstanden, Andy-Pandy? Falte deine scheußlichen langen Arme und Beine
15 zusammen und stopf deinen dicken Kopf in den Korb, verstanden? Ich schicke dich mit der Post zu deinem Papa. Aber wenn erst das Baby geboren ist, haben sie dort natürlich auch keinen Platz mehr für dich. Dann musst du für immer in deinem Korb bleiben. Weil
20 dich nämlich niemand haben will." „Sie wollen mich *doch* haben", krächzte ich. „Meine Mum will mich. Mein Dad will mich. [...] Sie wollen mich beide haben." „Oh, nein", sagte Katie. [...] „Dein Vater will seine neue Dame. Deine Mutter will meinen Vater. Sie wollen die
25 anderen, nicht dich." „Halt die Klappe!", schrie ich und versuchte sie vom Bett aus zu schlagen.
Es war nur ein schlabbriger Schubs. Er hätte ihr nie wehtun können. Aber sie fing sofort zu kreischen an und Mum kam gelaufen. „Was ist denn jetzt schon
30 wieder los?", schrie meine Mutter und hielt Katie fest. „Andy hat mir ein Auge ausgestochen, es tut so weh!", jammerte Katie.
„Andrea! [...] Ich lasse es nicht zu, dass du die arme Katie schikanierst! Komm her, Katie, lass mal sehen!
35 Dein Auge ist in Ordnung. Obwohl ... ach ... ein bisschen rot ist es schon. Andrea, wie konntest du nur!"
„Ich hab ihr doofes Auge nicht angefasst", sagte ich wahrheitsgemäß. [...] Ich versuchte meiner Mutter alles zu erklären [...]. Sie war sehr, sehr böse. Dann kam der Affe nach Hause. Ich lauschte ängstlich, als
40 sie ihm alles erzählte. Und Katie fing wieder an zu heulen, damit er Mitleid mit ihr hatte und sie streichelte. Dann kam er zu mir ins Zimmer. Ich hatte große Angst. Ich beschloss auch ihm ein Auge auszustechen, wenn er mich anbrüllte oder schlug. Er hatte
45 kein Recht, mit mir zu schimpfen. Er war nicht mein Vater. Plötzlich wollte ich nur noch meinen Vater haben und brach in Tränen aus.
„Also, ich freue mich jedenfalls zu sehen, dass es dir Leid tut, Andrea", sagte er. „Und ich dachte, es wäre
50 so toll für euch beide, wo ihr doch im gleichen Alter seid und so weiter. Aber hör mir zu, Andrea [...], du musst aufhören Katie zu schlagen, sonst tust du ihr wirklich mal richtig weh. [...] Es hätte wirklich schlimm ausgehen können, weißt du? Ich will nicht, dass meine
55 Kleine verletzt wird. Sie ist ein liebes Mädchen gewesen und lässt dich in ihrem Zimmer schlafen und mit ihren Sachen spielen. Also versuche ein bisschen dankbar zu sein, Andrea. [...] Aber du musst lernen dich zu beherrschen, meine Liebe." In diesem Moment konn-
60 te ich mich nur mit allergrößter Mühe beherrschen. Ich wollte schreien und treten und zuschlagen und toben, weil es nicht fair war. Katie tut mir immer viel mehr weh als ich ihr. Und ich will ja gar nicht in ihrem blöden Zimmer schlafen. Ich will mein eigenes
65 Zimmer wiederhaben [...]. Mein eigenes Zimmer mit meinen eigenen Sachen.

Jaqueline Wilson

Aufgaben

1 Worüber können Eltern und Kinder streiten? Ergänzt den Cartoon mit eigenen Ideen. → M1
2 Kennt ihr solche Sätze unter Geschwistern? Worüber könnte noch Streit entstehen? → M2
3 Ist Sich-streiten Familienalltag? → M1/M2
4 Welche Probleme haben Katie und Andy miteinander? → M3
5 Welche Rolle spielen die Erwachsenen in ihrem Streit? → M3
6 Versetze dich in die Lage von Andy und schreibe „deiner" Mutter einen Brief, in dem du deine derzeitige Situation schilderst und deine Gefühle zum Ausdruck bringst. → M3

Umgang mit Konflikten

4

M1 Drei Experimente

Schafft euch freien Raum (Tische beiseite räumen oder einen leeren Flur nutzen). Teilt dann den Kurs in zwei Gruppen auf und lasst sie von den entgegengesetzten Seiten des Raumes starten. Ziel ist es, die Seite zu erreichen, von der aus die andere Gruppe gestartet ist.

▶ **Versuch 1:**

Ihr seid alle gut gelaunt, entspannt und wollt nur irgendwie zur anderen Seite.

▶ **Versuch 2:**

Eine Gruppe verhält sich wie in Versuch 1. Die zweite Gruppe ändert ihre Haltung: Ihr seid genervt. Ihr seid jetzt schon so oft ausgewichen, irgendwann muss ja einmal Schluss sein! Jetzt können mal die anderen ausweichen. Wer entgegenkommt, hat eben Pech gehabt.

▶ **Versuch 3:**

Beide Gruppen verhalten sich wie die zweite Gruppe in Versuch 2.

M2 In der Fußgängerzone

Die Fußgängerzone gefällt den Mädchen. Hier ist immer etwas los. Ilka hat einen Arm um Nalans Schultern gelegt. Die andern machen Quatsch, schubsen und rempeln einander, sind ausgelassen,
5 lachen schrill. Ihnen kommen zwei gleichaltrige Mädchen entgegen. Sie tragen teure Markenklamotten. Die eine hat eine blonde Kurzhaarfrisur, die andere schulterlanges schwarzes Haar. Als die fünf an den Mädchen vorbeigehen, schauen sie diese her-
10 ausfordernd an. Die beiden lassen sich nichts anmerken. Sie gehen etwas schneller als vorher. Nalan löst sich von Ilka, gibt ihr einen leichten Stups in die Seite, bleibt stehen und schaut zurück. Sie sieht, dass die beiden Mädchen miteinander tuscheln. „Was habt
15 ihr gesagt?", ruft sie. „Ihr habt wohl über uns gequatscht!" Nun bleiben auch die anderen stehen und schauen den beiden nach, die noch schneller gehen, ohne nach hinten zu blicken. „Ich hab' mit euch geredet!", ruft Ilka. Die beiden reagieren nicht. Wie
20 auf Kommando laufen die fünf Mädchen zurück und umzingeln die beiden. „Ihr Schlampen wollt wohl eins draufkriegen?" Das Mädchen mit den schwarzen Haaren wirkt eher verärgert als ängstlich und sagt mit ein wenig zitternder Stimme: „Was wollt ihr denn? Wir haben euch doch gar nichts getan." „Ihr habt 25 über uns gequatscht", sagt Ilka in einem drohenden Ton. „Das lassen wir uns nicht bieten."
Während sie in eine ruhige Seitenstraße gedrängt werden, versuchen die beiden mit Schultern und Ellbogen, die Umzingelung zu durchbrechen, stoßen 30 aber auf massiven Widerstand. Schließlich schlüpft das Mädchen mit den kurzen Haaren durch den Ring, wird aber gleich von Emmi eingefangen und festgehalten. „Lass sie ja nicht los! ", sagt Ilka kalt. Sie schlägt dem Mädchen mit der Faust ins Gesicht. [...] 35

Währenddessen hat sich Nalan dicht vor das schwarzhaarige Mädchen gestellt. Linda hat sie fest im Griff. Das Mädchen tritt mit den Absätzen gegen Lindas Schienbeine. „Mach schon!", ruft Linda wütend. „Dir werden wir's zeigen", sagt Nalan mit heiserer Stim- 40
me. Sie packt die langen schwarzen Haare, wickelt sie mit einem Dreh um die Hand und reißt das Mädchen zu Boden. Linda lässt die am Boden Liegende los und tritt sofort zu. Das Mädchen krümmt sich, jammert vor Schmerz. 45
„He, was soll das?" Ein kräftig gebauter jüngerer Mann kommt auf sie zu. [...] „Was soll der Scheiß?"

Helmut Engels

4 Hochschaukeln

M3 Ärger beim Fußball

Nikos großer Bruder Kevin war mit seiner Clique beim Fußballspiel seines Lieblingsvereins. Als er abends spät nach Hause kommt, wacht Niko auf.

Niko hörte Geräusche im Flur: „Kevin?" Als er seine Zimmertür öffnete, sah er, dass Kevin ziemlich bleich war und auch merkwürdig guckte.

„Was war los? Habt ihr verloren?", fragte Niko. Aber er merkte gleich, dass mehr passiert sein musste.

„Wenn's doch nur das gewesen wäre!", sagte Kevin leise.

„Was ist passiert?"

„Na ja, du weißt ja, dass wir gerne die Fans der Gegner ein bisschen ärgern. Das macht immer ziemlichen Spaß. Aber heute ist irgendwie alles aus dem Ruder gelaufen."

„Habt ihr Ärger bekommen?"

„Ja! Nein! Also, ich weiß nicht."

„Mensch, erzähl doch endlich, was los war!", erwiderte Niko ungeduldig. Er war sehr beunruhigt, denn so aufgewühlt hatte er seinen coolen großen Bruder noch nie gesehen.

„Also, vor dem Spiel war eigentlich alles ganz lustig, weißt du, die üblichen Sprüche und Gesänge. Wir haben halt gegrölt, dass die keine Chance haben werden und dass wir sie platt machen. Und die waren genauso drauf. Aber nach dem Spiel – wir haben echt hoch gewonnen, 4:1 – da haben wir natürlich weiter gemacht, dass die nur Loser in der Mannschaft hätten und dass man sich schämen solle, Fan von so einer Mannschaft zu sein."

„Aber was ist denn eigentlich passiert?"

„Irgendwie haben die dann keinen Spaß mehr verstanden und sind auf uns los. Aber da kamen die Platzordner dazwischen und haben die aus dem Stadion geschmissen. Das hat denen gar nicht gepasst. Als wir dann später auch rauskamen, standen die hinter der Ecke am Busbahnhof. Die sind vielleicht auf uns losgegangen, das kannst du dir gar nicht vorstellen. Wir natürlich sofort weg, aber die sind gleich hinter uns her. Und dann haben sie Jens erwischt. Der ist gestolpert und dann waren die da. Sie haben ihn echt fertiggemacht, sowas habe ich noch nie gesehen."

Niko war ganz erschrocken. Fußball war doch immer nur Spaß gewesen.

„Da sind wir natürlich zurück und wollten gerade alle aufeinander losgehen. Ich hatte schon Angst, das wird so eine richtige Massenprügelei, wie man sie manchmal bei Länderspielen im Fernsehen sieht. Aber dann hörten wir Sirenen und sahen Blaulicht auf den Busbahnhof zukommen. Wir sind alle abgehauen, nur Jens lag noch verletzt da. Wenn ihm was Schlimmes passiert ist, ich schwöre, dann sind die nächstes Wochenende dran!"

Niko sah seinen Bruder erschrocken an.

M4 Spirale der Gewalt

- Schwerste Verletzungen / Tod
- Bewaffnung / Krieg
- Gruppenprügeleien / (Hass der Verlierer)
- Prügelei / (Hass des Verlierers)
- Berührungen / Schubsen
- Beleidigende Gesten / Gegenbeleidigung
- Anstarren / Beleidigung durch Worte

Aufgaben

1. Sprecht über eure Erfahrungen mit den Experimenten. → M1
2. Beschreibt, wie sich der Streit zwischen den Mädchen hochschaukelt. → M2
3. Wie kommt es dazu, dass Jens am Schluss verletzt zurückbleibt? → M3
4. Wie könnte der Streit am Wochenende weitergehen? Schreibe die Geschichte weiter. → M3
5. Sieh dir die Spirale der Gewalt an. Welche Stufen davon findest du in den Streitgeschichten wieder? Fehlen Stufen? Ergänze in einer eigenen Zeichnung entsprechend. → M2-M4
6. Kennt ihr andere Beispiele, in denen sich ein Streit hochgeschaukelt hat? Diskutiert, wie es jeweils dazu gekommen ist. → M4
7. Kannst du dir eine Spirale gegen Gewalt vorstellen? Wie müsste sie aussehen?

Umgang mit Konflikten

M1 Streit um das Trimagische Turnier

In der Zaubererschule Hogwarts soll ein „Trimagisches Turnier" veranstaltet werden, an dem die Freunde Harry und Ron gerne teilnehmen würden, aber sie sind zu jung und dürfen ihre Bewerbung nicht in den magisch geschützten Feuerkelch einwerfen. Bei der Bekanntgabe der Turnierteilnehmer passiert dann etwas Seltsames: Nach den drei erwarteten Teilnehmern wird Harry als vierter „Champion" für das Turnier benannt.

Harry saß da und wusste genau, dass jedes Augenpaar in der Großen Halle auf ihn gerichtet war. Er war geschockt. Er war gelähmt. Er musste träumen. Er hatte nicht richtig gehört. Niemand klatschte. [...]
Harry wandte sich zu Ron und Hermine um [...].
„Ich habe meinen Namen nicht eingeworfen", sagte Harry fassungslos. „Dass wisst ihr doch."
Die beiden sahen ihn nicht minder fassungslos an.
Harry Potter soll tatsächlich am gefährlichen Turnier teilnehmen. Er wird sogar von den Jahresabschlussprüfungen befreit – und seine Kameraden feiern ihn schon jetzt wie einen Helden. Er fühlt sich sehr unwohl und verschwindet aus dem Gemeinschaftsraum.
Zu seiner großen Erleichterung fand er Ron noch angezogen auf dem Bett im sonst leeren Schlafsaal liegen. Dieser hob den Kopf, als Harry die Tür hinter sich schloss.

„Wo warst du?", fragte Harry.
„Ach, hallooh", sagte Ron.
Er grinste, doch es war ein sehr merkwürdiges, gezwungenes Grinsen. [...] „Gratuliere."
„Was soll das heißen, gratuliere?", sagte Harry und sah Ron finster an. Etwas stimmte offensichtlich nicht mit Rons Lächeln; es war eher eine Grimasse.
„Na ja ... keiner sonst ist über die Alterslinie gekommen", sagte Ron. „Nicht mal Fred und George [Rons ältere, aber zur Teilnahme auch zu junge Brüder]. Wie hast du's gemacht – mit dem Tarnumhang?"
„Mit dem Tarnumhang wäre ich nicht über diese Linie gekommen", sagte Harry langsam.
„Na gut", sagte Ron. „Ich dachte nur, du hättest es mir sagen können, wenn es der Umhang gewesen wäre ... da hätten wir immerhin beide druntergepasst, oder? Aber du hast was anderes gefunden?"
„Hör zu", sagte Harry, „ich habe meinen Namen nicht in diesen Kelch geworfen. Jemand anderes muss es getan haben."
Ron hob die Brauen. „Warum sollte jemand das tun?"
„Weiß ich nicht", sagte Harry. Er hatte das Gefühl, es würde auf peinliche Art schaurig klingen, wenn er sagen würde, „um mich zu töten".
Ron zog die Augenbrauen so weit hoch, dass sie unter seinen Haaren zu verschwinden schienen.
„Es ist schon in Ordnung, mir jedenfalls kannst du die Wahrheit erzählen", sagte er. „Wenn du nicht willst, dass es alle erfahren, schön, aber ich weiß nicht, warum du auch noch anfängst zu lügen, du hast ja nicht einmal Ärger gekriegt, oder? Diese Freundin der fetten Dame, Violet, hat uns schon alles erzählt. Dumbledore [der Schulleiter] lässt dich teilnehmen. Tausend Galeonen Preisgeld, aber hallo. Und von den Prüfungen bist du auch befreit ..."
„Ich hab meinen Namen nicht in diesen Kelch geworfen!", sagte Harry mit einem Anflug von Ärger.
„Jaah, schon gut", erwiderte Ron und klang dabei genauso ungläubig wie Cedric [der andere Champion seiner Schule]. „Aber du hast doch heute Morgen gesagt, du hättest es in der Nacht getan, damit dich keiner sieht ... ich bin nicht blöd, weißt du."
„Aber den Blödmann spielst du ziemlich gut", blaffte ihn Harry an.

5 Woraus Streit entstehen kann

„Jaah?", sagte Ron, und jetzt war keine Spur eines Grinsens, ob echt oder falsch, auf seinem Gesicht. „Du willst jetzt sicher schlafen, Harry, ich denke, du musst morgen früh raus, für einen Fototermin oder so was." Ron zog die Vorhänge seines Himmelbetts zu, und Harry stand an der Tür und starrte auf den dunkelroten Stoff, der nun einen der wenigen Menschen verbarg, von denen er überzeugt gewesen war, dass sie ihm glauben würden.

Am nächsten Tag kann Harry mit seiner Freundin Hermine reden. Sie glaubt ihm, dass er sich nicht selbst um die Teilnahme bemüht hat, und versucht zu erklären, warum Ron so verärgert reagiert hat.

„Oh, Harry, ist das nicht klar", sagte Hermine verzweifelt. „Er ist neidisch!"

„Neidisch?", sagte Harry ungläubig. „Neidisch auf was? Will *er* sich vielleicht vor der ganzen Schule zum Deppen machen?"

„Sieh mal", sagte Hermine geduldig, „immer bist du es, der alle Aufmerksamkeit bekommt, das weißt du doch. Natürlich, du kannst nichts dafür", fügte sie rasch hinzu, denn Harry riss empört den Mund auf. „Mir ist klar, du legst es nicht darauf an ... aber – na ja – Ron hat so viele Brüder, mit denen er sich zu Hause messen muss, und du bist sein bester Freund und bist richtig berühmt – wenn Leute auf dich zukommen, wird er immer beiseite gedrängt, und er steckt es weg und sagt nie ein Wort, aber ich glaube, das war ihm nun doch zu viel ..."

„Großartig", sagte Harry erbittert. „Wirklich großartig. Richte ihm von mir aus, dass ich jederzeit mit ihm tausche. Du kannst ihm ja sagen, er darf es gerne mal selbst ausprobieren ... wo ich auch hinkomme, ständig glotzen mir die Leute auf die Stirn [wegen der berühmten blitzförmigen Narbe] ..."

„Ich richte ihm gar nichts aus", sagte Hermine kurz angebunden. „Sag es ihm selbst, nur so könnt ihr die Sache zwischen euch klären."

„Ich lauf ihm doch nicht nach und helf ihm, erwachsen zu werden!", sagte Harry so laut, dass einige Eulen in einem nahen Baum erschrocken aufflatterten. „Vielleicht glaubt er mir erst dann, dass ich es nicht zum Spaß mache, wenn ich mir den Hals breche."

Joanne K. Rowling

M2 Das Eisbergmodell

Es gibt viele verschiedene Ursachen, aus denen heraus Streit entstehen kann. Man kann diese Ursachen aber oft nicht sofort sehen. Sie wirken unter der Oberfläche, sind verdeckt oder werden sogar bewusst von den Beteiligten versteckt. Das ist wie bei einem Eisberg, von dem man nur den kleinen oberen Teil über Wasser sieht, den größeren Teil unter Wasser aber nicht. Deshalb sprechen Experten, die sich mit Streit beschäftigen, auch gerne von einem Eisbergmodell des Streits.

sichtbarer Streit

unterschiedliche Interessen oder Bedürfnisse
unterschiedliche Sichtweisen
versteckte Gefühle
Probleme in Beziehungen
verschiedene Werte
Missverständnisse
Meinungsverschiedenheiten
Konkurrenz
...

Aufgaben

1. Worum geht es in dem Streit zwischen Harry und Ron? Was für Gründe nennen Harry, Ron und Hermine? → M1
2. Erkläre das Eisbergmodell. → M2
3. Welche der im Eisbergmodell genannten Gründe haben zu dem Konflikt zwischen Harry und Ron geführt? Woran habt ihr das erkannt? → M1/M2
4. Fallen dir noch weitere Ursachen für Streitigkeiten ein? Sieh dir dazu auch noch einmal die Streitfälle der vorangegangenen Seiten an. → M2

Umgang mit Konflikten

6

M1 Ausdiskutieren

„WIR KÖNNEN DAS AUCH AUSDISKUTIEREN!"

M2 Der Regenmantel – drei Gespräche

Ausgangssituation
Jane: Tschüss. Ich gehe jetzt zur Schule.
Vater: Es regnet, Liebling, und du hast keinen Regenmantel an.
Jane: Ich brauche ihn nicht.

Gespräch 1
Vater: Du brauchst ihn nicht! Du wirst nass werden und [...] dir einen Schnupfen holen.
Jane: So sehr regnet es nicht.
Vater: Und ob es das tut.
Jane: Also, ich will keinen Regenmantel anziehen. Ich hasse es, einen Regenmantel zu tragen.
Vater: Nun hör mal, Liebling, du weißt, du wirst wärmer und trockner sein, wenn du ihn anziehst. Bitte, geh und hole ihn.
Jane: Ich hasse den Regenmantel – ich will ihn nicht anziehen!
Vater: Du gehst sofort in dein Zimmer zurück und holst den Regenmantel! Ich lasse dich an einem solchen Tag nicht ohne Regenmantel zur Schule gehen.
Jane: Aber ich mag ihn nicht ...
Vater: Kein „Aber" – wenn du ihn nicht anziehst, werden deine Mutter und ich dir verbieten, rauszugehen.
Jane: (wütend): Schon gut [...]. Ich werde den blöden Regenmantel anziehen!

Gespräch 2
Vater: Du brauchst ihn nicht! Du wirst nass werden und [...] dir einen Schnupfen holen.
Jane: So sehr regnet es nicht.
Vater: Und ob es das tut!
Jane: Also, ich will keinen Regenmantel anziehen. Ich hasse es, einen Regenmantel zu tragen.
Vater: Ich möchte es aber.
Jane: Ich hasse diesen Regenmantel – ich will ihn nicht tragen. [...].
Vater: Ach, ich geb's auf. Geh ohne Regenmantel zur Schule. Ich will mich nicht länger mit dir streiten [...].

Gespräch 3
Vater: Ich finde, es regnet ziemlich heftig, und ich bin in Sorge, dass du [...] dir einen Schnupfen holen wirst [...].
Jane: Also, ich will meinen Regenmantel nicht anziehen.
Vater: Das klingt ja, als ob du deinen Regenmantel unter keinen Umständen anziehen willst.
Jane: Stimmt. Ich hasse ihn [...], er ist kariert. [...] In der Schule trägt niemand einen karierten Regenmantel.
Vater: Du möchtest nicht die Einzige sein, die etwas anderes trägt.
Jane: Bestimmt nicht. Alle tragen einfarbige Regenmäntel – entweder weiße, blaue oder grüne.
Vater: Aha. Na, da haben wir ja einen richtigen Konflikt. Du willst deinen Regenmantel nicht anziehen, weil er kariert ist, [...] und mir wird nicht wohl sein, wenn du dich erkältest. Fällt dir eine Lösung ein, die wir beide akzeptieren können? [...]
Jane: (Pause): Vielleicht könnte ich heute Mammis Automantel leihen?
Vater: Wie sieht der aus? Ist er einfarbig?
Jane: Ja, er ist weiß.
Vater: Glaubst du, sie wird ihn dich heute anziehen lassen?
Jane: Ich will sie fragen. (Kommt nach ein paar Minuten mit dem Automantel wieder; die Ärmel sind zu lang, aber sie schlägt sie um). Mammi hat nichts dagegen.
Vater: Bist du zufrieden mit dem Ding?
Jane: Natürlich, er ist prima.

nach Thomas Gordon

6 Konflikte lösen ohne Streit

M3 Tipps von Asterix und Obelix

Auf der ersten Doppelseite dieses Kapitels kannst du sehen, wie Asterix und Obelix sich streiten. Mittlerweile haben sie sich wieder vertragen. Sie haben einige Tipps für euch, wie man Konflikte ohne Streit lösen kann.

- Wenn du wütend wirst, bleib möglichst ruhig und denke erst nach, was du sagst oder tust.
- Mach nicht sofort Vorwürfe oder beschimpfe den anderen nicht. Erzähle lieber von deinen Gefühlen.
- Höre dem anderen zu und finde heraus, was sein Problem ist.
- ....
- ....

Projekt: Wir halten Palaver

Wenn heute jemand die Bemerkung macht „Schluss jetzt mit dem Palaver!", weiß er oft nicht, woher dieser Begriff kommt. Er bezeichnet eine uralte Gewohnheit in Afrika, im Schatten der Palmen ernsthaft und ausdauernd schwierige Situationen innerhalb der Gemeinschaft oder zwischen zwei Personen im Gespräch zu klären. Es wird so lange miteinander gesprochen, bis eine Lösung gefunden worden ist.
Versucht doch selbst einmal in kleineren Gruppen auf diese Art ein Problem zu lösen.

Regeln und Verlauf

1. Die Rolle eines Leiters übernimmt jemand, der keine inhaltlichen Entscheidungen trifft.
2. Es gibt keine zeitliche Begrenzung für das jeweilige Gespräch.
3. Ausgangspunkt der Beratungen sind Fragen wie: „Was ist geschehen?", „Wie ist das zu bewerten?"
   Gefragt wird gegebenenfalls auch, was getan werden muss, um Unrecht wieder gutzumachen und Versöhnung geschehen zu lassen.
4. Jeder Teilnehmer muss zum Problem Stellung nehmen – jeder hat den Anspruch, gehört zu werden.
5. Als gute Argumente gelten solche, die nicht von den Interessen eines Einzelnen abhängig sind. Das Palaver ist dazu da, dass man gemeinsam herausfindet, was vor allem der Gemeinschaft entspricht.
6. Am Ende des Gesprächs muss unbedingt eine Einigung aller stehen, die die Lösung des anstehenden Problems ermöglicht.
7. Zeichnet sich eine Lösung ab, wird der Leiter sinngemäß fragen: „Hat jemand Einwände?" „Hat jemand einen noch besseren Vorschlag?" Ist das nicht der Fall, gilt die so hervorgehobene Lösung als von allen Teilnehmern angenommen.
8. Es werden Beschlüsse zur Umsetzung der gefundenen Lösung im Alltag gefasst. Ging es in dem Palaver um schwere Schuld, wird als Wiedergutmachung ein Versöhnungsmahl ausgerichtet.

Aufgaben

1. Was versteht ihr unter „ausdiskutieren"? Was ist auf dem Bild damit gemeint? → M1
2. Welches der drei Gespräche gefällt dir am besten? Warum? → M2
3. In welchem Gespräch kommt es zur besten Lösung? Warum? → M2
4. Welche der Tipps von Asterix und Obelix haben Jane und ihr Vater berücksichtigt? → M2/M3
5. Welche Tipps würdet ihr geben oder anwenden, um Streit zu vermeiden? Ergänzt weitere Ratschläge. → M3

Umgang mit Konflikten

7

M1 Ein Lehrer greift ein

Anna, Lena und Carola ärgern sich mal wieder mächtig, dass die Jungen sie beim Fußballspielen in der großen Pause auf dem Schulhof nicht mitspielen lassen. Wenn sie nicht genug Jungen für ein Spiel zusammen bekommen, lassen sie die Mädchen mitspielen. Aber heute sind genug Jungen da, und die Mädchen dürfen mal wieder nur zugucken.
Darüber ärgern sich Anna, Lena und Carola so sehr, dass sie den Jungen immer wieder den Ball wegschießen oder sich einfach in den Weg stellen.
Und irgendwann sind auch die Jungen sauer und es kommt zu einem handfesten Streit. Zuerst schreien sich alle Kinder nur an, aber schließlich bricht eine richtige Prügelei los.
Ein Lehrer greift ein: Er trennt die streitenden Kinder, nimmt ihnen den Ball weg und verbietet ihnen, weiter auf dem Schulhof Ball zu spielen ...

nach www.medienwerkstatt-online.de

M2 Wenn Streitschlichter zum Einsatz kommen

An vielen Schulen gibt es Schüler und Schülerinnen, die zu Streitschlichtern ausgebildet wurden. Sie haben mehr Zeit und Ruhe als die Lehrer, sich um Streitende zu kümmern. Oftmals sind es z. B. Schüler oder Schülerinnen der 10. Klassen, die Streitfälle in der 5. oder 6. Klasse schlichten. Voraussetzung für eine Schlichtung ist, dass die streitenden Parteien bereit sind, ihren Streit zu beenden. Die Streitschlichtung folgt dann einem festgelegten Verfahren.

SCHRITT 1: VERTRAUEN HERSTELLEN

Zunächst wird geklärt, wie man im Schlichtungsgespräch miteinander umgehen will. Wenn alle bereit sind, eine Lösung zu suchen, einander dafür ruhig zuzuhören und sich auf die Hilfen des Schlichters einzulassen, und wenn der Schlichter verspricht, nichts weiterzuerzählen und nicht für eine Seite Partei zu ergreifen, dann kann es losgehen.

SCHRITT 2: STANDPUNKTE IM STREIT KLÄREN

Nun erzählt jede/r der Streitenden – während der/die andere ruhig bleibt – dem Schlichter ihre bzw. seine Sicht des Streites. Der Schlichter hört zu und fragt nach, wo etwas unklar ist.

SCHRITT 3: MOTIVE UND GEFÜHLE KLÄREN

Als Nächstes wird geklärt, warum etwas „schlimm" für den anderen war, warum ihn etwas verletzt hat. Jeder der Streitenden soll den anderen so gut wie möglich verstehen.

SCHRITT 4: LÖSUNGEN SUCHEN

Gesucht wird eine Lösung, die von beiden Streitenden angenommen werden kann. Manchmal ist es nach dem vorangegangenen Gespräch ganz klar, wie der Streit zu lösen ist. Manchmal hilft es, wenn jede/r der Streitenden auf Karten schreibt, was er bzw. sie bereit wäre zur Lösung beizutragen und was er bzw. sie dafür vom anderen erwarten würde.

SCHRITT 5: EINE VEREINBARUNG TREFFEN

Wenn man eine Lösungsidee hat, wird sie aufgeschrieben – wie ein Vertrag. Schließlich sollen sich alle an die gefundene Lösung halten. In schwierigen Fällen treffen sich Schlichter und Streitende auch noch einmal nach einer Woche, damit sie schauen können, ob die Lösung funktioniert hat.

7 Von Streitschlichtern und Buddys

M3 Das Buddy-Projekt

Claudia, heute 15 Jahre alt, erzählt:

Alles fing an, als ich in der fünften Klasse war. Damals hatte ich das erste Mal ziemliche Probleme mit meinen Eltern. Mein Klassenlehrer, der auch Vertrauenslehrer an unserer Schule ist, kam auf mich zu und erzählte mir vom Buddy-Projekt. Dass da Mitschüler anderen Schülern helfen würden, bei Stress zu Hause, bei Hausaufgaben und so weiter. Ich habe zuerst nicht zugegeben, dass ich zu Hause Probleme hatte, den Unterrichtsstoff überhaupt nicht kapierte und mir nur Feinde machte. Ich habe früher ziemlich viel gelogen und das haben die anderen natürlich gemerkt und mich deshalb nicht gemocht.

Irgendwann sprach mich dann Sara an. Ich merkte, sie will Vertrauen aufbauen. Erst sagte sie immer einfach nur: „Hallo, wie geht's?" Nach einer Weile unterhielten wir uns dann öfter mal länger. Sie sagte mir, dass sie gerne mein Buddy wäre und sich um mich kümmern würde. Erst vertraute ich ihr nicht und wusste nicht, was sie von mir wollte. Sie half mir bei den Englisch-Hausaufgaben und schließlich [...] erzählte [ich] ihr dann auch von dem Ärger zu Hause. Ich hatte tierischen Stress mit meiner Mutter und irgendwann habe ich es nicht mehr ausgehalten und bin abgehauen. Dann habe ich Sara angerufen und sie gefragt, was ich machen soll. Sie überredete mich, wieder nach Hause zurückzugehen, und versprach mir, am nächsten Tag mit mir in der Schule darüber zu reden und mir zu helfen.

Sara konnte mir bei vielen Dingen helfen. Wegen Englisch wäre ich beinahe sitzen geblieben und heute bin ich gut darin [...]. Mit meiner Familie ist heute auch wieder alles okay und alleine, ohne Sara als Buddy, hätte ich das alles nicht geschafft. Das Buddy-Projekt ist für mich sehr wichtig geworden und ich bin ziemlich schnell selbst Buddy geworden. Es gibt so viele Menschen, die nie richtig [...] erzählen, wo ihre Probleme liegen. Man kann Menschen aber nur helfen, wenn sie reden. [...] Mittlerweile habe ich schon vielen geholfen, weil ich schon so lange dabei bin. In der Buddy-Gruppe bin ich jetzt die Älteste mit der meisten Erfahrung.

Ich glaube, Schüler können besser helfen als Erwachsene. Wir haben ja viel mehr Kontakt zu Gleichaltrigen und kommen besser an sie ran. Die Lehrer kriegen ja vieles überhaupt nicht mit und wissen nicht, was wirklich läuft.

Für mich ist es gut, Buddy zu sein. Ich habe viel mehr Selbstvertrauen als früher und ich kann Streitereien [...] aus dem Weg gehen. Wir haben ein Anti-Aggressionstraining gemacht, wo ich gelernt habe, einfach wegzugehen, wenn mich jemand blöd anmacht. Ich habe auch gelernt, anderen Menschen zu vertrauen. Und ich kann Verantwortung für andere übernehmen.

Ich glaube, dass wir eine ganz gute Schule geworden sind durch das Buddy-Projekt. Früher gab es viel mehr Gewalt bei uns, heute ist das nicht mehr so. [...] Klar, es gibt auch Streit, aber wir können darüber reden. Im Klassenrat kann alles geklärt werden.

zitiert nach Kristin Holighaus

Aufgaben

1 Sprecht darüber, ob nach dem Eingreifen des Lehrers alles in Ordnung ist. ➔ M1 **GF**

2 Habt ihr Schüler als Streitschlichter an eurer Schule? Dann ladet sie ein, euch zu berichten.
Sonst macht euch anhand des Textes klar, wie bei einer Streitschlichtung verfahren wird. ➔ M2 **RB**

3 Probiert das Verfahren der Streitschlichtung in einem Rollenspiel zum Streit zwischen Melli und Jana von S. 48 aus. Überlegt anschließend, mit welchen Gefühlen die Streitenden das Verfahren verlassen. ➔ M2 **RS**

4 Überlegt euch, ob sich das Streitschlichterverfahren auch auf den Fall M1 anwenden lässt. ➔ M1/M2

5 Schlage nach, was das englische Wort „buddy" bedeutet. Erkläre, wie Claudia geholfen werden konnte. ➔ M3

6 Falls ihr selbst ein Buddy-Projekt aufbauen wollt, findet ihr Informationen auf www.buddy-ev.de. ➔ M3

7 Erstellt Plakate, auf denen ihr darstellt, wie man Streit schlichten kann, und hängt sie in der Klasse auf. Versucht bei den nächsten auftretenden Streitigkeiten, danach zu verfahren. ➔ M2/M3

Wahrhaftigkeit und Lüge

M1 Pinocchios Abenteuer

Sicher kennt ihr alle Pinocchio? Das Kinderbuch des Italieners Carlo Collodi stammt aus dem Jahre 1883. Man kann es in vielen verschiedenen Ausgaben kaufen und es wurde insgesamt schon zehnmal verfilmt. Aus dem Inhalt: Der Spielzeugmacher Gepetto hat eine Holzpuppe hergestellt, die er Pinocchio nennt. Zu seinem Erstaunen verhält sich Pinocchio wie ein richtiger kleiner Junge. Gepetto schickt den Holzjungen zur Schule zu den anderen Kindern. Doch Pinocchio schwänzt den Unterricht und gerät in die Fänge des Puppenspielers Feuerfresser, der ihn in seinem Feuer verbrennen will. Schließlich hat der Puppenspieler aber doch Mitleid mit Pinocchio, lässt ihn gehen und schenkt ihm zum Abschied einige Goldstücke für seinen kranken Vater. Freudig macht sich Pinocchio auf den Heimweg. Unterwegs trifft er den Fuchs und den Kater und erzählt ihnen leichtsinnigerweise von seinem Reichtum. Die beiden locken ihn in einen Hinterhalt und wollen ihn – in Kohlesäcken verkleidet – zwingen, die Goldstücke herauszugeben. Pinocchio gelingt es jedoch, sie in seinem Mund zu verstecken. Da hängen ihn die Mörder an einem Baum auf. In letzter Minute wird er von einer Fee mit dunkelblauen Haaren gerettet. Die Fee gibt ihm eine Medizin, sodass er wieder gesund wird. Dann fragt sie ihn, wie sich alles zugetragen hat.

Zeichnung von Enrico Mazzanti, Erstausgabe von 1883

M2 Pinocchio und die Fee

„So, und nun komm einmal her zu mir und erzähle mir, wie es kam, dass du den Räubern in die Hände gefallen bist!"

„Das kam so: Der Puppenspieler Feuerfresser gab mir ein paar Goldstücke und sagte zu mir: ‚Nimm und bring sie deinem Vater!' Aber ich traf unterwegs eine Füchsin und einen Kater, sehr anständige Leute, die fragten mich: ‚Willst du, dass aus den Goldstücken da tausend oder auch zweitausend werden? Komm mit uns, wir bringen dich zum Feld der Wunder.' Und ich sagte: ‚Gehen wir los!' Und sie sagten: ‚Bleiben wir doch im Gasthaus Zum Roten Krebs, und nach Mitternacht gehen wir dann weiter!' Und als ich dann wach wurde, waren sie nicht mehr da, weil sie schon fortgegangen waren. Dann bin ich nachts losgelaufen und es war so schrecklich dunkel. Ihr glaubt gar nicht, wie dunkel es war! Darum bin ich auch unterwegs zwei Räubern begegnet. Die hatten sich in Kohlensäcke gesteckt und sie sagten zu mir: ‚Heraus mit dem Geld!' Und ich sagte: ‚Ich hab keins!' Weil ich doch die vier Goldstücke im Mund versteckt hatte. Und der eine Räuber wollte mir die Hand in den Mund stecken, und ich habe ihm die Hand abgebissen und dann habe ich sie ausgespuckt. Aber dann war es gar keine Hand, sondern eine Katzenpfote. Und ich lief und lief, und die Räuber sind immer hinter mir hergelaufen, bis sie mich eingeholt hatten, und dann haben sie mich hier im Wald an einem Baum aufgehängt und haben gesagt: ‚Morgen kommen wir wieder, und dann bist du tot und hast den Mund ganz weit auf, und wir können dir dann die Goldstücke fortnehmen, die du unter der Zunge hast!'"

„Und wo hast du jetzt die vier Goldstücke hingetan?", fragte die Fee.

„Ich habe sie verloren", antwortete Pinocchio; aber das war gelogen, denn er trug sie in der Tasche.

Beide Zeichnungen in M2 von Thorsten Tenberken, Kinderbuchausgabe von 2001

1 Haben Lügen lange Nasen?

Kaum war die Lüge über seine Lippen gekommen, da wurde Pinocchios Nase, die ohnehin schon lang genug war, noch um mindestens zwei Finger länger.

„Und wo hast du sie verloren?" „Hier in der Nähe, im Wald."

Bei dieser zweiten Lüge wurde seine Nase noch länger. „Wenn du sie hier im Wald verloren hast", sagte die Fee, „dann werden wir sie suchen und wiederfinden, denn alles, was man hier im Wald verliert, findet sich wieder ein." „Ach, jetzt erinnere ich mich wieder genau", erwiderte Pinocchio, schwitzend vor Verlegenheit, „die vier Goldstücke habe ich ja gar nicht verloren! Ich habe sie ja verschluckt, ohne es zu merken, als ich Eure Medizin eingenommen habe."

Bei dieser dritten Lüge wurde die Nase so unerhört lang, dass der arme Pinocchio sich nach keiner Seite mehr drehen und wenden konnte. Wandte er sich hierhin, dann stieß er mit der Nase ans Bett und an die Fensterscheiben; wandte er sich dorthin, stieß er an die Wände oder an die Tür; wenn er den Kopf ein wenig hob, lief er Gefahr, der Fee ein Auge auszustechen.

Und die Fee schaute ihn an und lachte.

„Warum lacht Ihr?", fragte Pinocchio ganz bestürzt und sehr in Sorge um seine Nase, die zusehends länger wurde. „Ich lache über das Lügenmärchen, das du mir aufgetischt hast."

„Woher wisst Ihr denn, dass ich gelogen habe?"

„Lügen, mein liebes Kind, kann man immer gleich erkennen. Es gibt nämlich zwei Arten von Lügen: Die einen haben kurze Beine und die anderen eine lange Nase. Deine Lüge gehört nun eben zu denen, die eine lange Nase haben."

Pinocchio schämte sich so sehr, dass er nicht wusste, wo er sich verstecken sollte. Er versuchte, aus dem Zimmer zu entkommen; aber es gelang ihm nicht. Seine Nase war so lang geworden, dass sie nicht mehr durch die Tür ging.

Wie ihr euch wohl denken könnt, ließ die Fee Pinocchio erst einmal eine gute halbe Stunde lang heulen und schreien und um seine Nase jammern, die nicht mehr durch die Tür ging.

Sie tat das, weil sie ihm eine ernste Lehre erteilen wollte. Er sollte in sich gehen und die hässliche Angewohnheit zu lügen ablegen, die hässlichste Angewohnheit, die ein Kind haben kann. Aber als sie sah, dass er wie umgewandelt war und dass ihm vor großer Verzweiflung die Augen fast aus dem Kopfe fielen, fühlte sie Mitleid mit ihm und klatschte in die Hände.

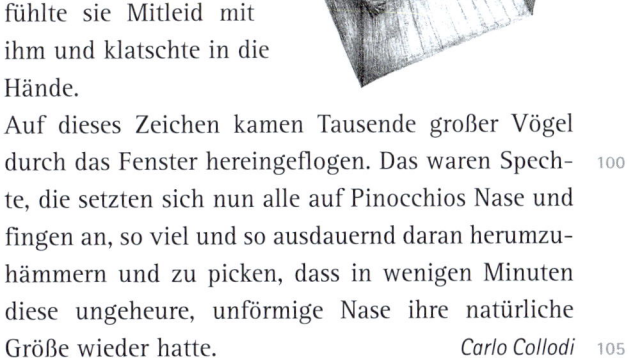

Auf dieses Zeichen kamen Tausende großer Vögel durch das Fenster hereingeflogen. Das waren Spechte, die setzten sich nun alle auf Pinocchios Nase und fingen an, so viel und so ausdauernd daran herumzuhämmern und zu picken, dass in wenigen Minuten diese ungeheure, unförmige Nase ihre natürliche Größe wieder hatte.

Carlo Collodi

M3 Redensarten und Sprichwörter

Lügen zerschmelzen wie Schnee.

Es ist nichts so fein gesponnen, es kommt doch ans Licht der Sonnen.

Die Kerze des Lügners brennt nur bis Mitternacht.
(aus dem Türkischen)

Eine Lüge schleppt zehn andere nach sich.

Die größte Bestrafung für den Lügner ist, dass er keinem anderen Menschen mehr glauben kann.

Aufgaben

1 Erzählt die Geschichte von Pinocchio nach. → M1/M2
2 Warum wird Pinocchios Nase immer länger? → M2
3 Was ist unwahr an dem, was Pinocchio sagt? → M2
4 „Es gibt zweierlei Lügen: solche, die kurze Beine haben, und solche, die eine lange Nase haben." Was meint die blaue Fee mit dieser Aussage? → M2
5 Warum ist es nach den Redensarten schlimm zu lügen? Ist es schlimm für den Lügner oder für andere? → M3
6 Für die Mädchen und Jungen, bei denen zu Hause eine Fremdsprache gesprochen wird: Fragt mal eure Verwandten, ob es in ihrer Muttersprache nicht auch ähnliche Redensarten gibt. Notiert sie und stellt sie in der nächsten Unterrichtsstunde vor. → M3

Wahrhaftigkeit und Lüge

2

M1 **Der Hirtenjunge und der Wolf**

Die Fabel geht auf den griechischen Dichter Äsop zurück, der um 600 v. Chr. gelebt hat. Seit über zwei Jahrtausenden versucht man also, Kinder und Erwachsene vor dem Lügen zu warnen.

Es war einmal ein Hirtenjunge, der jeden Tag die Schafe hütete. Jeden Morgen holte er die Tiere von ihren Besitzern ab und trieb sie in die Berge, wo die Schafe grasen sollten. Am Abend brachte er sie gewissenhaft zurück ins Dorf. Doch manchmal langweilte sich der Hirtenjunge, schließlich sah er den ganzen Tag nur Schafe. So wollte er sich einmal einen Spaß erlauben und rief: „Der Wolf! Der Wolf! Der Wolf will sich ein Schaf holen!" Da kamen alle Leute mit ihren Mistgabeln und Dreschflegeln aus dem Dorf gelaufen, um den Wolf zu verjagen. Doch da war kein Wolf!

Der Hirtenjunge lachte Tränen über die verdutzten Gesichter der Bauern. Dem Jungen gefiel der Spaß so gut, dass er ihn nach einigen Tagen wiederholte. Und wieder rief er: „Der Wolf! Der Wolf will sich ein Schaf holen!" Und wieder kamen alle Bewohner des Dorfes angerannt, um den Wolf zu verscheuchen, doch es war kein Wolf zu sehen.

Eines Herbstabends, als sich der Hirtenjunge mit den Schafen auf den Heimweg machen wollte, kam wirklich ein Wolf. Der Bursche schrie voller Angst: „Der Wolf! Der Wolf will eines der Schafe holen!" Doch diesmal kam nicht ein einziger Bauer.

Und so trieb der Wolf die Schafe in die Berge und fraß sie alle auf.

nach Äsop

M2 **„Dennis war's!"**

Max treibt in der Schule gerne Unfug – einfach so, weil es ihm Spaß macht. „Mensch Max", hatten seine Klassenkameraden aus der 6 A ihn schon häufig gewarnt, „hör auf damit, irgendwann riskierst du richtig Ärger."

Am letzten Dienstag hob Max in der ersten großen Pause den Feuerlöscher aus der Halterung und schäumte den ganzen Flur vor dem Klassenzimmer ein. Dennis, einer seiner Klassenkameraden, versuchte noch, Max an diesem Streich zu hindern: „Wenn das herauskommt, ist eine Klassenkonferenz fällig."

Dennis bemühte sich ohne Erfolg. Gerade als der Feuerlöscher leer war, kam ihr Klassenlehrer, Herr Neumann, um die Ecke. Er sah, wie Max und Dennis die nahegelegene Treppe hinunterrannten. In der nächsten Unterrichtsstunde stellte Herr Neumann die beiden Schüler zur Rede: „Wer von euch war das?" Dennis schaute betreten auf den Boden und schwieg. Max dagegen erklärte: „Herr Neumann, ich habe mit der Sache nichts zu tun. Dennis war's. Erst hat er mich überredet, mit ihm in der großen Pause im Gebäude zu bleiben. Dann sah er den Feuerlöscher und lächelte. Als ich merkte, was er tun wollte, habe ich ihm geraten, es sein zu lassen, doch da spritzte er den Schaum schon über den Flur. Dann sind wir weggerannt und Sie haben uns gesehen." Die Erklärung schien Herrn Neumann plausibel. Da Dennis nichts sagte, nahm der Lehrer sein Schweigen als Eingeständnis seiner Schuld. Abgesehen von dem Ärger, den es zu Hause gab, musste Dennis zur Strafe insgesamt zehn Sozialstunden in der Schule verrichten. Ihr könnt euch sicher vorstellen, wie schlecht Dennis auch heute noch auf Max zu sprechen ist.

M3 **Das achte Gebot**

Das achte Gebot ist eines der zehn biblischen Gebote, die die wichtigsten Lebensregeln für Juden und Christen darstellen. Das Alte Testament, das auch von Muslimen als Teil der göttlichen Offenbarung verehrt wird, berichtet davon, wie Moses die Gebote auf zwei Steintafeln von Gott erhalten hat.

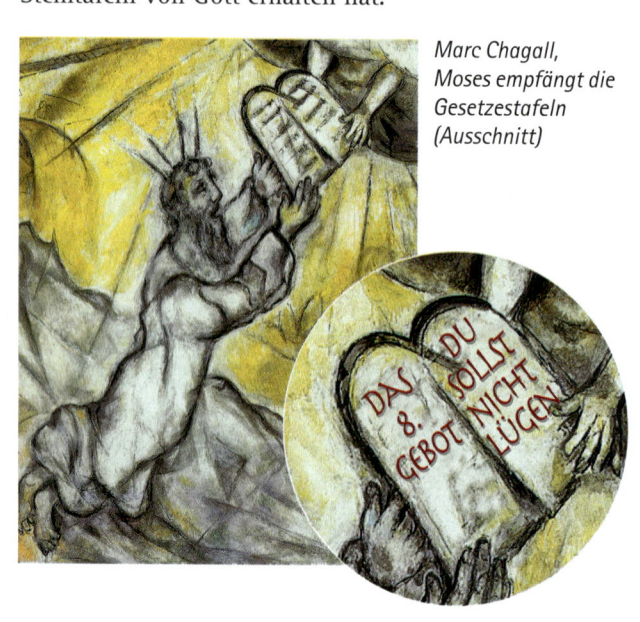

Marc Chagall, Moses empfängt die Gesetzestafeln (Ausschnitt)

2 Lügen – warum denn nicht?

M4 Was eine Lüge ist

Der Kirchenvater Augustinus hat zwei Bücher zur Lüge geschrieben. Das erste hat er im Jahre 395 verfasst – also vor mehr als 1600 Jahren. Dieses Buch heißt Über die Lüge *und er definiert sie darin folgendermaßen:*

[Derjenige] lügt [...], der etwas anderes, als was er im Herzen trägt, durch Worte oder beliebige sonstige Zeichen zum Ausdruck bringt. Daher spricht man ja auch von einem doppelten Herzen bei einem Lügner,
5 will heißen von einem doppelten Gedanken, einmal an das, was wahr ist, wie er weiß oder meint, ohne es auszusprechen, und zweitens an das, was er statt dessen ausspricht, obwohl er weiß oder meint, dass es falsch ist. [...] Die Schuld des Lügners [...] besteht in
10 der Absicht, zu täuschen bei der Aussprache seiner Gedanken.

Aurelius Augustinus

M5 Was ist schlimm daran, angelogen zu werden?

Tim: Wenn ich herausgefunden habe, dass ich angelogen worden bin, dann denke ich: Der Lügner hält mich für so dumm, dass ich die Lüge nicht bemerke. Für dumm gehalten zu werden, das empört mich einfach.

Christina: Ich habe Schwierigkeiten, auszudrücken, was ich empfinde. Ich will's versuchen. Ich fühle mich dann nicht ernstgenommen; das ist so, als ob ich nicht ich selbst wäre. Ich fühle mich so, als sei eine Wand heruntergelassen worden zwischen mir und der Lügnerin oder dem Lügner.

Katrin: Von Fremden angelogen zu werden, ist nicht gerade angenehm, aber von Menschen, die einem nahe stehen, das ist schlimm. Es wird ein Band zerrissen. Ich gehöre nicht mehr dazu. Anders ausgedrückt: Ich habe den Eindruck, dass mir eine Tür vor der Nase zugeschlagen worden ist.

Phil: Es gibt Leute, die mich belügen, um mich zu schonen. Die denken wahrscheinlich: Der Phil kann die Wahrheit nicht vertragen, die verkraftet er nicht. Die halten mich anscheinend für einen Schwächling. Das finde ich gar nicht gut. Ich halte mich selbst für stark genug, um auch mit unangenehmen Dingen fertig zu werden.

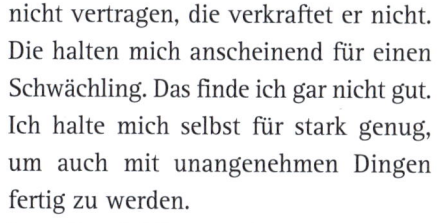

Suse: Das Schlimmste für mich ist, dass ich dem Lügner nicht mehr vertrauen kann. Er hat einmal gelogen, dann wird er wohl wieder lügen. Schlimm, kein Vertrauen mehr haben zu können.

Karla: Als ich klein war, haben mir meine Eltern immer was vom Nikolaus, vom Christkind und Weihnachtsmann erzählt. Ich glaube, auch vom Osterhasen. Sie fanden das süß, dass ich geglaubt habe, die brächten die Geschenke. Nein, vom Klapperstorch haben sie mir nichts erzählt. Als ich älter wurde und gemerkt habe, dass mich meine Eltern, aber auch meine Oma, angeschwindelt haben, da hatte ich große Schwierigkeiten. Warum sollte ich glauben, was sie über Gott oder Seele oder Jenseits oder Unsterblichkeit gesagt hatten? Vielleicht gab es das so wenig wie den Weihnachtsmann, der die Gaben bringt.

Aufgaben

1 Arbeitet zu zweit: Einer von euch liest M1 und einer M2. Erzählt euch anschließend gegenseitig die Geschichten und sagt eurem Partner bzw. eurer Partnerin, warum es nach eurer Geschichte nicht gut ist, zu lügen. ➜ M1/M2

2 Vergleicht eure Gründe anschließend mit denen, die eure Klassenkamerad(inn)en gefunden haben. Gibt es Unterschiede? ➜ M1/M2

3 Warum findet sich das Gebot „Du sollst nicht lügen" auf der Gesetzestafel? ➜ M3

4 Was versteht Augustinus unter einer Lüge? ➜ M4

5 Welche unterschiedlichen Erfahrungen haben die Kinder gemacht? ➜ M5

6 Erzählt, wie ihr es findet, angelogen zu werden. ➜ M5

7 Wie wäre die Welt, wenn kein Mensch die Wahrheit sagen würde? ➜ M5

Wahrhaftigkeit und Lüge

3 **M1** **Die Klassenarbeit**

M2 **Der Gebrauchtwagen**

Ein Kind kommt von der Schule nach Hause.
Die Eltern fragen nach der Rechenarbeit. Hat der Lehrer sie heute zurückgegeben? Sie haben mit dem Kind gelernt, nun möchten sie wissen, ob es eine gute
5 Arbeit geschrieben hat.
Der Lehrer hat die Arbeit noch nicht zurückgegeben. Das sagt das Kind.
Hat es nicht gestern erzählt, heute sollten sie die Arbeit zurückbekommen?
10 Sie haben die Verbesserungen gleich in der Schule gemacht. Der Lehrer hat die Hefte wieder in den Schrank gelegt.
Er hat die Arbeit also doch zurückgegeben! Warum lügt das Kind? Hat es eine schlechte Note?
15 Es hat eine Drei, sagt das Kind.
Eine Drei, das ist ordentlich. Deshalb brauchte das Kind doch nicht zu lügen?
Das Kind gibt keine Antwort.
Die Mutter sieht in der Schultasche nach. Sie findet
20 das Heft mit der Rechenarbeit. Aber das Kind hat behauptet, der Lehrer hätte die Hefte in den Schrank gelegt. Wieder hat es gelogen.
Das Kind will schnell sagen, dies sei nicht das richtige Heft. Es will der Mutter das Heft wegnehmen. Aber sie hat es schon aufgeschlagen. 25
„Mangelhaft" steht unter der Arbeit. Eine Fünf hat das Kind.
Heute finden die Eltern das nicht schlimm. Jeder kann einmal eine schlechte Arbeit schreiben. Dass aber ihr Kind zu feige ist, die Wahrheit zu sagen, dass es 30 zweimal gelogen hat, das finden sie schlimm, traurig, schrecklich.
Das Kind hatte Angst. Es wusste nicht, dass heute eine Fünf nicht so schlimm ist wie sonst. Das letzte Mal hat es wegen der Fünf im Diktat Ohrfeigen be- 35 kommen. Will es sich herausreden? Damit macht es alles noch schlimmer. Die Eltern nennen das Kind böse und schlecht. Zur Strafe darf es heute nicht draußen spielen. Es muss die Aufgaben aus der Rechenarbeit abschreiben und so oft rechnen, bis alles 40 richtig ist.
Das Kind sagt nichts mehr. Es rechnet. Die Eltern unterhalten sich.
Heute soll ihr altes Auto verkauft werden. Eine Frau will kommen und es ansehen. Vielleicht nimmt sie es 45 gleich mit.
Vor einem halben Jahr hatte der Vater einen Unfall mit diesem Auto. Es wurde repariert und frisch gespritzt. Man sieht nichts mehr von dem Schaden.
Die Frau braucht nicht zu wissen, dass sie einen 50 Unfallwagen bekommt. Sonst nimmt sie ihn womöglich nicht. Wahrscheinlich fragt sie gar nicht danach. Und wenn sie das doch tut, werden sie sagen, sie solle den Wagen betrachten. Sieht der wie ein Unfallwagen aus? Dass mit dem Rahmen etwas nicht stimmt, 55 kann sie nicht sehen. Er ist nur ganz leicht verzogen. Sollte das später herauskommen, können sie sagen, sie hätten das nicht gewusst. Wenn der Mann aus der Werkstatt den Rahmen nicht nachgemessen hätte, wüssten sie tatsächlich nichts davon. 60
Die Frau kommt früher, als sie gedacht haben. Sie hat den Wagen schon gesehen, das Garagentor stand offen. Er gefällt ihr gut. Sie freut sich. Dies wird ihr erstes Auto sein.

3 Mit zweierlei Maß

Die Eltern bieten ihr etwas zu trinken an, und der Vater erzählt der Frau, was für einen großartigen Wagen sie von ihm bekommt. Er verkauft ihn nur, weil er einen größeren braucht.

Den Kaufvertrag hat er schon vorbereitet. Wollen sie den jetzt beide unterschreiben?

Vom Unfall ist nicht die Rede.

Ehe die Frau den Vertrag unterschreibt, sähe sie sich den Wagen gern noch einmal genauer an.

Der Vater will ihn auf die Straße fahren. Die Frau kann hier warten.

Er geht hinaus, und auch die Mutter geht für einen Augenblick aus dem Zimmer. Sie will Zigaretten holen. Das Kind bleibt mit der Frau allein.

Der Frau fällt jetzt ein, dass sie noch etwas fragen wollte. Ist der Wagen unfallfrei? Weiß das Kind etwas darüber?

Das Kind erschrickt. Es sagt: „Ich weiß nicht."

Die Frau ist beruhigt. Wenn das Kind nichts davon weiß, hatte der Wagen bestimmt keinen Unfall. So etwas vergisst doch keiner.

Die Mutter kommt zurück.

Die Frau geht ans Fenster und sieht zu, wie der Vater das Auto hinausfährt. Sie möchte nun lieber gleich hinuntergehen und keine Zigarette mehr rauchen.

Den Vertrag nimmt sie mit, den kann sie auch auf der Straße unterschreiben.

Sie verabschiedet sich von der Mutter und dem Kind und geht.

Die Mutter will wissen, worüber die Frau vorhin mit dem Kind gesprochen hat.

Die Frau hat gefragt, ob das Auto keinen Unfall hatte. Und das Kind hat ihr alles erzählt? Ist die Frau deshalb so schnell weggegangen?

Das Kind hat gesagt, es wüsste nichts.

Nun lobt die Mutter das Kind. Das war die beste Antwort.

Der Vater kommt wieder. Er ist vergnügt. Sie sind die alte Kiste los, hier ist der Vertrag, unterschrieben. Und hier ist das Geld.

Die Mutter erzählt ihm, wie gescheit das Kind war. Eigentlich hätte es eine Belohnung verdient. Wenn die Rechenaufgaben fertig sind, darf es draußen spielen. Das meint auch der Vater. Er hat nichts dagegen, wenn das Kind sofort nach draußen geht. Es kann heute Abend weiterrechnen.

Das Kind hat doch wieder gelogen? Es hat der Frau nicht die Wahrheit gesagt. Es weiß, dass der Wagen einen Unfall hatte. Und die Eltern haben auch nicht die Wahrheit gesagt.

Das ist etwas anderes, das versteht das Kind noch nicht.

Ursula Wölfel

Aufgaben

1 Angenommen, du hättest eine Klassenarbeit mit der Note „mangelhaft" zurückbekommen. Würdest du sie deinen Eltern zeigen? Warum bzw. warum nicht? ➔ M1

2 Führt die Geschichte als Theaterstück auf. ➔ M2
Entwickelt zuerst einen Plan für das Stück. Hier einige Hinweise dazu:
Spieler: das Kind, die Mutter, der Vater, die Frau;
Schauplatz: ein Zimmer;
Gegenstände: Heft, Schultasche, Papier, Gläser, (Kaugummi- oder Schokoladen-)Zigaretten;
Szenenfolge:
1. Zeile 1–41: Die Eltern strafen das Kind für die schlechte Klassenarbeit
2. Zeile 42–60: Der Plan der Eltern für den Verkauf des Unfallwagens
3. Zeile 60–77: Die Eltern empfangen die Käuferin
4. Zeile 78–93: Nach der Unterhaltung mit dem Kind entschließt sich die Frau zur Unterschrift des Kaufvertrags
5. Zeile 94–101: Das Lob der Mutter
6. Zeile 102–115: Die Eltern erlassen dem Kind die Strafe und schicken es zum Spielen

3 Sprecht über die Aufführung des Stückes:
a) Haben die Schauspieler ihre Rolle gut gespielt?
b) Wie findet ihr das Verhalten der Eltern?
c) Versetzt euch in die Situation des Kindes. Welche Gedanken macht es sich am Ende wohl?

4 Welche Lüge findet ihr schlimmer: die des Kindes oder die der Eltern? ➔ M2

Wahrhaftigkeit und Lüge

4 M1 Der 1. April

[Peanuts-Comic von Charles M. Schulz]

Charles M. Schulz

M2 Zu spät

Corinna schlief gern lange. An diesem Morgen hatte ihre Mutter sie rechtzeitig geweckt, bevor sie zur Arbeit fuhr. „Ich steh' gleich auf", hatte Corinna gemurmelt und sich wieder umgedreht. Nur zehn Minuten, hatte sie gedacht. Aber sie war wieder eingeschlafen. Als sie wach wurde, überfiel sie Panik. Sie sprang aus dem Bett, machte sich blitzschnell schulfertig und ohne zu frühstücken holte sie ihr Fahrrad aus der Garage und raste los. Sie würde mindestens zwanzig Minuten zu spät kommen. Diesmal konnte sie nicht schon wieder sagen: „Entschuldigung, ich habe verschlafen." Der Schell würde sicher einen ironischen Kommentar loslassen. Das konnte sie nicht ertragen. Was tun? Nachdem sie ihr Rad abgestellt hatte, fasste sie mit beiden Händen an die schwarz verschmierte Fahrradkette und verrieb den klebrigen Ölschmutz. Ihre Hände sahen nach harter Arbeit aus. Als Corinna in die Klasse kam, sagte sie mit einer Leidensmiene: „Entschuldigung für meine Verspätung. Aber die Kette ist abgesprungen." Und sie zeigte ihre verschmutzten Hände. „Ja, das ist wirklich ärgerlich", sagte Schell. „Ist mir auch schon passiert." Corinna setzte sich erleichtert neben ihre Freundin Becki, die leise fragte: „Stimmt das mit der Kette?" „Aber ja", gab Corinna grinsend zurück.

M3 So ist Ingo

Als Alex mit neuer Frisur in die Klasse kam, zogen alle über ihn her. Man zeigte mit dem Finger auf ihn und wollte sich ausschütten vor Lachen. Der angedeutete Irokese stand ihm wirklich nicht. Sein Kopf wirkte zu klein und zu schmal. Es hieß: „Wie siehst du denn aus? Jetzt musst du dir noch einen Ring durch die Nase ziehen. Eine Leopardenhose dazu wäre auch nicht schlecht." Ingo fand die Frisur auch scheußlich. Er sagte zu Alex: „Dass du den Mut hast, dir die Frisur machen zu lassen, das finde ich gut." Alex schaute verlegen zur Seite, schien aber dankbar für die Bemerkung zu sein.

4 Ausnahmen erlaubt?

M4 Das geklaute Fahrrad

Ferdinand ist verzweifelt: Ihm wurde sein neues Mountainbike gestohlen. Am Abend zuvor hatte er es vor dem Haus abgestellt und mit einem Bügelschloss gesichert.

Beim Telefonat mit der Versicherung erfuhr die Mutter, dass das Fahrrad eigentlich nur dann versichert ist, wenn es nachts nicht auf der Straße, sondern im Fahrradständer im Hof steht. [...]

„So eine Unverschämtheit!", schimpfte der Vater am Abend, als sie es ihm erzählten. „Das ist ja wieder mal typisch Versicherung. Da zahlt man jedes Jahr seine Beiträge, und wenn mal was passiert, steht im Kleingedruckten, dass sie dann nicht zahlen müssen. [...]"

Da schaltete sich die Mutter in das Gespräch ein: „Unser Versicherungsmann hat auch gleich gesagt, wir dürfen nur nicht schreiben, dass das Fahrrad draußen gestanden hat. Das muss man immer anders angeben, sagt er. [...]"

„Na, dann ist es ja gut", meinte der Vater. „Ich hätte ja ein bisschen Bedenken gehabt. Aber wenn der uns das so sagt. [...] Die zwingen einen ja dazu, dass man das ein bisschen schönt. [...] Ohne Versicherung bekämst du nicht so schnell ein neues [Fahrrad]. Moral muss man sich leisten können. Bei den Versicherungen trifft es wirklich keinen Armen. Und man lügt ja niemanden direkt an."

Rainer Erlinger

M5 Immer die Wahrheit sagen

In dem Buch Der verflixte Wahrheitszauber *von Bruce Coville stiehlt Henry einen geheimnisvollen Totenkopf mit dem Etikett „Schädel der Wahrheit" aus einem Zauberladen. Bald merkt Henry, dass er jetzt nur noch die Wahrheit sagen kann.*

„Weißt du, was mir heute passiert ist?", schrie er außer sich vor Wut. Die Augenhöhlen des Schädels begannen hell zu leuchten. [...] „Nein, weiß ich nicht." „Ich habe zu Karen Ackermann gesagt, dass ich sie liebe! Auf dem Pausenhof konnte ich meinen dummen Mund nicht halten." [...]

Henry schwieg einen Augenblick und das peinliche Gefühl, das ihm auf dem Pausenhof in die Glieder gefahren war, durchflutete ihn wieder. Am liebsten hätte er auf der Stelle ein Loch gegraben und sich darin versteckt.

Bruce Coville

M6 Die Meinung eines Philosophen

Natürlich [muss] man [nicht] in jedem erdenklichen Fall die Wahrheit sagen [...]. Es gibt Situationen, in denen das verhängnisvoll wäre. Ein Arzt muss unter Umständen einen Patienten, um ihm nicht allen Lebenswillen zu nehmen, über den Ernst seiner Erkrankung täuschen. Man darf in Krisenzeiten das Versteck seiner Freunde nicht verraten und muss daher in der gegebenen Situation sein Wissen ableugnen. Man darf ein Geheimnis, das einem anvertraut worden ist, nicht preisgeben und muss deshalb unter Umständen Ausflüchte suchen.

Wilhelm Weischedel

Aufgaben

1 Wie legt Lucy Charlie Brown im Comic herein? → M1

2 Erzählt über Aprilscherze, die ihr mit euren Eltern, Geschwistern oder Freund(inn)en gemacht habt oder bei denen ihr selbst hereingelegt worden seid. → M1

3 Ist ein Aprilscherz eine Lüge? → M1

4 Bildet drei Gruppen und bearbeitet arbeitsteilig die Texte M2 bis M4 unter folgenden Fragestellungen:
   a) Worum geht es in dem Text genau?
   b) Überlegt, warum der Mensch bzw. die Menschen in eurer Geschichte so handeln.
   c) Würdet ihr das als „lügen" bezeichnen?
   d) Arbeitet heraus, ob es Ausnahmen vom Lügenverbot gibt.

   Haltet eure Ergebnisse auf Plakaten fest und präsentiert sie euren Mitschülerinnen und -schülern im Kurs als Wandzeitung. → M2/M3/M4

5 Diskutiert eure Ergebnisse aus Aufgabe 4. Würdet ihr in allen Fällen Ausnahmen zulassen? Warum bzw. warum nicht? → M2–M4

6 Was wäre, wenn alle Menschen immer nur die Wahrheit sagen würden? Überlegt euch weitere Situationen und ihre Folgen. → M5

7 Henry trifft später auch noch eine Frau, die sich als die Wahrheit selbst vorstellt und zu ihm sagt: „Freundlich oder nicht – das geht mich nichts an! Noch weniger befasse ich mich mit Gut und Böse. Viele gute Sachen sind falsch und viele böse Dinge sind wahr. All das kann ich nicht ändern!" Was meint sie wohl damit?

8 In welchen Fällen ist es nach Ansicht des Philosophen erlaubt, vom Lügenverbot abzuweichen? → M6

9 Schreibt dem Philosophen doch eure Meinung, wie ihr über die Ausnahmen vom Lügenverbot denkt. → M6

Wahrhaftigkeit und Lüge

5   M1   Die traurigen Seegurken

Opa isst gern saure Gurken. „Ich hab euch, glaub ich", kaut er vergnügt, „noch nicht von dem schrecklichen Geheule der traurigen Seegurken erzählt. Nun ja, das kam so. Ich sollte damals eine Ladung Einmachgläser zur Insel Corny Chong bringen. Das ist eine Insel, die mitten im Sauren Ozean liegt, ich weiß nicht, ob ihr davon schon mal gehört habt. Diese Insel ist in der ganzen Welt berühmt für das süß eingelegte Gemüse. Da befinden sich auch die berühmten Perlenriffe, wo die einheimischen Perlentaucher nach Perlzwiebelchen tauchen. Die schmecken übrigens auch sehr gut."

Wie die sauren Gurken. Die isst Opa mit großem Vergnügen, wie es aussieht. „Auf den Riffen von Corny Chong wuchsen übrigens auch Seegurken. Doch als die Einheimischen die auch ernten und verkaufen wollten, passierte das Malheur ..." Opa spricht etwas undeutlich, weil er mit vollem Maul erzählt. „Als die Einwohner nämlich versuchten, die Gurken süß einzulegen, fingen die Gurken ganz fürchterlich an zu heulen. Schlimmer als jede Heulboje. Der ganze Schiffsverkehr drohte zusammenzubrechen, denn nun konnte man die Heulbojen nicht mehr richtig hören und von den traurigen Seegurken unterscheiden. Das ist aber äußerst wichtig für die Seefahrt. Ein guter Kapitän muss sogar verschiedene Heulbojentöne unterscheiden können: die normale Heulboje, die beleidigte Boje und die gefürchtete Baby-Boje. Doch nun konnte man nichts mehr unterscheiden. Das größte Geheule in der christlichen Seefahrt erhob sich über dem weiten Meer. Doch da hatte ich die rettende Idee: Mir ist nämlich aufgefallen, dass die Einwohner der Insel immer lustig waren – auch wenn die Arbeit noch so schwer war. Das kam wahrscheinlich von dem sauren Ozeanwasser. Davon wurden die lustig, denn sauer macht lustig. Das weiß jeder Grottenolm. Da machte ich den Vorschlag, die Seegurken einfach sauer einzulegen, in saures Wasser. Und tatsächlich. Das Geheule hörte ruckartig auf. Und die sauer eingelegten Seegurken wurden obendrein ein großer Verkaufsschlager. Die schmecken auch zu gut. Ich wurde sogar zum Gurkenkönig von Corny Chong gekrönt, ehrenhalber."

Opa nimmt sich gleich noch eine Gurke. Hm. Die Bärchen gucken eher etwas sauer aus ihren Pelzen.

Bernhard Lassahn

M2   Als ich mich selbst aus dem Sumpf befreite

Wer je bei einem Ausflug in einem Sumpf zu versinken droht, der sollte sich an diese Geschichte erinnern, die ich wirklich erlebt habe. Bei einem Ausflug gerieten mein Pferd und ich eines Tages in sumpfiges Terrain. Aber wir mussten da durch, es gab keinen anderen Weg zu unserem Ziel. Durchlaufen konnten wir den Sumpf natürlich nicht, also mussten wir das Hindernis überspringen.

Den ersten Anlauf hatte ich allerdings zu kurz berechnet. Im Flug machten wir kehrt und landeten

5 Lügen, bis sich die Balken biegen

sicher auf der Stelle, von der aus wir abgesprungen waren. Wir setzten zum zweiten Sprung an – doch dieses Mal konnten wir nicht in der Luft wenden und landeten unsanft auf dem morastigen Untergrund. Mein Pferd und ich wären hoffnungslos versunken, wenn ich es nicht geschafft hätte, mich an meinem eigenen Haarschopf aus dem Sumpf zu ziehen. Dass ich dadurch auch mein treues Pferd gerettet habe, versteht sich ja von selbst. Es kann eben doch von Vorteil sein, wenn man einen gut trainierten Körper hat.

Baron von Münchhausen

M3 Das Lügengedicht

Dunkel war's, der Mond schien helle,
Schnee lag auf der grünen Flur,
als ein Auto blitzeschnelle
langsam um die Ecke fuhr.
Drinnen saßen stehend Leute,
schweigend ins Gespräch vertieft,
als ein totgeschossner Hase
auf der Sandbank Schlittschuh lief.

Auf einer roten Bank,
die blau angestrichen war,
saß ein blondgelockter Jüngling
mit kohlrabenschwarzem Haar.
Neben ihm 'ne alte Schrulle,
die gerade sechzehn war.
Diese aß 'ne Butterstulle,
die mit Schmalz bestrichen war.

Droben auf dem Apfelbaume,
der sehr süße Birnen trug,
hing des Frühlings letzte Pflaume,
und an Nüssen noch genug.

Eine Kuh, die saß im Schwalbennest
mit sieben jungen Ziegen,
die feierten ihr Jubelfest
und fingen an zu fliegen.
Der Esel zog Pantoffeln an,
ist übers Haus geflogen,
und wenn das nicht die Wahrheit ist,
so ist es doch gelogen.

Edmund Jacoby

M4 Die Konkurrenz

„Aber ihr wollt euch doch nicht streiten, liebe Kinder", sprach der Lehrer, als er eine Gruppe wild durcheinander brüllender Buben traf. „Worum handelt es sich denn?"
„Die Sache ist die", rief der älteste, „wir wollen diesen kleinen Hund dem schenken, der die größte Lüge sagen kann. Und jeder von uns Jungens meint, dass seine Lüge die größte ist – aber meine ist es!"
„Aber Kinder, Kinder!", sagte der Lehrer kopfschüttelnd, „als ich in eurem Alter war, da wusste ich nicht einmal, was eine Lüge ist."
„Hier, bitte schön!", rief die Bande einstimmig: „Der kleine Hund gehört Ihnen."

Sigismund von Radecki

Aufgaben

1. An welchen Stellen sagt Käpt'n Blaubär in der vorliegenden Geschichte nicht die Wahrheit? Warum erzählt er Lügen? → M1
2. Warum ist die von Münchhausen erzählte Geschichte nicht zu glauben? → M2
3. Warum erzählt er diese Lügengeschichte? → M2
4. Welche Lügen könnt ihr im Lügengedicht entdecken? → M3
5. Schreibt selber eine neue Strophe für das Lügengedicht. → M3
6. Warum bekommt der Lehrer den Hund? → M4
7. Woran habt ihr erkennen können, ob jemand eine Lügengeschichte erzählt hat? → M1-4
8. Seit der Antike haben Menschen Freude an Lügengeschichten. Woher kommt dieses Vergnügen? Wird im strengen Sinne überhaupt gelogen? → M1-4

Projekt: Lügenbuch

Jede bzw. jeder von euch schreibt eine Geschichte in der Ich-Form. Sie kann sich auch auf etwas beziehen, was ein anderer erlebt hat, eine Freundin, ein Freund oder ein Verwandter. Jede Geschichte sollte mit der Frage „Gelogen oder wahr?" enden. Malt Bilder zu euren Geschichten und heftet sie zu einem „Lügenbuch der Klasse 5/6 .." zusammen. Vergesst nicht, am Schluss eine Seite mit den Lösungen anzufügen. Vielleicht könnt ihr euer Buch bei der nächsten Schulveranstaltung zum Verkauf anbieten.

Wahrhaftigkeit und Lüge

6 | M1 „..."

Norman Rockwell

M2 Stille Post

Alle Teilnehmerinnen und Teilnehmer am Spiel ordnen sich in einer Reihe oder einem Kreis an. Eine Person überlegt sich eine Nachricht und flüstert diese seinem rechten Nachbarn ins Ohr. Dieser flüstert den gehörten Satz wiederum seinem rechten Nachbarn ins Ohr. Dies wird so lange wiederholt, bis die Nachricht den letzten Spielteilnehmer erreicht. Dieser sagt dann, was er verstanden hat.

M3 Weitersagen

Kim sagte: „Den Per finde ich irgendwie doof. Er ist manchmal ein fürchterlicher Angeber. Andererseits kann er auch richtig nett sein. Wenn man ihn braucht, dann ist er für einen da. Er ist hilfsbereit, und man
5 kann sich auf ihn verlassen." Das hatte Kim zu Hanna, Marcel, Becki und Maike gesagt.
Einige Zeit später sagte Hanna zu Per: „Du, die Kim hat gesagt, sie fände dich irgendwie doof." „Na und?" Per zuckte die Schulter.

Marcel sagte bei anderer Gelegenheit zu Per: „Die Kim meint, du wärst ein fürchterlicher Angeber." „Das ist ihr Problem." Per schien dennoch betroffen.
Becki sagte zu Per: „Die Kim meint, du wärst richtig nett." „Na so was", meinte der Angesprochene.
Maike sagte zu Per: „Stell dir vor, Kim hat gesagt, du wärst hilfsbereit und man könnte sich immer auf dich verlassen. Da kannst du mal sehen, was für einen guten Eindruck du auf sie gemacht hast." Per wirkte ein wenig verlegen, zugleich hellte sich seine Miene auf.

M4 Irrtümer

Irrtum ist nicht gleich Irrtum:
„Ich dachte, ich hätte die Datei gesichert."
„Ich bin der Meinung, die Ampel hätte grün gezeigt."
„Sie dachten wohl, die Pilze seien genießbar."
„Er glaubte, auf dem Kabel sei kein Strom."
„Die Festplatte meines Computers ist garantiert virenfrei."

6 Nicht gelogen, aber wahr?

M5 Ein Philosoph erklärt den Begriff „Irrtum"

Liebe Anna,

herzlichen Dank für Deinen Brief. Du möchtest von mir wissen, was ein Irrtum genau ist, weil ich mich lange mit dem Thema Irrtum auseinandergesetzt habe. Mal sehen, ob ich Dir helfen kann: Ein Irrtum kann eine falsche Annahme sein oder eine falsche Behauptung oder eine falsche Meinung. Der Irrtum setzt sich damit von einer Lüge ab. Warum?, fragst du dich jetzt sicherlich. Der Unterschied ist folgender: Wenn du lügst, dann machst du das mit Absicht, weil du jemanden täuschen willst. Ein Irrtum entsteht aber unabsichtlich aus falschen Informationen oder Schlüssen und jemand kann von seinem Irrtum „wahrhaftig" überzeugt sein. Vielleicht sollte ich dir diesen Unterschied an zwei Beispielen deutlich machen.

Du lügst, wenn du deinen Eltern erzählst, du hast deine Deutsch-Arbeit noch nicht zurück, obwohl sie in deiner Schultasche ist. Du willst die Arbeit deinen Eltern aber nicht zeigen, weil du eine „5" geschrieben hast.

Du irrst dich, wenn du glaubst, Spaghetti würden aus Italien stammen. Tatsächlich kennt man die Nudel dort erst seit ungefähr 800 Jahren. Ursprünglich stammen Spaghetti aus China. Marco Polo hat sie von dort nach Italien gebracht.

Ich hoffe, ich habe dir bei der Beantwortung deiner Frage helfen können. Sollte dir noch irgendetwas unklar sein, darfst du mir natürlich wieder schreiben.

Liebe Grüße
Dein Freund Phil Sofus

M6 Irrtum oder Wahrheit?

1. „Das Foto zeigt das Ungeheuer von Loch Ness."

2. „Kolumbus hat den Seeweg nach Indien entdeckt."

3. „Der Koala ist ein Bär."

Aufgaben

1 Beschreibt das Bild und gebt ihm einen Titel. ➜ M1
2 Entwerft Sprechblasen zum Bild: Was könnten die einzelnen Menschen einander sagen? ➜ M1
3 Spielt das Spiel Stille Post mehrmals. Was ist passiert auf dem Weg von der ersten zur letzten Person? ➜ M2
4 Ist die Aussage der letzten Person gelogen? ➜ M2
5 Haben Hanna, Marcel, Becki und Maike die Wahrheit gesagt oder haben sie gelogen? ➜ M3
6 Gibt es einen Unterschied zwischen „die Wahrheit sagen" und „die ganze Wahrheit sagen"? ➜ M3
7 Worin bestehen die Irrtümer und wie unterscheiden sie sich? ➜ M4
8 Was versteht der Philosoph unter einem Irrtum? ➜ M5
9 Ist ein weitererzählter Irrtum eine Lüge? ➜ M5
10 Irrtum oder Wahrheit – was meint ihr? ➜ M6
(Die Lösung findet ihr auf S. 213.)
11 Sucht weitere Beispiele für Irrtümer. ➜ M4-M6

Wahrhaftigkeit und Lüge

7

M1 UFO

Ufos – gibt es die eigentlich? Am 17. Dezember 1994 behauptet eine Schlagzeile in der *Berliner Zeitung* „Ufos über Thüringen? Ja, es stimmt! Zwei Schüler lieferten den Foto-Beweis". Zwei Jungen hatten mehrere Fotos von einem Ufo aufgenommen. Experten untersuchten den Fall. In einem Fernsehinterview mit n-tv sagen sie, die Berichte der beiden „Zeugen" seien glaubwürdig.

Schließlich gesteht einer der Jungen, dass es sich bei dem Ufo um ein Spielzeug handle, das sie in die Luft geworfen und dabei fotografiert hätten. Die TV-Sendung *Ufos – es gibt sie doch* habe sie dazu angeregt. Sie hätten sich nach dem Presserummel nicht mehr getraut, ihren Streich zuzugeben. Sogar das Nachrichtenmagazin *Focus* berichtet am 26. Juni 1996 über die Geschehnisse und die Blamage für die Experten.

Jedes Jahr gibt es Tausende angeblicher Ufosichtungen. Viele weisen Parallelen zu aktuellen Science-Fiction-Filmen oder -Serien auf. Bekannte Vorstellungen und Fantasien bestimmen die Bilder. Bisher ließen sich alle untersuchten Fälle auf natürliche Erscheinungen zurückführen.

nach Haus der Geschichte der Bundesrepublik Deutschland (Hg.)

M2 Kornkreise

Begonnen hat es 1978. Der Bauer Ian Stevens traute seinen Augen nicht, als er seine Ernte mit dem Mähdrescher einholen wollte: ein exakt in das Kornfeld gedrückter Kreis. So etwas hatte er noch nie gesehen. Noch im selben Jahr wussten weitere Personen von plattgedrücktem Korn zu berichten.

Mit einem Zeitungsartikel in der *Wiltshire Times* 1980 rückten dann die Kornkreise ins Licht der Öffentlichkeit. Man begann über die Ursachen zu rätseln: Waren die Kreise von Außerirdischen geschaffen? Enthielten die Kreise geheime Botschaften? Nur in einem Punkt waren sich alle, die die Kreise sahen, einig – sie konnten nicht von Menschenhand erschaffen worden sein. Mehr und mehr Menschen interessierten sich für die Kornkreisforschung und die damit verbundenen Geheimnisse.

Am 9. September 1991 wurde das Rätsel um die Kornkreise durch das britische Boulevardblatt *Today* gelöst. Die Zeitung veröffentlichte ein Interview mit zwei Rentnern, Doug Bower und Dave Corley. Die Rentner behaupteten, sie hätten einen Großteil der Kornkreise angelegt. Während für die breite Öffentlichkeit nun das feststand, was man eigentlich schon lange vermutete, nämlich dass die Kornkreise durch Menschenhand bzw. -fuß entstehen, war der Schock für die Cereologen – wie sich die Kornkreisforscher inzwischen nannten – groß.

Wir wissen heute, dass in den Sommernächten verschiedene Gruppen in den Feldern Südenglands unterwegs sind und perfekt geplante Geometrien ins Korn drücken.

nach Florian Brunner/Harald Hoos

7 Nicht alles glauben

M3 Ein Comic, zwei Versionen

Originalabbildung aus *Donald Duck* – mit Granate

Geänderte Version ohne Fluggeschoss

Originalabbildung aus *Akim, Sohn des Dschungels*

Geänderte Version: Der Text bleibt, das Schwert fehlt.

M4 Ein Skeptiker

Es gibt Menschen, die nennt man Skeptiker. Was ein Skeptiker ist? Ganz einfach: ein Mensch, der grundsätzlich skeptisch ist. Weißt du jetzt mehr? Natürlich nicht. Also: grundsätzlich skeptisch ist ein Mensch, der nicht alles glaubt, was gesagt oder geschrieben wird. Er zweifelt erst einmal, ob das richtig ist, was er gehört oder gelesen hat. Er denkt selbst nach und stellt, wenn dies möglich ist, selbst Nachforschungen und Überprüfungen an.
Ich, René Descartes, würde allen Menschen raten, skeptisch zu sein und nicht alles zu glauben, was andere behaupten. Was der Vorteil davon ist? Na: man fällt nicht auf Lügen rein, sitzt keinen Irrtümern auf; man wird nicht reingelegt, sondern kann sich immer sicher sein.

René Descartes

Aufgaben

1 Schaut euch das Foto an, auf dem ein UFO zu sehen ist. Beweist das Foto, dass es UFOs gibt? ➜ M1

2 Wieso blamieren sich die UFO-Experten in diesem Fall? ➜ M1

3 Was zeigen die Aufnahmen von den Kornkreisen. Was haben viele Menschen daraus geschlossen? ➜ M2

4 Darf man Bildern uneingeschränkt glauben? ➜ M1/M2

5 Warum sind die amerikanischen Comics in der deutschen Version wohl geändert worden? Findet ihr das richtig? ➜ M3

6 Erklärt mit eigenen Worten, was ein Skeptiker ist. ➜ M4

7 Wozu könnte es gut sein, skeptisch zu sein? ➜ M4

8 Zeigt an Beispielen, wie ein Skeptiker eine Untersuchung anstellt. ➜ M4

9 Bist du selbst schon einmal skeptisch gewesen? Hat sich das ausgezahlt? Erzähle davon. ➜ M4

„Gut" und „böse"

1 M1 Es wa(h)r einmal ...

„Ei, Großmutter, was hast du für große Ohren!" „Dass ich dich besser hören kann." „Ei, Großmutter, was hast du für große Augen!" „Dass ich dich besser sehen kann." „Ei, Großmutter, was hast du für große Hände!" „Dass ich dich besser packen kann." „Aber, Großmutter, was hast du für ein entsetzlich großes Maul!" „Dass ich dich besser fressen kann."

Auf dieser Wiese ging das Mädchen fort und kam zu einem Backofen, der war voller Brot; das Brot aber rief: „Ach, zieh mich raus, zieh mich raus, sonst verbrenn ich; ich bin schon längst ausgebacken." Da trat es herzu, und holte mit dem Brotschieber alles nacheinander heraus. Danach ging es weiter und kam zu einem Baum, der hing voll Äpfel und rief ihm zu: „Ach schüttel mich, schüttel mich, wir Äpfel sind alle miteinander reif." Da schüttelte es den Baum, dass die Äpfel fielen, [...] und als es alle in einen Haufen zusammengelegt hatte, ging es wieder weiter.

Als es Mittag war, sahen sie ein schönes schneeweißes Vögelein auf einem Ast sitzen, das sang so schön, dass [...] [Hänsel und Gretel] stehen blieben und ihm zuhörten. Und als es fertig war, schwang es seine Flügel und flog vor ihnen her, und sie gingen ihm nach, bis sie zu einem Häuschen gelangten, auf dessen Dach es sich setzte. Und als sie ganz nah herankamen, so sahen sie, dass das Häuslein aus Brot gebaut war und mit Kuchen gedeckt; aber die Fenster waren von hellem Zucker. „Da wollen wir uns dran machen", sprach Hänsel, „und eine gesegnete Mahlzeit halten. Ich will ein Stück vom Dach essen, Gretel, du kannst vom Fenster essen, das schmeckt süß." Hänsel reichte in die Höhe und brach sich ein wenig vom Dach ab, um zu versuchen, wie es schmeckte, und Gretel stellte sich an die Scheiben und knuperte daran. Da rief eine feine Stimme aus der Stube heraus:

„Knusper, knusper, knäuschen, wer knuspert an meinem Häuschen?"
Die Kinder antworteten:

„Der Wind; der Wind, das himmlische Kind",

und aßen weiter, ohne sich irre machen zu lassen. Da ging auf einmal die Türe auf, und eine steinalte Frau kam herausgeschlichen. Hänsel und Gretel erschraken [...] gewaltig [...]. Die Alte aber wackelte mit dem Kopfe und sprach: „Ei, ihr lieben Kinder, wer hat euch hierher gebracht? Kommt nur herein und bleibt bei mir, es geschieht euch kein Leid."

Märchen der Gebrüder Grimm

1 Am Ende siegt immer das Gute!?

M2 **Der Wolf und die sieben Geißlein**
Eine Richtigstellung

Die Geschichte vom Wolf und den sieben Geißlein ist wahrheitsgetreu überliefert. Bis auf den Schlusssatz. Da heißt es ... „und lebten zufrieden und glücklich bis an ihr Ende."

Hier lügt das Märchenbuch! Für die, die sich an das Happy-End des Märchens nicht mehr erinnern: ... Da holt das siebente Geißlein die Mutter, sie schneiden dem Wolf den Bauch auf, holen die sechs Geschwister heraus, tun ihm Steine in den Bauch, nähen ihn wieder zu und verstecken sich. Und der Wolf wacht auf, hat Durst, geht zum Brunnen, beugt sich über den Brunnenrand und stürzt in den Brunnen hinein. Und ersäuft, weil er wegen dem steinschweren Bauch nicht schwimmen kann. Kann sich irgendeiner, außer einem chronischen Schwachkopf, vorstellen, dass es mit den Geißenkindern gut weiterging? Doch kaum! Das siebente Geißlein, das Nichtgefressene, wurde in der ganzen Gegend bestaunt und bewundert und als Retter der Familie gepriesen. Das stieg ihm zu Kopfe! Alle paar Minuten bekamen seine Geschwister zu hören: „Wenn ich nicht gewesen wäre, gäb's euch heute überhaupt nicht mehr!" Und dauernd meckerte es, dass die Geschwister dies nicht genug anerkannten. Das beste Bettchen beanspruchte es und die besten Bissen auch. Belehren durfte man es schon gar nicht mehr.

„Ich bin doch schlauer als ihr alle zusammen", sagte es dann.

Schließlich bestellte es beim Grabsteinmetz noch eine große Marmortafel, mit Goldbuchstaben drauf. *Geburtshaus des berühmten siebenten Heldengeißleins* stand auf der Tafel. Das siebente Geißlein dübelte die Tafel an die Hausmauer.

Da wurde es den Geschwistern zu bunt! Und das erste Geißlein sagte scheinheilig: „So ein Held wie unser kleiner Bruder müsste eigentlich längst in eine Fernsehshow kommen!" Das zweite Geißlein sagte: „Wieso ihn noch niemand ins TV geholt hat?" Das dritte Geißlein sagte: „Weil die Fernsehleute nichts von ihm wissen! Die sind ja in der großen Stadt vor den sieben Bergen, hinter denen wir wohnen!" Das vierte Geißlein sagte: „Und falls sie es gehört haben, glauben sie es nicht. Ist ja auch unglaublich. Die würden das nur glauben, wenn sie unseren kleinen Bruder sehen! Sein Heldentum sieht man ihm ja gleich an!"

Da machte sich das siebente Geißlein auf den Weg. Über die sieben Berge. Und ward nie mehr gesehen. Vielleicht irrt es heute noch zwischen dem vierten und dem dritten Berg herum. Oder einer hat es eingefangen und gebraten. Oder es ist auch etwas ganz, ganz anderes mit ihm passiert. Die sechs Geißlein lebten von da an mit ihrer Mutter zufrieden und glücklich bis an ihr Ende.

Christine Nöstlinger

Ich bin ein Held!

Aufgaben

1 Die Bilder und Texte sind durcheinander geraten. Ordnet sie einander richtig zu. → M1

2 Welche Märchen werden auf den Bildern dargestellt? Erzählt sie euch gegenseitig. → M1

3 Findet in jedem der Märchen mindestens eine gute und eine böse Figur. Beschreibt jeweils, welche guten oder bösen Dinge diese Figur tut. Begründet, warum ihr die jeweilige Handlung gut oder böse findet. → M1

4 Welche Folgen hat es für eure Märchenfiguren, dass sie gut oder böse gehandelt haben? Wie beurteilt ihr diese Folgen? → M1

5 Stellt euch vor, die bösen Figuren würden nicht sterben, sondern eingesperrt. Nach einiger Zeit bekämen sie eine neue Chance. Wie würden sie sich nun verhalten? Sucht euch eine böse Figur aus und schreibt das Märchen weiter. → M1 **G**

6 Wie verändert sich das siebente Geißlein nach der Rettung seiner Geschwister und warum? → M2

7 Welche Konsequenzen hat sein Verhalten? → M2

8 Schreibt zu zweit ein mögliches Interview mit dem siebenten Geißlein, nachdem es seine Familie verlassen hat, und spielt eurer Klasse das Interview vor. → M2 **S**

„Gut" und „böse"

M1 Max und Moritz

Max und Moritz haben durch einen Streich die Hühner der Witwe Bolte umgebracht. Nun will sie die Hühner braten, wodurch Max und Moritz zu einem neuen Streich herausgefordert werden.

Als die gute Witwe Bolte
Sich von ihrem Schmerz erholte,
Dachte sie so hin und her,
Dass es wohl das Beste wär',
Die Verstorb'nen, die hienieden
Schon so frühe abgeschieden,
Ganz im Stillen und in Ehren
Gut gebraten zu verzehren. –
– Freilich war die Trauer groß,
Als sie nun so nackt und bloß
Abgerupft am Herde lagen,
Sie, die einst in schönen Tagen
Bald im Hofe, bald im Garten
Lebensfroh im Sande scharrten. – [...]
Ach, Frau Bolte weint aufs Neu,
Und der Spitz steht auch dabei. –
Max und Moritz rochen dieses;
„Schnell aufs Dach gekrochen!", hieß es.

Durch den Schornstein mit Vergnügen
Sehen sie die Hühner liegen,
Die schon ohne Kopf und Gurgeln
Lieblich in der Pfanne schmurgeln. –
Eben geht mit einem Teller
Witwe Bolte in den Keller,
Dass sie von dem Sauerkohle
Eine Portion sich hole,
Wofür sie besonders schwärmt,
Wenn er wieder aufgewärmt. –
– Unterdessen auf dem Dache
Ist man tätig bei der Sache.
Max hat schon mit Vorbedacht
Eine Angel mitgebracht. –
Schnupdiwup!, da wird nach oben
Schon ein Huhn heraufgehoben.

Schnupdiwup!, jetzt Numro zwei;
Schnupdiwup!, jetzt Numro drei;
Und jetzt kommt noch Numro vier:
Schnupdiwup!, dich haben wir!! –
– Zwar der Spitz sah es genau,
Und er bellt: Rawau! Rawau!
Aber schon sind sie ganz munter
Fort und von dem Dach herunter. –

– Na! Das wird Spektakel geben,
Denn Frau Bolte kommt soeben;
Angewurzelt stand sie da,
Als sie nach der Pfanne sah.
Alle Hühner waren fort –
„Spitz!!" – das war ihr erstes Wort. –

„Oh, du Spitz, du Ungetüm!! –
Aber wart!, ich komme ihm!!!"
Mit dem Löffel, groß und schwer,
Geht es über Spitzen her;
Laut ertönt sein Wehgeschrei,
Denn er fühlt sich schuldenfrei. –

– Max und Moritz, im Verstecke,
Schnarchen aber an der Hecke,
Und vom ganzen Hühnerschmaus
Guckt nur noch ein Bein heraus. –

Wilhelm Busch

2 Brav sein – nein danke!

M2 **Mit Erwachsenen muss man cool umgehen!**

Wie man mit Erwachsenen umgeht? Locker, kann ich nur sagen, leicht, fast flaumig. Und cool, urcool, vor allem, wenn sie dich kritisieren. Das packen sie nicht, dass du dich nicht aufregst, denn das würden sie selbst
5 nicht bringen. Voriges Jahr hätte ich mich noch nicht getraut, sie so zu nehmen. Aber jetzt finde ich es einfach irre gut zu sehen, wie hilflos sie in ihrem Ärger sind.
Mein Freund Max ist da absolute Spitze. Sein Vater
10 ist ein sturer Ordnungsfanatiker, sagt er, völlig ohne Verständnis für die Genialität seines Sohnes. Je cooler Max bleibt, um so mehr kommt der Vater in Rage. „Lümmel nicht so bei Tisch!", hat sein Vater ihn erst letzten Sonntag beim Mittagessen angeschnauzt. „Ich
15 bin ja nicht im Hilton", hat Max erklärt und ruhig weitergelümmelt. „Musst du dich zu Hause eigentlich immer daneben benehmen?", hat der Vater wütend gefragt. „Woanders spielst du den braven Jungen und zu Hause bist du unausstehlich!" „Ja, ist es dir denn
20 lieber, wenn ich woanders auch so unausstehlich bin?" Max hat die Augen aufgerissen und ganz erstaunt getan. Der Vater war echt sauer. Die Mutter hat versucht zu vermitteln und hat lauter softes Zeug geredet. Dass sie ihn in letzter Zeit nicht mehr versteht
25 und so. „Verlangt ja auch niemand, dass du mich verstehst", hat Max geantwortet und ist in sein Zimmer gegangen. [...]
„Hast du nichts für die Schule zu arbeiten?", hat der Vater dann ins Zimmer gebrüllt. Max hat [...] den
30 Vater aufmerksam angeschaut. „Aber man soll doch den Sonntag heiligen", hat er gesagt [...]. Das war zu viel. Der Vater hat die Tür zugeschmissen und vor dem Fernseher Stellung bezogen. [...]
Inzwischen habe ich auch versucht, mit meinen Eltern
35 so locker und cool umzugehen, wie ich es von Max gelernt habe. Meine Mutter hat es ja auch mit der Ordnung und kann es absolut nicht leiden, wenn ich meine Klamotten im Zimmer verteile. „Du hast es wieder einmal geschafft, dein Zimmer in einen Sau-
40 stall zu verwandeln", sagte sie gestern Morgen vorwurfsvoll. „Ja, darin bin ich unübertroffen", habe ich ganz cool geantwortet. „Wie komme ich eigentlich dazu, ständig deine Arbeit zu machen?", fragte sie darauf empört und begann, Wäsche und Hosen einzusammeln. „Arbeit adelt", habe ich ihr erklärt. Einen
45 Augenblick lang war Stille. „Da bleibe ich lieber bürgerlich", sagte sie ganz soft und legte mir die Sachen auf den Schreibtisch. Ich hab' geglaubt, mich haut's um. Die Antwort hätte ich ihr nicht zugetraut! Ordentlicher bin ich natürlich nicht geworden. [...] Als
50 ich mittags aus der Schule kam, war mein Zimmer noch immer im gleichen Zustand, wie ich es verlassen hatte. Meine Mutter saß im Wohnzimmer und hörte sich mit meinen (!) Kopfhörern eine Platte an. „Gibt's heute kein Mittagessen?", fragte ich einigermaßen
55 sauer, denn ich hatte irren Hunger. Mutter nahm die Kopfhörer nicht einmal ab. „Wer Arbeit kennt und sich nicht drückt, der ist verrückt", sagte sie. Cool, geradezu übercool. Ich glaube, jetzt brauche ich erst einmal eine Nachdenkpause.
60

Jutta Modler

Aufgaben

1 Welche bösen Handlungen begehen Max und Moritz in diesem Streich? Bezieht die Bilder in eure Überlegungen mit ein. → M1

2 Sind die Lausbuben wirklich böse? Begründet eure Antworten. → M1

3 Kennt ihr noch andere Streiche von den beiden? Welche dieser Streiche findet ihr wirklich böse? → M1

4 Beschreibt, wie Max mit seinen Eltern umgeht und wie diese darauf reagieren. → M2

5 Wie verhält sich der Ich-Erzähler, und wie geht seine Mutter damit um? → M2

6 Findest du das Verhalten der dargestellten Personen richtig oder falsch? Suche dir eine Person aus und teile ihr deine Meinung in einem Brief mit. → M2

"Gut" und "böse"

3

M1 Besserwisser – Schlechterwisser

M2 Gustav hat abgeschrieben (Teil 1)

Gustav hatte von Leo abgeschrieben. Während der Rechenarbeit. Das wäre vielleicht nicht weiter aufgefallen, wenn Leos Lösungen richtig gewesen wären. Sie waren aber falsch! 3498 : 179 war bei Leo seltsamerweise 199,991! Und Gustav, der beim Rechnen nur das Abschreiben beherrschte, hatte selbstverständlich auch 199,991 herausbekommen. Genau wie Leo.
Lehrer H. merkte den Schwindel beim Hefte-Korrigieren. Und die Sache wäre glimpflich abgelaufen, wenn Gustav sein Vergehen zugegeben hätte. Er *log* aber und behauptete steif und fest, er habe *nicht* abgeschrieben. Er war sogar so ungezogen und unanständig zu erklären: Vielleicht habe Leo von *ihm* gespickt! Lehrer H. fragte nun Leo, wie sich die Sache verhalte. Leo sagte, er habe nicht abgeschrieben. Weiter war aus ihm nichts herauszubringen. Natürlich wusste er, dass Gustav gelogen und dass er während der Arbeit sein Heft zu sich herübergezogen hatte. Das wollte er aber nicht gestehen.

Erich Kästner

M3 Gustav hat abgeschrieben (Teil 2)

Die Geschichte geht so weiter:
Der Lehrer versuchte es auf jede Weise, doch Leo schwieg. Da sagte Herr H.: „Ich gebe dir bis morgen Bedenkzeit. Wenn du dann noch immer nichts gesagt hast, werden wir weitersehen!" Und als er das Klassenzimmer verließ, war er recht ärgerlich.
Gustav versammelte die ganze Klasse um sich, packte Leo drohend an der Jacke und sagte: „Wenn du mich verrätst, kannst du was erleben." Und Arthur rief: „Wenn er es verrät, ist er ein Feigling!" Und die meisten gaben ihm recht.
Könnt ihr begreifen, wie es Leo zumute war?

Erich Kästner

M4 Schlechte Noten gehören verboten

Juhu, ich bin s, Bix Taler. Und ich kenne einen Trick, wie man Schulen zum Einstürzen bringen kann. Stellt euch vor, um Punkt zwölf Uhr mittags brüllen alle diejenigen „Jeaaa!", die dafür sind, dass schlechte Noten verboten werden.
Ich wette, bei diesem Krach zerbröseln fast alle Schulen. Bleibt eine Schule trotzdem stehen, hat sie sicher tiefe Risse in den Wänden und muss geschlossen werden.
Es gibt nämlich keinen normalen Menschen, der für schlechte Noten ist. [...]
Wenn ich meiner Mam das Klassenarbeitsheft mit der schlechten Note zeige, dann schüttelt sie stumm den Kopf und seufzt tief. Sie arbeitet den ganzen Tag und ist am Abend meistens sehr müde. Immer wieder jammert sie, sie hätte viel zu wenig Zeit für uns. Mein kleines Bruder-Monster Felix und ich haben keinen Papa mehr. Er ist gestorben. Für Mam ist das nicht einfach. Ich habe immer ein sehr schlechtes Gewissen, wenn ich eine schlechte Note nach Hause bringe. Manchmal glaube ich, bei jeder schlechten Note bekommt meine Mam drei graue Haare mehr.

Thomas Brezina

3 Schlechter Schüler = böser Schüler?

M5 Zeugnistag

Ich denke, ich muss so zwölf Jahre alt gewesen sein
und wieder einmal war es Zeugnistag.
Nur diesmal, dacht' ich, bricht das Schulhaus samt
    Dachgestühl ein,
als meines weiß und hässlich vor mir lag.
Dabei war'n meine Hoffnungen keineswegs hoch
    geschraubt,
ich war ein fauler Hund und obendrein
höchst eigenwillig, doch trotzdem hätte ich nie geglaubt,
so ein totaler Versager zu sein, ein totaler Versager zu sein.

So! Jetzt ist es passiert, dacht' ich mir, jetzt ist alles aus.
Nicht einmal eine Vier in Religion.
Oh Mann, mit diesem Zeugnis kommst du besser nicht
    nach Haus,
sondern allenfalls zur Fremdenlegion.
Ich zeigt' es meinen Eltern nicht und unterschrieb für sie,
schön bunt, sah nicht schlecht aus (ohne zu prahl'n).
Ich war vielleicht 'ne Niete in Deutsch und Biologie,
dafür konnt' ich schon immer ganz gut mal'n,
dafür konnt' ich schon immer ganz gut mal'n.

Der Zauber kam natürlich schon am nächsten Morgen
    raus,
die Fälschung war wohl doch nicht so geschickt.
Der Rektor kam, holte mich schnaubend aus der Klasse
    raus,
so stand ich da, allein, stumm und geknickt.
Dann ließ er meine Eltern kommen, lehnte sich zurück,
voll Selbstgerechtigkeit genoss er schon
die Maulschellen für den Betrüger, das missrat'ne Stück,
diesen Urkundenfälscher, ihren Sohn,
diesen Urkundenfälscher, ihren Sohn.

Mein Vater nahm das Zeugnis in die Hand und sah mich an
und sagte ruhig: „Was mich anbetrifft,
so gibt es nicht die kleinste Spur eines Zweifels daran,
das ist tatsächlich meine Unterschrift."
Auch meine Mutter sagte, ja, das sei ihr Namenszug,
gekritzelt zwar, doch müsse man verstehn,
dass sie vorher zwei große, schwere Einkaufstaschen trug.
Dann sagte sie: „Komm, Junge, lass uns gehn.
Komm, Junge, lass uns gehn."
Reinhard Mey

Aufgaben

1 Beschreibe den Besserwisser und den Schlechterwisser. Wen findest du netter und warum? → M1

2 Versetzt euch entweder in die Lage des Besserwissers oder in die des Schlechterwissers. Was denken und fühlen sie? Macht euch Notizen und setzt dann beide auf einen „heißen Stuhl", um sie zu befragen. → M1 **HS**

3 Warum will Leo dem Lehrer nicht sagen, dass Gustav abgeschrieben hat? → M2

4 „Wenn er es verrät, ist er ein Feigling!" Was meint Arthur damit? → M3

5 Kannst du begreifen, wie es Leo zumute ist? Abends vertraut er sich seinem Tagebuch an, um noch einmal über den Vorfall nachzudenken und zu überlegen, was er am nächsten Tag tun soll. Er beginnt:
Ich bin zwar ein schlechter Schüler, aber …
Schreibe seinen Tagebucheintrag weiter. → M3 **S**

6 Ist Bix ein böses Mädchen, weil sie schlechte Noten nach Hause bringt? Begründe deine Meinung. → M4

7 Warum hat Bix ein schlechtes Gewissen? → M4

8 Welche Gefühle und Gedanken haben der Junge, seine Eltern und der Rektor? → M5

9 Beurteilt die Handlungen aller Beteiligten. Was findet ihr richtig, was falsch? → M5

10 Stellt das Lied von Reinhard Mey in einem Rollenspiel dar. → M5 **RS**

11 Was meint ihr: Wodurch unterscheidet sich ein schlechter Schüler von einem bösen Schüler? Wodurch unterscheidet sich das Schlechte vom Bösen?

"Gut" und "böse"

M1 Einen ganzen Tag lang unsichtbar sein

Diesen Monat steht den Schülern aus Frau Müllers Klasse eine interessante Erfahrung bevor: Sie werden einen ganzen Tag lang unsichtbar sein. Frau Müller hat nämlich magische Kräfte. Ihre Schüler sind immer ganz versessen auf diesen besonderen Tag, und wer Frau Müller nicht als Lehrerin hat, ist immer ganz unglücklich. Für den Tag des Unsichtbarseins gibt es keine Regeln, und die Lehrerin gibt auch keine Ratschläge. Jeder darf machen, was er will. Natürlich warten alle Schüler ganz gespannt auf den großen Tag und überlegen schon lange vorher, wohin sie gehen und was sie den ganzen Tag über machen wollen.

Einige Kinder wissen schon ganz genau, was sie tun wollen. Claudia ist nicht besonders gut in Mathe. Sie weiß, dass nächste Woche eine Klassenarbeit ansteht. Stefano isst gerne Süßigkeiten. Aber zu Hause sind meistens keine, weil seine Eltern ihm immer wieder sagen, er müsse auf sein Gewicht achten. Rikes Eltern sind arm und können ihr den heiß ersehnten iPod nicht kaufen. Den gibt es aber in vielen tollen Farben im Kaufhaus in der Stadt.

nach Brigitte Labbé/Michel Puech

M2 Gollum und der goldene Ring

Einmal nahmen [...] [Sméagol und Déagol] ein Boot und fuhren hinunter zu den Schwertelfeldern, wo viele Schwertlilien wuchsen und blühendes Schilf. Dort stieg Sméagol aus und durchstöberte die Ufer, aber Déagol blieb im Boot und angelte. Plötzlich biss ein großer Fisch an, und ehe er wusste, wie ihm geschah, wurde er mitgezogen und hinunter ins Wasser bis zum Grund. Dort ließ er die Leine los, weil er im Flussbett etwas glitzern zu sehen glaubte; und er hielt die Luft an und griff hastig danach. Prustend kam er wieder herauf, [...] und er schwamm ans Ufer. Und siehe da! als er den Schlamm abwusch, lag ein wunderschöner goldener Ring in seiner Hand, und er glänzte und glitzerte in der Sonne, so dass sein Herz voll Freude war. Aber hinter einem Baum verborgen hatte Sméagol ihn beobachtet, und als Déagol sich an dem Ring weidete, kam Sméagol leise herbei. „Gib uns das, Déagol, mein Lieber", sagte Sméagol über die Schulter seines Freundes hinweg. „Warum?", fragte Déagol. „Weil heute mein Geburtstag ist, mein Lieber, und ich es haben will!", sagte Sméagol. „Das ist mir gleich", sagte Déagol. „Ich habe dir schon etwas geschenkt, mehr als ich mir leisten konnte. Das hier habe ich gefunden und werde es auch behalten." „Ach, wirst du das, mein Lieber?", sagte Sméagol; und er packte Déagol an der Kehle und erwürgte ihn, weil das Gold so strahlend und schön war. Dann steckte er den Ring an den Finger.

Niemand fand je heraus, was mit Déagol geschehen war [...]. Sméagol kehrte allein nach Hause zurück; und er merkte, dass niemand von der Familie ihn sehen konnte, wenn er den Ring trug. Er war sehr erfreut über seine Entdeckung und verbarg ihn; und er benutzte ihn, um Geheimnisse aufzuspüren, und machte von seinem Wissen auf unredliche und boshafte Weise Gebrauch. Er wurde scharfäugig und hellhörig für alles, was andere verletzte. Der Ring hatte ihm Macht gegeben entsprechend seiner Veranlagung. Es ist nicht verwunderlich, dass er sich sehr unbeliebt machte und (wenn sichtbar) von all seinen Verwandten gemieden wurde. Sie traten ihn, und er biss sie in die Füße. Er gewöhnte sich an, zu stehlen und vor sich hin zu murmeln und kehlig zu glucksen. Deshalb nannten sie ihn *Gollum* und verfluchten ihn und sagten ihm, er solle weit fortgehen; und seine Großmutter, die Frieden haben wollte, verbannte ihn aus der Familie und warf ihn aus ihrer Höhle hinaus.

J. R. R. Tolkien

4 Warum Menschen gut oder böse handeln

M3 Robin Hood und der Bischof von Hereford

Auf einer Lichtung im tiefen, tiefen Sherwoodwald, wo Robin Hood und seine Gefährten ihre Verstecke hatten, war heute etwas los. Unter den Bäumen standen fünf Packpferde und ein Apfelschimmel ange-
5 bunden. Auf dem Boden lagen Bündel und Ballen, und drei Mönche in schwarzen Kutten hockten furchtsam daneben. Vor ihnen marschierte der Lordbischof von Hereford hin und her wie ein gefangener Bär im Käfig. Zwei Freisassen bewachten ihn. Lager-
10 feuer brannten, und Burschen im grünen Wams drehten die Bratspieße, auf denen ganze Rehe steckten. Andere trugen Brennholz und Trinkwasser herbei. Alle warteten auf Robin, der mit einer Handvoll Gefährten unterwegs war. Als sie endlich aus dem
15 Unterholz auftauchten, brüllte der Bischof wütend schon von weitem: „Was fällt dir ein, mich so zu behandeln! Ich bin ein hoher Kirchenfürst! Und ich lass' mich nicht von deinen grünen Kerlen zwingen, dein Gast zu sein! Ich will sofort weg von hier!"
20 „Willkommen, gnädiger Herr Bischof!", rief Robin fröhlich zurück. „Wir freuen uns über Euren Besuch! Was das Zwingen angeht, so seht Ihr das wirklich ganz falsch. Unser Wirtshaus liegt nun einmal ein bisschen einsam hier im Wald. Deshalb holen wir unsere Gäste
25 lieber gleich auf der Landstraße ab, und bringen sie nach dem Festessen sicher wieder dorthin zurück."
Der Bischof schnaubte schier vor Wut. Wie man Gast bei Robin Hood wurde und wie solch ein Festessen verlief, das wusste er längst. Schließlich sorgten wan-
30 dernde Handwerksburschen, Musikanten und Bettelmönche mit ihren Spottliedern dafür, dass es sich herumsprach, wenn im Sherwoodwald wieder einmal eine fette Gans gerupft worden war …
„Lasst's Euch nicht verdrießen, Herr Bischof", fuhr
35 Robin vergnügt fort. „Wir wissen, was wir solch einem hohen Gast wie Euch schuldig sind." Er ließ auf einem weißen Tuch im Gras das Festessen servieren und unterhielt sich dabei so freundlich mit seinem Gast, dass der vergaß, wo er war, und bester
40 Laune wurde. Aber dann verkündete Robin: „So, jetzt schauen wir uns an, was unser hoher Gast uns mitgebracht hat!" Die Bündel und Ballen wurden aufgeschnürt. Robin und seine Gefährten staunten, was da zum Vorschein kam: Samt und Seide, Spitzen und Schmuck.
„Es gehört sich nicht für einen Bischof, sich in Samt und Seide zu kleiden", sagte Robin streng. „Kleiner John, Alan, Will, teilt alle diese Waren durch drei: ein Drittel für uns, ein Drittel für die Armen, und ein Drittel dürft Ihr behalten, Euer Gnaden."
Das letzte Gepäckstück war eine kleine, aber sehr schwere Truhe, die wurde einfach mit der Axt aufgeschlagen. Ganze Berge Goldstücke purzelten ins Gras. Zorniges Murmeln erhob sich unter Robins Gefährten, aber keiner griff nach einer Münze. Robin las eine Liste vor, die dabeilag.
60 Da stand, welche Wucherzinsen der Bischof von seinen Pächtern kassierte, wenn sie die Pacht nicht pünktlich oder nur in Raten bezahlen konnten. Welche willkürlichen Geldstrafen er ihnen auferlegte, wenn sie angeblich zu wenig Getreide abgeliefert
65 oder nicht genug Fronarbeit für ihn geleistet hatten.
„Ihr seid ein harter, ungerechter Herr für Eure Pächter und denkt nur daran, immer noch mehr Geld zusammenzuraffen. Dabei steht in der Bibel: ‚Eher geht ein Kamel durch ein Nadelöhr als dass ein Rei-
70 cher in den Himmel kommt.' Möchtet Ihr vielleicht nicht in den Himmel kommen, Herr Lordbischof?", schloss Robin spöttisch. Der Bischof antwortete nicht, grimmig schaute er zu, wie Waren und Geld durch drei geteilt wurden.

nach Howard Pyle

Aufgaben

1 Was werden Claudia, Stefano und Rike wohl tun? → M1
2 Was würdet ihr am Tag des Unsichtbarseins tun? → M1
3 Vergleicht die Handlungen von Claudia, Stefano und Rike mit euren Vorschlägen aus Aufgabe 2. → M1
4 Erzählt, wie der Ring in Sméagols Besitz gelangt. → M2
5 Warum handelt Sméagol mit dem Zauberring böse? Muss das so sein? → M2
6 Was ist der Lordbischof für ein Mensch? Zeigt dies an Beispielen. → M3
7 Wie beurteilt ihr Robin Hoods Handeln? Begründet eure Meinung ebenfalls anhand von Beispielen. → M3

„Gut" und „böse"

5 | M1 Geschichte von den schwarzen Buben

Es ging spazieren vor dem Tor
Ein kohlpechrabenschwarzer Mohr.
Die Sonne schien ihm aufs Gehirn,
Da nahm er seinen Sonnenschirm.
5 Da kam der Ludwig hergerannt
Und trug sein Fähnchen in der Hand.
Der Kaspar kam mit schnellem Schritt
Und brachte seine Brezel mit;
Und auch der Wilhelm war nicht steif
10 Und brachte seinen runden Reif.
Die schrie'n und lachten alle drei
Als dort das Mohrchen ging vorbei,
Weil es so schwarz wie Tinte sei!
Da kam der große Nikolas
15 Mit seinem großen Tintenfass.
Der sprach: „Ihr Kinder, hört mir zu,
Und lasst den Mohren hübsch in Ruh'!
Was kann denn dieser Mohr dafür,
Dass er so weiß nicht ist wie ihr?"
20 Die Buben aber folgten nicht
Und lachten ihm ins Angesicht
Und lachten ärger als zuvor
Über den armen schwarzen Mohr.

Der Nikolas wurde bös und wild,
Du siehst es hier auf diesem Bild! 25
Er packte gleich die Buben fest,
Beim Arm, beim Kopf, bei Rock und West',
Den Wilhelm und den Ludewig,
Den Kaspar auch, der wehrte sich.
Er tunkt sie in die Tinte tief, 30
Wie auch der Kaspar: „Feuer!" rief.
Bis über'n Kopf ins Tintenfass
Tunkt sie der große Nikolas.

Du siehst sie hier, wie schwarz sie sind,
Viel schwärzer als das Mohrenkind! 35
Der Mohr voraus im Sonnenschein,
Die Tintenbuben hintendrein;
Und hätten sie nicht so gelacht,
Hätt' Nikolas sie nicht schwarz gemacht.

Heinrich Hoffmann

5 Wer nicht hören will, muss fühlen ...

M2 Nils Holgersson

Es war einmal ein Junge. Er war ungefähr vierzehn Jahre alt, lang und dünn und hatte flachsblonde Haare. Das war ein rechter Taugenichts: Am liebsten schlief und aß er, und dann machte er gern dumme Streiche.
5 [...] [Aus diesem Grund wurde er von einem Kobold in einen Winzling verwandelt, der genauso groß war wie ein Kobold.] Der Junge konnte es überhaupt nicht fassen, dass er in einen Kobold verwandelt worden war. [...] Am klügsten schien es, nach dem Kobold zu
10 suchen und sich mit ihm auszusöhnen.

Da sprang der Junge hinunter auf den Fußboden und machte sich auf die Suche. Er guckte hinter Stühle und Schränke und unter die Schlafbank und in den Backofen, er kroch sogar in ein paar Mauselöcher
15 hinein, aber den Kobold konnte er nirgends finden. Er weinte und suchte und versprach alles nur Erdenkliche: Nie wieder wollte er sein Wort brechen, wenn er es jemandem gegeben hatte, nie wieder wollte er böse sein, nie wieder wollte er bei der Predigt einschla-
20 fen. Wenn er nur wieder ein Mensch werden dürfte, dann sollte ein ganz prächtiger, lieber, gehorsamer Junge aus ihm werden. Doch was er auch versprach, es half ihm nicht das Geringste.

Plötzlich erinnerte er sich daran, dass Mutter gesagt
25 hatte, die kleinen Wichte hielten sich zumeist im Kuhstall auf, und sofort beschloss er, dorthin zu gehen und nachzusehen, ob sich der Kobold finden ließe. [...] Der Junge [...] [lief] zum Kuhstall [...], um den Kobold zu suchen. Dort waren nicht mehr als drei Kühe
30 untergebracht. Doch als der Junge eintrat, gab es ein Muhen und Brüllen, dass man wohl hätte glauben können, es wären mindestens dreißig. „Muh, muh, muh", brüllten sie alle drei. Sie schrieen derart durcheinander, dass der Junge ihre Worte nicht verstand.
35 Und er konnte sich auch nicht vernehmlich machen und nach dem Kobold fragen, so aufgebracht waren die Kühe. Sie führten sich auf, als hätte er wieder einmal einen fremden Hund in ihren Stall gelassen: Sie schlugen mit den Hinterbeinen aus, rüttelten an ihren
40 Halsketten, verdrehten die Köpfe und stießen mit den Hörnern. „Komm nur her", sagte Mairose, „dann kriegst du einen Stoß, an den du lange denken wirst!" „Komm her", sagte Goldlilie, „dann darfst du auf meinen Hörnern tanzen."
„Komm her, dann sollst du spüren, wie es schmeckt, als du mich letzten Sommer immer mit deinen Holzschuhen beworfen hast!", brüllte Stern. „Komm her, dann will ich dir die Wespe heimzahlen, die du mir ins Ohr gesteckt hast!", schrie Goldlilie. Mairose, die älteste und klügs-
55 te von ihnen, war am zornigsten. „Komm her", rief sie, „damit ich dir vergelten kann, wie oft du deiner Mutter den Melkschemel weggezogen und ihr ein Bein gestellt hast, wenn sie den Milcheimer trug. Ich will dir heimzahlen all die Tränen, die sie deinet-
60 wegen hier vergossen hat!"

Der Junge wollte den Kühen sagen, wie sehr es ihm leid tue, dass er sie so hässlich behandelt hatte, und dass er in Zukunft nur noch artig sein wolle, wenn sie ihm nur verrieten, wo der Kobold zu finden sei. Aber die Kühe hörten ihm gar nicht zu. Sie brüllten
65 derart, dass er schon fürchtete, eine von ihnen könne sich losreißen, und da hielt er es für am besten, still aus dem Stall zu verschwinden.

Selma Lagerlöf

Teilt euch in Kleingruppen auf und wählt einen der beiden Texte, M1 oder M2, aus. Bearbeitet die folgenden Aufgaben jeweils für M1 oder M2 und stellt eure Ergebnisse dann der gesamten Klasse vor.

1 Erzählt die Geschichte mit euren eigenen Worten nach. → M1/M2

2 Wer handelt böse? Was genau ist an dem jeweiligen Verhalten böse? → M1/M2

3 Versetze dich nacheinander in die Lage aller beteiligten Figuren. Welche Gedanken gehen ihnen am Ende der Geschichte durch den Kopf? Male die Figuren auf ein Poster und schreibe ihre Gedanken in Sprechblasen. → M1/M2

4 Die Geschichten zeigen jeweils eine Möglichkeit, wie böse Taten bestraft werden. Wie beurteilt ihr diese Strafen? → M1/M2

5 Was hältst du ihr überhaupt von Strafen? Müssen sie sein? Begründe.

„Gut" und „böse"

6 M1 Was würde ich tun, wenn …?

- … in einer Gruppe über Abwesende gelästert wird?
- … ein Lehrer einen Schüler persönlich beleidigt?
- … jemand seinen Abfall auf einen Waldweg wirft?
- … auf der Straße Kinder von anderen Kindern belästigt werden?
- … ich auf dem Schulhof eine Prügelei beobachte?
- … jemand ein Tier quält?
- … ausländische Schüler beschimpft werden?

M2 Brief an ein Kummerkasten-Team

Hallo,

ich schreibe euch, weil ich es einfach nicht mehr aushalte. In meiner Klasse kann mich keiner leiden – und das nur, weil ich nicht so toll aussehe wie z. B. Jennifer, das beliebteste Mädchen in der Klasse. Zugegeben: Ich bin ein bisschen zu dick und meine Haare sehen irgendwie langweilig aus. Wie ich, sagen die anderen. Und wer will schon mit einer grauen Maus befreundet
5 sein?

Heute war ein ganz besonders schrecklicher Tag. Es ging schon früh morgens los: Als ich in den Schulbus gestiegen bin, haben Marvin und Dennis mich mit „Hallo Pottwal" begrüßt. Alle haben es gehört und blöd gegrinst. Das war mir so peinlich! Aber damit nicht genug – sie haben mir auch noch mein Matheheft geklaut. Erst haben sie mich gefragt, ob ich ihnen die
10 Hausaufgaben geben könnte, und ich habe natürlich „ja" gesagt, denn ich dachte, dass sie dann netter zu mir sein würden. Das sah auch kurz so aus, aber als sie alles abgeschrieben hatten, haben sie gesagt, dass ich mir mein Heft schon selber holen muss, und dann haben sie angefangen, sich das Heft gegenseitig zuzuwerfen, so dass ich es nicht kriegen konnte. „Schweinchen", haben sie die ganze Zeit gerufen und sich halb schief gelacht. Echt lustig,
15 wirklich! Am Ende hab ich ihnen das Heft abluchsen können, aber es ist jetzt natürlich total verknickt. Super!

Am schlimmsten war es aber in der Pause. Ich hatte mir einen Schokoriegel am Schulkiosk geholt und wollte gerade das Papier wegwerfen, als ich auf einmal fühlte, wie ich hoch gehoben wurde. Ehe ich reagieren konnte, war ich aber auch schon wieder unten, allerdings nicht
20 auf dem Fußboden, sondern in der Mülltonne. Ich dachte, ich sterbe! Alle, die in der Nähe waren, haben vor Lachen gebrüllt. Geholfen hat mir natürlich niemand, wieso auch? Ich bin wie ein fetter Pfannekuchen nach mehreren Anläufen aus der Mülltonne gerobbt, was die Meute noch mehr zum Rasen gebracht hat. Als ich mich gerade befreit hatte, kam der Lehrer, der die Pausenaufsicht hatte, in unsere Nähe, hat aber nichts bemerkt. Kein Wunder, denn
25 plötzlich waren alle wieder ganz ruhig, oder besser: normal laut. Ich habe auch nichts gesagt, denn dann würde ja alles nur noch schlimmer. Davon bin ich fest überzeugt.

Mit meinen Eltern kann ich auch nicht reden. Sie sagen immer nur, ich soll mich einfach zurückhalten und den anderen aus dem Weg gehen. Genau das tue ich ja, und es hilft gar nicht.

Was soll ich nur tun? Bitte helft mir, und das ganz, ganz schnell!

Margarita

6 Nicht wegschauen – eingreifen!

M3 Zehn „gute Gründe", nicht einzugreifen?

- Ich kann ja doch nichts ausrichten ...
- Es sind noch genügend andere da ...
- Ich weiß doch gar nicht, was ich tun soll ...
- Was geht das mich an ...
- Das Opfer ist doch selbst schuld ...
- Hierfür sind andere zuständig ...
- Nur nicht auffallen ...
- Da bekomme ich nur Ärger ...
- Ich habe sowieso keine Zeit ...
- Es könnte eventuell gefährlich sein ...

www.friedenspaedagogik.de

M4 Mit Weitblick

ZIVILCOURAGE!

M5 Nur Mut! Sechs Regeln der Zivilcourage

Die Polizei hat sechs Regeln für mehr Sicherheit zusammengestellt, die jeder anwenden kann. Man nennt sie auch die sechs „Goldenen Regeln" der Zivilcourage. Es geht darum, aufzupassen und richtig zu reagieren.

1. Ich helfe, ohne mich selbst in Gefahr zu bringen.
2. Ich fordere andere aktiv und direkt zur Mithilfe auf.
3. Ich beobachte genau und präge mir Tätermerkmale ein.
4. Ich organisiere Hilfe unter Notruf 110.
5. Ich kümmere mich um Opfer.
6. Ich stelle mich als Zeuge zur Verfügung.

SCHAU NICHT WEG!

Aufgaben

1. Bildet Kleingruppen und tauscht euch darüber aus, was ihr in den angesprochenen Situationen tun würdet. Welche Gründe habt ihr für eure Meinungen? ➜ M1
2. Stellt euch vor, ihr gehört zu dem Kummerkasten-Team. Überlegt, wie ihr Margarita helfen könnt, und schreibt dann einen Antwortbrief mit euren Vorschlägen. ➜ M2
3. Wie hättet ihr reagiert, wenn ihr die Situation im Bus oder in der großen Pause beobachtet hättet? ➜ M2
4. Was haltet ihr von den zehn Gründen, nicht einzugreifen? Handelt es sich um gute Gründe? ➜ M3
5. Findet heraus, was man unter Zivilcourage versteht, und sammelt eure Ergebnisse auf einem Plakat. ➜ M4
6. Beschreibt die Abbildung. Was sagt sie über Zivilcourage aus? ➜ M4
7. Überlegt, was genau mit den einzelnen Regeln der Zivilcourage gemeint sein kann. ➜ M5
8. Welche der sechs Regeln hätten befolgt werden müssen, damit Margaritas Tag nicht so schrecklich verlaufen wäre? ➜ M2/M5

„Gut" und „böse"

M1 Eine gute Tat?

M2 Jeden Tag eine gute Tat

Das Pfadfinderversprechen

„Im Vertrauen auf Gottes Hilfe verspreche ich, Gott zu dienen, dem Nächsten zu helfen und das Pfadfindergesetz zu erfüllen."

Das Pfadfindergesetz

Der Pfadfinder richtet sein Leben aus nach seinem Herrn Jesus Christus.

Er
- ist treu und achtet den anderen.
- spricht die Wahrheit.
- hilft, wo er kann.
- ist ein guter Kamerad.
- ist ritterlich und höflich.
- schützt Tiere und Pflanzen in ihrem Lebensraum.
- ordnet sich in die Gemeinschaft ein.
- ist tapfer, fröhlich und unverzagt.
- ist genügsam.
- geht mit dem, was ihm anvertraut ist, verantwortlich um.

FAHR DOCH! NUR EINEN METER NOCH!

JEDEN TAG NE GUTE TAT!

7 Gut handeln – gut leben

M3 Ein guter Mensch sein ...

M4 Gut leben

„Ich bin so unglücklich", sagte der Hans zur Mutter. „Was soll ich dagegen tun?"
„Versuche es mit guten Taten", sagte die Mutter. „Tue jeden Tag eine gute Tat!"
„Warum?", fragte der Hans.
„Weil gut sein glücklich macht", sagte die Mutter.
„Ich will es versuchen", murmelte der Hans.
„Nach drei Tagen erkundigte sich die Mutter, ob es der Hans mit den guten Taten schon versucht habe.
„Ja", rief der Hans. „Und es hat fabelhaft geholfen! Vorvorgestern habe ich mir Schokolade geschenkt. Vorgestern habe ich mir eine Kinokarte gekauft! Gestern habe ich mir eine Geschichte vorgelesen!"
„Du dir selber? Alles du dir selber?", rief die Mutter entsetzt.
„Na sowieso!", sagte der Hans. „Wer so unglücklich ist wie ich, hat gute Taten wohl am allernötigsten!"

Christine Nöstlinger / Jutta Bauer

Aufgaben

1. Erzählt die Bildergeschichte. ➔ M1
2. Handelt es sich bei der dargestellten Szene um eine gute Tat? Begründet eure Meinung. ➔ M1
3. Was erfahrt ihr über die Aufgaben und das Verhalten der Pfadfinder? ➔ M2
4. Handelt der Pfadfinder auf der Karikatur richtig oder falsch? Warum? ➔ M2
5. Findet heraus, welche Menschen auf den Fotos dargestellt sind. Ein Tipp: Ihr findet sie alle in diesem Buch. ➔ M3
6. Welche dieser Menschen haltet ihr für besonders gut? Welche Gründe habt ihr für eure Einschätzung? ➔ M3
7. Welchen Ratschlag erhält Hans von seiner Mutter, und wie versteht er ihn? ➔ M4
8. Wie beurteilst du Hans' Vorstellung von einem guten Leben? Was verstehst du unter einem guten Leben? ➔ M4
9. Fertige eine Collage an mit dem Titel „Gut handeln – gut leben". Auf diese Collage kannst du alles kleben, malen und schreiben, was deine eigenen Gedanken und Vorstellungen zu diesem Thema zeigt.

P Projekt: Jeden Tag eine gute Tat!

Bemüht euch, eine Woche lang jeden Tag etwas Gutes zu tun. Führt ein Tagebuch über eure guten Taten und schreibt abschließend einen zusammenfassenden Bericht für die Schülerzeitung.

Regeln und Gesetze

M1 Aufpassen im Verkehr

M2 Radfahrer im Straßenverkehr

Radfahrer, die am Straßenverkehr teilnehmen, müssen sich an die Straßenverkehrsordnung (StVO) halten. Hier sind einige Beispiele:

Radwege: Radfahrer müssen Radwege benutzen. Wie auf anderen Straßen, gilt auch hier das Rechtsfahrgebot.

Straße: Wenn es keine gesonderten Wege für Fahrradfahrer gibt, müssen Radfahrer die Fahrbahn benutzen – und nicht den Gehweg.

Radfahren einzeln [...]: Radfahrer müssen einzeln hintereinander fahren; nebeneinander dürfen sie nur fahren, wenn dadurch der Verkehr nicht behindert wird.

Fußgängerzone: In Fußgängerzonen darf man nicht Fahrrad fahren; man muss sein Fahrrad schieben.

Beifahrer: Grundsätzlich ist es verboten, einen Beifahrer auf der Fahrradstange oder dem Gepäckträger mitzunehmen.

Fahrradhelm: Das Tragen eines Sicherheitshelms ist für Fahrradfahrer nicht gesetzlich vorgeschrieben. Dennoch sollte man nicht auf den Kopfschutz verzichten. Durch das Tragen eines Helms könnten zahlreiche Verletzungen verhindert werden.

Musik hören: Zwar ist es nicht verboten, beim Radfahren Musik zu hören, doch muss sichergestellt sein, dass man Verkehrsgeräusche noch hören kann.

M3 Mensch ärgere dich nicht

Das Spielbrett: Das Spielbrett hat vier „Häuser", in denen alle Spielkegel entsprechend der Farbe vor dem Start aufgestellt werden. In der Mitte ist ein Kreuz, zu jeder Seite sind vier Felder einer Farbe entsprechend der Kegelfarben sichtbar, die das Ziel darstellen. Rund um das Ziel und um die Häuser ist eine Linie, auf der alle spielen. Neben jedem Haus ist auf der Linie ein Startfeld.

Spielverlauf: Der jüngste Spieler beginnt. Er darf dreimal würfeln. Bei einer Sechs setzt er eine seiner Spielfiguren auf das Startfeld und würfelt erneut und setzt diese Figur entsprechend der gewürfelten Augenzahl. Dann geht es mit dem nächsten Spieler im Uhrzeigersinn weiter.

Ist eine Spielfigur des würfelnden Spielers bereits aus dem Haus und noch nicht im Spiel, so würfelt man generell nur einmal. Nur bei einer Sechs setzt man einen weiteren Kegel aus dem eigenen Haus auf das Startfeld. Sind jedoch schon alle Kegel außerhalb des Hauses, so kann der Spieler jede beliebige Figur um sechs Felder nach vorne bewegen. Anschließend würfelt er und setzt er seine Spielsteine so lange weiter, bis er keine Sechs mehr würfelt. Gelangt ein Spieler auf ein Spielfeld mit einer gegnerischen Spielfigur, so muss er auf das Feld gehen und die gegnerische Figur in deren Haus zurücksetzen. Vergisst ein Spieler diesen Spielzug auszuführen, so können die anderen die Spielfigur, die die andere Spielfigur hätte rausschmeißen können, in ihr Haus setzen. Um ins Ziel zu gelangen, benötigt man die genaue Augenzahl.

Ziel des Spiels: Alle eigenen Spielsteine als erster Spieler ins Ziel zu bekommen.

1 Vorschriften über Vorschriften ...

M4 Lass es bleiben!

M5 Was man darf und was nicht

Die folgenden Bestimmungen stehen so wörtlich in den Gesetzestexten der einzelnen Länder:

In den deutschen Bundesländern Baden-Württemberg und Bayern dürfen am Gründonnerstag, am Karfreitag und am Ostersamstag, beziehungsweise Ostersonntag sowie an allen anderen gesetzlichen Feiertagen ganztägig **keine Tanzveranstaltungen durchgeführt werden.**

In China dürfen ertrinkende Menschen **nicht gerettet werden,** da nicht in ihr Schicksal eingegriffen werden darf.

Das Züchten von Schweinen ist **in Israel** unter Strafe gestellt. Wer erwischt wird, muss das Tier laut Gesetz töten.

In Florida dürfen Kinder und Jugendliche ohne schriftliche Erlaubnis ihrer Eltern **keine Harry Potter-Bücher aus Schulbibliotheken entleihen.**

Bevor nicht alle Fenster geschlossen und sicher verriegelt sind, ist **in Massachusetts** das Schnarchen strengstens verboten.

In Victoria / Australien ist es nur staatlich geprüften **Elektrikern** erlaubt, eine **Glühbirne zu wechseln.**

In Baltimore, Maryland ist es **verboten, Waschbecken zu säubern,** egal wie dreckig sie auch sind.

Aufgaben

1 Was bedeuten die Verkehrsschilder? Male fünf Verkehrsschilder, die du kennst, und frage deinen Sitznachbarn, was sie bedeuten. → M1
2 Warum sind diese Fahrradregeln wichtig? Welche weiteren Regeln kennt ihr? → M2
3 Erklärt die Regeln von *Mensch ärgere dich nicht* mit eigenen Worten. Bringt selbst Spiele mit und erklärt den anderen die jeweiligen Regeln. → M3
4 Wodurch unterscheiden sich Spielregeln und Verkehrsregeln? → M1–M3
5 Entwickelt selbst ein Brettspiel. Schreibt dazu eine Spielanleitung. → M3
6 Sprecht über den Sinn der Bestimmungen. → M4
7 Was haltet ihr von den gesetzlichen Bestimmungen? Begründet eure Antworten. → M5
8 Worum geht es in allen Texten und Bildern auf dieser Doppelseite? → M1–M5

Regeln und Gesetze

2

M1 Im Unterricht verboten

M2 „Und wie war's in der Schule?"

> Die Jungen in der hinteren Reihe haben ständig mit Papierkugeln geworfen.

> Stell dir vor, Selina und Maya haben sich heute im Unterricht geschminkt.

> Frau Kirch hat mit Stefan, Gültekin und Corinna geschimpft, weil sie immer in die Klasse rufen, ohne sich zu melden.

> Elif, Mira, Marvin und Jonathan haben einen Klassenbucheintrag bekommen, weil sie nicht aufgepasst haben.

> Marius und Sandra haben über einige Tische hinweg miteinander gequatscht.

> Wie immer wurden Briefchen durch die Klasse gereicht.

> Kai war noch müde von gestern und hat auf dem Tisch geschlafen.

> Eric, Dustin und Christoph haben sich in der großen Pause angerempelt und geprügelt.

2 Klassenregeln

M3 Eine neue Idee

Frau Meckel stellt ihren Schülerinnen und Schülern eine neue Idee vor: „Ich habe bei einer Recherche im Internet einen Klassenvertrag gefunden. Der könnte auch etwas für euch sein. Lasst uns gemeinsam einen Blick darauf werfen."

WIR SCHÜLER WOLLEN ...

- NICHT PETZEN
- MOBBING UNTERLASSEN BZW. BEKÄMPFEN
- MIT ANDEREN SCHÜLERN FAIR UMGEHEN UND BESONDERS AUCH DEN EINZELNEN RESPEKTIEREN
- KEINE UNBEGRÜNDETE KRITIK AM LEHRER ÜBEN, SONDERN MIT IHM DISKUTIEREN, ANREGUNGEN GEBEN UND AUF KOMPROMISSE EINGEHEN
- IMMER DEUTLICH UND FÜR DIE GANZE KLASSE VERSTÄNDLICH REDEN UND DEM SCHÜLER, DER DAS WORT HAT, ZUHÖREN
- KEINE VERLETZENDE KRITIK ÄUSSERN
- MIT DEN VON DER SCHULE GESTELLTEN LERNMITTELN (BÜCHER ETC.) SORGSAM UMGEHEN
- AUCH DEN LEHRER ALS MENSCHEN MIT FEHLERN UND SCHWÄCHEN AKZEPTIEREN
- MIT ALLEN UNTERRICHTSMATERIALIEN ERSCHEINEN
- GESPRÄCHSREGELN BEACHTEN
- RÜCKGABEFRISTEN (SCHULAUFGABEN, ELTERNBRIEFE) EINHALTEN
- VERPFLICHTUNGEN (Z. B. TAFELDIENST) EINHALTEN
- UNS AKTIV AM UNTERRICHT BETEILIGEN UND ENGAGEMENT ZEIGEN
- AUF ORDNUNG ACHTEN
- KLASSENZIMMER SELBST MITGESTALTEN
- UNNÖTIGE UNRUHE VERMEIDEN
- PÜNKTLICH SEIN
- BÜCHER EINBINDEN

„Keine schlechte Idee", sagt Marina, „ich finde ja z. B. auch, dass man wirklich gar nichts vom Unterricht mitbekommt, wenn es zu unruhig ist. Und dann weiß ich nachmittags bei den Hausaufgaben immer nicht weiter." Abdul meldet sich und sagt: „Mir gefällt es aber nicht, einfach nur den vorgefertigten Vertrag einer anderen Schule zu übernehmen." Frau Meckel greift diesen Gedanken auf: „Da hast du recht, Abdul. Ein solcher Vertrag ist nur etwas wert, wenn alle dahinterstehen und ihn unterschreiben können." Darauf sagt Maya: „Wir können doch unseren eigenen Klassenvertrag schreiben." Die anderen Schüler stimmen Maya zu: „Gute Idee!" „Gefällt mir auch besser." „Das machen wir."

Frau Meckel ergreift noch einmal das Wort: „Wenn ihr Regeln aufstellt, wie ihr euch in der Klasse verhalten wollt, damit sich alle wohlfühlen und gut lernen können, solltet ihr diese vier Punkte beachten:

---

1. Die Regeln sollten kurz gehalten sein.
2. Es sollten nicht zu viele Regeln aufgestellt werden, damit man sie alle im Blick behalten kann.
3. Die Regeln sollten so formuliert sein, dass jeder sie versteht.
4. Die Regeln sollten positiv formuliert sein, also nicht als Verbot, sondern als Gebot.

„Okay, dann lasst uns loslegen", sagt Marina. „Aber wenn wir Schüler uns selbst verpflichten, bestimmte Dinge einzuhalten, dann könnten sich auch die Lehrer auf Regeln einigen, wie sie mit uns umgehen wollen, oder?"

Aufgaben

1 Was bedeuten die drei Symbole? Was haltet ihr davon? ➜ M1
2 Beurteilt das Verhalten der Schülerinnen und Schüler. ➜ M2
3 Was haltet ihr von Frau Meckels Idee? ➜ M3
4 Warum ist eine Selbstverpflichtung mehr wert als ein übernommener Vertrag? ➜ M3
5 Entwickelt einen eigenen Klassenvertrag, der Verpflichtungen für Schüler und Lehrer enthält. ➜ M3

Regeln und Gesetze

3 **M1** Die Gesetzlosen

Morris

3 Wozu sind Gesetze da?

M2 Die Entstehung von Gesetzen

Ein Gesetz ist wie eine Spielregel. Es bestimmt, was Menschen im einem Staat tun dürfen und was nicht. Viele Gesetze sind ganz einfach. Auch Kinder kennen sie, zum Beispiel, dass man nicht stehlen darf. Andere Gesetze sind komplizierter.

Die Gesetze sind im Gesetzbuch aufgeschrieben. Wer sich nicht daran hält, bekommt Ärger mit der Polizei und den Gerichten, denn die Gesetze gelten für alle Menschen in Deutschland. Wenn sich möglichst viele Menschen an die Gesetze halten, funktioniert das Zusammenleben besonders gut.

Manchmal wird ein neues Gesetz gebraucht, oder ein Gesetz, das es schon gibt, soll geändert werden. Dann wird die Idee für dieses Gesetz aufgeschrieben, zum Beispiel von Abgeordneten des Bundestages, von der Bundesregierung oder vom Bundesrat, in dem alle 16 Bundesländer Deutschlands vertreten sind. Diese Idee, den Entwurf für ein neues Gesetz, bekommen alle Abgeordneten im Bundestag. Mit anderen Abgeordneten diskutieren sie darüber. Oft finden einige Abgeordnete den Entwurf gut, andere nicht. Manche schreiben einen eigenen Vorschlag, den sie besser finden.

Die Abgeordneten treffen sich im Plenarsaal des Bundestags, um ihre Meinung zum Gesetz-Entwurf zu sagen. Dann stimmen sie ab. Wenn die Mehrheit für den Entwurf stimmt, ist er angenommen. Das Abstimmen funktioniert meistens wie in der Schule: die Abgeordneten heben die Hand.

Das höchste aller Gesetze ist das Grundgesetz, das 1949 bei der Gründung der Bundesrepublik Deutschland festgelegt wurde. In ihm sind die Grundrechte eines jeden deutschen Bürgers dargestellt.

Im Grundgesetz steht unter anderem, dass jeder Mensch bestimmte Freiheiten hat. Dazu zählen z. B. die Freiheit, dort zu leben, wo man möchte, die Freiheit, den zu heiraten, den man liebt, und die Freiheit, seine Meinung zu äußern.

Außerdem steht im Grundgesetz, dass alle Menschen gleiche Rechte haben und niemand wegen seines Geschlechtes, seines Glaubens oder seiner Hautfarbe usw. benachteiligt werden darf.

M3 Die Aufgabe von Gesetzen

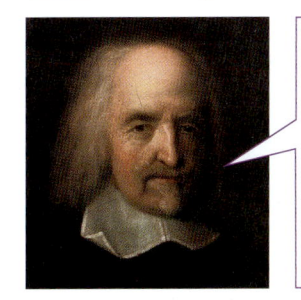

Gesetze sind dazu da, Frieden und Sicherheit herzustellen, damit die Menschen keine Angst um ihr Eigentum und Leben haben müssen!

Thomas Hobbes

Gesetze sind dazu da, den Menschen zu sagen, wie sie ihr Leben einrichten sollen und wie sie Streitigkeiten vermeiden können.

John Locke

Gesetze sind dazu da, dass Menschen bestimmte Grenzen einhalten, um anderen Menschen keinen Schaden zuzufügen.

John Stuart Mill

Aufgaben

1 Erzähle die Geschichte der Dalton-Brüder. → M1
2 Gegen welche Gesetze verstößt Bob Dalton? → M1
3 Welche weiteren Gesetze kennt ihr? Erstellt dazu ein Cluster. → M1
4 Was sind Gesetze? Wie entstehen sie? → M2
5 Wie unterscheiden sich staatliche Gesetze von Klassenregeln? → M2
6 Wozu sind Gesetze da? Sprecht über die Auffassungen der drei Philosophen. Sucht Beispiele dafür. → M3
7 Was ist deine Meinung zu den Aufgaben von Gesetzen? → M3
8 Angenommen, es gäbe keine staatlichen Gesetze. Wie sähe die Welt dann aus? → M1-M3

Regeln und Gesetze

4 M1 Der direkte Freistoß

Fußball kennt jeder. Aber kennt jeder auch die Regeln? Und die Strafen bei Verstoß gegen die Regeln? Der direkte Freistoß, bei dem unmittelbar auf das Tor geschossen werden darf, ist eine solche Strafe. Mit ihr wird nicht nur der Täter, sondern letztlich die ganze Mannschaft bestraft. Und wann entscheidet der Schiedsrichter für den direkten Freistoß? Er tut dies u. a. in folgenden Fällen:

Der Spieler tritt einen Gegner oder versucht, ihn zu treten, er stellt einem Gegner das Bein oder versucht es, er springt einen Gegner an, rempelt einen Gegner, schlägt ihn oder versucht, ihn zu schlagen, der Spieler stößt einen Gegner. Eine klare Sache, oder? Keineswegs, denn es müssen folgende Voraussetzungen gegeben sein: Der Verstoß muss nach Einschätzung des Schiedsrichters gefährlich, rücksichtslos, fahrlässig sein und mit einem unverhältnismäßigen Körpereinsatz begangen werden. Außerdem darf der Spieler einen Gegner nicht halten, ihn nicht anspucken, und er darf den Ball nicht absichtlich mit der Hand spielen. Einfach klingt das alles nicht. Jedenfalls möchte ich nicht Schiedsrichter sein!

M2 Hausarrest

Maxi „Tippkick" Maximilian gehört zu den wilden Fußballkerlen. Am ersten Schultag nach den Weihnachtsferien zerschießt er in der Schule mit einem Tennisball ein Fenster, kann das gelernte Gedicht im Deutschunterricht nicht aufsagen, kassiert dafür eine 6 und lächelt nur vor sich hin. Als er dann seinen Deutschlehrer auf dem Gang trifft, ballt er seine Hand vor Wut über die 6 zu einer Faust und haut damit auf seinen Spind. Der Deutschlehrer ruft am Abend Herrn Maximilian an und berichtet ihm, Maxi würde die Leistung verweigern, den Respekt vor den Lehrern untergraben und sich vor den anderen Jungen zum Clown machen. Herr Maximilian will seinen Sohn sofort sprechen.

[Ich] setzte [...] mich in den Sessel vor den Schreibtisch und sackte so tief in die Polsterung ein, dass ich mit meiner Nasenspitze fast unter die Tischplatte rutschte. Von meinem Vater, der sich auf der anderen Seite in seinen Arbeitsstuhl setzte, sah ich nur noch das Adlerhorst-Augenpaar. Und das auch nur dann, wenn sich mein Blick für eine Nanosekunde von meinen Füßen befreite.

„Nun. Wie ich sehe, wirst du wie immer nichts sagen", sagte mein Vater und die Verachtung, die in seiner Stimme mitklang, traf mich mitten ins Herz. „Du glotzt nur auf deine Schuhe, habe ich Recht? Max! Jetzt schau mich gefälligst mal an!" Das war keine Bitte. Das war ein Befehl. Ich schluckte und würgte und ballte die Fäuste. Dann sah ich zu ihm hinauf, über die Schreibtischkante hinweg direkt in seine Adleraugen hinein. „Und jetzt frage ich dich: Warum bist du so feige? Warum machst du dich vor allen zum Clown?" Nach diesen zwei Fragen hörte ich selbst meinen Atem und meinen Herzschlag nicht mehr. Ich hörte nur, wie mein Vater die Augen zuschlug. „Slig", machte es. Dann war es unendlich still. Ich schaute auf das Teppichmuster neben meinen dreckigen Schuhen. Kieselsteine vom Fluss lagen verstreut um sie herum. Dann brach mein Vater die Stille: „Also gut. Das wird nie mehr passieren, hast du gehört? Du machst dich nie mehr zum Clown! Und solang es in der Schule noch Schwierigkeiten gibt, kannst du den Fußball und deine wilden Freunde vergessen. Du hast Hausarrest, und zwar unbefristet."

Joachim Masannek

4 Und wenn ich mich nicht daran halte?

M3 Jugendlicher Straftäter gefasst

> Gestern wurde der siebzehnjährige Paul S. aus Soest von der Polizei verhaftet. Er wurde erwischt, als er als dabei war, einen Automaten aufzubrechen. Bei der Überprüfung seiner Personalien stellte die Polizei fest, dass ihm etliche Straftaten zur Last gelegt werden. Paul S. wird beschuldigt, mehrere Autos aufgebrochen und Einbrüche begangen zu haben. Außerdem wird ihm noch Körperverletzung in mehreren Fällen vorgeworfen. Sollte sich der Verdacht gegen ihn bestätigen, muss Paul S. mit einer Haftstrafe von zwei Jahren rechnen.

M4 „Früher gab es in der Schule noch Ohrfeigen ..."

... sagte Onkel Josef zu seiner Nichte Nicole, die gerade ihre erste Stelle als Lehrerin angetreten hatte. „An meine letzte Ohrfeige in der Untersekunda, also in der" – er schien zu rechnen – „in der 10. Klasse kann ich mich noch gut erinnern. Ich fand das einfach entwürdigend. Ich weiß aber nicht, was ich damals angestellt hatte. Wie ist das heute? Das musst du doch wissen."

Nicole erwiderte ohne lange nachzudenken: „Nein, körperliche Züchtigung ist absolut unzulässig, man darf im Grunde noch nicht einmal eine Schülerin oder einen Schüler berühren. Obwohl ich als Lehrerin manchmal – ich gebe das zu – Lust hätte, einem unverschämten Schüler eine runterzuhauen. Aber eigentlich bin ich auch dagegen. Bei Notwehr dürfen wir Lehrer natürlich handgreiflich werden."

„Aber Strafarbeiten gibt es noch?", wollte Onkel Josef wissen. „Ja und nein", lautete die Antwort. „Strafen gibt es ohnehin nicht mehr, nur noch Ordnungs- und Erziehungsmaßnahmen."

„Hundertmal schreiben ‚Ich darf den Unterricht nicht stören', ist also nicht mehr üblich?" Nicole lächelte und schüttelte den Kopf.

„Und was ist mit Nachsitzen? Das ist doch erlaubt, habe ich gehört." „Wenn eine Schülerin oder ein Schüler durch eigenes Verschulden Unterrichtsstoff versäumt hat, dann gibt es die Nacharbeit unter Aufsicht. Das kommt nur bei umfangreichen Unterrichtsversäumnissen in Frage. Dabei ist zu beachten, dass bei minderjährigen Schülerinnen und Schülern die Erziehungsberechtigten vorher informiert werden müssen."

James, Nicoles amerikanischer Ehemann, der bis jetzt aufmerksam zugehört hatte, erzählte: „Bei uns in den USA ist vieles konservativer als bei euch in Deutschland. Die Schüler dürfen, so viel ich weiß, in fast der Hälfte der Bundesstaaten noch körperlich gezüchtigt werden. An manchen Schulen gibt es dafür ein besonderes Instrument, das wie ein kleines Paddel aussieht. Damit gibt's was auf den Hosenboden."

„Nicht zu fassen", meinte Onkel Josef. „Ich bin der Ansicht, dass die Abschaffung der körperlichen Strafen in der Schule wirklich ein Fortschritt ist!"

Aufgaben

1 Wofür wird im Fußball ein direkter Freistoß gegeben? Welche anderen Strafmaßnahmen aus dem Bereich des Sports kennt ihr? ➔ M1
2 Was wird Maxi vorgeworfen? Was hat er wirklich getan? ➔ M2
3 Findet ihr die Strafe des Vaters gerecht? Begründet eure Auffassungen. ➔ M2
4 Wie hätte der Vater sonst noch auf Maxis Verhalten reagieren können? ➔ M2
5 Was wird Paul S. vorgeworfen? Haltet ihr die Strafe, die ihm droht, für angemessen? Begründet eure Meinungen. GF
6 Welche der alten bzw. neuen Schulstrafen findet ihr gut, welche schlecht? Sagt, warum ihr so denkt. ➔ M4

Regeln und Gesetze

M1 Sport, wie er (manchmal) ist ...

Ein Fußballspieler wird von einem gegnerischen Spieler in nicht regelwidriger Weise gerempelt und lässt sich dramatisch fallen. Er macht so gekonnt eine „Schwalbe", dass der Schiedsrichter einen Freistoß gibt.

Während des Spiels sagt ein Baseballspieler immer wieder zu einem Gegner: „*Your game is as ugly as your girl:* Dein Spiel ist genauso hässlich wie deine Freundin." Der Gegner wird wütend und macht Fehler.

Bei einem Spiel ohne Schiedsrichter: Einer der Volleyballspieler sagt: „Ich habe genau gesehen, dass der Ball aus war." Der Ball hatte aber die Linie berührt, und der Spieler hatte das auch bemerkt. Man glaubt ihm aber, und es gibt Aufschlagwechsel.

Fußballfans verunsichern die gegnerische Mannschaft und singen Spottgesänge wie:

„Zieht den Bayern die Lederhosen aus,
Lederhosen aus, Lederhosen aus."

„Was ist grün und stinkt nach Fisch:
Werder Breeeemen!"

„Auf der Leine schwimmt ein Fußball,
und der Fußball schwimmt ins Meer,
und der Fußball, der geht unter,
und Hannover hinterher."

„Willst du Dortmund oben sehen,
musst du die Tabelle drehen!"

M2 Quidditch

Quidditch ist in der Zaubererwelt die Mannschaftssportart Nummer eins. Natürlich wird auch an der Zaubererschule Hogwards Quidditch gespielt. In jedem Jahr ist das Aufeinandertreffen der Häuser Gryffindor und Slytherin der Höhepunkt der Quidditch-Saison. Ron Weasley ist zum ersten Mal als Spieler für das Haus Gryffindor nominiert.

Was Harry ernstlich Sorgen machte, war einzig, dass Ron der Taktik der Slytherins, ihn nervös zu machen, noch bevor sie auf dem Feld zusammentrafen, so wenig entgegenzusetzen wusste. Ron hatte noch nie einen Dauerbeschuss mit Beleidigungen, Sticheleien und Drohungen über sich ergehen lassen müssen. Wenn Slytherins ihm im Vorbeigehen zumurmelten: „Hast du schon ein Bett im Krankenhaus gebucht, Weasley?", dann lachte er nicht, sondern wurde grün im Gesicht. Kaum hatte das Spiel begonnen, da setzten die Slytherins ihre Attacken gegen Ron Weasley fort. Ihr Gesang stieg klar und deutlich aus dem grünsilbernen Meer im Slytherin-Abschnitt der Tribüne empor:

Weasley fängt doch nie ein Ding,
Schützt ja keinen einz'gen Ring
So singen wir von Slytherin:
Weasley ist unser King.
Weasley ist dumm wie'n Plumpudding,
Lässt jeden Quaffel durch den Ring.
Weasley sorgt für unsern Gewinn,
Weasley ist unser King.

Und immer wieder tönte es: Weasley ist unser King! Ron ließ zwei weitere Bälle durch – und damit stand es 40:0 für Slytherin ...

nach Joanne K. Rowling

5 Fair Play

M3 Der fairste Trainer der Welt

Der wohl fairste Fußball-Lehrer der Welt betreut die Mannschaft der Kleinstadt Guijuelo in Mittelspanien. Der 35-Jährige forderte seine Elf lauthals auf, ein Eigentor zu schießen. Seine Schützlinge waren im Amateurligaspiel gegen Salamanca mit einem Tor 2:1 in Führung gegangen, das auf unsportliche Weise erzielt wurde. Ein Stürmer hatte den Ball kurz vor dem Abpfiff unbedrängt ins Tor geschossen, weil sich die Spieler aus Salamanca gerade um einen verletzten Kameraden kümmerten. Benito stieß mit seiner Aufforderung allerdings auf taube Ohren. Den Kickern waren die drei Punkte wichtiger als alle Fairness. Nur der Torwart hörte auf seinen Coach. Er ließ einen Schuss absichtlich passieren, aber der Ball prallte nur an den Pfosten.

dpa, 03.12.1998

M4 Wirklicher Sportgeist

Bei einem Bundesligaspiel zwischen Werder Bremen und Arminia Bielefeld zeigte Miroslav Klose wirklichen Sportgeist. Beim Stand von 0:0 kam es zu einem Zusammenstoß zwischen Klose und dem gegnerischen Torwart. Der Schiedsrichter pfiff zu Kloses Gunsten einen Elfmeter. Der Nationalspieler gab daraufhin beim Schiedsrichter an, dass der gegnerische Torwart ihn im Strafraum regelgerecht vom Ball getrennt und folglich nicht gefoult habe. Der Schiedsrichter nahm die Elfmeterentscheidung und die Gelbe Karte gegen Torhüter Mathias Hain wieder zurück.

M5 Das wäre fair

Ben, 12: Ich halte die Spielregeln genau ein.

Katja, 11: Ich mache mich über schwächere Spieler nicht lustig.

Eric, 11: Für mich ist ein gutes Spiel wichtiger als ein Sieg.

Feyza, 10: Ich kann verlieren, ohne auszuflippen.

Paul, 12: Ich achte meinen Gegner und setze alles daran, ihn nicht zu verletzen.

Du: …

Aufgaben

1. Worin sind die dargestellten Verhaltensweisen gleich? Bewerte sie. → M1
2. Beschreibe die Taktik der Slytherins. Wie würdest du dich an Rons Stelle fühlen? Wie soll er reagieren? → M2
3. Stell dir vor, du wärst ein Spieler der Mannschaft von Guijuelo. Wie würdest du handeln? Begründe deine Antwort. → M3
4. Beschreibt das Bild und sagt, warum es auf die Geschichte zutrifft oder nicht zutrifft. → M3
5. Stell dir vor, die beschriebene Situation findet in der 90. Spielminute statt: Du bist jetzt Miroslav Klose. Es steht immer noch 0:0. Ein Elfmeter würde deiner Mannschaft den Sieg bringen und wahrscheinlich auch die Deutsche Fußballmeisterschaft … Was geht dir durch den Kopf und wie entscheidest du dich? → M4
6. Sucht weitere Beispiele für faires Verhalten. Entwickelt dazu in Kleingruppen jeweils Spielszenen, in denen eure Vorschläge gerade nicht beherzigt werden. → M5

Regeln und Gesetze

6

M1 Die Bananenschale

M2 Der Wasserkasten

M3 So einfach nun auch wieder nicht!

Was die Lehrerin sagte

„Die wichtigste Regel, wie wir uns anderen gegenüber verhalten sollten, ist ganz einfach. Sie lautet: *Behandelt andere Menschen so, wie ihr selbst behandelt werden wollt*. Diese Regel ist mit unterschiedlichen Worten in fast allen Kulturen und Religionen bekannt. Sie wird auch die Goldene Regel genannt." Das hatte Frau Peters im Unterricht gesagt. Es hatte ihnen eingeleuchtet. Ähnliche Sprüche bekam man auch von den Eltern zu hören.

Irgendwas stimmt nicht

In der Pause sagte Marcy zu den anderen. „So einfach, wie die Peters das meint, ist das gar nicht mit der Goldenen Regel. Ich nenne euch ein Beispiel, auch wenn ihr das komisch findet: Ich esse unheimlich gern Kartoffelsalat mit Würstchen, Kartoffelsalat mit viel Zwiebeln, Gurkenstückchen und Apfelstückchen drin und mit viel Majonäse. Wenn ich zum Geburtstag einlade, dann müsste ich doch nach der Goldenen Regel meinen Freunden Kartoffelsalat mit Würstchen vorsetzen." „Mit viel Zwiebeln, Gurken- und Apfelstückchen drin", fuhr Karla fort und grinste dabei. „Stimmt", sagte Marcy, „aber ob die anderen das wollen? Irgendwas stimmt hier nicht." „Ja und ich", sagte Hans, der Witzbold der Klasse, „ich höre gern unanständige Witze. Ich müsste also ununterbrochen unanständige Witze erzählen, auch meiner Oma, meinem Onkel Josef, der immer so vornehm tut, meiner kleinen Schwester und der Frau Peters." Die anderen lachten, wie er gehofft hatte. „Ich finde, dass es uns die Goldene Regel einfach macht", meinte Karla, „ich höre gern Techno und bekomme auch gern Techno-CDs. Jetzt weiß ich endlich, was ich anderen schenken soll: Techno-CDs." „Und ich habe es gern, wenn man mir knallhart die Wahrheit sagt und mir nichts vormacht. Ich möchte wissen, wo ich dran bin. Ich hasse dieses Rumgerede oder diese Beschönigungen.

6 Man nennt sie auch die Goldene

Also muss ich meinen Mitmenschen auch schonungslos die Wahrheit sagen." Das sagte Lisa. Sie war dafür bekannt, immer genau zu wissen, was sie wollte. „Ich glaube, mir würde das nicht gefallen", meinte Lars, der manchmal einen verträumten Eindruck machte, „ich hätte es lieber, wenn man mir schonend beibringt, dass ich etwas falsch gemacht habe." „Also ich weiß nicht", sagte Marcy, „je mehr ihr erzählt, umso merkwürdiger kommt mir die Goldene Regel vor." Sie wiederholte: „Irgendetwas stimmt da nicht." Es klingelte. Die Pause war zu Ende.

Eine Antwort

Am Nachmittag ging Marcy zu ihrem Bruder Niklas, der schon in der 12 war und eine Menge wusste. Sie erzählte ihm, was sie und Hans, Karla, Lisa und Lars über die Goldene Regel gesagt hatten. „Du hast recht", sagte Niklas, „irgendetwas stimmt da nicht. Ich muss mir das durch den Kopf gehen lassen. Ich sag's dir später." – „Und?", fragte Marcy ihren Bruder, als sie sich wieder trafen, „hast du was rausbekommen?" „Na klar", sagte Niklas, „der Fehler liegt nicht bei der Goldenen Regel, sondern bei euch. Ihr habt sie nicht ganz richtig verstanden." „Aber wir sollen doch andere so behandeln, wie wir selbst behandelt werden wollen." „Stimmt, und wie möchtest du behandelt werden?" „Ich esse nun mal gerne Kartoffelsalat mit ..." „... mit Würstchen", fuhr ihr Bruder fort, „ich weiß. Und da meinst du, du müsstest andere genau mit dem beglücken, was dir gerade gefällt. Aber du darfst die Regel nicht so wörtlich nehmen. Sag doch mal ganz allgemein, wie die anderen dich behandeln sollten, von Würstchen mal abgesehen." „Was meinst du mit ‚allgemein'?" „Ob du Kartoffelsalat mit Würstchen magst, das kann sich ändern. Aber ich glaube, in unseren Wünschen gibt es sicher etwas, das nicht wechselt und wahrscheinlich auch bei allen Menschen gleich ist.
Nochmal: wie möchtest du grundsätzlich von anderen behandelt werden?" „Also", – Marcy überlegte –, „also: Ich möchte nicht, dass die anderen etwas tun, was mich ärgert, und ich möchte, dass die anderen tun, was mir Freude macht." Nach einer Pause: „Die anderen sollen mich ernst nehmen. Sie sollen auf mich eingehen, Rücksicht auf meine Gefühle nehmen, meine Meinung respektieren. Ich möchte ..." Niklas unterbrach sie: „Kennst du jemanden, der das alles nicht möchte?" „Nö, kenn' ich nicht", sagte Marcy, „pling!! Ich glaube, ich hab's kapiert! Man darf wirklich nicht einfach davon ausgehen, was man zufällig mag oder nicht mag, Würstchen oder so." „Genau! Wenn du etwas tun oder lassen willst, musst du nur überlegen: Wären Hans oder Lisa oder Lars oder wer auch immer damit einverstanden? So einfach ist das." „Immer noch schwer genug", meinte Marcy. „Eigentlich müsste man sich vorstellen, man wäre der oder die andere." Niklas nickte: „Du hast's kapiert!"

Lisas Meinung

Am nächsten Morgen berichtete Marcy, was ihr Bruder gesagt hatte. Lisa meinte: „Die Goldene Regel ist also gar nicht so einfach, wie die Peters behauptet hat. Rücksicht auf den anderen nehmen, sich in den anderen hineinversetzen, sich fragen, ob der andere einverstanden sein könnte: Ich finde das schwer." Karla und Lars stimmten zu. „Ich weiß nicht, ob ich zu all dem immer Lust habe", sagte Hans mit undurchdringlichem Gesicht. Die anderen wussten nicht, ob er das ernst meinte oder sie nur provozieren wollte.

Aufgaben

1 Beschreibe, was in den beiden Bildgeschichten geschieht. ➔ M1–M2

2 Beurteile das Verhalten des Mannes, der die Bananenschale wegwirft. Wie würdest du reagieren, wenn du auf der Bananenschale ausrutschen würdest? ➔ M1

3 Beurteile das Verhalten der Jugendlichen. Hättest du der alten Dame auch geholfen? ➔ M2

4 Was meint Marcy, wenn sie sagt, irgendetwas stimmt mit der Goldenen Regel nicht? ➔ M3

5 Wie ist die Goldene Regel zu verstehen, und wie nicht? ➔ M3

6 Beziehtt die Goldene Regel auf die beiden Bildergeschichten. ➔ M1–M3

7 Sucht nach weiteren Beispielen für die Anwendung der Goldenen Regel. ➔ M1–M3

8 Kennt ihr noch andere moralische Regeln? Stellt einen Katalog zusammen.

Regeln und Gesetze

7 | M1 Begrüßung

M2 Umgangsformen

Abschied: Was den Abschied angeht, da kann man im deutschen Sprachraum recht Unterschiedliches hören, nämlich Abschiedsworte wie „Tschüss", „Moin", „Ciao", „Baba" oder „Grüezi" (was wo?). In Großbritannien, wo man viel Wert auf Höflichkeit legt, ist es – auch unter guten Bekannten und Freunden – nicht üblich, sich zum Abschied die Hand zu reichen.

Anrede: In den 60ern war es unter Studenten noch üblich zu siezen, es sei denn, man war unter Freunden. Dann setzte sich das Duzen mehr und mehr durch. Das ging so weit, dass sich sogar Lehrer und Schüler gegenseitig duzten. Jetzt aber findet man kaum noch einen Lehrer, der sich von Schülern duzen lässt. In Frankreich ist es in bestimmten Kreisen immer noch üblich, dass die Kinder ihre Eltern und Großeltern siezen. Im Englischen sagt man zu allen Menschen „you". Man unterscheidet in der Anrede also nicht zwischen Fremden, Höhergestellten und Freunden. Die Anrede mit Titel ist bei uns stark zurückgegangen, während man in Italien jeden Akademiker mit „dottore" und jeden Lehrer mit „professore" anredet. Ihr seht: Es gibt da große, oft verblüffende Unterschiede.

Essen: Dass man beim Essen nicht mit vollem Mund spricht, nicht schmatzt, rülpst, schlürft, mit offenem Mund kaut, das wisst ihr natürlich. Aber das gilt nicht überall. So sagt man, dass in China lautes Rülpsen bei Tisch als Anerkennung für Personal und Speisen gilt. (Bitte nicht nachahmen!) Bekannt ist auch, dass man in China mit Stäbchen isst. In einigen arabischen Ländern nimmt man nur mit einem Stückchen Brot das Essen von einem großen Teller auf, von dem sich alle bedienen. Selbst da, wo man mit Messer und Gabel isst, gibt es Unterschiede. In den USA ist es üblich, das Fleisch zu Beginn des Essens mit dem Messer klein zu schneiden und dann nur mit der Gabel zu essen. (Ob diese Sitte aus der Pionier-Zeit stammt, als man noch eine Hand für den Colt frei haben musste?) Die freie Hand darf übrigens nicht auf dem Tisch liegen, sie liegt auf dem Schoß!

Gesten: In Griechenland kann man sich nicht verständigen, wenn man nicht weiß, dass Kopfschütteln dort „Ja" bedeutet. Wer den Daumen herausstreckt, um als Anhalter mitgenommen zu werden, hat Pech, denn dieses Zeichen bedeutet für die Griechen „Hau ab!" In arabischen Ländern gilt es als grobe Beleidigung, den andern die Schuhsohle zu zeigen, etwa, wenn man die Beine übereinander schlägt. So etwas muss man einfach wissen, wenn man sich dort aufhält.

7 Das tut man nicht – oder doch?

M3 Sich benehmen

* Mit guten Manieren kommt man im Leben weiter.
* Ich lasse mich nicht in eine Zwangsjacke stecken.
* Benimmregeln machen das Leben für alle leichter.
* Wenn man Umgangsregeln nicht einhält, kann man andere vor den Kopf stoßen.
* Man sollte die Umgangsregeln beherrschen, sich aber nicht von ihnen beherrschen lassen.
* Man sollte nur tun, was von Herzen kommt.

Schon als Kind konnte man mit ihm in keine Wirtschaft gehen!

M4 Benimmratgeber

Adolph Freiherr von Knigge (1752-1796) war der Erste, der in einem Buch beschrieben hat, was Menschen beim Umgang miteinander beachten sollten. Dieses Buch, auch kurz „Knigge" genannt, machte ihn berühmt. Seitdem sind viele weitere Benimm-Ratgeber entstanden. Es gibt z. B. folgende Regeln:

Kinder sollen der Mutter beim Auftragen des Essens und Abräumen des Tisches helfen.

In öffentlichen Verkehrsmitteln sollen jüngere älteren Leuten ihren Platz anbieten.

Wenn man jemanden kennenlernen will, stellt man sich einander vor. Ein Herr stellt sich dabei immer zuerst einer Dame vor, nicht umgekehrt.

Ein Handkuss sollte nur in geschlossenen Räumen gegeben werden. Dazu zählen heute auch Bahnhöfe und Flughäfen.

Wenn man zum Essen eingeladen ist, lässt man immer einen Anstandsbissen auf dem Teller.

Kartoffeln zerschneidet man nicht mit dem Messer, sondern zerteilt sie mit der Gabel.

Frauen tragen in der Öffentlichkeit keine Hosen, sondern Röcke und Kleider.

Männer tragen abends blaue, graue oder schwarze Kleidungsstücke, auf keinen Fall braune oder beige.

An einer Tür lässt der Herr der Dame den Vortritt und hält ihr die Türe auf.

Auf einer Treppe geht der Mann der Frau beim Hinuntergehen voran, und auch beim Hinaufgehen übernimmt er die Führung.

Im Restaurant, Kino, Theater geht der Mann voran, um nach einem freien Platz ausschauen zu können.

Beim Verlassen des Restaurants hilft der Herr der Dame in den Mantel.

Wenn man husten muss, wendet man sich von anderen Menschen weg und hält man sich die Hand vor den Mund.

P **Projekt 1: Internationale Umgangsformen**

Erstellt einen internationalen Katalog von Umgangsregeln. Dabei können euch die Schülerinnen und Schüler, die einen Migrationshintergrund haben, viele gute Tipps geben, welche Benimmregeln in ihren ursprünglichen Heimatländern gelten.

Projekt 2: Knigge für Schüler

Stellt einen zeitgemäßen Knigge-Ratgeber für Schülerinnen und Schüler an eurer Schule zusammen und macht ein kleines Buch daraus.

Aufgaben

1 Beschreibt die Bilder. Stellt verschiedene Formen der Begrüßung in szenischer Form da. Beschreibt, wie diese Begrüßungsformen auf andere wirken. ➜ M1

2 Welche unterschiedlichen Formen der Verabschiedung, der Anrede, des Essens und von Körpersprache werden im Text beschrieben? Kennt ihr weitere? Welche? ➜ M2

3 Falls ihr aus einem Land außerhalb von Deutschland stammt oder im Ausland wart: Berichtet von Erfahrungen mit andersartigen Umgangsformen. ➜ M2

4 Welche der Meinungen zu Umgangsregeln findest du richtig? Warum? ➜ M3

5 Sprecht über die Benimmratschläge. Welche findest du gut und welche nicht? Begründe deine Auffassung. ➜ M4 **GF**

Armut und Wohlstand

1   M1   König Midas

König Midas hatte dem Gott Dionysos einst einen Dienst erwiesen. Darauf sagte Dionysos zu Midas:
„Bitte dir eine Gnade aus, ich will sie dir gewähren." Der König antwortete nach kurzem Besinnen: „Ich möchte, dass durch meine Berührung alles in Gold verwandelt wird." Der Gott sah die verderblichen Folgen des Wunsches voraus, erfüllte ihn aber.

Froh zog Midas von dannen. Kaum war er aus den Augen des Gottes, so wollte er die Kraft des göttlichen Versprechens erproben. Er brach von einem Eichenbusch einen Zweig ab: Der Zweig und die Blätter wurden zu Gold. Er hob einen Stein vom Boden: Es war ein Goldklumpen. Er berührte die Erde: Da, wo er hinkam, wurde sie zu einer goldenen Masse. Beim Weitergehen nahm er vom reifen Getreide ein Büschel Ähren in die Hand: Was er in der Hand hielt, war Gold. Er pflückte einen Apfel: Er war Gold. Da zweifelte er nicht mehr an der Gabe, die ihm der Gott verliehen. Beglückt eilte er nach Hause und befahl, ein festliches Mahl zu rüsten. Aufs Beste gelaunt, nahm er an der reich besetzten Tafel Platz.

Doch wehe! Kaum führte der Hungrige das frische Brot zum Munde, so biss er auf Gold, kaum berührte er den duftenden Braten, schon war dieser gleißendes Metall. Mischte er den roten Wein mit klarem Wasser, um den brennenden Durst mit kühlem Trunk zu stillen, so rann geschmolzenes Gold durch seine Kehle.

Da endlich erkannte er die verderblichen Folgen seines unbedachten Wunsches. Er war der reichste Mensch, doch auch der ärmste zugleich. Von Hunger und Durst gepeinigt, streckte er betend die Hände zum Himmel: „Vater Dionysos, in meiner Gier nach Gold habe ich gesündigt. Vergib mir, erbarme dich meiner und nimm deine Gabe zurück!" Die echte Reue rührte das Herz des Gottes. Er sprach: „Folge dem Fluss, der an den Mauern der Stadt Sardes vorbeifließt, bis zur Quelle. Dort tauche in die reinigende Flut und wasche die Sünde ab." Midas tat, was der Gott ihm befohlen. Die Kraft des Goldmachens entwich in den Strom, der davon heute noch Gold mit sich führt.

Sage aus dem antiken Griechenland

M2   Der Zar und das Hemd

Es geschah eines Tages im alten Russland, dass der Zar von einer schrecklichen Krankheit heimgesucht wurde. Nichts machte ihm mehr Freude. Das Leben schien ihm sinnlos und leer. Er rief sämtliche Ärzte des Königreiches an sein Bett, aber keiner konnte ihn von seiner Schwermut heilen. Ein großer Gelehrter fand schließlich doch ein Mittel: „Der Zar kann geheilt werden", versicherte er. „Wir müssen nur einen wirklich glücklichen Mann finden, der dem Zaren sein Hemd überlässt. Dann wird unser Herrscher gesund werden!"

Und schon durchkämmten die Boten das Zarenreich auf der Suche nach einem ganz und gar glücklichen Mann. Doch es schien unmöglich, jemanden zu finden, der mit allem zufrieden war. Der Reiche war krank, der Gesunde beklagte sich über seine Armut oder über Frau und Kinder und so fort. Kein Einziger war wirklich rundum glücklich.

Eines Tages jedoch, als der Zarensohn an einer ärmlichen kleinen Bauernhütte vorbeikam, hörte er drinnen eine Stimme sagen: „Ach, welch ein Glück! Ich habe gute Arbeit geleistet! Ich habe gut gegessen! Nun kann ich beruhigt schlafen. Was brauche ich noch mehr im Leben?" Der Zarensohn sprang vor Freude in die Luft. Endlich hatte er den seltenen Schatz gefunden. Er befahl, diesem Mann sein Hemd abzukaufen und es dem Zaren zu bringen.

Die Diener drangen sofort in die Hütte ein, um an das Hemd des glücklichen Mannes zu gelangen. Dieser aber war so arm, dass er nicht einmal ein Hemd auf dem Leibe trug!

Russische Fabel

1 Von Reichen und Armen

M3 Hans im Glück

(Sprechblasen im Bild oben: „Lieber Hans, 7 Jahre hast du mir treu gedient. Dieses Gold soll dein Lohn sein!" – „Danke.")

Auf seinem Weg nach Hause begegnete Hans einem Reiter, und da ihm der Fußmarsch mit dem Goldklumpen sehr schwer geworden war, bot er dem Reiter das Gold an und nahm dafür das Pferd.
Als er ein Stück geritten war, geschah es, dass das Pferd bockte und ihn abwarf.
Da kam ein Bauer mit einer Kuh vorbei, und weil Hans das Pferd nun leid war, tauschte er es gegen die Kuh ein und freute sich über die Milch, die sie ihm geben würde. Nach einem längeren Weg bekam er Durst und wollte seine Kuh melken. Er stellte sich dabei aber sehr ungeschickt an, so dass die Kuh ihm mit ihren Hinterfüßen einen Stoß vor den Kopf versetzte und er zu Boden fiel.
Ein Metzger, der gerade mit einem Schwein vorbeikam, half ihm auf und erklärte ihm, dass die Kuh alt sei und wohl keine Milch mehr geben würde. Da war Hans glücklich, dass er die Kuh gegen das Schwein tauschen konnte, und freute sich auf die vielen leckeren Würste, die er demnächst essen würde.
Bald traf er einen Burschen, der ihm erzählte, dass das Schwein gestohlen worden sei; wenn man Hans damit erwische, würde er eingesperrt. Da war Hans erleichtert, dass er das Schwein gegen die Gans tauschen konnte, die der Bursche bei sich hatte.
Im nächsten Dorf traf er einen Scherenschleifer, der ihm erzählte, dass ein Scherenschleifer immer viel Geld verdient. Da wollte Hans auch gern Scherenschleifer sein und tauschte die Gans gegen einen alten Wetzstein, den der Mann noch bei sich hatte. Kurz bevor er wieder daheim war, kam er an einem Brunnen vorbei.

(Sprechblasen im Bild: „Ächz!", „Stöhn!", „Durst!", „Oh!", „Hoppla!", „Platsch!", „Oh, was für ein Glück ich doch habe! Jetzt ist mir leichter!", „Mein Hans!", „Mutter!", „ENDE")

nach Märchen der Gebrüder Grimm,
Bilder: Rotraut Susanne Berner

Aufgaben

1 Spielt die Geschichten von König Midas, dem Zaren und Hans nach. ➜ M1–M3
2 Wer ist in diesen Geschichten reich, wer arm? ➜ M1–M3
3 Fasst die Aussage jeder Geschichte möglichst in einem Satz zusammen. ➜ M1–M3
4 Denkt über folgende Frage nach: Wann ist ein Mensch reich? ➜ M1–M3

Armut und Wohlstand

2 | M1 Familie Bainton aus England

Mark und Deb Bainton, ihre Söhne Josh und Tadd und ihr Hund Polo mit dem, was sie in einer Woche verzehren (Wert: umgerechnet 188 Euro).
Die Familie bereitet ihr Essen auf einem Elektroherd und in einem Mikrowellenofen zu und hat zwei Kühl-Gefrierschränke zur Aufbewahrung verderblicher Lebensmittel.

Lieblingsgerichte: Avocado (Mark), Krabben-Sandwich (Deb), Krabbencocktail (Josh), Schokoladenkuchen mit Sahne (Tadd).
Das monatliche Einkommen einer durchschnittlichen Familie wie der Baintons beträgt umgerechnet etwa 3000 Euro.

M2 Notwendige und entbehrliche Dinge

- Handy
- Wohnung
- fließendes Wasser
- Heizung
- Stromanschluss
- Schmuck
- Internetanschluss
- gesundheitliche Versorgung
- Notebook
- Waschmaschine
- Telefon
- Schulbildung
- eigenes Kinderzimmer
- Bücher
- eigenes Haus
- CD-Spieler
- Uhr
- WC in der Wohnung
- ausreichend Taschengeld
- Fernsehen
- Zeitschriften
- Spülmaschine
- Computer
- Haartrockner
- modisch gekleidet sein

2 Was Menschen brauchen

M3 Familie Natomo aus Mali

Die Natomos aus Mali (Afrika) mit ihrem Nahrungsvorrat für eine Woche: Weizen, Reis, Hirse, Sauermilch, Fisch, Tomaten, Okraschoten, Zwiebeln, Pfeffer, Tamarinde, Zucker, Salz (Wert: umgerechnet 20 Euro). Die Familie kocht auf einem Holzfeuer. Die Nahrungsmittel werden durch Trocknung haltbar gemacht.

Das Wort „Lieblingsgericht" kennen die Natomos nicht. Zu essen gibt es meistens entweder Getreidebrei oder Pfannkuchen, dazu eine Sauce, z. B. aus Öl und Tamarinde.
Das monatliche Einkommen der Familie beträgt umgerechnet etwa 260 Euro.

M1/M3: Peter Menzel/Faith D Aluisio

Aufgaben

1 Beschreibe im Einzelnen, was auf den Bildern zu sehen ist. ➜ M1/M3
2 Fertige eine Liste an mit dem, was Familie Bainton in einer Woche an Nahrungsmitteln braucht, und eine Liste mit dem, was Familie Natomo braucht. Vergleicht beide Listen. ➜ M1/M3
3 Wie sähe dein Speisezettel aus, wenn du eine Woche mit dem auskommen müsstest, was auf dem Bild der Familie Natomo zu sehen ist? ➜ M3
4 Menschen brauchen mehr als Essen und Trinken. Welche der Dinge, die auf den Zetteln (M2) zu lesen sind, kann sich deiner Meinung nach die Familie Bainton leisten, welche die Familie Natomo? Berücksichtige dabei die Angaben über das durchschnittliche Monatseinkommen der Familien in England und Mali. ➜ M1-M3
5 Stelle mit den Begriffen von den Zetteln zusammen, was du für notwendig und was du für entbehrlich hältst. Vergleicht eure Aufstellungen und diskutiert über die Unterschiede. Einigt euch auf eine gemeinsame Liste mit den wirklich notwendigen Dingen. ➜ M2

Armut und Wohlstand

3 | M1 Reichtum und Armut in der Welt

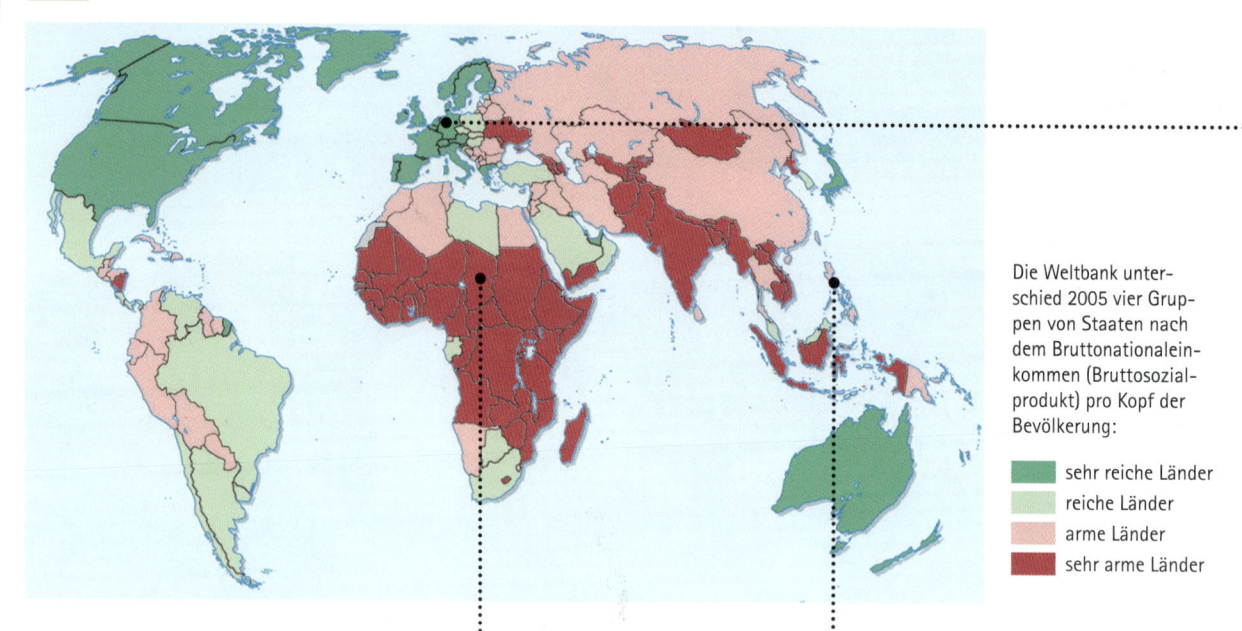

Die Weltbank unterschied 2005 vier Gruppen von Staaten nach dem Bruttonationaleinkommen (Bruttosozialprodukt) pro Kopf der Bevölkerung:

- sehr reiche Länder
- reiche Länder
- arme Länder
- sehr arme Länder

M2 Nelio aus Zentralafrika

Nelio lebt seit 2003 im Flüchtlingslager Maro Camp im Tschad. In seiner Heimat, der Zentralafrikanischen Republik, herrscht seit längerer Zeit Bürgerkrieg. Nelios Dorf wurde von Rebellen überfallen und zerstört. Sein Vater verlor dabei sein Leben. Mit seiner Mutter und seinen fünf Geschwistern flüchtete er über die Grenze und suchte im Nachbarland Schutz. Dort leben inzwischen mehr als 10 000 Menschen in Laubhütten und Lagern aus Stroh. Als ihre mitgebrachten Nahrungsvorräte zu Ende gingen, begannen sie, die Samenhülsen der wild wachsenden Dornbüsche zu essen, von denen sich sonst nur Ziegen ernähren. Inzwischen bekommen sie Unterstützung vom Flüchtlingswerk der Vereinten Nationen.

M3 Annalyn von den Philippinen

Annalyn feiert gerade ihren neunten Geburtstag. Fröhlich hüpft das Mädchen auf einem roten Sessel, den sie auf dem Müllberg in der Nähe der philippinischen Hauptstadt Manila gefunden hat. Annalyn ist chronisch unterernährt und daher zu dünn und zu klein für ihr Alter. Sie sieht aus wie ein fünfjähriges Mädchen. Seit drei Jahren wohnt sie mit ihrer Familie am Rande der riesigen Müllkippe „Aroma Smokey Mountain" in Manila. Ihre Familie lebt dort in einer Köhlersiedlung. Wie die meisten Kinder in dieser Siedlung muss Annalyn täglich in den Müllbergen nach Holz für den Ofen suchen. Deshalb geht sie nicht zur Schule. Trotzdem ist ihr Traum, später einmal Lehrerin zu werden.

nach UNICEF-Foto des Jahres

3 Kinder dieser Welt

M4 Jenny aus Hamburg

Jenny ist zehn Jahre alt, ein freundliches, noch sehr kindliches Mädchen. Ihr Vater und ihre Mutter haben sich getrennt. Sie lebt bei ihrer Mutter und deren neuen Freund in einer kleinen Zweizimmerwohnung. Ihre Hausaufgaben erledigt sie im Schlafzimmer. Zum Mittagessen geht Jenny ins Löwenhaus, wo der Arbeiter-Samariter-Bund Essen an Arme ausgibt. An Taschengeld ist für Jenny nicht zu denken. Auf Handy, MP3-Player usw. muss sie verzichten. Wenn sie einmal etwas Neues zum Anziehen braucht, dann geht sie zur Kleiderkammer der Caritas, denn dort kann sie unter den Sachen, die andere Leute nicht mehr brauchen, etwas finden, das ihr passt.

nach Ulrike Meyer-Timpe

M5 Fragen an den Kinderschutzbund

philopraktisch: Wann gilt jemand als arm?
Kinderschutzbund: Arm ist ein Mensch, wenn es ihm an materiellen Gütern mangelt, insbesondere an Nahrung, aber auch Kleidung, Wohnung usw. Das trifft besonders auf die Menschen in den Entwicklungsländern zu.
philopraktisch: Was heißt das genau?
Kinderschutzbund: Absolut arm ist ein Mensch, wenn er umgerechnet weniger als einen Dollar pro Tag zur Verfügung hat. Dann kann er sich nämlich nicht mehr ausreichend ernähren und muss Hunger leiden. So geht es rund einem Achtel der Weltbevölkerung.
philopraktisch: Gibt es auch Arme in Deutschland?
Kinderschutzbund: Ja, auch in der reichen Bundesrepublik gibt es Armut. Viele Menschen bemerken das nur nicht. Sie leben in schönen Wohngebieten und haben keinen Kontakt zu armen Menschen. Oder sie gucken nicht hin. Anders als in Afrika, Asien und Südamerika muss bei uns niemand verhungern. Bei uns stirbt auch niemand, weil es für ihn keine medizinische Hilfe gibt. Allerdings haben arme Menschen auch bei uns stark eingeschränkte Lebenschancen. Und das gilt ganz besonders für Kinder.
philopraktisch: Wie groß ist denn die Kinderarmut in Deutschland?
Kinderschutzbund: In der Bundesrepublik wachsen fast 3 Millionen Kinder in Armut auf. Das Einkommen der Eltern oder das Arbeitslosengeld liegt nämlich unter 730 Euro im Monat.
philopraktisch: Ist Armut denn unvermeidlich?
Kinderschutzbund: Nein! Der Reichtum auf der Welt ist so groß, dass kein einziger Mensch in Armut leben müsste, wenn nur gerecht geteilt würde.

nach Heinz Hilgers/Walter Wilken

Aufgaben

1 Beschreibt anhand der Karte, wie Armut und Reichtum auf der Welt verteilt sind. In welchen Regionen gibt es die größte Armut? → M1
2 Bildet Dreiergruppen. Jeder von euch liest einen Text; erzählt euch dann gegenseitig von den Lebensumständen der drei Kinder. → M2-M4
3 Wie wird Nelio und Jenny geholfen? → M2/M4
4 Was müsste geschehen, damit Annalyns Traum, Lehrerin zu werden, in Erfüllung gehen kann? → M3
5 Was versteht man unter Armut? → M5
6 Ist Armut unvermeidlich? → M5

Armut und Wohlstand

M1 Klassenfahrt-Bauchweh

Vivi, die Hauptfigur in Regina Ruschs Roman Die paar Kröten, *hat es manchmal nicht leicht.*

Niko [Vivis Bruder] schlug mit der flachen Hand gegen die Badezimmertür. „Krank?" Er lachte ungläubig, beinahe abfällig. „Gestern Abend warst du noch putzmunter!" [...] „Ich hab Fieber", sagte Vivi unbeirrt, während sie sich anzog, „und Schüttelfrost." Von Niko war nichts zu hören. „Womöglich bekomme ich Scharlach", sagte Vivi laut, damit Niko im Flur es verstehen konnte. Sie wickelte das abgeschabte Handtuch wie einen Turban um ihren Kopf. „Scharlach? Ehrlich?" In Nikos Stimme schwang ein Anflug von Mitleid. Da öffnete Vivi die Tür und grinste ihn an. „Ausflugs-Scharlach", sagte sie. „Vielleicht auch nur einfaches Klassenfahrt-Bauchweh ..." Niko grinste viel sagend zurück. „Und ich hab schon angefangen, mir Sorgen zu machen", sagte er. „Wo sollte es denn hingehen?" „In den Hessenpark, du weißt schon – dieses Freilichtmuseum mit den alten Bauernhäusern und so." Vivi rubbelte an ihren Haaren herum. „Also Busfahrt, Eintritt, Imbiss und so weiter." „Wie viel?", fragte Niko knapp. „Sieben Euro", antwortete Vivi ebenso knapp, „Essen und Trinken noch zusätzlich." Sie schüttelte die Haare über dem Waschbecken, dass die Tropfen flogen. Sieben Euro! Einfach so zwischendurch. Das war zu viel. „Scheiß Geld", sagte Niko und hielt ihr einen Schokoriegel hin. „Hier, nimm! Kleiner Trost für dich."
Vivi schnappte sich den Schokoriegel und sagte schnell: „Ich brauch keinen Trost." Dann zog sie mit einem Ruck die Badezimmertür zu.
Keinen Trost – das war glatt gelogen. Ein bisschen Trost könnte sie gut gebrauchen. Sie trat mit dem Fuß gegen den überquellenden Korb mit schmutziger Wäsche. Mist! Verdammter Mist! Sie hatte sich so auf den Klassenausflug gefreut. Als Mama heute früh in der Schule angerufen hatte und ihre Tochter „wegen Krankheit leider, leider entschuldigen" musste, wäre Vivi beinahe in Tränen ausgebrochen.

M2 Eine kostengünstige Lösung

Während ihre Klassenkameraden den Ausflug in den Hessenpark genießen, geht Vivi zum Kinotag des Kinderhauses in ihrem Wohnviertel. Auf dem Rückweg durch die kleine Grünanlage lernt sie eine nette alte Dame kennen. Frau Vierzehn bietet Vivi Kirschen an, die beiden unterhalten sich und Vivi erzählt von der Situation ihrer Familie.

„Die haben meinen Papa einfach rausgeworfen", erzählte Vivi, „dabei war er schon ewig bei Brumme. Zuerst hat Papa an einen Irrtum geglaubt. Er konnte sich gar nicht vorstellen, nicht mehr jeden Morgen zur Arbeit zu gehen, und dass es ausgerechnet ihn getroffen hat." [...] „Ist die Firma Pleite gegangen?", hakte Frau Vierzehn nach. Vivi schüttelte energisch den Kopf. „Das ist ja das Gemeine: Nur Papas Abteilung gibt's nicht mehr. Oder doch, eigentlich schon noch, aber nicht mehr hier, sondern irgendwo im Ausland. Da verdienen die Arbeiter viel weniger, und deshalb verdient Brumme viel mehr, sagt Papa."
Noch in der Erinnerung wurde Vivi wütend, wenn sie daran dachte, wie überheblich Papas früherer Chef die Leute abgefertigt hatte. Papa und seine Kollegen hatten nämlich eine Demonstration vorm Werkstor gemacht. [...] Nur von oben aus dem Fenster hatte der Betriebsleiter zu ihnen gesprochen, als hätte er Angst, ihnen direkt gegenüberzustehen. Von „notwendigen Maßnahmen" und „kostengünstigen Lösungen" hatte er geredet, und dass er es nicht ändern könne. Nur ein kleines, kaum hörbares „Leider" hatte er am Ende hinzugefügt und dann das Fenster zugemacht. Schluss, aus, das war's.
„Also", sagte Frau Vierzehn, „also wirklich!" Sie schüttelte den Kopf. „Und dein Vater hat noch nichts Neues gefunden?" Jetzt schüttelte Vivi den Kopf. „Nein", sagte sie. „Er hat gesucht und gesucht und alle Anzeigen in der Zeitung gelesen. [...] Und auf dem Arbeitsamt ist er gewesen und Briefe hat er geschrieben. Und manchmal musste er hinkommen und sich in einer Firma vorstellen." „Und?", fragte Frau Vierzehn. „Nichts", sagte Vivi traurig.

M1/M2: Regina Rusch

4 Wenn das Geld nicht reicht ...

M3 Weihnachten bei Familie Thaler

Erich Kästners Roman Das fliegende Klassenzimmer *handelt von fünf befreundeten Schülern eines Internats. Einer von ihnen ist Martin Thaler, der kurz vor Weihnachten einen Brief von seiner Mutter erhält.*

Mein lieber, guter Junge!

Das wird wahrhaftig ein trauriger Brief. Und ich weiß nicht, wie ich ihn anfangen soll! Denn denke Dir, mein gutes Kind, ich kann Dir diesmal die acht Mark fürs Fahrgeld nicht schicken! Es reicht an keiner Ecke, und dass Vater nichts verdient, weißt Du ja. Wenn ich dran denke, dass Du zu Weihnachten in der Schule bleiben musst, wird mir ganz elend zumute. Ich habe mir den Kopf zerbrochen. Bei Tante Emma war ich auch. Aber vergeblich. Vater ist zu einem früheren Kollegen gelaufen. Doch der hatte auch nichts übrig. Keinen Pfennig.

Es gibt keinen Ausweg, mein Kleiner. Du musst diesmal im Internat bleiben. Und wir werden uns vor Ostern nicht wiedersehen. Wenn ich daran denke – aber man darf es nicht, weil es keinen Zweck hat.

Im Gegenteil. Wir wollen kolossal tapfer sein und die Zähnchen zusammenbeißen, gelt? [...]

Und morgen bekommst Du mit der Post ein Paket, wo nun die Geschenke drin sind, die Du zu Hause unterm Christbaum beschert kriegen solltest. Vielleicht werden wir gar keinen haben. Wenn Du nicht da bist, hat es ja keinen Sinn.

Viel ist es nicht, was wir Dir schicken. Aber Du weißt ja, dass ich nicht mehr Geld habe. Es ist recht traurig, aber nicht zu ändern. Mein lieber Junge, wir werden alle miteinander zu Weihnachten recht tapfer sein und kein bisschen weinen. Ich versprech Dir's. Und Du mir auch?

Und nun viele herzliche Grüße und Küsse von Deiner Dich liebenden Mutter.

Am Heiligen Abend können Martins Eltern dann doch noch einen Weihnachtsbaum aufstellen – die Christbaumverkäuferin auf dem Markt hat ihnen eine kleine Fichte geschenkt. Von Martin haben sie einen Brief erhalten.

Herr Thaler ging in die Küche, kramte dort lange herum und kam endlich mit einem kleinen Kasten wieder. „Hier sind die Kerzen vom vorigen Jahr", meinte er. „Wir haben sie nur halb abbrennen lassen." Dann klemmte er zwölf halbe Christbaumkerzen in die Zweige der Fichte. Schließlich sah das Bäumchen richtig hübsch aus. Aber Martins Eltern wurden nur noch trauriger.

Sie setzten sich nebeneinander aufs Sofa. Und Frau Thaler las zum fünften Male Martins Brief vor. An einigen Stellen machte sie eine Pause und fuhr sich über die Augen. Als sie mit dem Lesen fertig war, zog der Mann sein Taschentuch heraus und schneuzte sich heftig die Nase.

„Dass so etwas vom Schicksal überhaupt erlaubt wird", sagte er. „Da muss so ein kleiner Kerl schon erfahren, wie schlimm es ist, wenn man kein Geld hat. Hoffentlich macht er seinen Eltern nicht noch Vorwürfe, dass sie so untüchtig waren und so arm geblieben sind!"

„Rede doch nicht so dummes Zeug!", meinte die Frau. „Wie du überhaupt auf so einen Gedanken kommen kannst! Martin ist zwar noch ein Kind. Aber er weiß ganz genau, dass Tüchtigkeit und Reichtum nicht dasselbe sind."

Erich Kästner

Aufgaben

1. Erkläre, warum Vivi so unglücklich ist. → M1
2. Was erfährst du über die Situation von Vivis Vater? Warum ist er entlassen worden? → M2
3. Warum kann Martin über Weihnachten nicht nach Hause fahren? → M3
4. Beschreibe die Stimmung, die am Heiligen Abend bei den Thalers herrscht. → M3
5. „Tüchtigkeit und Reichtum sind nicht dasselbe." Erkläre, was dieser Satz im Zusammenhang mit Familie Thaler bedeutet. Beziehe den Satz auch auf die Situation von Vivis Vater. → M2/M3

Armut und Wohlstand

5 M1 Das Rosenwunder

Über dem Thüringer Land lag eine große Hungersnot. Das nahm sich die Landgräfin sehr zu Herzen und barmherzig gab sie so viele Almosen, dass man denken konnte, sie verschenke den Wert ganzer Burgen und Städte. Eines Tages hörte Elisabeth von einer Frau, die sehr krank sei. Ihre Kinder hätten nichts zu essen und weinten vor Hunger. Da packte sie einen Korb mit Lebensmitteln und machte sich auf den Weg ins Dorf. Graf Ludwig hatte Angst um seine Frau, sie könne sich an den Kranken anstecken. Immer wieder auch musste er sich die Klagen seiner Familienmitglieder anhören wegen Elisabeths Freigiebigkeit. Er musste endlich einschreiten. Als Ludwig nun den Schlossberg hinaufritt, sah er seine Frau mit dem schweren Korb am Arm. Er verstellte ihr den Weg und wollte sehen, was sie in dem Korb trage. …

Mario Reinhardt

Die heilige Elisabeth.

M2 Elisabeth – das Leben einer Heiligen

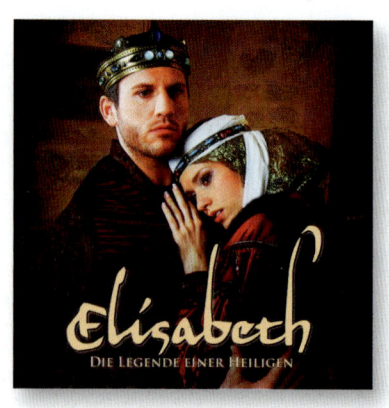

Elisabeth von Thüringen wurde 1235 vom Papst heilig gesprochen. Im Jahre 2007 brachte sie es zur Titelfigur des Musicals Elisabeth – die Legende einer Heiligen, das mehrere Jahre erfolgreich in Eisenach und Marburg aufgeführt wurde. Wer war diese Frau, die sich so tief in das Gedächtnis der Nachwelt eingeprägt hat, dass die Erinnerung an sie auch nach 800 Jahren noch lebendig ist?

Geboren wurde Elisabeth 1207 als Tochter des Königs von Ungarn. Im Alter von vier Jahren wurde die Prinzessin auf die Wartburg bei Eisenach gebracht, weil sie dem Landgrafensohn Hermann als Frau versprochen war. Doch Hermann starb jung. Einige Jahre später verliebte sich sein Bruder Ludwig in Elisabeth und heiratete sie. Elisabeth wurde Landgräfin von Thüringen. Als 1226 in Thüringen eine Hungersnot ausbrach, ließ sie Vorratskammern öffnen, um die Bevölkerung zu ernähren.

Die Mildtätigkeit Elisabeths wird in der Legende vom Rosenwunder ausgeschmückt. Als die Landgräfin mit einem Korb Brot von der Wartburg herunter zu den armen Leuten eilte, stellte ihr Mann Ludwig sie zur Rede. Er wollte wissen, was in dem Korb sei. Sie sagte, es seien nur Rosen. Der Landgraf verlangte, in den Korb hineinsehen zu dürfen, und schlug einfach das Tuch zur Seite. Und was sah er? Es waren tatsächlich nur Rosen im Korb seiner Frau.

Nach dem Tod ihres Mannes, der 1228 auf einem Kreuzzug starb, verstärkte Elisabeth ihre Sorge für die Armen und Kranken noch. Von ihrem Erbe ließ sie in Marburg ein Siechenhaus erbauen. Dann verließ sie den Thüringer Hof und zog in das Hospital, um die Kranken zu pflegen. Dort starb sie 1231 im Alter von 24 Jahren.

5 Barmherzigkeit – den Armen helfen

M3 Werke der Barmherzigkeit

Meister von Alkmaar, 1504

M4 Warum barmherzig sein?

Jesus erklärt seinen Jüngern, was ein Mensch tun soll, um in das Reich Gottes zu gelangen: Unter anderem soll er den Hungrigen zu essen, den Durstigen zu trinken geben. Den Fremden soll er Obdach geben und den Nackten Kleidung, die Kranken pflegen und die Gefangenen besuchen. „Was ihr für einen meiner geringsten Brüder getan habt, das habt ihr mir getan."

Die Bibel, Mt. 25, 31–40

Die wahre Frömmigkeit besteht nicht darin, beim Gebet das Gesicht nach Osten oder Westen zu richten, sondern darin, an Gott, den jüngsten Tag, die Engel, das Heilige Buch und die Propheten zu glauben, gerne Spenden zu geben, um Verwandten, Waisen, Armen, mittellosen Wanderern und Bettlern zu helfen [...].

Der Koran, Sure 2, 177

Wer viel Glück im eigenen Leben erlebt hat, der muss, wenn er nachdenkt, für diejenigen etwas tun, denen dieses Glück nicht zuteil wird.

Albert Schweitzer zugeschrieben

Aufgaben

1 Schreibe auf, wie die Legende vom Rosenwunder enden könnte. Vielleicht denkst du dir auch ein kleines Gespräch zwischen Elisabeth und ihrem Mann aus und stellst die Gedanken dar, die Elisabeth durch den Kopf gehen. ➜ M1 **S**

2 Lest euch eure Fortsetzungen aus Aufgabe 1 vor. Vergleicht sie mit dem Ende der Legende, das im Text M2 über das Leben Elisabeths verraten wird. ➜ M1/M2

3 Welche weiteren guten Taten werden der heiligen Elisabeth zugeschrieben? ➜ M2

4 Auf der Internetseite www.ekkw.de/elisabethjahr/spiel/ gibt es ein interaktives Spiel zu Elisabeth von Thüringen. Probiert es aus und sprecht anschließend über eure Eindrücke. ➜ M2

5 Welche Werke der Barmherzigkeit könnt ihr auf den Bildern erkennen? Fallen euch weitere Werke der Barmherzigkeit ein? ➜ M3 **B**

6 Vergleicht die Begründungen zur Barmherzigkeit. Worin unterscheiden sie sich? ➜ M4

Armut und Wohlstand

6

M1 Karlheinz Böhm – Menschen für Menschen

Karlheinz Böhm war ein erfolgreicher Schauspieler, als er sich 1981 entschloss, seinen Beruf aufzugeben und die Hilfsorganisation *Menschen für Menschen* zu gründen, um den Menschen in der Sahelzone, einer der ärmsten Regionen der Welt, zu helfen. Mit der Armut in Afrika wurde er 1976 zum ersten Mal konfrontiert. Um eine Atemwegskrankheit auszukurieren, empfahlen ihm die Ärzte einen Aufenthalt in Kenia. Dort ließ er sich von einem Angestellten des Luxushotels zeigen, wie die Einheimischen leben. Karlheinz Böhm sah die Hütte des Hotel-Angestellten, erfuhr, dass die Einheimischen sich zum Essen nur den Kopf eines Fisches leisten konnten, und war erschüttert. Er konnte sich mit der Armut nicht abfinden und beschloss, in Afrika zu helfen. Als er wieder nach Deutschland zurückkehrte, wurde er in die Sendung *Wetten dass …?* eingeladen. Dort wettete er am 16. Mai 1981, nicht einmal jeder dritte Zuschauer würde eine Mark für notleidende Menschen in der Sahelzone spenden. Er versprach, dass er selbst nach Afrika gehen würde, um zu helfen, wenn er die Wette verliere. Er gewann, es kamen rund 1,7 Millionen DM zusammen. Nach der Sendung flog er dennoch im Oktober 1981 mit dem Geld erstmals nach Äthiopien und gründete seine Hilfsorganisation. Seitdem hat er Millionen von Spendengeldern eingesammelt und damit zahlreiche Hilfsprojekte finanziert. Seine Organisation baut Brunnen und Wasserleitungen, damit die Menschen in dieser trockenen Region genug zu trinken haben, sie hilft den Bauern, ihren Boden zu verbessern und die Ernte zu steigern, sie baut Krankenhäuser, damit die Menschen medizinisch versorgt werden, und Schulen, damit die Kinder etwas lernen.

M2 Muhammad Yunus – Eine Bank für Arme

Muhammad Yunus stammt aus einem der ärmsten Länder der Erde, aus Bangladesch. Er hatte das Glück, dass seine Eltern wohlhabend waren und ihm ein Studium der Wirtschaftswissenschaften in den USA bezahlen konnten. Als er in seine Heimat zurückkehrte, hatte er das Gefühl, dass er sein Wissen einsetzen müsste, um seinen notleidenden Landsleuten zu helfen. Und er hatte auch eine Idee, wie dies gelingen könnte: Den Armen würde es wenig helfen, wenn er ihnen Geld schenkte, weil sie dadurch keinen Anreiz hätten, ihre Situation zu verbessern. Stattdessen wollte er ihnen helfen, sich selbst zu helfen. Also lieh er ihnen Geld, damit sie ein kleines Unternehmen gründen konnten. Das Geld sollten sie dann zusammen mit den Zinsen zurückzahlen, wenn sie dazu in der Lage wären. So entstanden Hunderte von Mini-Firmen, in denen die Menschen Textilien herstellten, Software entwickelten usw. und dadurch ihren Lebensunterhalt selbst verdienen konnten.

1983 gründete Muhammad Yunus die Grameen-Bank, eine Bank für die Armen. Im Jahr 2007 zählte sie 8 Millionen Kunden in Bangladesch – so vielen Menschen konnte bis dahin geholfen werden. Das Geld, das Yunus mit der Bank verdient, nimmt er nicht für sich selbst, sondern er setzt es sofort wieder ein, um anderen Menschen zu helfen. Diese Idee eines sozialen Unternehmens hat inzwischen auf der ganzen Welt Nachahmer gefunden. 2006 wurde Muhammad Yunus dafür mit dem Friedensnobelpreis ausgezeichnet, 2007 erhielt er den Preis für die beste Zukunftsvision.

6 Die Armut besiegen

M3 Von Bettlern zu erfolgreichen Unternehmern

Das neueste Projekt, das Muhammad Yunus mit Hilfe der Grameen-Bank gestartet hat, ist die Herstellung eines Joghurts, der für jedermann in Bangladesh erschwinglich ist. Die Idee dazu entstand bei einem Treffen mit Franck Riboud, dem Chef des Weltkonzerns Danone. Riboud bat Yunus um eine Anregung, wie man es schaffen kann, nicht nur die wohlhabenden Verbraucher in den Industrieländern mit Lebensmitteln zu versorgen, sondern auch zur Ernährung der Armen beizutragen. Muhammad Yunus schlug daraufhin vor, das Gemeinschaftsunternehmen Grameen Danone zu gründen. Und das sah so aus: Danone entwickelt einen Joghurt, der alles enthält, was in der Ernährung der Ärmsten fehlt, wie z. B. Eiweiß und Vitamine. Außerdem baut Danone ein Werk in Bangladesch. Muhammad Yunus bietet den Menschen dort an, mit Hilfe von Kleinkrediten aus seiner Bank ein Unternehmen zu gründen. Dieses Unternehmen stellt in dem von Danone gebauten Werk den Joghurt her und verkauft ihn. Mit dem Gewinn aus der Produktion zahlen die Unternehmer die Kleinkredite zurück und kaufen Danone das Werk ab.

In dem Werk, das 2006 von Danone in der Ortschaft Bogra errichtet wurde, arbeiten inzwischen 28 Frauen und Männer. Sie sind durch die Unterstützung der Grameen-Bank von Bettlern zu erfolgreichen Unternehmern aufgestiegen. Die Milch beziehen sie aus einem Umkreis von 50 Kilometern und sichern damit die Existenz der Milchbauern in diesem Gebiet. Weitere 235 Frauen verdienen ihren Lebensunterhalt damit, dass sie den Joghurt auf den Dörfern verkaufen.

Der Preis beträgt 5 Taka (ca. 6 Cent) – das ist auch für arme Leute noch erschwinglich.

Ein Problem bei der Vermarktung besteht darin, dass für die Armen Joghurt noch ein fremdes Produkt ist. Obwohl er alles enthält, was sie für eine gesunde Ernährung brauchen, nehmen sie den Joghurt nur schwer an, weil sie ihn nicht kennen. So entstand die Idee, in Deutschland Geld zu sammeln, um den Joghurt kostenlos an Schulkinder zu verteilen.

Was hat Danone-Chef Franck Riboud bewegt, auf den Vorschlag von Muhammad Yunus einzugehen? Alle Beteiligten profitieren davon. Für die Bevölkerung ist der Joghurt ein Beitrag zur gesunden Ernährung, für die Beschäftigten eine Möglichkeit, ihren Lebensunterhalt zu verdienen, und für Danone ist es ein Gewinn an Ansehen, mit einem Friedensnobelpreisträger zusammenzuarbeiten.

M4 Mittel gegen Armut

*Willst du einen Menschen satt machen,
so schenke ihm einen Fisch.
Willst du ihn ein Leben lang satt machen,
so schenke ihm eine Angel.*

Chinesisches Sprichwort

Aufgaben

1. Informiert euch gegenseitig über die Lebensläufe von Karlheinz Böhm und Muhammad Yunus. Wie sind sie dazu gekommen, sich für Arme einzusetzen? → M1/M2
2. Erkläre, wie das Projekt Grameen-Danone funktioniert. → M3
3. Welche Vorteile bringt das Projekt für die Arbeiterinnen, für die Bevölkerung und für Danone? → M3
4. Beziehe das Sprichwort auf die Tätigkeit von Karlheinz Böhm und Muhammad Yunus. → M4

Armut und Wohlstand

7 — M1 We are the World

1985 nahmen 46 amerikanische Rockmusiker den von Michael Jackson geschriebenen Song We are the World *auf, um Geld für hungernde Menschen in Afrika zu sammeln. Insgesamt wurden mehr als 7 Millionen Singles verkauft und es kamen 690 Millionen Dollar zusammen.*

THERE COMES A TIME
WHEN WE NEED A CERTAIN CALL
WHEN THE WORLD MUST COME TOGETHER AS ONE
THERE ARE PEOPLE DYING
AND IT'S TIME TO LEND A HAND TO LIFE
THE GREATEST GIFT OF ALL

WE CAN'T GO ON PRETENDING DAY BY DAY
THAT SOMEONE, SOMEWHERE WILL SOON
  MAKE A CHANGE
WE ARE ALL A PART OF GOD'S GREAT BIG FAMILY
AND THE TRUTH - YOU KNOW LOVE IS ALL WE NEED

CHORUS:
WE ARE THE WORLD WE ARE THE CHILDREN
WE ARE THE ONES WHO MAKE A BRIGHTER DAY
SO LET'S START GIVING
THERE'S A CHOICE WE'RE MAKING
WE'RE SAVING OUR OWN LIVES
IT'S TRUE WE'LL MAKE A BETTER DAY
JUST YOU AND ME

WELL, SEND 'EM YOUR HEART
SO THEY'LL KNOW THAT SOMEONE CARES
AND THEIR LIVES WILL BE STRONGER AND FREE
AS GOD HAS SHOWN US BY TURNING STONE TO BREAD
SO WE ALL MUST LEND A HELPING HAND

CHORUS

WHEN YOU'RE DOWN AND OUT
THERE SEEMS NO HOPE AT ALL
BUT IF YOU JUST BELIEVE
THERE'S NO WAY WE CAN FALL
WELL, WELL, WELL, LET US REALIZE
THAT A CHANGE WILL ONLY COME
WHEN WE STAND TOGETHER AS ONE

Es wird eine Zeit kommen, in der wir einem bestimmten Aufruf folgen und die Welt als Ganzes zusammenhalten muss. Es sterben Menschen, und es ist Zeit, dem Leben die Hand zu reichen, dem größten Geschenk überhaupt.

Wir können uns nicht weiter vormachen, dass irgendjemand irgendwo bald eine Wende herbeiführen wird. Wir gehören alle zu Gottes großer Familie und die Wahrheit lautet, dass wir alle Liebe benötigen.

Wir sind die Welt, wir sind die Kinder, wir sind diejenigen, die einen strahlenderen Tag erschaffen können. Deshalb lasst uns helfen. Wir haben eine Entscheidung zu treffen. Wir retten unser eigenes Leben. Es ist wahr, wir werden einen besseren Tag schaffen. Nur du und ich.

Also schicke ihnen deine Liebe, so dass sie wissen, dass sich jemand um sie kümmert, und ihre Leben werden gefestigt und frei sein. So wie Gott es uns gezeigt hat, als er Steine in Brot verwandelte, müssen wir jetzt alle helfen.

Wenn du niedergeschlagen bist, scheint es keine Hoffnung mehr zu geben. Aber wenn du fest daran glaubst, werden wir nicht verlieren können. Wir müssen erkennen, dass eine Veränderung nur dann eintritt, wenn wir alle zusammenhalten.

Michael Jackson/Lionel Richie

7 Die Welt *fair*-ändern

M2 Fair gehandelt

Schülerinnen und Schüler des Hildegardis-Gymnasiums in Kempten helfen Menschen in der sog. 3. Welt durch einen Verkaufsstand, an dem sie einmal in der Woche Produkte aus fairem Handel anbieten. Die
5 Palette der Produkte reicht von gesunden Pausensnacks (z. B. Früchteriegeln) bis zu kleinen Geschenken (z. B. Jonglierbällen oder Kerzen). Die Idee zu dem Projekt entstand vor zwei Jahren im Religionsunterricht zum Thema „Kinder in der Einen Welt".
10 „Damit möchten wir die 3. Welt, insbesondere die Kleinbauern dort, unterstützen." Die großen Handelsgesellschaften zahlen den Kleinbauern für ihre Produkte, Kakao, Kaffee, Bananen usw., oft so wenig, dass sie und ihre Familien kaum davon leben kön-
15 nen. *Fair Trade* ist eine Organisation, die ihnen einen fairen Preis zahlt, so dass sie keine Not leiden müssen. Ihre Kinder müssen dann nicht auf den Plantagen mitarbeiten, sondern können Schulen besuchen und etwas lernen.
20 Die Waren aus dem fairen Handel werden den Schülerinnen und Schülern vom Eine-Welt-Laden in Kempten in Kommission zur Verfügung stellt. „Wir möchten an unserer Schule vor allem das Bewusstsein dafür schaffen, dass es nicht egal ist, was man
25 einkauft, und dass man mit dem Kauf fair gehandelter Waren mithilft, aus den armen und den reichen Ländern der Erde Eine Welt zu machen!" Mit dem Gewinn aus dem Verkauf unterstützen die Schülerinnen und Schüler Projekte in der 3. Welt.

nach www.hildegardis-gymnasium.de

Aufgaben

1 Hört euch das Lied an und singt es mit. Übt die Aussprache gegebenenfalls im Englischunterricht. Vielleicht könnt ihr ja dort schon einmal einige Stellen des Liedes übersetzen. → M1

2 Lest euch die Übersetzung durch. Welche Botschaft vermittelt das Lied? → M1

3 Wie setzen die Schülerinnen und Schüler des Hildegardis-Gymnasiums die Botschaft des Liedes um? → M2

Vielleicht hat euch das Vorbild der Hildegardis-Schule angeregt, euch über Probleme von Menschen in der sog. 3. Welt zu informieren oder selbst Projekte zugunsten der 3. Welt durchzuführen. Hier einige Vorschläge dazu:

Projekt 1: Eine-Welt-Kiste

Die Nicaragua-Kiste enthält: zwei DVDs mit Beiträgen über das Leben von Jugendlichen, eine Musik-CD, mehrere Jugendbücher, unter anderem ist dabei: *Die Drachenkinder von Nicaragua*, vier Mappen mit weiteren Informationen zu Nicaragua sowie Geldscheine, Postkarten, Armreifen und viele andere interessante Sachen. Leiht euch diese oder eine andere Kiste für ca. vier Wochen aus und arbeitet mit dem darin enthaltenen Material.
http://www.weltinderschule.uni-bremen.de/

Projekt 2: Straßenkind für einen Tag

Die Aktionsidee ist einfach: Du und deine Klasse könnt euch an diesem Tag einmal in das Leben von Straßenkindern hineinversetzen, indem ihr Straßenkindertätigkeiten selber ausführt, eben Straßenkind für einen Tag seid. So könnt ihr z. B. Schuhe oder Autoscheiben putzen, Blumen und Zeitungen oder auch selbstgemachte Dinge verkaufen. Die Erlöse aus der Aktion kommen Straßenkinderprojekten zugute.
www.tdh.de/was-wir-tun/themen-a-z/
strassenkind-fuer-einen-tag/die-aktion.html

Leben von und mit der Natur

1 M1 Die Insel der Abenteuer

M2 Allein in der Wildnis

Der 13-jährige Brian Robeson wohnt mit seiner Mutter allein in der Stadt. Als er seinen Vater auf den Ölfeldern in Kanada besuchen will, erleidet der Pilot seines Flugzeugs einen Herzinfarkt. Dem Jungen gelingt das Unmögliche: eine Notlandung auf einem See mitten in der kanadischen Wildnis.

Ich bin am Leben!, dachte er. Ich lebe. Wie leicht hätte es anders kommen können. Der Tod war so nah. Ich hätte sterben können.
Seine Kleider waren feucht und kalt und er fröstelte.
5 Er zog sich die Reste seines zerfetzten Anoraks um die Schultern und drückte die Arme gegen die Rippen. Er konnte nicht denken. Sosehr er sich anstrengte, er konnte keinen klaren Gedanken fassen.
Eine Stunde saß er, zwei vielleicht. Er konnte die Zeit
10 nicht abschätzen und es war ihm auch egal. Die Sonne war ein Stück am Himmel hinaufgeklettert und mit den ersten warmen Strahlen kamen Wolken von Insekten, dichte Mückenschwärme, die sich auf Brian stürzten und die unbedeckten Stellen seines Körpers
15 mit einem wimmelnden, krabbelnden, stechenden Pelz überzogen. Beim Einatmen krochen sie in seine Nase. Sie drangen ihm in den Mund, als er nach Luft zu schnappen versuchte. Es war unglaublich. So etwas gab es nicht. Er hatte den Flugzeugabsturz überlebt, aber die Moskitos gaben ihm den Rest. Er würgte sie 20 hustend heraus, spuckte sie aus, schnäuzte sich durch die Nase. Er kniff die Augen zusammen und schlug sich mit beiden Händen vors Gesicht, um jedes Mal Hunderte von Moskitos zu zerdrücken.
Aber kaum hatte er ein Fleckchen seiner Haut befreit, 25 kamen neue Schwärme angeschwirrt – wütende Geschwader. Moskitos und kleinere schwarze Mücken, die er noch nie gesehen hatte. Blutrünstige Vampire!, dachte er. In all den Abenteuerbüchern, die Brian gelesen hatte, in allen Fernsehfilmen über das freie 30 Leben in der Wildnis war nie von diesen Mücken und Moskitos die Rede gewesen. Gezeigt wurden nur glückliche Menschen in unberührter Natur, herrliche Landschaften – oder Tiere, die fröhlich durch die Gegend sprangen. Blutgierige Moskitos gab es da nicht. 35
Der Hunger erwachte. Brian rieb sich den Bauch. Er hatte den Hunger bis jetzt nicht gespürt, weil etwas anderes, vielleicht die Angst oder der Schmerz, stärker gewesen war. Jetzt aber spürte er die schwarze Leere im Magen. Noch nie hatte er solchen Hunger 40 gespürt. Das Wasser aus dem See hatte seinen Magen gefüllt, nicht aber den Hunger gestillt. Es wurde ihm schwindelig, wenn er an Essen dachte. Zu Hause konnte er sich an einen Tisch setzen und einen dicken, saftigen Hamburger mit Käse und Ketchup und 45 Pommes verdrücken. Und anschließend eine dicke Schokoladenmilch. Aber hier gab es nichts zu essen. Nichts.
Brian hatte kein Feuerzeug, keine Zündhölzer, er konnte kein Feuer machen. Im Wald gab es wilde 50 Tiere. Bestimmt gab es Wölfe, dachte er sich, oder Bären und andere Tiere. In der Dunkelheit, unter seinem Baum sitzend, war er schutzlos jedem Angriff ausgeliefert. Er schaute sich um und es schauderte ihn. Gut möglich, dass irgendwelche Wesen der Wild- 55 nis ihn jetzt schon belauerten. Am Ende warteten sie nur die Dunkelheit ab, um zu kommen und ihn zu fressen. Er griff nach dem Beil an seinem Gürtel. Es war die einzige Waffe, die er besaß. Immerhin etwas. Er musste einen Unterschlupf finden, eine Höhle oder 60 eine Schutzhütte. Nein, er musste sich eine Schutzhütte bauen und er musste etwas zu essen finden.

1 Abenteuer Natur

M3 **Überleben als Sammler und Jäger**

Durch Zufall entdeckt Brian am Seeufer eine Höhle, vor die er sich mit Treibholz eine Wand errichtet, sodass er vor den wilden Tieren geschützt ist. Bittere Beeren helfen ihm über den ersten Hunger hinweg. Als Brian von einem Stachelschwein angegriffen wird, schleudert er sein Beil nach ihm. Es landet an einer Felswand und schlägt Funken – Brian hat Feuerstein entdeckt. Nach vielen Versuchen schafft er es, ein Feuer anzuzünden, an dem er sich wärmen kann. Schließlich gelingt es ihm auch, sich Pfeil und Bogen herzustellen, mit denen er sich auf die Jagd nach Waldhühnern macht.

Beim ersten Mal schoss er daneben. Und er schoss noch viele Male daneben. Endlich entschloss Brian sich, eine List anzuwenden. Als er das nächste Mal einen Vogel in seinem Versteck entdeckte, schlich er
5 sich seitlich heran und tat so, als wollte er an ihm vorbeigehen. Bis er so nah war, dass er die Beute fast mit der Speerspitze berühren konnte. Zweimal stieß er zu, aber vergebens. Wieder schoss der Vogel mit trommelnden Flügeln davon. Aber beim nächsten
10 Versuch – auf einer Lichtung am See, nicht weit von dem Biberbau – hatte er endlich Glück. Brian erlegte sein erstes Wild. Schnell sammelte er Speer und Bogen auf und lief am Seeufer entlang zu seinem Lager. Nun saß er im Sand, sein erstes erlegtes Wald-
15 huhn auf den Knien, und fragte sich, was er damit anfangen sollte.
Er musste den Vogel rupfen und ausnehmen. So viel wusste er. Anders als damals zu Hause, in Mutters Küche. Damals gingen sie in den Laden und kauften
20 eines der sauber in Folie verpackten Hühnchen. Die Mutter brauchte es nur noch in den Backofen zu schieben – und stellte es dann köstlich duftend auf den Tisch. Ach, das war damals gewesen, in einer längst vergangenen Zeit, als er noch der alte Brian
25 gewesen war.
Mit den Federn ging es ganz leicht. Brian versuchte sie einzeln auszureißen, aber sie steckten so fest in der zarten Haut, dass er den Vogel einfach aus dem Balg schälen konnte. Wie eine Orange, dachte Brian
30 verwundert. Unangenehm war, dass die Gedärme – schwupp – aus dem kleinen Körper glitschten, nachdem die Haut abgezogen war. Ohne zu zaudern, trennte er Kopf und Flügel mit dem Beil ab. Brian brauchte den Vogelkörper nur noch auf einen Stock zu spießen und über das Feuer zu halten.
Aber es dauerte noch eine Weile, bis Brian seinen ersten Happen Fleisch genießen konnte. Er merkte gleich, dass die Flammen zu heiß waren: Das herabtropfende Fett entzündete sich und beinahe wäre der ganze Braten verbrannt. Nachdem er einen gegabelten Ast in den Boden gerammt hatte, der ihm als Stütze für einen improvisierten Bratspieß diente, hatte er die richtige Methode gefunden, um ein Hühnchen am offenen Feuer zu braten.
Noch niemals im Leben, fand Brian, hatte er etwas so 55 Köstliches gegessen. Nach all den Hamburgers mit Ketchup, nach all den Pommes mit Mayonnaise und Pizzas und Steaks und süßen Pasteten, die ihm früher geschmeckt hatten, musste er sagen: Noch nie hatte er etwas so Gutes gekostet wie diesen ersten Happen 60 Fleisch! Sein erstes, selbst erbeutetes Fleisch.

M2-3: Gary Paulsen, gekürzt

Aufgaben

1 Beschreibe das Filmplakat. Welche Erwartungen hast du an den Film? → M1
2 Welche Probleme hat Brian in der Wildnis? Wie löst er sie? → M2/M3
3 Vergleiche die Geschichte Brians mit der Vorstellung der Natur, die in dem Filmplakat zum Ausdruck kommt. → M1–M3
4 Wie unterscheidet sich das Leben in der Wildnis vom Leben in der Stadt? → M2/M3
5 Wenn du Interesse an dem Buch von Gary Paulsen gefunden hast, lies es und berichte darüber. Ebenso könnte die Geschichte des Indianermädchens Won-a-pa-lei in *Insel der blauen Delfine* von Scott O'Dell interessant sein (s. hierzu auch S. 34).
6 Wann bist du in der Natur und wie erlebst du sie?

Leben von und mit der Natur

2 M1 Bilder – nicht nur – von der Natur

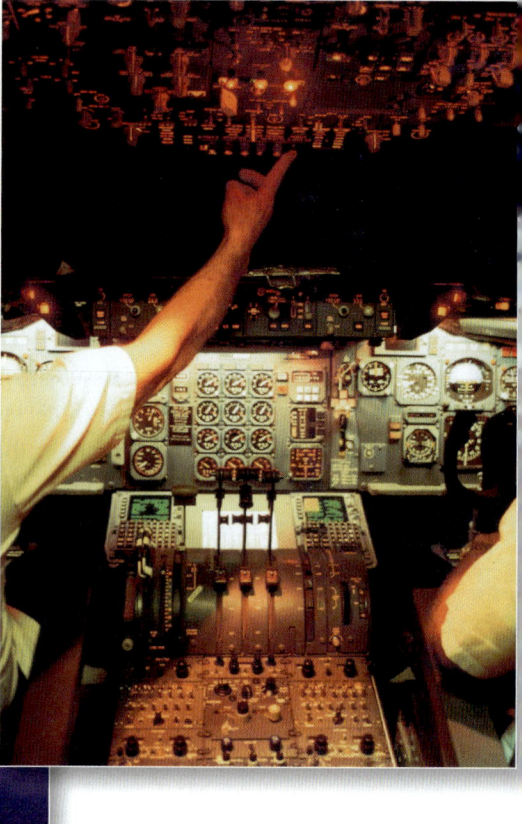

M2 Natürlich oder hergestellt?

Vanessa: Aristoteles, unsere Lehrerin hat uns gesagt, dass Sie einer der größten Philosophen sind und über viele wichtige Dinge nachgedacht haben, auch über die Natur. Erklären Sie uns bitte, was Natur eigentlich ist.

Aristoteles: Das mache ich gerne. Ihr habt doch alle schon einmal etwas hergestellt, z. B. ein Haus aus Bauklötzen gebaut oder einen Papierflieger gebastelt. Und ihr kennt auch Dinge, die in Fabriken hergestellt und in Geschäften verkauft werden, Handys, T-Shirts usw. Alle diese Dinge wurden von Menschen gemacht. Die natürlichen Dinge unterscheiden sich von diesen Dingen dadurch, dass sie nicht von einem Menschen hergestellt worden sind. Sie sind ganz einfach da, durch sich selbst. Ein Apfel ist ja nicht von einem Menschen gemacht worden, sondern auf einem Baum gewachsen, und der Baum ist auch nicht vom Menschen gemacht worden, sondern hat sich aus einem Samenkorn entwickelt. Unter Natur verstehe ich alles das, was existiert und nicht von einem Menschen hergestellt worden ist.

Vanessa: Dann gibt es zwei Arten von Dingen: vom Menschen hergestellte und natürliche?

Aristoteles: Das hast du richtig erkannt.

Vanessa: Und zur Natur gehören alle Pflanzen, weil sie ja nicht vom Menschen gemacht wurden. Dann müssten ja auch die Tiere zur Natur gehören, denn auch sie wurden nicht vom Menschen gemacht. Und die Wälder, die Berge, das Meer?

2 Was ist eigentlich Natur?

Aristoteles: Richtig.
Marco: Und die Sonne, der Mond und die Sterne? Die wurden auch nicht vom Menschen gemacht.
Aristoteles: Richtig, auch die gehören zur Natur. Es gibt die belebte Natur – Pflanzen, Tiere, Menschen – und es gibt die unbelebte Natur – Steine, Berge, die Gestirne usw.
Marco: Und was ist mit einem Roboter, der kann ja auch schon vieles, was Menschen können?
Vanessa: Aber der ist doch von Menschen hergestellt, der gehört zum Bereich der Technik.
Aristoteles: Richtig, Vanessa hat das gut erkannt.

Aufgaben

1 Betrachte die Fotos genau und beschreibe, was du darauf erkennen kannst. ➜ M1
2 Welche der darauf abgebildeten Dinge wurden vom Menschen hergestellt, welche würdet ihr als natürlich bezeichnen? ➜ M1
3 Was versteht ihr eigentlich unter Natur? ➜ M1
4 Lies dir die Erklärung von Aristoteles durch. Was versteht er unter Natur? Vergleiche seine Auffassung von Natur mit deiner eigenen. ➜ M2
5 Ist ein Zoo eigentlich Natur? Was daran ist natürlich, was nicht? ➜ M2
6 Stellt die gleichen Überlegungen an für einen Garten, einen Park, einen Wald. ➜ M2

Leben von und mit der Natur

M1 Mutter Erde

50 Kinder aus der Ortschaft Riegel im Kaiserstuhl modellierten 2004 unter der Anleitung der Künstlerin Jutta Stern eine drei Meter hohe und zwanzig Meter lange Frauengestalt aus Lehm, die sie „Mutter Erde" nannten.

M2 Der Raub der Persephone

Hades, der Gott der Unterwelt, war der Bruder von Zeus, dem obersten aller Götter. Demeter, die Göttin der Fruchtbarkeit, war die Schwester von Zeus; sie hatte eine Tochter mit dem Namen Persephone. Hades wollte heiraten, und er einigte sich mit Zeus darauf, dass Persephone, die Tochter der Demeter, seine Frau werden sollte. Als Persephone auf einer Wiese Blumen pflückte, tat sich plötzlich vor ihr ein Abgrund auf und Hades zog sie zu sich hinab. Demeter suchte ihre Tochter überall, konnte sie jedoch nicht finden. Schließlich erfuhr sie vom Sonnengott Helios, dass Hades sie geraubt und in der Unterwelt zu seiner Frau gemacht hatte. Darüber war sie sehr traurig, und in ihrer Trauer verbot sie den Pflanzen zu wachsen, den Bäumen, Früchte zu tragen. Da brach eine große Hungersnot unter den Menschen aus. Die Götter fürchteten um ihren Erntedank und forderten von Zeus, er solle etwas unternehmen. Nach langen Verhandlungen einigte er sich mit Hades darauf, dass Persephone einen Teil jeden Jahres zu ihrer Mutter zurückkehren durfte. Immer, wenn Persephone bei ihrer Mutter ist, lässt Demeter aus Freude und Dankbarkeit alles wachsen und gedeihen; wenn sie aber bei Hades in der Unterwelt ist, ist sie traurig, und daher blüht keine Pflanze.

M3 Im Märzen der Bauer

1. Im Märzen der Bauer die Rösslein anspannt.
   Er setzt seine Felder und Wiesen instand.
   Er pflüget den Boden, er egget und sät
   und rührt seine Hände frühmorgens und spät.

2. Die Bäuerin, die Mägde – sie dürfen nicht ruh'n.
   Sie haben im Haus und im Garten zu tun.
   Sie graben und rechen und singen ein Lied
   und freu'n sich, wenn alles schön grünet und blüht.

3. So geht unter Arbeit das Frühjahr vorbei.
   Dann erntet der Bauer das duftende Heu.
   Er mäht das Getreide, dann drischt er es aus.
   Im Winter da gibt es manch herrlichen Schmaus.

3 Lebensgrundlage Natur

M4 Ein Leben ohne Supermarkt

Vanessa und Marco haben mit ihrer Klasse an dem Projekt „Leben wie in der Steinzeit" teilgenommen und einige Tage lang so gelebt wie die Menschen vor 5000 Jahren: Da konnte man nicht mal schnell in den Supermarkt gehen; unsere Vorfahren mussten alles Überlebenswichtige der Natur abtrotzen. Früchte, Beeren, Nüsse, Getreidekörner haben sie mit eigenen Händen gesammelt. Für die Jagd brauchten sie Speerspitzen, die sie erst selbst aus Stein schlagen mussten. Ihre Kleider haben sie mit Hilfe von Knochennadeln und Sehnen aus Tierfellen selbst zusammengenäht.

Vanessa und Marco haben das alles kennengelernt und auch selber ausprobiert. Auf der Rückfahrt im Bus sprechen sie über ihre Erfahrungen.

Marco: Das war ja ein tolles Erlebnis, richtig abenteuerlich. Aber ich bin auch froh, dass wir jetzt wieder nach Hause fahren. Zu leben wie die Steinzeitmenschen ist doch sehr anstrengend. Gut, dass wir diesen Naturzustand hinter uns haben!

Vanessa: Aber heute ist es auch nicht viel anders!

Marco: Du willst sagen, dass wir immer noch so primitiv leben wie in der Steinzeit? Es gibt doch den technischen Fortschritt.

Vanessa: Auch heute können wir nicht ohne die Natur auskommen.

Marco: Wie meinst du das?

Vanessa: Was denkst du denn, was in dem Schokoriegel ist, den du gerade isst? Kakaobohnen, Erdnüsse und Milch von Kühen.

Marco: Darüber habe ich noch nicht nachgedacht.

Vanessa: Und was ist mit den Jeans, die du anhast? Die bestehen aus Baumwolle und dem Farbstoff aus einer Pflanze.

Marco: Aber meine Jacke, die ist aus Kunststoff ...

Vanessa: ... hergestellt aus Erdöl!

Marco: Und mein Handy? Reine Technik!

Vanessa: Na ja, viel Kunststoff, also wieder Erdöl, und Metall. Und ohne den Akku mit Strom aus Kohle, aus Windenergie usw. würde es nicht gehen.

Marco: Ich gebe mich geschlagen. Zwar müssen wir die Sachen heute nicht selber herstellen, aber alles, was wir zum Leben brauchen, stammt immer noch aus der Natur. Auch heute könnten wir ohne Natur nicht leben.

Steinzeitwerkstätten in Herne und Mettmann

Aufgaben

1 Sprecht darüber, was die Kinder veranlasst haben könnte, die Figur der Mutter Erde zu modellieren. Warum wird die Erde wohl als Mutter bezeichnet? → M1

2 Erzähle die Geschichte vom Raub der Persephone nach. → M2

3 Was soll es bedeuten, dass Demeter sich einen Teil des Jahres über die Anwesenheit ihrer Tochter freut und einen anderen Teil über ihre Abwesenheit trauert? → M2

4 Welche Arbeiten hat ein Bauer über das Jahr zu erledigen? → M3

5 Was hat das Lied mit der Geschichte der Persephone zu tun? → M2/M3

6 Male, wie Menschen in der Steinzeit gelebt haben. → M4

7 „Auch heute könnten wir ohne Natur nicht leben." Erkläre diesen Satz von Marco. → M4

8 Jeder von euch bringt drei verschiedene Gegenstände mit (erlaubt sind auch Fotos von solchen Gegenständen). Bildet einen Stuhlkreis und legt diese Gegenstände in die Mitte. Reihum ergreift jede/r einen Gegenstand und hält ihn hoch. Die anderen sagen dann, was daran aus der Natur stammt. Haltet die Ergebnisse anschließend in einer Tabelle fest. → M4

Leben von und mit der Natur

5 M1 Das Erdbeben von Lissabon

Das Erdbeben, das Lissabon am 1. November 1755 vernichtet hat, war eines der größten und vernichtendsten, die jemals stattfanden. Über ganz Europa bis nach Afrika hin verspürte man es. Ein in Lissabon ansässiger Engländer hat seine Erlebnisse aufgeschrieben: „Die Sonne schien in ihrem Glanze. Der Himmel war völlig rein und klar, und nicht das geringste Anzeichen von irgendeinem Naturereignisse zu spüren, als zwischen 9 und 10 Uhr morgens, da ich am Schreibtisch saß, mein Tisch eine Bewegung erlitt, die mich, da ich gar keine Ursache erkannte, ziemlich überraschte. Indem ich eben noch über die Ursache nachdachte, erzitterte das Haus von oben bis unten. Unter der Erde erbebte ein Donner, als ob ein Gewitter in großer Ferne sich entlade. Es ließ sich ein furchtbares Geprassel hören, als ob alle Gebäude in der Stadt zusammenstürzten. Auch mein Haus wurde so erschüttert, dass die oberen Stockwerke auf der Stelle einstürzten, und die Zimmer, in denen ich wohnte, schwankten so, dass alles Gerät über den Haufen fiel. Jeden Augenblick erwartete ich, erschlagen zu werden, denn die Mauern barsten und aus den Fugen stürzten große Steine heraus, während die Dachbalken überall fast schon in der freien Luft schwebten. In dieser Zeit aber verfinsterte sich der Himmel so, dass man keinen Gegenstand mehr erkennen konnte, entweder als Folge des unermesslichen Staubes, den die einstürzenden Häuser verursachten, oder weil sich eine Menge schwefliger Dünste aus der Erde entwickelten. Endlich erhellte sich die Nacht wieder, die Gewalt der Stöße ließ nach; ich bekam einige Fassung und blickte umher. Mir wurde klar, dass ich bis dahin mein Leben einem kleinen Zufall verdankte; wäre ich nämlich angekleidet gewesen, so hätte ich mich sicher sofort auf die Straße geflüchtet und wäre von den zusammenstürzenden Gebäuden erschlagen worden. Soweit das Auge ins Meer hin schweifen konnte, wogten eine Menge Schiffe und stießen miteinander zusammen, als ob der heftigste Sturm wüte. Mit einem Mal versank der mächtige Kai am Ufer und alle Menschen, die sich auf ihm in Sicherheit glaubten. Die Boote und die Fahrzeuge, auf denen so viele Rettung suchten, wurden zu gleicher Zeit eine Beute des Meeres.

Als der Abend sich auf die verödete Stadt niedersenkte, schien sie ganz ein Feuermeer zu werden: es war so hell, dass man einen Brief lesen konnte. An 100 Orten mindestens stiegen die Flammen empor und wüteten sechs Tage lang. Was das Erdbeben verschont hatte, verzehrten sie."

So viel von diesem Unglückstage, dem 1. November 1755. Das Unheil, das er brachte, ist eines der ganz wenigen, denen die Menschheit heute noch so machtlos gegenübersteht wie vor 170 Jahren. Doch auch hier wird die Technik Mittel finden, sei es auch nur auf dem Umwege über die Vorhersage.

nach Walter Benjamin

5 Naturgewalt – Gewalt an der Natur

M2 Der Mensch – eine Naturgewalt

Erdbeben, Vulkanausbrüche oder Stürme sind Naturgewalten, die über Tausende und Millionen von Jahren zu gewaltigen Veränderungen in der Natur führen. Aber auch der Mensch verändert die Natur stetig und gewaltig. Er macht dies jedoch in Jahren und Jahrzehnten. Der Mensch baut Städte, Siedlungen und Verkehrswege. Er rodet Wälder und betreibt Landwirtschaft. Berge werden für Verkehrswege durchlöchert oder für industrielle Zwecke abgebaut. Aus ehemaligen Kiesgruben entstehen neue Seenlandschaften und neue Lebensräume für Tiere und Pflanzen. Andere werden vernichtet. Ganze Küstengebiete werden durch Neulandgewinnung umgestaltet.

Der Mensch verändert die Landschaft andauernd, rasant und nachhaltig. Er beeinflusst aber auch die Entwicklung der Tier- und Pflanzenwelt in kürzester Zeit, indem er Tiere und Pflanzen verschleppt, einbürgert, bekämpft, schützt, ausrottet, züchtet und sogar gentechnisch verändert. Der Mensch ist eine biologische Naturgewalt.

Und durch sein Wirken werden Naturgewalten häufig verstärkt oder ausgelöst. So können Baumaßnahmen und Eingriffe in die Pflanzenwelt Erdrutsche verursachen. Durch Bergbau kommt es mitunter zu Erdbeben und Bergstürzen. Bodenversiegelung und Flussbegradigung verstärken Hochwasser und führen zu Überschwemmungen. Vor allem beeinflusst der Mensch indirekt durch den Ausstoß von klimaschädlichen Gasen die Erwärmung des Klimas auf der Erde.

Aufgaben

1 Beschreibe die Erlebnisse des Engländers beim Erdbeben von Lissabon und schildere seine Gefühle. ➜ M1
2 Kennt ihr andere Naturgewalten? Beschreibt sie. ➜ M1
3 Inwieweit steht der Mensch den Naturgewalten machtlos gegenüber? ➜ M1
4 Betrachtet und vergleicht die drei Bilder ganz genau. Beschreibt, was sich im Einzelnen verändert hat. ➜ M2
5 Wie wird es wohl in einigen Jahren an dem in den Bildern dargestellten Platz aussehen? Male dazu ein Bild. Vergleicht eure Bilder und sprecht darüber. ➜ M2
6 Findet ihr die in den Bildern dargestellten Veränderungen gut oder schlecht? Überlegt, welche Gründe es für die Veränderungen geben könnte. ➜ M2
7 Sucht weitere Beispiele für technischen Fortschritt. ➜ M2
8 Inwiefern fügt der Mensch der Natur Gewalt zu? ➜ M2

Leben von und mit der Natur

6 **M1** Vermisst ...
könnte es demnächst heißen, denn viele Tiere sind vom Aussterben bedroht.

FELDHAMSTER
Er findet auf den Feldern keine geschützten Plätze, um seinen unterirdischen Bau anzulegen. Die Nester werden beim Pflügen der Felder zerstört.

EISVOGEL
Er findet kaum noch passende Brutplätze. In geschotterte Ufer und betonierte Wasserkanten kann der Eisvogel seine Nisthöhlen nicht graben.

ORANG-UTAN
Sein Lebensraum, der Regenwald in Borneo, wird abgeholzt, um Plantagen für Ölpalmen anzulegen und Öl zu produzieren.

ROBBEN IN DER OSTSEE
Die Eisplatten, auf denen sie geboren und gesäugt werden, schmelzen durch die globale Erwärmung so früh, dass die Tiere keine wärmende Fettschicht entwickeln können und erfrieren.

DELFIN
Ca. 300 000 Delfine fallen jährlich dem industriellen Fischfang zum Opfer. Sie verfangen sich in den riesigen Netzen am Meeresgrund, können nicht mehr auftauchen und ersticken.

TAG FÜR TAG STERBEN WELTWEIT MINDESTENS 150 TIER- UND PFLANZENARTEN AUS. WÄHREND IHR EUCH DIE BILDER AUF DIESER DOPPELSEITE ANSEHT UND DIE TEXTE LEST, GIBT ES AUF DER ERDE SCHON WIEDER EINE TIERART WENIGER!

6 Bedrohte Natur

M2 Der Regenwald stirbt – und mit ihm das Leben

Der tropische Regenwald: Ein riesiger unerforschter Wald voller Abenteuer, denken die einen – ein großer Haufen Geld, die anderen. Teure Edelhölzer wie Mahagoni und Teakholz
5 geben den Anreiz dazu, denn mit dem Regenwald kann man Millionen verdienen. Die „weniger wertvollen" Bäume werden einfach als Bauholz oder für die Papierverarbeitung verwendet.
10 Außerdem werden die Wälder gerodet, damit Plantagen und Weiden für die Landwirtschaft zur Verfügung stehen. Große Regenwaldflächen werden zum Beispiel zerstört, damit Sojapflanzen angebaut werden können – hauptsächlich
15 als Futtermittel für die Massentierhaltung der Industrieländer. Diese kaufen das Soja Ländern wie Brasilien schließlich zu günstigen Preisen ab, damit wir billige Steaks, Chicken Nuggets und Co. essen können. Pro Minute wird eine Fläche des
20 Regenwaldes abgeholzt, die in etwa der Größe eines Fußballfeldes entspricht.
Nach einer Studie sind bis 2030 ungefähr 55 Prozent des Regenwaldes verschwunden, wenn die Zerstörung wie bisher weitergeht. Und das ist ein großes
25 Problem! Bäume wandeln Kohlenstoffdioxid in Sauerstoff um. Der Regenwald ist nach den Meeresalgen der größte Sauerstoffproduzent auf der Erde. Ohne Sauerstoff sterben wir, und werden die großen Mengen an CO_2 nicht abgebaut, wird der so genannte
30 Treibhauseffekt noch verstärkt. Denn die vielen Abgase steigen in die Atmosphäre auf und verhindern, dass die Wärmestrahlung von der Erde zurück ins All gelangt. Und was das bedeutet, wissen wir aus zahlreichen Horrorszenarien. [Die Bäume der Regenwälder
35 tragen zusätzlich erheblich zur Kühlung der Atmosphäre bei. Denn die riesige Wolkendecke über dem feuchtwarmen Dschungel hält Sonnenstrahlen ab.] Durch die Regenwaldabholzung wird die Erderwärmung also entscheidend beeinflusst.
40 Bei meiner Recherche zu diesem Artikel bin ich auf eine Aussage gestoßen, die meiner Meinung nach das größte Problem beschreibt, das in den nächsten Jahrzehnten auf uns zukommen wird: In der Natur hat alles seinen Sinn und Platz, es gibt keine Vergeudung von Ressourcen. Einzig der Mensch passt in diese 45 Harmonie nicht hinein. Stirbt die Umwelt, werden auch wir vergehen! Den Menschen braucht die Natur nicht, aber der Mensch braucht die Natur. Das ist uns zwar bekannt – aber wann werden wir anfangen, auch danach zu leben? www.helles-koepfchen.de 50

Aufgaben

1 Setzt euch in Gruppen zusammen, wählt eine Tierart aus und erklärt den anderen, warum sie bedroht ist. ➔ M1
2 Wie bewertet ihr die Tatsache, dass durch Menschenhand immer mehr Tierarten vom Aussterben bedroht sind? Was könnte man eventuell dagegen unternehmen? ➔ M1
3 Lest Luisas Kolumne über den Regenwald und beantwortet folgende Fragen: ➔ M2
   a) Wozu wird der Regenwald abgeholzt?
   b) Welche Folgen hat das?
4 Klärt, was Luisa mit den „Horrorszenarien" meint, die durch den Treibhauseffekt hervorgerufen werden können. ➔ M2
5 Diskutiert Luisas Aussage: „Den Menschen braucht die Natur nicht, aber der Mensch braucht die Natur." ➔ M2
6 Schreibt Luisa einen kurzen Kommentar zu ihrem Beitrag. ➔ M2

Leben von und mit der Natur

7

M1 Nur geborgt?

WIR HABEN DIE ERDE VON UNSEREN KINDERN NUR GEBORGT.

M2 Mir doch egal!

Ein ehemaliger Erdkundelehrer erzählte uns von einer seiner Reisen, auf denen er einem Fischer begegnete. Dieser fischte mit Netzen, die aufgrund ihrer engen Maschen verboten sind, da auch junge Fische in diesen Netzen hängen bleiben. Unser Lehrer fragte diesen Fischer, ob er denn wisse, dass seine Söhne wegen dieser Fangtechnik vielleicht keine Fische mehr essen könnten. Der Fischer gab nur schulterzuckend von sich: „Na und, da lebe ich sowieso nicht mehr! Das kann mir also egal sein".

M3 Das Artensterben stoppen

Vanessa führte für die Schülerzeitung ein Interview mit Peter Pueschel vom Internationalen Tierschutz-Fonds.

Vanessa: Herr Pueschel, was kann man tun, um das Artensterben zu stoppen?
Pueschel: Ganz wichtig ist es, Schutzgebiete einzurichten, in denen die Tiere ungestört leben und sich fortpflanzen können. In Deutschland sind es inzwischen über 5000. Bekannt sind einige Reservate in Afrika und Nordamerika. Insgesamt gibt es davon aber viel zu wenig.
Vanessa: Würde es denn ausreichen, wenn man noch mehr Schutzräume für Tiere einrichtet?
Pueschel: Nein, die Menschen vor Ort müssen auch hinter dem Tierschutz stehen. Ein Beispiel aus China: Dort leben nur noch etwa 200 wilde Elefanten. Trotzdem hat man immer wieder erschossene Tiere gefunden. In Gesprächen mit den verarmten Bauern kam heraus, dass die Elefanten deren Felder leer gefressen und völlig zertrampelt hatten. Die Ernte sollte für die Familien den Lebensunterhalt für ein ganzes Jahr sichern. Natürlich waren die Bauern deshalb wütend und haben die Elefanten gejagt. Tierschützer haben ihnen dann erklärt, dass die Felder mitten auf einem Hauptwanderweg der Elefanten lagen. Außerdem bauten die Bauern Pflanzen an, die Elefanten besonders gerne fressen und diese anlockten.
Vanessa: Konnte hier ein Ausweg gefunden werden?
Pueschel: Der internationale Tierschutzverein hat erreicht, dass die Bauern von der Regierung neue Felder abseits der Elefantenpfade bekommen haben. Außerdem bauen die Bauern seitdem andere Feldfrüchte an, die Elefanten nicht so gerne fressen, die den Bauern aber mehr Gewinn bringen. Schließlich wurden kleine Hotels für Touristen gebaut, die sich Elefanten in freier Wildbahn ansehen wollen. So entstanden in der armen chinesischen Provinz viele neue Arbeitsplätze. Seitdem setzen sich die Menschen aktiv für den Tierschutz ein – und die Elefanten haben wieder eine Zukunft.
Vanessa: So haben die Bauern sogar Vorteile, wenn sie die Natur schützen. Anders sieht es aber aus, wenn große Firmen die Natur zerstören wollen, um dadurch mehr Gewinne zu machen. Ist es für Umweltschützer dann nicht oft unmöglich, sich durchzusetzen?
Pueschel: Nicht unbedingt. Es gibt ein tolles Beispiel aus Mexiko, wo es uns gelungen ist, die Natur zu retten. Mitsubishi wollte mit der mexikanischen Regierung in der Bucht San Ignacio eine riesige Meerwasser-Entsalzungsanlage bauen. Doch ausgerechnet dort gibt es die meisten Baby-Grauwale der Welt. Umweltschutz-Organisationen und die Menschen vor Ort

7 Natur schützen und bewahren

haben dann so lange für die Wale protestiert, bis der Weltkonzern im Jahr 2000 darauf verzichten musste, die Anlage zu bauen.

Vanessa: Was ist sonst noch für den Tierschutz wichtig?
Pueschel: Wir brauchen internationale Abkommen, an die sich alle Staaten halten. Einer der größten Erfolge der Tierschutzbewegung war das internationale Walfangverbot und das weltweite Verbot des Elfenbeinhandels. Ohne dieses Verbot gäbe es sehr wahrscheinlich in den meisten Ländern Afrikas und Asiens heute keine Elefanten mehr. Allerdings wird in letzter Zeit immer wieder versucht, den Handel zumindest teilweise wieder zu erlauben. Das zeigt uns, dass wir Tierschützer uns nicht auf den Erfolgen ausruhen dürfen, sondern immer wachsam bleiben müssen.

M4 Nachhaltige Entwicklung

Marco führte für die Schülerzeitung ein Interview mit dem Schriftsteller Ulrich Grober, der ein Buch mit dem Titel Die Erfindung der Nachhaltigkeit *geschrieben hat.*

Marco: Herr Grober, Sie haben geschrieben: „Wenn mich jemand fragen würde, welches das wichtigste Wort der Gegenwart ist, dann würde ich sagen: Nachhaltigkeit." Warum?

Grober: Seit der Weltklimakonferenz 1992 in Rio de Janeiro sind sich alle Wissenschaftler darüber einig, dass die Zerstörung der Natur nur durch nachhaltige Entwicklung aufgehalten werden kann.

Marco: Und was bedeutet das?

Grober: Das versteht man am besten, wenn man sich die Geschichte dieses Begriffes einmal genauer ansieht. Der Begriff wurde 1713 von dem Förster Carl von Carlowitz geprägt. Bis dahin wurden immer so viel Bäume im Forst geschlagen, wie gerade für den Bau von Häusern usw. benötigt wurden. Nun wachsen Bäume aber sehr langsam, es dauert mehrere Jahrzehnte, bis neue Bäume nachgewachsen sind.
Carl von Carlowitz ist nun aufgefallen, dass zu seiner Zeit mehr Bäume gefällt wurden, als wieder nachwachsen konnten. Der Wald wurde also immer kleiner, und es bestand die Gefahr, dass für die späteren Generationen eines Tages kein Wald und damit kein Holz mehr da sein würde. Also stellte er eine Regel auf: Es dürfen nicht mehr Bäume geschlagen werden, als nachwachsen können, damit auch unseren Nachkommen noch Holz zur Verfügung steht. Das nannte er nachhaltiges Wirtschaften.

Marco: Und was hat das mit der heutigen Naturschutzbewegung zu tun?

Grober: Das liegt doch auf der Hand: Wir müssen bei allem, was wir tun, darauf achten, dass unseren Nachkommen noch genügend Rohstoffe zur Verfügung stehen, um auf der Erde leben zu können, wir müssen ihnen eine intakte Natur hinterlassen. Und das bedeutet, dass wir unseren Verbrauch von natürlichen Rohstoffen einschränken und sparsamer mit dem umgehen müssen, was die Natur uns gibt.

Aufgaben

1 Wie verstehst du das Bild? → M1
2 Was haltet ihr von der Einstellung des Fischers? Beziert diese Einstellung auf die Abbildung. → M1/M2
3 Stellt zusammen, welche Möglichkeiten es gibt, das Artensterben zu stoppen. → M3
4 Entwerft ein Plakat, auf dem ihr darstellt, was „nachhaltige Entwicklung" bedeutet. → M4

Projekte für den Naturschutz

Sag mir, wo die Blumen sind
Beteiligt euch an der Wahl zur Blume des Jahres, die geschützt werden soll.
http://www.nabu.de/tiereundpflanzen/pflanzen/aktionen/

Tierschutz
Schreibt Postkarten an das Bundesumweltministerium zum Schutz bedrohter Tierarten, z. B. der Delfine oder Menschenaffen.
http://www.bmu.de/artenschutz/aktuell/3792.php

Regenwald-Projekt
Sammelt Spenden für ein Projekt zur Bewahrung des Regenwaldes, z. B.:
http://www.geo.de/GEO/natur/oekologie/regenwaldverein/
http://www.wwf.de/themen-projekte/projektregionen/regionen-weltweit/kongo-becken/regenwald-im-herzen-afrikas/

Tiere als Mit-Lebewesen

M1 Tierwelten

M2 Was weißt du über Tiere?

1. Wie entdeckt die Eule nachts ihre Beute?	2. Worin halten Strauße Rekorde?	3. Wie lang können Schlangen werden?	4. Welches ist das schnellste Tier?	5. Wo ist der Schimpanse zu Hause?
A | Mit den Ohren.	A | Sie können so schwer werden wie ein Tiger.	A | Bis zu 2,00 Meter.	A | Der Panther.	A | In Afrika.
B | Mit den Augen.	B | Sie sind die schnellsten Zweibeiner.	B | Bis zu 5,50 Meter.	B | Der Gepard.	B | In Asien.
C | Mit der Nase.	C | Sie brüten von allen Vögeln die meisten Eier aus.	C | Bis zu 9,00 Meter.	C | Der Tiger.	C | In Südamerika.
6. Welcher Vogel legt seine Eier in fremde Nester?	7. Wann ändert das Chamäleon seine Farbe?	8. Wie kommt das neugeborene Känguru in den Beutel?	9. Was frisst der Weißstorch?	10. Wie alt können Schildkröten werden?
A | Papagei.	A | Wenn es Hunger oder Durst hat.	A | Die Mutter legt Eier und brütet sie aus.	A | Frösche, Mäuse, Regenwürmer.	A | 60 Jahre.
B | Graureiher.	B | Wenn es sich paaren will.	B | Das Junge kommt im Beutel zur Welt.	B | Heuschrecken, Körner, Grashalme.	B | 120 Jahre.
C | Kuckuck.	C | Wenn es sich tarnt.	C | Das Junge kriecht nach der Geburt in den Beutel hinein.	C | Knollen, Wurzeln, Frösche.	C | 200 Jahre.

1 Echt tierisch!

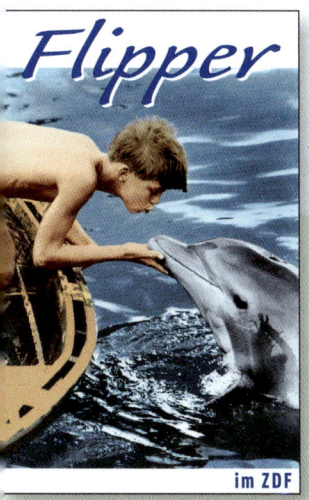

M3 Können Katzen denken?

Joakim bekommt Besuch von dem Außerirdischen Mika. Da es auf seinem Heimatplaneten völlig anders aussieht, geht Joakim mit seinem neuen Freund überall herum und zeigt ihm, wie es auf der Erde ist.

Bald darauf entdeckten wir eine Eidechse, die über einen Stein kroch. Mika wich zurück. „Was ist das?", fragte er. „Eine Eidechse", sagte ich. „Das ist ein Kriechtier, und deshalb ist es mit den Dinosauriern verwandt. In einigen Ländern gibt es auch große Kriechtiere, die heißen Krokodile." Er riss die Augen auf: „Können die sprechen?" „Nein, so hoch entwickelt sind sie nicht." Als wir uns den Johannissträuchern näherten, kam uns eine schwarze Katze entgegen. Ich bückte mich und lockte sie. Dann streichelte ich ihr glattes Fell. Zuerst miaute die Katze zweimal, dann fing sie an zu schnurren. „Ich kann sie nicht verstehen", sagte Mika. „Das liegt daran, dass Katzen nicht sprechen können", erklärte ich. „Aber sie hat miau, miau gesagt", widersprach Mika. Er versuchte auch, das Schnurren der Katze nachzumachen. „Kann sie denn denken?" Ich wusste nicht, was ich darauf antworten sollte. Aber ich glaube nicht, dass Katzen oder Kühe so denken können wie wir. Ich wusste, dass viele Tiere allerlei Künste lernen können. Aber eine Katze kann sicher nicht denken, dass sie eine Katze ist, die auf einem Planeten lebt, der sich um einen Stern im Weltraum dreht.

Jostein Gaarder

M4 „Du dumme Gans!"

schlauer Fuchs
blöde Pute
Glücksschwein
weise Eule
Dreckspatz
fleißige Biene
störrischer Esel
stilles Mäuschen
fiese Ratte
stolzer Schwan
Schmusekatze
lahme Schnecke
fauler Hund
falsche Schlange

Aufgaben

1 Beschreibt die einzelnen Abbildungen und sagt, was ihr mit ihnen verbindet. → M1
2 In welchen Zusammenhängen kommst du mit Tieren in Kontakt? Berichte über deine Erfahrungen mit Tieren. → M1
3 Welche unterschiedlichen „Tierwelten" könnt ihr erkennen? → M1
4 Bildet Teams, die beim Tierquiz gegeneinander antreten. (Die Lösungen findet ihr auf Seite 213.) Entwickelt das Tierquiz weiter und spielt es dann noch einmal. → M2
5 Was meint ihr: Können Katzen denken? → M3
6 Sprecht über Gemeinsamkeiten und Unterschiede von Mensch und Tier. → M3
7 Worum geht es in den Redewendungen? → M4
8 Sind die Redewendungen deiner Meinung nach zutreffend? Wie kommt es zu solchen Redewendungen? → M4

Tiere als Mit-Lebewesen

M1 Tinkerbell

*Paris Hilton mit ihrem Hund Tinkerbell.
Die 26-Jährige verpasst ihrem Chihuahua meist ein zu ihrer Kleidung passendes Outfit und trägt ihn stets spazieren.*

M2 Bauschan

Der Schriftsteller Thomas Mann erzählt von seinem Hund Bauschan, den er als Welpen zu sich genommen hat.

Ein Mann im Isartale hatte mir gesagt, diese Art Hunde könne lästig fallen, sie wolle immer beim Herrn sein. So war ich gewarnt, die zähe Treue, die Bauschan mir wirklich alsbald zu beweisen begann, in ihrem Ursprunge allzu persönlich zu nehmen. [...] Es war selbstverständlich, dass er im Familienkreise seinen Platz zu meinen und keines andren Füßen nahm. Es war ebenso selbstverständlich, dass er, wenn ich mich unterwegs von der Gemeinschaft absonderte, um irgendwelche eigenen Wege zu gehen, sich mir anschloss und meinen Schritten folgte. Er bestand auch auf meiner Gesellschaft, wenn ich arbeitete. [...] Die geringste entgegenkommende Bewegung hatte zur Folge, dass er mit den Vorderbeinen die Armlehne des Sessels erkletterte, sich an meine Brust drängte, mich mit Luftküssen zum Lachen brachte, dann zu einer Untersuchung der Tischplatte überging, in der Annahme wohl, dass dort Essbares zu finden sein müsse.

Ich rede von diesen Dingen, um anzudeuten, wie [wildfremd und] sonderbar das Wesen eines so nahen Freundes sich mir unter Umständen darstellt. Sonst aber kenne ich sein Inneres so gut, verstehe mich mit heiterer Sympathie auf alle Äußerungen desselben, sein Mienenspiel, sein ganzes Gebaren. Besonders schätzt er es, an der Kehle gekrault zu werden, und hat eine drollig energische Art, die Hand durch kurze Kopfbewegungen an diese Stelle zu leiten. Gern, wenn ich auf meinem Stuhl in der Mauerecke des Gartens oder draußen im Gras, den Rücken an einen bevorzugten Baum gelehnt, in einem Buche lese, unterbreche ich mich in meiner geistigen Beschäftigung, um etwas mit Bauschan zu sprechen und zu spielen. Was ich denn zu ihm spreche? Meist sage ich ihm seinen Namen vor, indem ich ihm mit verschiedener Betonung versichere und recht zu bedenken gebe, dass er Bauschan heißt und ist; und wenn ich dies eine Weile fortsetze, kann ich ihn dadurch in eine wahre Verzückung versetzen, so dass er anfängt, sich um sich selber zu drehen und aus der stolzen Bedrängnis seiner Brust laut und jubelnd gen Himmel zu bellen. Oder wir unterhalten uns, indem ich ihm auf die Nase schlage, und er nach meiner Hand schnappt wie nach einer Fliege. Dies bringt uns beide zum Lachen – ja, auch Bauschan muss lachen, und das ist für mich, der ebenfalls lacht, der wunderlichste und rührendste Anblick von der Welt.

Thomas Mann

M3 Möpschen

Dass ich dich liebe, o Möpschen,
Das ist dir wohlbekannt.
Wenn ich mit Zucker dich füttre,
So leckst du mir die Hand.

Du willst auch nur ein Hund sein,
Und willst nicht scheinen mehr;
All meine übrigen Freunde
Verstellen sich zu sehr.

Heinrich Heine

2 Was Tiere uns bedeuten

M4 Tiere für und mit uns

Isabell Werth auf Satchmo

„Das ist Spunky, der Delfin. Ihm verdanke ich, dass ich wieder normal leben kann. Im Alter von vier Jahren bin ich in ein ungesichertes Schwimmbad gefallen. Danach lag ich – wie man mir erzählt hat – mehrere Monate lang im Koma. Erst durch die Delfin-Therapie bin ich wieder gesund geworden."

„Dieses Foto habe ich aus Indien mitgebracht.
Dort dürfen Kühe nicht angerührt werden, auch dann nicht, wenn sie z. B. den Verkehr blockieren. Sie werden weder gemolken noch geschlachtet, denn sie gelten als heilig. Sie werden als Spenderinnen des Lebens verehrt."

„Dies ist mein Wallach Satchmo. Mit ihm habe ich etliche Olympiamedaillen, einige Welt- und Deutsche Meisterschaften gewonnen. Wir verstehen uns blind, und so wie ich Vertrauen zu ihm habe, vertraut er mir. Wenn er nicht mehr an Wettbewerben teilnehmen kann, wird er auf alle Fälle in meinem Reitstall sein Gnadenbrot erhalten."

„Das ist Todd, mein Blindenführhund. Wir sind ein perfekt eingespieltes Team. Todd zeigt mir die Bordsteinkanten, sucht Zebrastreifen, bleibt an Ampeln stehen und führt mich sicher durch die Menschenmengen in belebten Fußgängerzonen. Ich wüsste nicht, was ich ohne ihn anfangen sollte."

„Die Schafe sind mein Broterwerb. Ich verkaufe die Wolle, nachdem ich die Schafe im Frühjahr geschoren habe, aber das bringt nicht viel ein. Außerdem vermiete ich meine Schafe an Gemeinden, damit sie zum Beispiel in einer Moorlandschaft den Bodenbewuchs kurz halten. Das meiste Geld gibt es für Lämmer, denn nach wie vor ist diese Delikatesse für den Endverbraucher recht teuer, weil das Angebot kleiner ist als die Nachfrage."

Aufgaben

1. Was meinst du, warum Paris Hilton einen Hund hat? → M1
2. Beschreibt die Beziehung zwischen Thomas Mann und Bauschan. → M2
3. Welche Bedeutung hat Möpschen für seinen Herrn? → M3
4. Beschreibt, was die abgebildeten Tiere den Menschen bedeuten. → M4
5. Überlegt, welche Bedeutung Tiere noch für Menschen haben könnten, und sucht Beispiele dafür. Gestaltet dazu ein Plakat.

Tiere als Mit-Lebewesen

3

M1 Jennifer und Lucky

Über drei Jahre auf der Wunschliste auf Platz 1: Ob Ostern, Weihnachten oder Geburtstag – immer wieder wünschte sich Jennifer einen Hund. An ihrem 11. Geburtstag war es dann endlich soweit. Die Eltern schenkten ihr einen zwei Monate alten Collie. Jennifer war natürlich überglücklich. Sie zog mit „Lucky" durch die Nachbarschaft, stellte ihn stolz ihren Freundinnen vor. Sie ging mit ihm jeden Tag spazieren, sie bürstete regelmäßig sein Haar, fütterte ihn, ging mit ihm zum Tierarzt. Doch nach zwei, drei Wochen ließ Jennifers Begeisterung langsam nach. Das viele Gassigehen ging ihr auf den Geist. Die Streits mit den Eltern häuften sich. Schließlich stellten die Eltern Jennifer vor die Wahl: „Entweder du kümmerst dich endlich verantwortungsvoll um Lucky oder das Tier kommt ins Heim."

M2 Eine Aktion des Tierschutzvereins Potsdam

M3 Ein Heim für Tiere

Von 2006 bis 2010 war Katrin Porysiak die Leiterin des Clara Vahrenholz Tierheims in Düsseldorf und trug für das Wohl und Wehe von 300 Tieren die Verantwortung. In dem Heim leben Hunde, Katzen, Kaninchen, Vögel und Meerschweinchen. Mit uns sprach Frau Porysiak über das Leben der Hunde im Heim.

philopraktisch: Wie viele Hunde leben derzeit im Düsseldorfer Tierheim?

Porysiak: Es leben 70 Hunde bei uns.

philopraktisch: In welchen Monaten werden vor allem Tiere abgegeben?

Porysiak: Die meisten Hunde werden zwischen Mai und September hergebracht, in der Ferienzeit. Wenn der Urlaub ansteht, wird den Haltern das Tier lästig. Sie haben keine Lust, sich um eine Unterbringung zu kümmern.

philopraktisch: Gibt es noch andere Gründe, weshalb Hunde von Haltern abgegeben werden?

Porysiak: Hunde werden auch abgegeben, weil die Halter überfordert sind. Sie sind nicht bereit, mit dem Hund gründlich zu arbeiten, ihn richtig zu erziehen, ihm solche Kommandos wie Sitz, Platz und Fuß beizubringen. Wenn der Hund dann in die Flegeljahre kommt, weiß das Herrchen oft nicht weiter.

philopraktisch: Wie leben die Hunde hier?

Porysiak: Die Hunde wohnen, soweit sie sich vertragen, zu zweit in einem zehn Quadrat-

3 Ich wünsche mir ein Haustier

meter großen Zwinger. Ehrenamtliche Helfer gehen zweimal die Woche mit den Tieren Gassi. Damit die Hunde sich genug bewegen können, stehen sechs Wiesen zur Verfügung.

philopraktisch: Wovon hängt es ab, wie schnell ein Tier weitervermittelt werden kann?

Porysiak: Kleine Hunde sind leichter zu vermitteln. Auch das Alter ist wichtig: je jünger, desto besser. Schließlich spielt auch der Charakter eine Rolle – ob das Tier beispielsweise kinderlieb ist. Manche Tiere sind schon nach einem Tag vermittelt, bei anderen hat es schon bis zu sieben Jahren gedauert.

M4 Herrchen / Frauchen gesucht!

70 Hunde des Düsseldorfer Tierheims suchen ein neues Zuhause. Auf der Homepage des Heims kann man sie kennenlernen. Dort stellt sich auch Seppl vor.

Hallo,
ich bin es, der schöne und schon etwas ältere Seppl. Mit Hündinnen komme ich aus. Katzen habe ich bisher noch nicht kennengelernt. Mein altes Frauchen musste ins Heim und konnte mich nicht mitnehmen. Leider bin ich auch schon blind, komme damit aber gut klar. Also, wer gibt mir noch eine Chance?

Tiername:	Seppl
Rasse:	Fox Terrier
Geschlecht:	männlich
Alter:	10 Jahre
Kinderlieb:	keine Angabe
Farbe:	Tricolor
Rückenhöhe:	18 cm
Stubenrein:	ja
Wachsam:	nein

M5 Projekt Haustierführer

Den Schülerinnen und Schülern der Klasse 5 c des Krefelder Fichte-Gymnasiums war klar: Die Anschaffung eines Haustiers will gut überlegt sein. „Man muss viel über die Bedürfnisse und die Gewohnheiten eines Tieres wissen. Erst dann kann man sich ein Bild davon machen, was alles auf einen zukommt." Um Kunden von Zoohandlungen vor dem Kauf eines Haustiers gründlich zu informieren, planten die Schüler das Projekt „Haustierführer". Im Klassengespräch klärten sie ab, was ein Kunde wissen sollte, bevor er sich ein Tier anschafft. „Was frisst das Tier?", „Wie viel Auslauf braucht es?", „Wie groß sollte der Käfig sein?" usw. Auf zwölf Fragen einigten sie sich. Jeder Haustierführer sollte diese Fragen beantworten. In Gruppen arbeiteten sie nun weiter. Jede wählte sich eine Tierart (Schlange, Kaninchen, Wüstenrennmaus etc.) aus. Im Internet wurde recherchiert, um alle Fragen beantworten zu können. Waren alle Infos zusammen, wurde über das Layout der Broschüren beraten, nötige Bilder aus dem Internet ausgedruckt. Dann ging es ans Schreiben der Infotexte. Schließlich wurden die Texte und Bilder zusammengeklebt. Die Haustierführer waren fertig. Zoohändler wurden kontaktiert und gefragt, ob sie die Broschüren in ihren Läden auslegen.

Aufgaben

1. Wie beurteilt ihr Jennifers Verhalten? Wie beurteilt ihr das Verhalten der Eltern? ➔ M1
2. Was kommt alles auf einen zu, wenn man sich einen Hund anschafft (Platz, Zeit, Kosten usw.)? ➔ M1
3. Worauf will das Plakat aufmerksam machen? ➔ M2
4. Welche Aufgaben hat ein Tierheim? ➔ M3
5. Stelle dir vor, du wärst Mitarbeiter der Schülerzeitung an deiner Schule. Nutze die Informationen aus M3 und M4 und verfasse einen Artikel. Bemühe dich in dem Artikel darum, für Seppl ein neues Frauchen bzw. Herrchen zu finden. Beschreibe in dem Artikel Seppl möglichst genau. ➔ M3/M4
6. Welche Arbeitsschritte sind bei der Erstellung eines Haustierführers wichtig? Erstellt selbst in Gruppen einen Haustierführer zu einer Tierart eurer Wahl. ➔ M5
7. Besucht ein Tierheim in Schulnähe. Stellt Tiere, die ein neues Zuhause suchen, auf Plakaten vor. Hängt die Plakate im Schulflur auf. Vielleicht finden die Tiere auf diesem Weg unter euren Mitschülern ein neues Herrchen oder Frauchen.

Tiere als Mit-Lebewesen

4 M1 Im Zoo

M2 Jacksons schöne neue Welt

Jackson, ein schwarzer Jaguar (im Volksmund auch Panter genannt), wurde in einem Tiergarten in England geboren. 1988 kam er als Jungtier in den Krefelder Zoo. Rund 15 Jahre lebte er in einem Gitterkäfig alten Typs. Eine 100 Quadratmeter große Sandbodenfläche war sein Reich. Sechs bis sieben Stunden pro Tag ging Jackson sinn- und mutlos in seinem Käfig auf und ab. Seine natürlichen Bedürfnisse, seinen Bewegungsdrang konnte Jackson in der alten Unterbringung kaum ausleben.

Im Jahr 2003 änderte sich Jacksons Leben komplett. Im Krefelder Zoo entstand ein neues Pantergehege, das Jacksons Heimat, dem Regenwald Südamerikas, nachempfunden wurde. Hohe Bäume, Baumstämme und von Seilen umschlossene Röhren laden zum Klettern ein. Das neue, 800 Quadratmeter große Gehege gliedert sich in mehrere, erhöhte Terrassen mit Felsen zum Ausruhen. Ein Bächlein durchfließt das Gehege und mündet in einem kleinen Teich. Es gibt schattige Verstecke, in die sich Jackson zurückziehen kann. Auch die Fütterung erinnert an die freie Natur. Das Fleisch wird in Säcken im Gehege aufgehängt. Jackson muss die Säcke aufreißen, so wie er in der freien Natur Beutetiere fangen und niederreißen muss.

M3 Wozu gibt es Zoos?

Benjamin besucht mit seiner Mutter wieder einmal den Wuppertaler Zoo. Dieses Mal wirkt er sehr nachdenklich: „Mama, ist es nicht schlimm für die Tiere, im Zoo zu leben? Sie sind doch niemals frei!" Einen kurzen Augenblick überlegt seine Mutter, dann antwortet sie: „Schau Benny, vor hundert Jahren war das ganz bestimmt so. Die Leute, die in den Zoo gingen, wollten einfach Tiere sehen, die sie sonst nur aus Geschichten kannten. Es war ihnen völlig gleichgültig, dass die Tiere in engen Käfigen eingesperrt waren. Wie du siehst, sind die Gehege heute groß und natürlich gestaltet. Darin können die Tiere ihren Bedürfnissen entsprechend leben und fühlen sich nicht eingesperrt."

„Gut, Mama. Ich habe aber noch eine Frage. Warum gibt es eigentlich Zoos?" „Wie ich schon gesagt habe: Wir Menschen möchten gerne exotische Tiere sehen. Darüber hinaus können wir in den Freigehegen beobachten, wie die Tiere leben. Auf diese Weise wird bei den Menschen die Liebe zur Natur geweckt. Viele Zoos züchten auch vom Aussterben bedrohte Arten und wildern die Tiere wieder aus, wenn sie ein gewisses Alter erreicht haben. Das heißt, sie bringen sie wieder in die Umgebung zurück, in der sie eigentlich leben. Damit leisten sie einen Beitrag zum Artenschutz."

„Das ist toll, dann sind Zoos ja doch nicht so schlimm, wie ich gerade dachte."

4 Tierleben im Zoo und Zirkus

M4 Der Zirkus ist da!

Sina, Lena, Sarah und Lukas sind Tierfreunde. Für sie steht fest, dass sie in keinen Zirkus gehen, der Wildtiere mit sich führt. Dafür wollen sie lieber kontrollieren, ob der Zirkus, der gerade in ihrer Stadt Vorstellungen gibt, die Tiere artgerecht hält. Martin hat sich vorher im Internet erkundigt und ein paar Regelungen gefunden, an die sich die Zirkusbetriebe eigentlich halten sollten.

„Sind das da diese Leitlinien?", fragt Sina, als sie sich vor dem Zirkus treffen, und zeigt auf die Zettel in Lukas Hand. Lukas nickt. „Ja, hier steht z. B. drin, wie groß der Käfig bzw. das Gehege sein sollte, wie es ausgestattet sein sollte oder welches Beschäftigungsmaterial für die jeweilige Tierart sinnvoll ist." „Na dann, nichts wie ran an die Arbeit!", ruft Lena. „Hoffentlich gibt es jetzt überhaupt eine Tierschau. Manche Zirkusbetriebe bieten so eine Tierschau nur in der Pause der Vorstellung an", weiß Lukas. Aber die vier haben Glück. Für zwei Euro pro Person ist die Tierschau geöffnet. Vorbei an einem großen Schild mit der Aufschrift „Fotografieren und filmen streng verboten" betreten die vier das Zirkusgelände. Als Erstes werden die Tiger „begutachtet". „Wie ich erwartet habe. Sie liegen in ihren Transportwagen, haben keinen Auslauf, keine Beschäftigungsmöglichkeiten usw. Das ist nicht in Ordnung so. Das werden wir dem Amtstierarzt melden." Lukas wirft einen kurzen Blick auf seine mitgebrachten Papiere. „Außengehege sind unerlässlich ...", liest er leise vor.

Auch bei den anderen Tieren haben die Freunde einiges zu beanstanden. Aber den traurigsten Anblick bietet der Elefant. Angekettet steht er in seinem Zelt. Stumpfsinnig schwingt er seinen Rüssel hin und her. „Eigentlich dürfen Elefanten, zumindest weibliche Tiere, gar nicht einzeln gehalten werden, da sie sozial lebende Tiere sind. Und so wie ich das sehen kann, ist das hier eine Elefantenkuh!", empört sich Lukas. Die vier Freunde haben genug gesehen. Sie beschließen, den Amtstierarzt anzurufen. Lukas beschreibt ihm ihre Beobachtungen. Nach dem Gespräch ist Lukas ziemlich kleinlaut. Sina drängelt ihn: „Erzähl schon, was hat er gesagt?" Lukas berichtet den anderen missmutig: „Also, als der Veterinär gestern Nachmittag hier war und die Tierhaltung in Augenschein genommen hat, da waren die Außengehege für die Tiger aufgebaut. Die Tiere waren zwar nicht drin, aber zumindest war das Gehege aufgebaut. Und die Elefantendame ist erst seit einigen Wochen alleine, da ihre Gefährtin kürzlich verstarb. Der Zirkus ist bemüht, für Ersatz zu sorgen. Aus Sicht des Veterinärs liegen also keine schwerwiegenden Mängel vor. Er versprach aber, übermorgen noch mal vorbeizuschauen und die Sache mit den Außengehegen zu überprüfen."

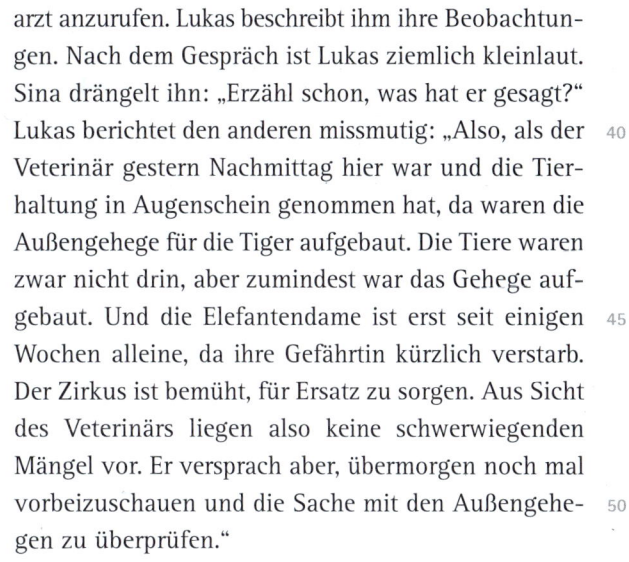

Auf dem Heimweg diskutieren Lukas, Sina, Lena und Sarah noch lange über die Ereignisse und überlegen, was sie sonst noch für die Tiere tun könnten. Sie beschließen, auf jeden Fall den Amtsveterinär übermorgen noch mal anzurufen und nach seinen Beobachtungen zu fragen.

Aber zwei Tage später hat der Zirkus seine Zelte bereits wieder abgebrochen und die Stadt mit unbekanntem Ziel verlassen. Sina ist sauer. „Verdammt noch mal. Das haben die aber geschickt eingefädelt. Jetzt waren unsere Beobachtungen ja völlig umsonst. Oder wer kontrolliert jetzt den Aufbau der Außengehege ...?"

nach www.starke-pfoten.de

Aufgaben

1 Vergleicht die beiden Bilder. ➔ M1
2 Denkt ihr, dass die Tiere auf den Bildern sich wohl fühlen? Begründet eure Auffassung. ➔ M1
3 Fertigt Mindmaps zu Jacksons altem und neuem Leben an. ➔ M2
4 Nehmt zu den verschiedenen Arten der Tierhaltung im Zoo Stellung. ➔ M3
5 Stell dir vor, du bist ein Amtstierarzt in einer kleinen Stadt und sollst einen Zirkus überprüfen. Was meinst du, welche Schwierigkeiten auf dich zukommen? Was tust du, wenn du erkennen würdest, dass es den Zirkustieren nicht gut geht? ➔ M4
6 Lukas sagt, dass Elefanten sozial lebende Tiere sind. Was bedeutet das eigentlich? Kennt ihr noch andere Lebensgewohnheiten von Tieren, auf die im Zirkus Rücksicht genommen werden soll? ➔ M4

Tiere als Mit-Lebewesen

5

M1 Die Haltung von Schweinen ...

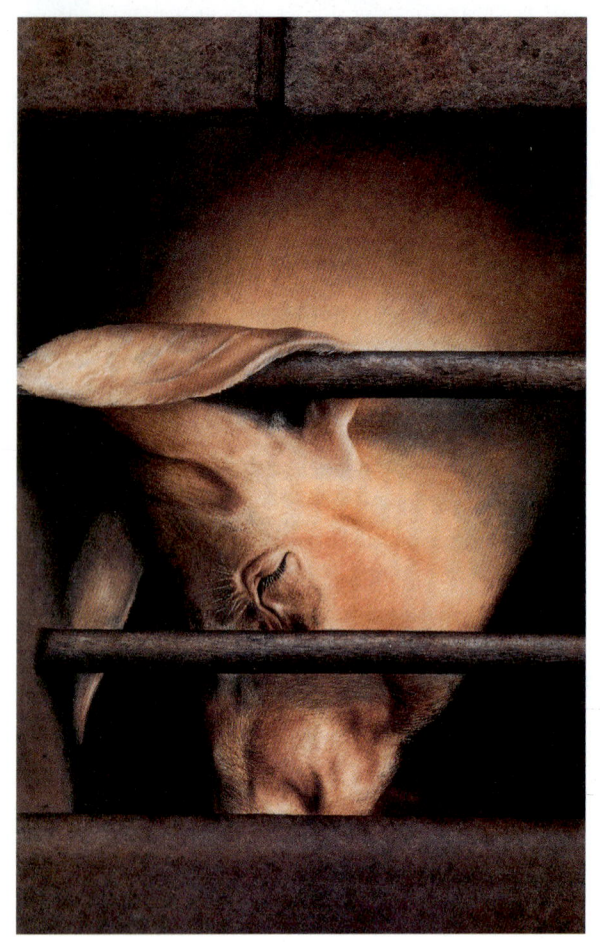

Paul Wans, Eber

M2 Aus dem Tierschutzgesetz

Im Tierschutzgesetz ist geregelt, wie Tiere in Deutschland gehalten werden dürfen. In § 2 heißt es hierzu:

Wer ein Tier hält, betreut oder zu betreuen hat,
1. muss das Tier seiner Art und seinen Bedürfnissen entsprechend angemessen ernähren, pflegen und verhaltensgerecht unterbringen,
2. darf die Möglichkeit des Tieres zu artgemäßer Bewegung nicht so einschränken, dass ihm Schmerzen oder vermeidbare Leiden oder Schäden zugefügt werden,
3. muss über die für eine angemessene Ernährung, Pflege und verhaltensgerechte Unterbringung des Tieres erforderlichen Kenntnisse und Fähigkeiten verfügen.

M3 Schweine im Freigehege

Um herauszufinden, wie ein Tier artgerecht gehalten werden kann, muss man wissen, wie es unter natürlichen Bedingungen lebt. Man muss seine Bedürfnisse und Gewohnheiten kennen. Das natürliche Verhalten ist nicht nur bei Wildschweinen, sondern auch bei Hausschweinen sehr genau untersucht.

Schweine im Freigehege schlafen bis ungefähr sieben Uhr in ihrem Gruppennest, das sie in geschützter Lage am Waldrand einrichten.

Vor dem Verlassen des Nestes beobachten sie aufmerksam ihre Umgebung. Dann begeben sie sich zu ihrem Kot- und Harnplatz, der in einiger Entfernung von ihrem Nest liegt. Wenn sie ihr morgendliches Geschäft verrichtet haben, fangen sie an, Gras zu fressen, in der Erde zu wühlen und Wurzeln zu benagen.

Am späteren Vormittag ziehen sie zum Trinken zum nahen Bach und setzen von dort aus ihren Rundgang durch das Gehege fort. Dabei ist natürlich immer wieder Zeit, um zu wühlen und zu grasen.

Gegen Mittag unterbrechen die Schweine ihre Aktivitäten durch eine mehrstündige Ruhepause. Bei sommerlichen Temperaturen heben sie dazu Liegemulden an den Uferregionen eines Baches aus und wälzen sich ausgiebig darin.

Am Nachmittag ziehen sie wieder los, um zu fressen. Dabei graben sie mit der Rüsselspitze, schaufeln mit dem Schnauzenrücken, scharren mit den Vorderbeinen, reißen, lecken und beißen.

Am frühen Abend begeben sie sich langsam in Richtung ihres Ruhenestes. Dort wühlen sie mit ihrem Rüssel die Nestmulde auf und scharren mit ihren Vorderbeinen Laub und Gras hinein. Nacheinander legen sie sich zusammen ins Gruppennest; zwischen 19 und 20 Uhr kehrt dann die Nachtruhe ein.

Auffällig ist, dass die Schweine bestimmte Verhaltensweisen immer an einem bestimmten Ort zeigen. Daraus lässt sich ableiten, welche Anforderungen an eine artgerechte Schweinehaltung gegeben sein müssen.

nach Deutscher Tierschutzbund

5 Art-*gerecht*e Haltung

M4 Mastschweine in der Massentierhaltung

Mastschweine werden bis zum Schlachten in Gruppen von mindestens zehn Tieren auf sehr engem Raum in Buchten gehalten. Der Boden besteht abwechselnd aus Betonbalken und Spalten. Die Buchten werden nicht ausgemistet, da die eng zusammengepferchten Tiere selbst den Kot durch die Spalten im Boden hindurchdrücken. Auch der Harn fließt direkt durch die Spalten in die Güllegrube, die sich unter den Buchten befindet. Bei dieser Art der Stallhaltung wird auf Stroh verzichtet. Die Tiere liegen auf dem nackten Betonspaltenboden.

Die Schweine leiden, denn sie haben in den engen Buchten kaum Bewegungsmöglichkeiten. Sie können sich außerdem auf dem glitschigen Spaltenboden nur sehr vorsichtig und langsam bewegen, um nicht auszurutschen. Sie leiden auch, weil die nackten Buchten ihnen keine Möglichkeiten geben, sich artgerecht zu beschäftigen, z. B. ihre Umgebung zu erkunden oder den Boden zu durchwühlen. Die Schweine können in diesen Buchten ihren Liegebereich und den Kotbereich nicht voneinander trennen, wie sie es unter natürlichen Bedingungen tun. Sie liegen über ihrem eigenen Kot. Aufgrund der schlechten Luftqualität leiden viele von ihnen unter roten, entzündeten Augen. Außerdem führen die eingeatmeten Schadgase zu Atemwegserkrankungen.

Diese Art von Stallhaltung ist nicht artgerecht. Das äußert sich auch darin, dass die Schweine schwere Verhaltensstörungen zeigen, sich zum Beispiel gegenseitig die Schwänze abbeißen. Die Ursache dieser Störung liegt darin, dass die Schweine keine Beschäftigung haben und hat überhaupt nichts damit zu tun, dass Schweine aggressive Tiere sind, wie oft behauptet wird.

nach Deutscher Tierschutzbund

M5 Die Bauern des Neuland-Vereins

Aus Mitleid mit den Tieren: Im Jahr 1988 gründete der Deutsche Tierschutzbund den Neuland-Verein. Knapp 70 Landwirte gehören in NRW inzwischen dem Verein an. Sie alle verzichten auf Massentierhaltung und setzen stattdessen auf die artgerechte Haltung von Rindern, Hühnern und Schweinen. Zu diesen Landwirten gehört Wilhelm Eckei (46). Sein 60 Hektar großer Hof liegt im ländlichen Fröndenberg. Auf dem Grundstück leben 270 Schweine, 40 Rinder und 800 Legehennen. Von Legebatterien und engen Käfigen keine Spur: Munter flattert das Federvieh durch den Stall und pickt am Boden herum. Durch eine Tür können die Vögel hinaus auf einen überdachten Innenhof, bei schönem Wetter geht es von dort weiter auf eine Wiese. Unweit entfernt grunzen die Schweine. Im großen Schweinestall sind die Tiere nach Größe sortiert in sieben, zwischen 40 und 60 Quadratmeter großen Buchten untergebracht. Von jeder Bucht führt eine Türe nach draußen in Auslaufgärten. Die Böden sind mit Stroh bedeckt, Betonspalten gibt es nicht. Nimmt man den Innen- und Außenbereich zusammen, haben die Tiere genügend Platz, um sich für ihre verschiedenen Bedürfnisse Zonen einzurichten. Sie haben einen Fressplatz, einen warmen Ruhebereich im Stallinneren, draußen können sie spielend das Stroh durchwühlen und sich einen Toilettenbereich schaffen.

Aufgaben

1 Beschreibt das Bild. Welche Gefühle löst es in euch aus? → M1
2 Versucht die Gesetzesbestimmungen in eigenen Worten wiederzugeben. → M2
3 Wird die Art der Tierhaltung, die in M1 zu sehen ist, deiner Meinung nach dem Gesetz gerecht? → M1/M2
4 Wie lebt das Schwein in der Natur? Welche natürlichen Bedürfnisse hat es? Worauf müsste bei der Haltung besonders geachtet werden? → M3
5 Wie wird das Schwein in Massenbetrieben gehalten? Wie steht es dort mit den Bedürfnissen der Tiere? Wieso werden Schweine so gehalten? → M4
6 Vergleicht die beiden in M4 und M5 dargestellten Arten, Schweine zu halten. Fasst eure Ergebnisse in einer Tabelle zusammen. → M4/M5
7 Was kann man tun, um Schweine vor Qualen zu schützen? → M1-5

Tiere als Mit-Lebewesen

6 M1 Auf ins Tierparadies

„So geht das nicht mehr weiter", sprach der Löwe. Großer Beifall folgte. „Wir müssen endlich etwas tun und den Menschen zeigen, dass wir auch einen Willen haben", piepste die Amsel. „Sie hat recht, wir
5 müssen etwas unternehmen", rief es von allen Seiten. Die Beratungen dauerten bis zum Sonnenuntergang, dann klopfte der Löwe hart auf die Erde: „Ruhe! Ich muss um Ruhe bitten! Ich und meine sieben Räte, Herr Fuchs, Herr Steinbock, Frau Klapperschlange, Herr
10 Delphin, Herr Gepard, Frau Eidechse und Frau Maus haben erkannt, dass die Menschen uns brauchen und von uns abhängig sind. Da die Menschen uns aber ausnutzen und uns ausrotten, ist die Lösung ganz einfach. Wir ziehen uns alle zurück, damit die Men-
15 schen merken, wie es ist, wenn sie ohne uns auskommen müssen." Tosender Beifall. „Erklären Sie das bitte genauer, großer Herr und König Löwe", bat die Schildkröte. „Wir werden uns alle zurückziehen, dann haben die Menschen keinen Nutzen mehr von uns. Es gibt
20 ein geheimes Land, das für jeden von uns Platz hat. Es ist das Tierparadies. Kein Mensch kann es jemals betreten. Wir werden über die Menschen siegen!"

Als eine endlose Reihe von Tieren ins Tierparadies zog, hatten die Menschen noch nichts von der Veränderung gemerkt. Tiere gehörten für die Menschen ein- 25 fach zum Leben, zur Wirtschaft. Aber man musste nicht auf sie achten. Erst am anderen Morgen brach ein heilloses Durcheinander aus. Milch- und Eierindustrie brachen völlig zusammen. Kein Fisch und keine Krabben wurden mehr gefangen. Da war eine 30 große Trauer über jedes verlorengegangene Haustier. Es gab kein Hundebellen mehr und keinen Vogelgesang. Alle Menschen machten sich gegenseitig Vorwürfe und versuchten, dem anderen die Schuld in die Schuhe zu schieben. 35

Unterdessen waren die vielen Tiere gerade im Tierparadies angekommen und berieten über ihre Lage. „Ich bin dafür, dass wir uns jeder ein Plätzchen in diesem riesigen Reich suchen, und wenn es nötig ist, wollen wir durch einen Boten eine Versammlung einberufen", 40 wisperte das Eichhörnchen. Alle stimmten zu. „So wollen wir es machen", brüllte der Löwe und machte sich auf den Weg in die Steppe.

Die Schweine waren dafür, erst einmal ein Bad zu nehmen, und sie wälzten sich genüsslich im Schlamm. 45 Hier brauchten sie wenigstens keine Angst zu haben, für die Menschen gemästet zu werden. So suchten sich alle Tiere ihren Platz. Sie hatten alle ein glückliches Leben in einer unzerstörten Natur. Bei den Tieren war alles in bester Ordnung. 50

Bei den Menschen ging alles drunter und drüber. Jeder versuchte, Herr der Lage zu werden, doch niemandem wollte dies freilich gelingen. Die Politiker führten endlose Debatten, doch die zerstrittenen Parteien konnten sich mal wieder nicht einig werden. Die Bürger forder- 55 ten klare Entscheidungen von den Herren der Politik. Die Schüler machten Demos und forderten die Rückkehr der Tiere. Schließlich veranstaltete man einen Kongress führender Umweltforscher und Politiker aus aller Welt. Viele elegante Autos fuhren vor das Sit- 60 zungsgebäude, und Herren in schwarzen und grauen Anzügen stiegen aus. Herr Schum, der Botschafter Chinas, berichtete dem Kongress, seine Regierung wisse, dass alle Tiere ins Tierparadies geflohen seien. „Dann ist es ja ganz einfach", sagte der Präsident des 65 Kongresses, „wir senden einen Boten ins Tierparadies."

Jacob Bouttats, Garden of Eden, 1675

6 Die Tiere sind weg!

Herr Schum winkte ab und sagte: „Kein Mensch wird jemals das Tierparadies betreten können." Eine peinliche Stille folgte. „Wird jemals das Tierparadies betreten können", hörte man als knarrendes Echo in der Luft. Alle schauten auf. Ein grün-gelber Papagei saß unter der Decke der Kongresshalle. „Gestatten, mein Name ist Lutschiwutschi. Ich bin der Pressevertreter der Tiere." „Ach, bitte, überbringe doch eine Botschaft von uns an die Tiere!", flehte der Präsident. „Ugu, ugu", rief es von der Decke, „nur, wenn sie gut ist." Nun folgten lange Beratungen, schließlich wurde der Papagei Lutschiwutschi mit folgendem Brief der Menschen ins Tierparadies geschickt:

M2 Der Brief an die Tiere

> Die Welt, am 23.6.1999
>
> Sehr verehrte Tiere!
>
> Wir bedauern es sehr, dass Ihr so plötzlich vor uns Menschen entflohen seid. Wir vermissen Euch wirklich sehr und hoffen, dass Ihr bald zu uns zurückkehrt. Wir können verstehen, dass Ihr Euch nicht mehr wohlgefühlt habt. Dies ist uns leider erst aufgefallen, als Ihr schon weg wart. Damit Ihr Euch in Zukunft bei uns wohler fühlt, haben wir einstimmig beschlossen:
>
> § 1 Wir werden kein Gift mehr in die Flüsse und Meere leiten.
> § 2 Wir werden kein Gift mehr auf die Insekten sprühen.
> § 3 Wir werden keine Pflanzen anbauen, die Euch nicht bekommen.
> § 4 Wir werden Eure Pelze und Häute nicht mehr abziehen, um Luxus zu genießen.
> § 5 Wir werden die Regenwälder nicht mehr abholzen und Euch auch keine anderen Lebensräume mehr wegnehmen.
> § 6 Wir werden den Zustand Eurer Arbeitsplätze (z. B. Bauernhof) deutlich verbessern. Fließbandarbeit (z. B. in Hühnerfabriken) wird für Tiere streng verboten.
>
> Wir hoffen alle, dass Ihr zurückkommt. Es tut uns sehr leid, was wir mit Euch gemacht haben. BITTE KOMMT ZURÜCK, DENN WIR LIEBEN EUCH.
>
> Eure Menschen

M3 Der Kinder wegen

Über die Botschaft der Menschen waren die Tiere sehr überrascht. Ungläubiges Staunen war die Antwort. Der Fuchs meinte: „Niemals dürfen wir zurückkehren! Die Menschen täuschen uns nur!" Aber andere sagten: „Die Menschen wollen sich wirklich bessern. Schließlich sind die Menschen auch Lebewesen, die zu uns gehören." Dann wurde gewählt. 65 Milliarden Tiere stimmten gegen die Rückkehr, nur 5000 waren dafür. Nun begann bei den Menschen endgültig eine sehr schlimme Zeit. Es gab kein Fleisch mehr zu essen, keine Milch zu trinken, keinen Honig fürs Brot, kein Leder für die Schuhe und keine Wolle für die Pullover. Die Erwachsenen erfanden Kunstmilch und Kunsthonig, die Chemie produzierte Kunstleder und die Landwirtschaft Baumwolle. Aber viele Menschen wurden sehr krank, und besonders schlimm ging es den Kindern. Sie hatten keinen Hund zum Spielen, keine Katze zum Streicheln, kein Pony zum Reiten, nichts Lebendiges, nur Spielsachen aus den Fabriken.

Als die Tiere von dem großen Unglück der Menschen erfuhren, hob der Elefant Bimbo seinen großen Rüssel, meldete sich zu Wort und sagte: „Die erwachsenen Menschen haben unsere Rückkehr nicht verdient, aber die Kinder der Menschen tun mir leid." Alle stimmten ihm zu.

Der krähende Hahn weckte am anderen Morgen die Kinder, das Kätzchen schnurrte in seinem Körbchen, die Vögel musizierten vor dem Fenster, nur der Hamster schlief noch, und das Mäuschen hatte sich vorsichtshalber versteckt.

Irina Brüggeshemke

Aufgaben

1 Warum halten die Tiere eine Konferenz ab? Zu welchem Ergebnis führt die Konferenz? ➜ M1
2 Welche Vorstellungen hast du vom Tierparadies? ➜ M1
3 Welche Auswirkungen hat das Fehlen der Tiere für die Menschen? ➜ M1
4 Wie reagieren die Menschen auf die Flucht der Tiere? ➜ M2
5 Welchen Eindruck haben die Tiere von den Menschen? ➜ M3
6 Schreibt die Geschichte weiter. Wie gestaltet sich das Verhältnis zwischen Tieren und Menschen nach der Rückkehr der Tiere? ➜ M3

Tiere als Mit-Lebewesen

7

M1 Franziskus und die Tauben

Franziskus war Sohn reicher Eltern. Als junger Mann hatte er – so die Überlieferung – eine Erscheinung, die sein Leben radikal veränderte. Er trennte sich von seinem Reichtum und fand Gleichgesinnte, die wie er arm und einfach leben wollten. Franziskus gehörte vor über 750 Jahren schon zu den Menschen, die das Tier- und Pflanzenreich als wichtigen Teil der Schöpfung betrachteten. Es heißt, dass er zu den Tieren predigte. Von seinem Verhältnis zu Tieren erzählt auch die folgende Geschichte.

Eines Tages begegnete Franziskus einem jungen Mann, der einen rumpelnden Karren hinter sich her zog. Darauf hatte er einen großen Käfig mit gefangenen Tieren befestigt. „Wo willst du hin?", fragte Franziskus. „Zum Markt, die Tauben verkaufen", antwortete der junge Mann. „Das ist ein gutes Geschäft. Denn gebratene Tauben schmecken vorzüglich."
Franziskus erschrak. Denn er hatte eine große Liebe zu den Geschöpfen. „Ich will, dass du mir diese Tauben schenkst", sagte er zu dem jungen Mann. „Wo denkst du denn hin?", rief der. „Ich habe Tage gebraucht, sie in die Falle zu locken." Doch Franziskus sagte: „Gott hat sie nicht für den Käfig gemacht. Also gib sie mir." Im Garten baute Franziskus den Tauben ein weiches Nest. Dann zerbrach er den Käfig und hob die ängstlichen Vögel sanft heraus. Die Tauben brüteten und bekamen Junge. Am liebsten mochten sie immer im Garten von Franziskus und seinen Brüdern bleiben. Aber eines Tages nahm Franziskus sie auf den Arm und rief ihnen zu: „Fliegt hinaus in den Himmel und singt mit euren Stimmen das Lob des guten Gottes! Fliegt in eure Heimat, den Wald! Und erzählt den Tieren, dass nicht alle Menschen Fallen stellen. Es gibt auch solche, die für euch sorgen."

Thomas und Susanne Rosenberg

M2 Albert und die Vögel

Einen tiefen Eindruck machte auf mich ein Erlebnis aus meinem siebenten oder achten Jahre. Mein Kamerad Heinrich Braesch und ich hatten uns Schleudern aus Gummischnüren gemacht, mit denen man kleine Steine schleudern konnte. Es war im Frühjahr, in der Passionszeit. An einem sonnigen Sonntagmorgen sagte er zu mir: „Komm, jetzt gehen wir in den Rebberg und schießen Vögel."
Dieser Vorschlag war mir schrecklich, aber ich wagte nicht zu widersprechen, aus Angst, er könnte mich auslachen. So kamen wir in die Nähe eines kahlen Baumes, auf dem die Vögel, ohne sich vor uns zu fürchten, lieblich in den Morgen hinaussangen. Sich wie ein jagender Indianer duckend, legte mein Kamerad einen Kiesel in das Leder seiner Schleuder und spannte sie. Seinem gebieterischen Blick gehorchend, tat ich, unter furchtbaren Gewissensbissen, dasselbe, mir fest gelobend, danebenzuschießen.
In demselben Augenblick fingen die Glocken der Kirche an, in den Sonnenschein und in den Gesang der Vögel hinein zu läuten. Es war das „Erste Läuten", das dem Hauptläuten, das die Gläubigen in die Kirche rief, um eine halbe Stunde vorausging.
Für mich war es eine Stimme aus dem Himmel. Ich warf die Schleuder weg, scheuchte die Vögel auf, dass sie wegflogen und vor der Schleuder meines Kameraden sicher waren, und floh nach Hause.
Und immer wieder, wenn die Glocken der Passionszeit in Frühlingssonnenschein und kahle Bäume hinausklingen, denke ich ergriffen und dankbar daran, wie sie mir damals das Gebot „Du sollst nicht töten" ins Herz geläutet haben. [...]
Zweimal habe ich mit andern Knaben mit der Angel

7 Tiere achten, Tiere schützen

gefischt. Dann verbot mir das Grauen vor der Misshandlung der aufgespießten Würmer und vor dem Zerreißen der Mäuler der gefangenen Fische weiter mitzumachen. Ja, ich fand sogar den Mut, andere vom Fischen abzuhalten.

Aus solchem mir das Herz bewegenden und mich oft beschämenden Erlebnissen entstand in mir langsam die unerschütterliche Überzeugung, dass wir Tod und Leid über ein anderes Wesen nur bringen dürfen, wenn eine unentrinnbare Notwendigkeit dafür vorliegt, und dass wir alle das Grausige empfinden müssen, das darin liegt, dass wir aus Gedankenlosigkeit Leiden machen und töten. [...]

Gut ist: Leben erhalten; schlecht ist: Leben hemmen und zerstören.

Albert Schweitzer

M3 Gewaltlosigkeit gegenüber allen Lebewesen

Jaina heißen die Anhänger der Religion des Jainismus, die in Indien verbreitet ist. Eines ihrer wichtigsten Gebote ist Gewaltlosigkeit gegenüber allen Lebewesen. Deshalb ist es für sie eine Sünde, Fleisch zu essen; sie ernähren sich ausschließlich vegetarisch. Sie tragen auch keine Lederschuhe, weil dafür Tiere getötet werden müssten. Immer wieder begegnet man Jaina, die den Weg vor sich mit einem Besen säubern, um keinen Käfer und keine Ameise zu zertreten. Oft sieht man sie mit einem Tuch – einer Art Atemmaske – vor dem Gesicht, die verhindern soll, dass sie winzig kleine Tiere aus der Luft einatmen. Die Jaina füttern hungernde Tiere und unterhalten Krankenhäuser für Tiere.

Aufgaben

1 Wie sorgt sich Franziskus um die Tauben? Warum tut er das? → M1
2 Erzähle die Erlebnisse Albert Schweitzers nach. Warum schoss er nicht auf die Vögel, und warum hörte er mit dem Angeln auf? → M2
3 Welche Einstellung hat Schweitzer jeglichem Leben gegenüber entwickelt? → M2
4 Warum tragen die Jaina Schutzmasken vor ihren Gesichtern? Wie verhalten sie sich gegenüber Tieren? → M3
5 Vergleicht die Auffassungen von Franziskus, Albert Schweitzer und den Jaina miteinander. Wo seht ihr Gemeinsamkeiten, wo Unterschiede? → M1-M3
6 Welche der drei Haltungen überzeugt dich? Begründe deine Antwort. → M1-M3

Projekt 1: Schüler für Tiere

Informiert euch über die folgenden Tierschutzgruppen und überlegt, ob und wie ihr selbst Tiere schützen wollt.

- www.bmt-kindertierschutz.de/index.php
- www.jugendtierschutz.de/index.html
- www.starke-pfoten.de
- www.schueler-fuer-tiere.de
- www.petakids.de
- www.schule-und-tierschutz.de

Projekt 2: Tierrechte – Menschenpflicht

Überlegt euch, welche Rechte Tiere und welche Pflichten die Menschen gegenüber den Tieren haben. Gestaltet Plakate dazu und stellt sie im Klassenraum oder in der Schule aus.

Medienwelten

1 M1 Mittel der Verständigung

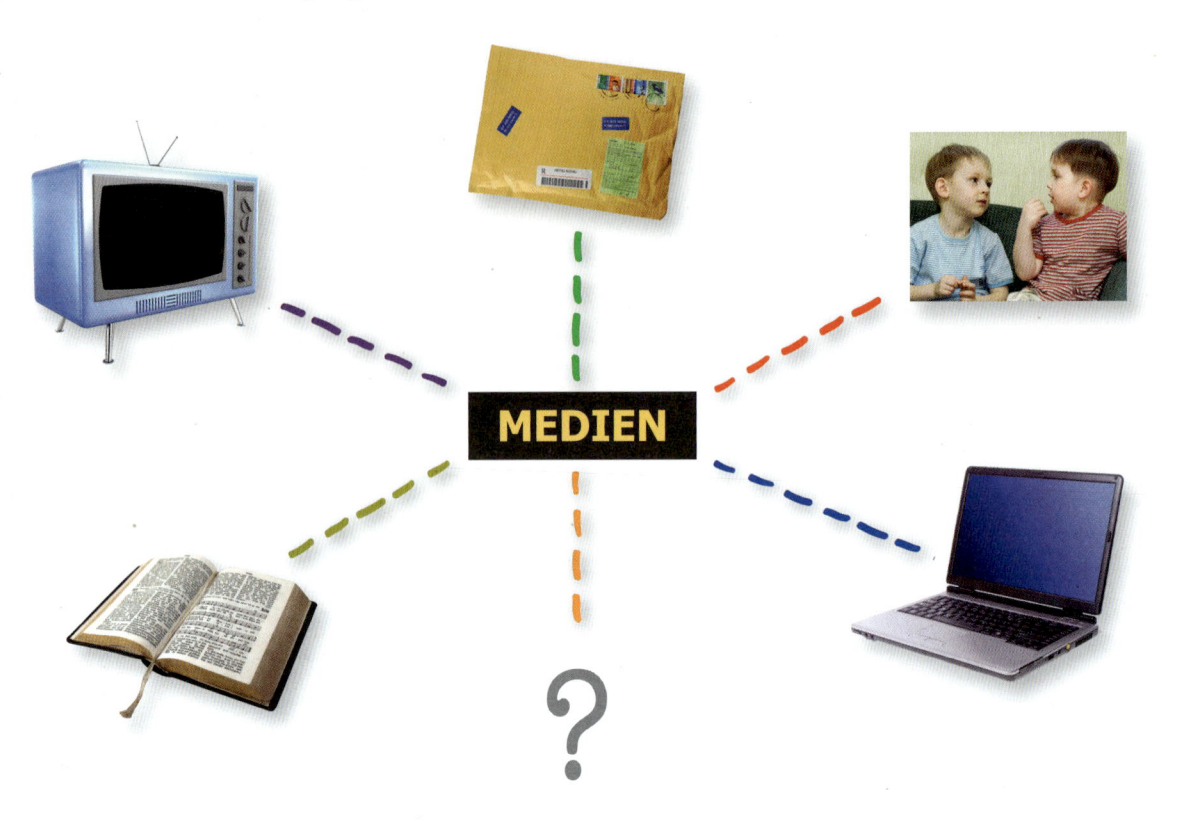

M2 Was sind Medien?

philopraktisch: Herr Bolz, Sie sind einer der bekanntesten Medientheoretiker. Erklären Sie uns bitte, was Medien eigentlich sind.

Norbert Bolz: Das ist nicht schwer zu verstehen, wenn man ein bisschen Latein kann. Das Wort „Medien" kommt von „medium", und das bedeutet: das Mittlere. Etwas, das in der Mitte ist, liegt immer zwischen zwei anderen Dingen. Man kann auch sagen: es verbindet diese Dinge miteinander. So verbindet das Telefon zwei Menschen miteinander – es ermöglicht ihnen, miteinander zu sprechen, obwohl sie sich nicht an demselben Ort befinden. Und auch das Fernsehen stellt eine Verbindung zwischen zwei Orten her: Wir sehen zu Hause Ereignisse, die woanders geschehen, und bekommen Informationen von dort.

philopraktisch: Dann wären ja auch die Rauchzeichen der Indianer Medien, denn durch sie werden Informationen von Mitgliedern eines Stammes an andere Stammesmitglieder weitergeleitet.

Norbert Bolz: Richtig, und auch die Zeitung ist ein Medium, und das Buch, und das Internet. Das alles sind technische Mittel, mit denen Menschen Informationen untereinander austauschen können.

philopraktisch: Aber zwischen einem Buch und dem Internet gibt es doch einen großen Unterschied.

Norbert Bolz: Ja, aber beide unterscheiden sich hauptsächlich dadurch, wie die Informationen gespeichert werden. Das eine ist ein Druckmedium, es speichert die Informationen mit Druckerschwärze auf Papier. Das andere ist ein elektronisches Medium, d. h. hier werden die Informationen elektronisch gespeichert. Man spricht auch von alten und neuen Medien. Die alten Medien beruhen auf Gutenbergs Erfindung des Buchdrucks, die neuen Medien – Fernsehen, Handy, Internet usw. – nutzen die Möglichkeiten der modernen Technik.

1 Was für ein Medienrummel …

M3 Ein ganz normaler Tag

6.30 Uhr. Fabian wird – wie er findet – unsanft durch das Summen seines Weckers aus dem Schlaf gerissen. „Erst einmal unter die Dusche!", denkt er und schaltet im Halbschlaf das Radio an, das auf der Ablage unterhalb des Badezimmerspiegels steht. Natürlich läuft sein Lieblingssender 1 LIVE und es wird gerade der Nr. 1 Hit *Viva la vida* von Coldplay gespielt, gefolgt von *Junge* von den Ärzten. „Super Songs", schießt es ihm durch den Kopf und er singt das Lied von den Ärzten laut mit. Endlich wird er wach.

7.00 Uhr. Als er nach unten kommt, sitzen seine Eltern und seine Schwester Lisa schon am Frühstückstisch. „Guten Morgen alle zusammen", sagt Fabian fröhlich. Sein Vater schaut hinter seiner Zeitung hervor und nickt ihm nur stumm zu, während seine Mutter ihm lediglich ein „Psst" zuraunt, weil sie beim Frühstücks-Fernsehen nicht gestört werden will.

7.30 Uhr. Wie jeden Morgen steigt Fabian in den Bus, um zur Schule zu gelangen. Plötzlich fällt ihm ein, dass für heute ein Vokabeltest angekündigt worden ist. Hektisch holt er sein Englischbuch aus der Schultasche und prägt sich schnell die zwanzig Vokabeln ein, die er lernen sollte.

8.00 Uhr. Der Unterricht beginnt mit einer Mathestunde. Frau Pfennig lässt wieder einmal einige Schülerinnen und Schüler Aufgaben an der Tafel rechnen. Auch Fabian muss nach vorne kommen. Zum Glück kann er die ihm gestellte Aufgabe schnell und richtig lösen.

9.45 Uhr. In der dritten Stunde hat er Biologie. Frau Schwarze zeigt der Klasse einen kurzen Film über das Leben der Hamster, denn sie sprechen im Unterricht gerade über Nagetiere. Fabian findet den Film, obwohl er schon recht alt ist, interessant und lehrreich.

10.30 Uhr. Im Englischunterricht wird dann tatsächlich der angekündigte Vokabeltest geschrieben. Wie alle anderen hat Fabian ein Blatt Papier mit zwanzig Vokabeln vor sich liegen. Mit seinem neuen Füller macht er sich an die Arbeit. Aber er merkt schnell, dass er die Vokabeln vielleicht gründlicher hätte lernen sollen.

12.15 Uhr. Im Kunstunterricht legt Herr Siebert ein Bild von einer weinenden Frau auf einen Overhead-Projektor, damit die ganze Klasse das Bild in Übergröße sehen und auch Details erkennen kann.

13.15 Uhr. Auf dem Heimweg sitzt Fabian wieder im Bus. „Erst einmal entspannen", denkt er und holt seinen MP3-Player aus der Hosentasche. Er hört über Kopfhörer die aktuellen Songs der Charts, die ihm seine Schwester Lisa vorgestern erst aufgespielt hat.

13.30 Uhr. Zuhause angekommen hat seine Mutter sein Lieblingsessen, Schnitzel mit Kartoffeln und Spinat, zubereitet. Da klingelt das Telefon. Sein Freund Leon will sich mit ihm für den Nachmittag verabreden. Sie planen einige Jump ‚n' Run- sowie Autorenn-Spiele auf Leons Play Station auszuprobieren. „Aber vorher werden die Schularbeiten erledigt", sagt seine Mutter und wärmt ihm sein Essen, das inzwischen kalt geworden ist, in der Mikrowelle wieder auf.

15.30 Uhr. „Alles fertig!", ruft Fabian seiner Mutter zum Abschied zu und schwingt sich auf sein Fahrrad. Die Ampel schafft er bei Grün, aber am Zebrastreifen muss er warten. „Na endlich", begrüßt ihn Leon, der gleich nach dem ersten Klingeln die Haustür aufreißt.

19.00 Uhr. Nach dem gemeinsamen Abendessen sitzt die Familie noch zusammen vor dem Fernseher und sieht sich den Film *Horton hört ein Hu*, den Fabians Vater mitgebracht hat, auf DVD an.

21.00 Uhr. Zeit, ins Bett zu gehen. „Puh", denkt Fabian. „Morgen früh um 6:30 Uhr geht's wieder los …"

Aufgaben

1 Welche Medien sind hier dargestellt? ➜ M1
2 Erstellt eine Liste weiterer Medien, die euch bekannt sind. ➜ M1
3 Erkläre den Begriff „Medien". ➜ M2
4 Wie unterscheiden sich alte und neue Medien? ➜ M2
5 Wie viele Medien benutzen Fabian und seine Familie im Laufe eines Tages? Schreibt heraus, um welche Medien es sich dabei handelt. ➜ M3
6 Beschreibe, welche Medien du im Laufe eines Tages nutzt. ➜ M3
7 Führt in eurer Klasse eine Umfrage durch:
Welche Medien benutzt jeder von euch jeden Tag?
Wie viele Minuten nutzt du welches Medium pro Tag?
Wie viele Minuten kommen für die einzelnen Medien für die ganze Klasse zusammen?
Diskutiert eure Ergebnisse. ➜ M3
8 Wie sähe unser Leben aus, wenn es keine Medien gäbe? Schreibe dazu eine Geschichte. ➜ M1-3

Medienwelten

2

M1 Die Wilden Hühner

Um sich gegen die Jungenbande „Die Pygmäen" mit ihrem Anführer Fred besser wehren zu können, gründen die Freundinnen Sprotte, Trude, Melanie, Frieda und Wilma eine eigene Bande. Der einzige Ort, an dem die Mädchen sich ungestört treffen können, ist der Hühnerstall von Sprottes Oma. Daraus entsteht auch der Bandenname „Die Wilden Hühner". Während es anfangs vor allem darum geht, sich gegen die Streiche der „Pygmäen" zu wehren oder eigene gegen die Jungen auszuhecken, machen „Hühner" und „Pygmäen" im Lauf der Zeit zunehmend auch gemeinsame Sache, sodass aus den früheren Rivalen Freunde werden.
Die folgenden Verse stammen aus dem Lied Wild Chicks *(Heute Nacht sind die Hühner wild), dem Titelsong des Films.*

Heute Nacht sind die Hühner wild
Heute Nacht gibt es nichts, was uns noch stoppt
Da kannst du machen, was du willst
Doch diese Hühner kriegst du nie in den Topf
5 Und keine Seele erahnt unsere Pläne,
Denn selbst unsern Namen verstehen ja nur wenige
Doch: Die Bande meisterte jegliche Lage,
Ist die beste der Welt, da stellt sich gar keine Frage
Darum spür: Wie gut man sich doch fühlt,
10 Wenn man weiß, wer zu einem steht
Und sich redlich um einen müht
Ganz egal, wie's einem geht. [...]
Schon seit dem allerersten Tag
15 War uns klar: wir sind uns treu
Unsere Herzen spielen im selben Takt
Nichts hat's geschafft,
20 uns zu zerstreuen.

Die Wilden Hühner von Cornelia Funke:
5 Romane, 3 Verfilmungen

M2 Die Wilden Kerle

„Die Wilden Kerle" sind eine Gruppe von fußballbegeisterten Kids, die zu Beginn der Sommerferien mit großen Problemen zu kämpfen haben: mit Regen, Hausarrest und einer Gruppe älterer Jungs, die ihnen den geliebten Bolzplatz abspenstig machen wollen.
Der Titelsong des Films Es ist geil, ein wilder Kerl zu sein *ist charakteristisch für das Selbstverständnis der Jungen.*

Wir sind wilde Kerle
Und wir haben vor nix und niemandem Schiss [...]
Und wenn ihr glaubt, euer Hausarrest,
Der hält uns fest, so glauben wir das nicht. [...]
Alles ist gut, solange wir wild sind   5
Mensch habt ihr das endlich kapiert,
Habt ihr s kapiert?
Wir schießen euch auf den Mond
Und danach direkt in die Hölle,
Dort oben der Mond ist kalt   10
Und, Junge, unten brennt die Hölle! [...]
Es ist cool, es ist toll, es ist fett und es ist wundervoll!
Es ist cool, es ist toll, es ist wundervoll!
Es ist geil, ein wilder Kerl zu sein!
Es ist geil zu lachen, schreien,   15
Nix bereuen, Fußballspielen
Und abzuräumen, ein Kerl zu sein. [...]
Wie ein wilder Kerl!!!

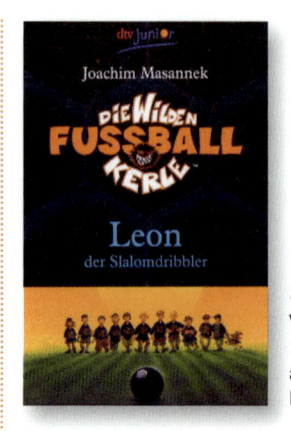

Die Wilden Kerle von Joachim Masannek:
13 Bände und 5 Filme, an denen der Autor als Regisseur mitgewirkt hat.

2 Alles ist gut, solange du wild bist!

M3 Gemeinsam sind wir stärker

Der Name der wilden Hühner ist Programm: Sprotte liebt das Federvieh ihrer Oma über alles. Als sie erfährt, dass ihre Großmutter die Hühner schlachten will, heckt sie eine Befreiungsaktion aus, die nicht ohne die Hilfe ihrer Erzfeinde, der Jungenbande „Die Pygmäen" zu verwirklichen ist. Nach Schulschluss organisieren die „Wilden Hühner" ein Treffen mit Fred, Torte und Willi.

Sprotte: Es war nicht meine Idee, dich zu rufen, großer Pygmäen-Boss. Die andern wollten es so, und wir sind eine demokratische Bande. Aber es geht um Leben und Tod.
Fred: Oh, jetzt sind wir aber gespannt.
Sprotte: Meine Oma will die Hühner schlachten. [...]
Fred: Wir haben verstanden. Ihr wollt die Tiere retten und braucht Hilfe.
Torte: Von ein paar unerschrockenen, ...
Willi: ... mutigen, bärenstarken, ...
Fred: ... heldenhaften und sehr gut aussehenden Typen.
Sprotte: Also macht ihr mit? Samstagabend. Da ist der beste Zeitpunkt.
Fred: Ähm, Samstag wäre möglich. Als kleines Dankeschön für unsere Hilfe gebt ihr uns einen Gutschein.
Frieda: Ist mal wieder auf Tortes Mist gewachsen.
Fred: Es könnte ja der unwahrscheinliche Fall eintreten, dass wir auch mal Hilfe brauchen.
Torte: Zum Beispiel beim Knöpfeannähen oder Sockenstopfen.
Sprotte: Sehr witzig.
Torte: Wir könnten ja reinschreiben: kein Kochen, keine Küsse.
Frieda: Ich find' das okay mit dem Gutschein.
Sprotte: Okay, auch für mich. Wir schreiben was auf und kommen damit morgen zum Baumhaus.

M4 Es kann nur einen Sieger geben

Der dicke Michi und seine Bande, die „unbesiegbaren Sieger", wollen den Bolzplatz „Teufelstopf" für sich allein haben. Leon, der Anführer der wilden Kerle, und Michi machen eine Deal: Ein Fußballspiel soll darüber entscheiden, wer in Zukunft auf dem Bolzplatz das Sagen hat. Die folgende Szene spielt im „Teufelstopf".

Raban: Hottentottenalptraumnacht.
Leon: Alles ist gut, ...
Fabi: ... solange du wild bist. [...]
Raban [mit Blick auf den näher kommenden dicken Michi]: Tonnen von Muskeln spannten sich über sein pechschwarzes Herz. Er war der Darth Vader in unserer Welt und er war fett.
Fabi: Zu fett, wenn du mich fragen würdest.
Sense: Michi, hast du das gehört?
Michi: Und ob ich das hab'. [Er wirft Fabi den Ball in den Bauch.] Ich glaub' auch nicht, dass er das nochmal wiederholt. Darf ich?! [Er nimmt Fabi den Ball aus den Händen und geht zu Leon.] Dieser Bolzplatz gehört ab heute nur uns, den einzigen und unbesiegbaren Siegern. Unbesiegbar, hast du das gehört? Deshalb habt ihr mickrigen Zwerge hier nichts mehr verloren. [Er wirft Leon den Ball gegen den Oberkörper, Leon fällt zu Boden.]
Leon [steht auf, wendet sich Michi zu]: Kacke, verdammte. Ich geb' dir zehn Tage. Solange kannst du mit deinen Dumpfbacken träumen, dass das dein Stadion ist. Aber wir kommen wieder. Und dann fordern wir euch heraus. Oder hast du vielleicht Angst?
Michi: Oh Mann, Angst, ich weiß gar nicht, was das ist.
Leon: Dann sind wir uns einig. In zehn Tagen. Abgemacht!?

Aufgaben

1 Hört euch die Titelsongs der beiden Filme an. Bestimmt anschließend, wodurch sich die Banden jeweils auszeichnen. Entwerft dazu ein Cluster. → M1/M2
2 Welche Unterschiede zwischen der Jungen- und der Mädchenbande werden in den Titelliedern deutlich? Vergleicht die Filmdarstellung mit euren eigenen Erfahrungen. → M1/M2
3 Um welche Konflikte geht es in den beiden Situationen? Spielt die Szenen nach und findet dabei eine Lösung. → M3/M4
4 Lasst jetzt die Wilden Hühner anstelle der Wilden Kerle auftreten und umgekehrt. Was würde sich in den beiden Situationen jeweils verändern? → M3/M4
5 Sammelt im Internet weitere Informationen und tauscht euch in Kleingruppen zu folgenden Fragen aus:
 a) Für welches Publikum sind diese Filme gemacht?
 b) Warum sind die Filme derart erfolgreich?
 c) Zeigen solche Filme, wie Mädchen bzw. Jungen sein sollen? Wärt ihr selbst gerne so wie die Hauptpersonen? Begründet eure Meinungen. → M1–M4

Medienwelten

3 M1 Soaps im Überblick

Im Vorabendprogramm ab 18 Uhr laufen manche Fernsehserien schon seit Jahren. Für die vielen Fans dieser sogenannten Soap-Operas (Seifenopern) sind die Serien Kult. Die meisten von ihnen kennen jede Folge.

M2 Wie kommt die Seife in die Oper?

Seifenopern gibt es schon wesentlich länger, als wir in die Glotze gucken. Die erste hieß *Ma Perkins* und startete 1933 im amerikanischen Radio. Ein Manager des Waschmittelkonzerns *Procter & Gamble* hatte seine
5 Frau beim Abwasch beobachtet. Die Arme spülte gerade – wie üblich ohne seine geschätzte Hilfe – das Frühstücksgeschirr und stellte dabei automatisch das Radio an, um sich abzulenken. Die ewigen Werbespots fand sie allerdings eher lästig. Der Manager hatte
10 plötzlich eine Idee: Wie wäre es, wenn man Reklame für Waschpulver und Seife durch kleine Spielhandlungen aufpeppen würde. Denn was bindet – so dachte der Manager – eine geplagte Hausfrau besser an nervtötende Werbespots als eine Fortsetzungsserie mit
15 Situationskomik, Schicksalsschlägen und Liebesgeschichten? [...] Schnell entstand der entsprechende Name für jene neue Art von Endlosgeschichten im Radio: Soap Opera. Seife wie in Waschmittel – klar. Aber warum Oper? Nun, es muss in jedem Fall ähnlich hochdramatisch [...] zugehen wie in einer Oper, wo die 20 beiden Hauptdarsteller in der Regel unglücklich ineinander verliebt sind und sich erst ganz am Schluss [...] kriegen dürfen – oder auch nicht. Dann wird es besonders tragisch, nämlich wenn einer stirbt, nicht ohne vorher noch ein langes, trauriges Abschiedslied 25 zum Dahinschmelzen gesungen zu haben. Die Zuschauer sind gerührt und schluchzen in ihre Taschentücher. Genau diesen Effekt wollten die Erfinder der Soap Opera auch. Und am liebsten jeden Tag in neuen Variationen, damit die Hausfrau wieder ein- 30 schaltet und neben der Fortsetzung der rührenden Geschichten der Waschmittelwerbung lauscht.

3 Serienfans aufgepasst!

M3 Eine Soapgeschichte

FLO SPIRA und JAN WITTENBERG

Jan ist nicht bereit, Flos Beweggründe für eine Trennung zu akzeptieren.

> Vormittag

JAN LEHNT MIT VERSCHRÄNKTEN ARMEN AN DER ARBEITSFLÄCHE IN DER KÜCHENZEILE. FLO SITZT AM BISTROTISCH.

FLO (AUFGEWÜHLT): Vielleicht war es wirklich ein Fehler, dass wir eine Beziehung eingegangen sind.
JAN (HEFTIG): Die Einsicht kommt etwas spät. (BITTER) Und das gerade jetzt, wo wir einfach nur glücklich sein könnten ...
FLO (GEKNICKT): Das sind wir aber nicht ... ich muss mir erst mal klar werden, was ich will.
JAN: Ich denke, du liebst mich?
FLO (NICKT TRAURIG): Trotzdem muss ich erst mal alleine sein.
JAN: Ich darf mich solange in Geduld üben, oder wie stellst du dir das vor?
FLO (BEMÜHT GEFASST): Ich erwarte gar nichts von dir. (TRAURIG) Höchstens, dass du mich ein bisschen verstehst.
JAN: Das tue ich ja. Oder ich versuche es zumindest. – Es ist nur hart, zu sehen, dass ich für dich im Grunde vollkommen überflüssig bin.
FLO: Das bist du ja nicht. (AUFGEWÜHLT) Ich war nun mal so lange mit Andy zusammen ... ich bin einfach noch nicht so weit ...
JAN: Schon kapiert. (GEHT IN RICHTUNG TÜR, BITTER) Tja, dann ist wohl alles klar.
FLO: Jan, bitte ...
JAN: Jetzt muss ich erst mal alleine sein. (KALT) Mach's gut.
JAN GEHT VERLETZT. ENDEN AUF FLO, ÜBERFORDERT.

M4 Alles so schön einfach hier!

Benjamin (12), selbst langjähriger Soapfan und Mitarbeiter der Schülerzeitung in einer Duisburger Gesamtschule, fragte die Psychologin Monika Weiderer, die sich intensiv mit dem Publikum von Seifenopern beschäftigt, warum Marienhof, GZSZ und Co. derart großen Erfolg bei Jugendlichen haben.

Benjamin: Frau Weiderer, warum schauen so viele Jugendliche Soaps?
Monika Weiderer: Ein Grund ist sicher, dass es in ihnen vorwiegend um Gefühle geht. In den Soaps können Jugendliche das nacherleben, was oft im eigenen Leben kaum noch vorhanden ist: große Gefühle. Hinzu kommt, dass sie diese großen Gefühle bequem wieder ausschalten können. Der Druck auf die Fernbedienung reicht, die Gefühle auszuknipsen, wenn sie einem zu nahegehen. Das geht im eigenen Leben nicht.
Benjamin: Viele Fans tun so, als ob die Soap-Figuren ihre besten Freunde wären, obwohl die Schauspieler die Zuschauer ja gar nicht kennen. Wie erklären Sie das?
Monika Weiderer: Ein solches Vertrauen entsteht, weil die Figuren regelmäßig auf dem Bildschirm erscheinen und für den Fan damit fast zu Freunden werden. Man kennt ihre Leiden besser als die eines wirklichen Freundes. Dadurch entsteht der Eindruck beim Fan, er stünde mit den Serienhelden in einer zwischenmenschlichen Beziehung.
Benjamin: Eltern, Lehrer und Politiker weisen häufig auf Gefahren hin, die hoher Fernsehkonsum mit sich bringt. Sind Soaps gefährlich?
Monika Weiderer: Jugendliche könnten versuchen, die im Fernsehen vorgelebten Ideen und Verhaltensweisen auf das reale Leben zu übertragen. Ihre Versuche, die Serienhelden nachzuahmen, sind aber zum Scheitern verurteilt, denn die eigene Lebenswirklichkeit ist unendlich viel komplizierter und unvorhersehbarer!

M2–M4: nach Peter Süß / Gabriele Kosack

Aufgaben

1 Sprecht über eure Erfahrungen mit den Serien, die hier abgebildet sind. Was verraten die Titel über ihre Themen? Was macht Seifenopern aus? ➔ M1
2 Welche Soaps seht ihr am liebsten? Was interessiert euch daran? ➔ M1/M2
3 Was bewegt die Menschen immer wieder dazu, Soaps einzuschalten? ➔ M2
4 Fasst die Geschichte der Seifenoper mit eigenen Worten zusammen. ➔ M2
5 Lest die Drehbuchszene mit verteilten Rollen und spielt sie anschließend nach. Bildet dazu mehrere Gruppen, sodass ihr unterschiedliche Aufführungen miteinander vergleichen könnt. ➔ M3 **RS**
6 Erfindet anschließend selbst in Gruppen kurze Szenen, die sich auf euren Alltag beziehen, und führt sie auf. Besprecht abschließend, worin sich das wirkliche Ereignis von dem in der Szene unterscheidet. ➔ M3 **RS**
7 Diskutiert die Meinung der Psychologin über Soaps. ➔ M4 **D**
8 Überprüft die Aussagen an der Drehbuchszene, die ihr gespielt habt. ➔ M3/M4

151

Medienwelten

4

M1 Warum Superstar sein?

Deutschland sucht den Superstar (DSDS) ist eine Casting-Show, die seit 2002 vom Fernsehsender RTL ausgestrahlt wird. Ca. 30.000 junge Menschen treten an, um zu zeigen, dass sie singen können, gut aussehen und das Zeug zum Star haben. Das Online-Magazin musicanddance.de *fragte Francisca Urio, Teilnehmerin der 4. Staffel nach den Gründen für ihre Teilnahme.*

musicanddance.de: Wie kommt man auf die Idee, sich bei DSDS zu bewerben? War das die Familie, Freunde und Bekannte oder du selbst?
Urio: Ich hab den Trailer im Fernsehen gesehen und dachte nur: Cool, diesmal mach' ich mit. Ich hab' mir die Staffeln davor alle angeguckt und jedes Mal mitgefiebert. Einmal auf dieser Bühne zu stehen, wow, darauf hatte ich einfach Bock.
musicanddance.de: Erzähl, wie hast du das angepackt? Wie hast du von den Vorsingterminen erfahren?
Urio: Nachdem ich den Trailer im Fernsehen gesehen hab', bin ich gleich ins Netz und hab' mich online beworben. Nicht lange fackeln, dachte ich, manchmal muss man einfach aus dem Bauch heraus entscheiden und etwas durchziehen.

www.musicanddance.de

M2 Einmal Star und zurück

Bei Leo Bartsch kam das Aus in der letzten Popstars-Show vor dem Finale. „Da fiel ich in ein Loch", sagt die 18-Jährige, die eigentlich als Favoritin galt. Drei Monate lang bestand ihr Leben aus Singen, Tanzen, Posieren und mit der Limousine von einem Termin zum nächsten kutschiert werden. Und dann plötzlich wieder:

Bernshausen, ein 600-Einwohner-Nest in der Nähe von Göttingen. Zurück zur Schule, wo die Einser-Schülerin nun plötzlich im Rückstand ist. Wieder Leonore Bartsch und nicht HipHop-Queen Leo.

Die Enttäuschung war groß, als sie im Oktober nach Hause fahren musste (die Sendungen wurden mit einigen Wochen Verzögerung ausgestrahlt). „Aber es hatte auch seine guten Seiten", sagt sich Leo. Die Eltern haben sich gefreut, sie konnte mit ihrem Hund spazieren und hatte Zeit für ein ausgiebiges Bad und einen Nachmittag mit Freundinnen. Leo bemüht sich, ihr altes Leben wieder schön zu finden. Doch so richtig können Spaziergänge und Vollbäder einen geplatzten Traum nicht aufwiegen. Sie findet es fies, dass sie – immerhin ein absoluter Publikumsliebling – rausgekegelt wurde.

nach Antonia Götsch

M3 Singen ist Nebensache

philopraktisch *fragte den* Spiegel*-Journalisten Andreas Borcholte nach der Idee von* Deutschland sucht den Superstar. *Im Interview gibt der Medienexperte einige überraschende Antworten.*

philopraktisch: Herr Borcholte, *Deutschland sucht den Superstar* ist eine der erfolgreichsten Fernsehshows, die jemals in Deutschland produziert wurden. Warum ist gerade eine Sendung, die nach Talenten sucht, derart beliebt?
Andreas Borcholte: Mit der Suche nach Talenten hat DSDS nichts zu tun. Die Show funktioniert wie eine Seifenoper und erzeugt Gefühle über den Wettkampf der unterschiedlichen Typen und deren Lebensläufe.
philopraktisch: Aber es geht doch darum, wer am besten singen kann.
Andreas Borcholte: Wie gut einer singen kann, interessiert nur am Rande. Auch das Thema des Castings

4 Du bist ein Superstar!

ist letztlich austauschbar, es könnte auch ums Kochen gehen. Oder ums Tanzen. Hauptsache, die Regeln werden beachtet, die eine Jury festlegt. Aussteiger mit eigenem Willen wie Max Buskohl sind unbequem und nicht erwünscht.

philopraktisch: Die Zuschauer möchten also keine tollen Säger und Sängerinnen hören, sondern Menschen sehen, die gewinnen oder scheitern wie im echten Leben.

Andreas Borcholte: Ja, allerdings gibt es da einen wichtigen Unterschied. Die Kandidaten können in der Zeit, in der sie bei DSDS sind, nicht frei über ihre Ziele entscheiden, sondern leben nach den Regeln einer Jury. Nicht umsonst wird immer wieder betont, dass „Superstar" zu werden Mark Medlocks letzte Chance im Leben ist. Wie oft musste man sich anhören, dass Lisa Bund nicht als Verkäuferin im Laden ihrer Mutter versauern wollte und früher mit ihrem Übergewicht zu kämpfen hatte. Geschichten wie diese sind es, die die Zuschauer dazu bewegen, für einen Kandidaten anzurufen und nicht die hundertste hingestümperte Version von Mariah Careys „Hero".

philopraktisch: Welches Interesse hat RTL ihrer Meinung nach an den Kandidaten?

Andreas Borcholte: Bei RTL geht es ja nur um die kostenpflichtigen Anrufe und die Einschaltquote. Wen kümmert schon der Gewinner, wenn die Show gelaufen ist und die nächste Staffel schon vorbereitet wird?

nach www.spiegel.de

M4 Harte Kritik – Bohlens Sprüche

Dieter Bohlen gehört seit der ersten Sendung zur Jury von Deutschland sucht den Superstar und macht immer wieder wegen seiner Urteile über die Leistung der Kandidaten von sich reden. Hier eine Auswahl:

„ Das Ding heißt hier nicht: Deutschland sucht Naturkatastrophen. "

„ Wenn du die Stimmbänder in den Müll schmeißt, ist das artgerechte Haltung. "

„ Du hast deinen ganz eigenen Stil, aber den finde ich absolut scheiße. "

„ Sonst sagt man den Kandidaten immer: ‚Gib nicht auf!', aber bei dir würde ich da 'ne Ausnahme machen. "

„ Wenn man so aussieht wie du, ist das auch kein Wunder. "

(zu einer Kandidatin, die gerade „Ich war noch niemals verliebt" gesungen hatte)

nach www.clickpix.de

M5 Die Klage der Öffentlichkeit

Nun kann man fragen, muss ein Bohlen höflich sein? Höflichkeit bedeutet, dass man den anderen achtet. Beschimpfungen durch Dieter Bohlen werden als Unterhaltung auch schulhoffähig und damit auch zu einem gewissen Maße gesellschaftsfähig. Mit allen Folgen für die gegenseitige Achtung. Und schlimmer kann die Botschaft, die den Jugendlichen vermittelt wird, schon fast nicht mehr sein. Sie lautet: Es ist cool, witzig und ein Recht des Stärkeren, den am Boden Liegenden noch zu treten. Hoffentlich wird das nicht üblich auf unseren Straßen und U-Bahnhöfen.

nach Rainer Erlinger

---

1 Was ist ein Star? Sammelt an der Tafel alles, was euch zu dem Begriff einfällt. Schaut euch anschließend das Foto an. Wie wirken die Kandidaten auf euch? Vergleicht die Darstellung mit eurer Definition von Star. ➜ M1

2 Fasse die Beweggründe von Francisca Urio zur Teilnahme an DSDS mit eigenen Worten zusammen. Würdest du an dem Casting teilnehmen? Warum (nicht)? ➜ M1

3 Versetze dich in Leonores Situation, nachdem sie aus der Sendung ausgeschieden ist. Verfasse einen Tagebucheintrag, in dem sie schildert, wie es ihr nach ihrem Ausscheiden geht. ➜ M2

4 Fasst Andreas Borcholtes Meinung über DSDS zusammen und diskutiert sie in der Klasse. ➜ M3

5 Wie wirken die Sprüche auf euch? Führt ein Rollenspiel durch: Drei Spieler übernehmen die Rolle der Jury und konfrontieren jeweils eine Schülerin oder einen Schüler mit einem Spruch von Dieter Bohlen. Tauscht die Rollen. Notiert anschließend kurz wie ihr euch in den jeweiligen Rollen gefühlt habt. ➜ M4

6 Welche Befürchtungen hat der Autor? Könnt ihr sie nachvollziehen? ➜ M5

7 Wie sollte man eurer Meinung nach Kritik üben? Formuliert dafür Regeln. ➜ M4/M5

Medienwelten

5 M1 Handyverbot in Schulen?

M2 Handy-Kult

Das Handy ist das erfolgreichste Medium aller Zeiten. Hier sagen drei Jugendliche und ein Erwachsener, was sie von Handys halten:

Nadja, 10: Ich hab' ein Handy zum zehnten Geburtstag bekommen. In meiner Klasse hat jetzt fast jeder eins; früher hab ich oft verpasst, wenn sich meine besten Freundinnen spontan verabredet haben, weil
5 ich gerade beim Musikunterricht oder mit unserem Hund spazieren war. Jetzt bin ich immer auf dem Laufenden. Meine Eltern finden mittlerweile auch gut, dass ich ein Handy habe, weil sie so immer wissen, wo ich stecke.

Michael, 11: Klar, man kann immer seine Kumpels 10 treffen, egal wo man ist. Ich hab, glaub ich, ein Handy, seit ich denken kann, weil ich immer die alten von meinem Bruder bekommen hab. Für 10 Euro darf ich im Monat telefonieren, dann ist die Karte gesperrt. Hat meine Mutter so eingerichtet. Wichtig ist für mich 15 aber vor allem die Videokamera im Handy. Wenn meine Kumpels und ich nachmittags skaten oder Party machen, muss ich das immer aufnehmen. Eine Digitalkamera ist zu teuer. Außerdem kann ich mit dem Handy immer daddeln, wenn ich in der U-Bahn 20 bin, und hab immer meinen Sound dabei.

Maximilian, 12: Genau diese Typen nerven mich am meisten: Überall hört man schlechte Musik aus schlechten Boxen und keiner redet mehr miteinander, weil sich alle entweder dauernd fotografieren oder sich 25 Videos zeigen oder alleine Spiele spielen. Bei uns in der Klasse wollen immer alle das neueste Handy haben und wer den tollsten Klingelton hat, ist der Coolste. So was Bescheuertes, ich kenne sogar Kinder, die Schulden haben, weil ihnen ihr Handy so wichtig ist. 30

Herr Schmitz, 37: Also, das neueste Handy muss ich nicht haben, aber ein Leben ohne kann ich mir kaum vorstellen. Ich arbeite als Journalist, muss nicht nur ständig erreichbar sein, sondern auch häufig Leute anrufen, wenn ich unterwegs bin. Außerdem erinnert 35 mich mein Handy immer an wichtige Termine, dient als Adressbuch und, wenn ich im Hotel bin, als Wecker. Manchmal schalte ich mein Handy aber auch bewusst aus, im Urlaub zum Beispiel, dann bin ich schon mal zwei Tage gar nicht erreichbar. 40

M3 An der Bushaltestelle

5 Immer erreichbar

M4 Schuldenfalle Handy

Kai, 12: Mein erstes Handy war mit jeder Menge Schnickschnack ausgestattet. Ich muss sagen, dass ich bei den ganzen Funktionen nicht mehr durchgeblickt habe. Weil ich zu faul war, die Bedienungsanleitung zu lesen, hab ich einfach ein paar Tastenkombinationen ausprobiert. Im nächsten Monat legte mein Vater mir eine Rechnung über 100 Euro auf den Tisch: Nie im Leben hatte ich so viel telefoniert. Wir haben uns dann erkundigt: Offenbar hatte ich durch eine Tastenkombination einen Internetbrowser aktiviert und war mehrere Stunden online. Branding nennt man so was.

Vertragspartner von Kai: Bei den sogenannten Brandings handelt es sich um Tastenkombinationen, die es unseren Kunden ermöglichen, direkt, ohne sich durch das komplette Menü zu klicken, besondere Dienste in Anspruch zu nehmen; zum Beispiel unseren Internetdienst. Dass Kai durch die unwissentliche Inanspruchnahme des Dienstes hohe Kosten verursacht hat, ist bedauerlich. Aber die korrekte Bedienung des Handys liegt in der Verantwortung des Nutzers; in der Bedienungsanleitung wird ausdrücklich auf unsere Brandzeichen hingewiesen.

Sophie, 11: „Hol dir den supercoolen Klingelton kostenlos auf dein Handy!", sagte die nette Stimme, als MTV meinen Lieblingssong von den Pussycat Dolls zeigte. Also hab ich angerufen. War ja kostenlos. Als ich Gülcan davon erzählte, war sie ganz erschrocken und hat gefragt, wie blöd ich denn sei. Ich hätte jetzt bestimmt ein teures Abo, für das ich zahlen müsste. Sie hatte recht: Ich muss jetzt monatlich 8 Euro zahlen, das hat mir die Frau am Telefon gesagt, die ich gleich angerufen habe. Meine Eltern sind mit mir zur Verbraucherzentrale gegangen. Die haben gesagt, dass man nichts machen könne. Meine Eltern sind so nett und teilen jetzt monatlich die Kosten mit mir.

Die Sprecherin des Klingeltonanbieters: Wir bedauern den Fall von Sophie natürlich außerordentlich. Allerdings: Wenn sie genau aufgepasst hätte, wäre ihr das Kleingedruckte in der Werbung aufgefallen, natürlich weisen wir auf die Kostenpflicht des Abonnements hin. Viele junge Menschen sind bereit, einige Euros für die neuesten Klingeltöne zu bezahlen, weil sie sich mit ihrem Handy sehr stark identifizieren.

Werbeanzeige aus der Zeitschrift Bravo

Aufgaben

1. Was sagt das Bild eurer Meinung nach aus? Führt eine Pro- und Contra-Diskussion zum Thema „Handys an Schulen" durch. ➔ M1
2. Was haltet ihr von den unterschiedlichen Argumenten für oder gegen das Handy? ➔ M2
3. Führt auf dem Schulhof eine Umfrage durch, zu welchem Zweck eure Mitschüler das Handy nutzen. Entwerft einen Fragebogen und fertigt anschließend ein Schaubild an. ➔ M1/M2
4. Was fällt euch am Comic auf? Was ist das Unsinnige an der Situation? Auf welche Gefahren des Umgangs mit dem Handy will der Zeichner hinweisen? ➔ M3
5. Schreibt in Partnerarbeit einen Dialog zwischen dem Vater oder der Mutter von Kai bzw. Sophie und dem/der Geschäftsführer/in der Firma. Am Ende sollte es zu einer Einigung zwischen den beiden Parteien kommen. Berücksichtigt dabei im zweiten Fall, dass Jugendliche erst ab 14 Jahren teilweise geschäftsfähig sind. Denkt anschließend über Vorsichtsmaßnahmen nach, die vor solchen Fallen schützen. ➔ M4
6. Auf dem Verbraucherschutzportal für Jugendliche http://www.lookedup4you.de findet ihr Infos rund ums mobile Telefonieren. Testet euer Wissen. ➔ M1-M4
7. Untersucht Handy- und Klingeltonwerbungen. Welche Botschaften werden vermittelt? ➔ M4

Medienwelten

6 M1 Im Chatroom

Natascha: Hallo!!!!! Wer will chatten? ;)
Am coolsten: gerade beschäftigt (Essen)
Mumax: morgen wieda schule da hab ich kb drauf!
Ninja: und hat deine mudda das mit Reitcamp erlaubt?

Mumax: noch nich gefragt. Was machste morgen außer schule?
Natascha: hey, wer will chatten??? Bitte melden! :)
Ninja: jiu jitsu und mathe üben schreiben nimmich ne arbeit *kotz*
Natascha: bin gleich sauer wenn niemand chatten will
Sunshine: lol
Leili: mein computer spinnt
Peter93: wieso
Leili: der geht nicht
Mumax: dinstag hat Klara Geburtstag, son scheiß, wir sollen uns alle ein spiel überlegen.
Peter93: und wie kannste dann chatten
Leili: jetzt geht er wieder. Wer will mich was fragen, ich weiß alles.

M2 Was so spannend am Chatten ist

Mustafa, 11:
Es ist viel einfacher, im Chat Leute anzusprechen als auf dem Schulhof oder auf dem Sportplatz. Niemand schaut dich dumm an, schließlich ist man ja zusammengekommen, um sich zu unterhalten. Und kein Mädchen findet gleich, ich wäre noch zu klein oder zu jung, um mit ihr zu reden.

Gülcan, 13:
Ich finde, das Gute am Chatten ist, dass man auch mal ein bisschen frecher sein darf, wenn man die Leute nicht sieht. Die Bemerkungen sind schnell, manchmal provozierend, aber eigentlich nie böse gemeint. Und weil man doch noch ein bisschen mehr Zeit zum Überlegen hat als in einem normalen Gespräch, ist es einfacher, schlagfertig zu sein. Man kennt das ja, in normalen Unterhaltungen fällt einem die witzigste Antwort nicht sofort ein, sondern erst zwei Stunden danach, wenn es zu spät ist.

Oliver, 10:
Manche Chatter sind wirklich gemein. Gerade wenn man sich noch nicht so gut auskennt und man fragt, wie das hier geht, wie man zum Beispiel flüstert, dann nehmen sie einen nicht ernst und machen sich darüber lustig, dass man neu ist. Alle wollen cool sein. Das kann einem den Spaß ganz schnell verderben. Und dann geht auch noch alles furchtbar schnell und so durcheinander.

Renata, 12:
An manchen Tagen fühle ich mich hässlich. Mit meinen langweiligen Klamotten und meiner alten Brille würde ich dann nicht so gern unter Menschen gehen. Aber vor dem Bildschirm spielt das keine Rolle, alle freuen sich, wenn ein Mädchen den Chatroom betritt, und keiner kann mich sehen. Das gibt mir auch Selbstbewusstsein.

nach Verena Carl

6 Total vernetzt

M3 Echt gemein!

Ich weiß nicht mehr, was ich tun soll! Immer wieder tauchen E-mails auf, in denen ich von meinen Mitschülerinnen schlecht gemacht werde. Sie haben das Gerücht in die Welt gesetzt, ich würde mich jedem Jungen an den Hals werfen. Das stimmt überhaupt nicht, zumal ich doch sehr schüchtern bin und so etwas gar nicht machen würde. Selbst Laura, meine beste Freundin, hat sich von mir abgewandt und will nichts mehr mit mir zu tun haben. Als ich heute auf ICQ war, habe ich von jemandem, der sich badgrl2 nennt, eine kurze Nachricht gefunden: I hate U – ich hasse dich. Das macht mich fertig. Dabei tue ich doch alles, damit mich jeder mag. Aber das scheint nicht der Fall zu sein, weil ich in der letzten Zeit auch entstellte Bilder von mir im Netz finde. Irgendjemand hat mit seinem Handy auch noch ein Video von mir gedreht, kurz nachdem ich die Bilder und Geschichten über mich im Netz gefunden hatte. Es ging mir damals echt schlecht. Dieses Video steht natürlich auch im Netz. Es zeigt mich weinend, allein, am Boden zerstört. So wie ich im Moment von meinen sogenannten Klassenkameradinnen behandelt werde, kann es nicht weitergehen. Ich wüsste wirklich gern, wer mich fertig machen will – und vor allen Dingen: warum?

M4 Ein seltsamer Anrufer

Jeremias, 12, chattet täglich eine halbe Stunde mit Freunden, Bekannten aus der Schule und vom Skateboardpark und manchmal auch mit Unbekannten. Und mancher Unbekannte hat sich schon als angenehmer Gesprächspartner entpuppt. Heute lernt er Patrick, 14, kennen. Dieser möchte Jeremias mitnehmen, wenn er das nächste Mal in den Skaterspalace nach Münster fährt, und bittet Jeremias deshalb um seine Handynummer. Am Abend klingelt das Telefon.

Jeremias: Ja, hallo, hier spricht Jeremias Mangold.
Anrufer: Hallo Jeremias, hier ist der Thorsten Schulz, der Vater von Patrick. (kurze Pause) Patrick hat mir erzählt, dass ihr euch so gut bei ICQ unterhalten habt und verabredet seid.
Jeremias (zögert): Ja. Und...
Anrufer: Na, da dachte ich, ob ich euch gleich morgen mit nach Münster nehmen soll, ich muss sowieso dahin und ...
Jeremias (unterbricht den Anrufer): Könnte ich Patrick sprechen?
Anrufer (bestimmt): Nein, das geht nicht, Patrick ist gerade mit dem Fahrrad los. Aber er hat mir deine Nummer gegeben und gesagt, dass ich eine Verabredung ausmachen soll. Wie wär's also mit morgen gegen elf Uhr vorm Bahnhof in Dorsten? Du wohnst doch in Dorsten, oder? Hat Patrick jedenfalls gesagt.
Jeremias: Das ist sehr nett, aber ich würde das lieber mit Patrick vereinbaren.
Anrufer: Das wird schwierig, weil Patrick heute bei einem Freund schläft und ich ihn erst morgen früh abholen gehe. Blöderweise hat er sein Handy hier vergessen.
Jeremias: Wenn das so ist, würde ich Sie gerne mal an meine Mutter weiterreichen. (Der Anrufer legt auf.)

Aufgaben

1 Welchen Eindruck macht dieser Chat auf dich? Achte auf die Sprache, die Themen und die Form der Unterhaltung. Tauscht euch über eigene Chat-Erfahrungen aus. Legt dazu gemeinsam eine Mindmap an der Tafel an. ➜ M1 **M**

2 Was für Menschen verbergen sich wohl hinter den Aussagen? Male ein Porträt einer Person deiner Wahl und erkläre deine Skizze anschließend vor der Klasse. ➜ M1 **K**

3 Welche Gründe führen die Jugendlichen dafür an, dass sie chatten? ➜ M2

4 Was hältst du von den E-Mails, die das Mädchen erhält? ➜ M3

5 Vielleicht kennst du ja jemanden, der über ICQ oder YouTube oder ... gemobbt, also systematisch schikaniert und ausgegrenzt wird. Was würdest du ihm oder ihr raten, um dagegen anzugehen? ➜ M3

6 Überlegt gemeinsam, was es mit dem Telefonat auf sich hat und warum der Anrufer plötzlich auflegt. ➜ M4

7 Wie hättet ihr in dieser Situation reagiert? Welche anderen unangenehmen Situationen können durchs Chatten entstehen? ➜ M4

8 Gibt es Strategien, die solche Situationen von vornherein vermeiden? Legt gemeinsam eine Liste an und stellt Regeln für das Verhalten in Chatrooms auf. (Weitere Regeln auf: www.kindersindtabu.de) ➜ M4

Medienwelten

7

M1 Gaming

M2 Das neue Computerspiel

Während des Unterrichts konnte Ben sich gar nicht mehr konzentrieren. Dabei war Mathematik sogar eines seiner Lieblingsfächer. Aber an diesem Tag war es einfach unmöglich, aufzupassen. Immer wieder fühlte Ben in der Jackentasche nach, ob das Steckmodul auch noch richtig verpackt war. Ständig stellte er sich vor, in die vierte Ebene einzudringen und das Spiel an dieser schwierigsten Stelle mit Rekordpunktzahl zu beenden. Wenn doch bloß die Schule bald zu Ende wäre!

Ben war so in Gedanken, dass er zuerst nicht bemerkte, wie ihm von der rechten Seite des Klassenzimmers ein kleines Papierknäuel zuflog. [...] Ben faltete das Papierknäuel auseinander und las:

> Hallo Ben!
> Hab in Mathe echt noch nichts geblickt. Und morgen schreiben wir die Klassenarbeit. Kannst Du mir helfen beim Lernen?
> Heute Nachmittag.
> Ist wirklich sehr wichtig.
> Jennifer

Das hatte Ben gerade noch gefehlt. Er selbst hatte die Vorbereitung auf die Klassenarbeit schon in seinem Programm gestrichen. Genauer gesagt fieberte Ben dem neuen Computerspiel so sehr entgegen, dass er gar nicht mehr an die Klassenarbeit gedacht hatte. [...] Und nun kam Jennifer. Ohne ihre Hilfe wäre seine letzte Englisch-Arbeit mit Sicherheit voll danebengegangen. Es half alles nichts. [...] Ben rollte mit den Augen gegen die Zimmerdecke und ließ dann den Kopf schwer in die aufgestützten Hände fallen. Er wusste: Der Nachmittag war gelaufen.

Andreas Schlüter

M3 Bürger von Konsolien

> Ich kenn 'n Typen in der Nachbarschaft
> den jeder für 'n Loser hält,
> doch daheim in seiner Computerwelt
> ist er 'n Superheld.
> Macht locker jeden platt
> und toppt jeden Punktestand,
> aber im Alltag bleibt er unbekannt,
> sein Name ungenannt. [...]
> Verschwendet jeden Tag,
> weil er ganz allein zu Hause hockt,
> denn in der Welt da draußen
> gibt es bei Gefahr keinen Pauseknopf.
> Und wenn ihr selbst jemand kennt,
> der ähnliche Probleme hat,
> dann schenkt ihm diese Platte
> und nehmt ihm seine Geräte ab!
> (Und darum geht das an die:)
> Bürger von Konsolien.
> Lasst die Zeit frei, lasst sie laufen. [...]
> Und wir singen dies' Lied
> bis es jeder hier versteht!
> Es wird Zeit,
> dass ihr euer Leben lebt!
> Denn ich kann nicht nur daneben stehen,
> zusehen wie alle falsche Wege wählen,
> sich alles nur noch um Geräte dreht,
> während die Welt untergeht!!
> Bürger von Konsolien ...

Jan Delay

7 Wie wirklich ist die Medienwirklichkeit?

M4 Was können Eltern tun?

* Tipp 1: Interessieren Sie sich für angesagte Spiele!
* Tipp 2: Sprechen Sie mit Ihrem Kind über seine Erlebnisse beim Spielen!
* Tipp 3: Spielen Sie mit!
* Tipp 4: Gemeinsam feste Regeln vereinbaren!
* Tipp 5: Orientieren Sie sich an Zeitvorgaben! Empfehlung: 11–13 Jahre: ca. 60 Minuten.
* Tipp 6: Achten Sie auf die Alterskennzeichnung!
* Tipp 7: Zeigen Sie Verantwortung, indem Sie Jugendschutz- und Urheberrechtsgesetze achten!
* Tipp 9: Tauschen Sie sich mit anderen Eltern aus!
* Tipp 10: Spiele nicht als Belohnung oder zur Strafe einsetzen!

nach www.klicksafe.de

M5 Die Legende von der doppelten Wirklichkeit

Stell dir Menschen vor, die in einer unterirdischen Höhle wohnen. Sie kehren dem Eingang die Rücken zu und sind am Hals und an den Füßen festgebunden, deshalb können sie nur die Höhlenwand ansehen.
5 Hinter ihnen erhebt sich eine hohe Mauer, und hinter dieser Mauer wiederum gehen menschenähnliche Gestalten vorbei, die verschiedene Figuren über den Mauerrand halten. Da hinter diesen Figuren ein Feuer brennt, werfen sie auf der Höhlenwand zitternde Schat-
10 ten. Das Einzige, was die Menschen in der Höhle sehen können, ist also dieses „Schattentheater". Sie sitzen seit ihrer Geburt hier und halten die Schatten folglich für das Einzige, was es gibt.
Stell dir nun vor, einer von diesen Höhlenbewohnern
15 kann sich aus der Gefangenschaft befreien. Zuerst fragt er sich, woher die Schattenbilder an der Höhlenwand kommen. Schließlich kann er sich freikämpfen.
Was, glaubst du, passiert, wenn er sich zu den Figuren umdreht, die über die Mauer gehalten werden? Er ist
20 natürlich zuerst vom scharfen Licht geblendet. Auch der Anblick der scharfumrissenen Figuren blendet ihn – er hat bisher ja nur ihre Schattenbilder gesehen. Wenn er [...] aus der Höhle ins Freie klettern könnte, [...] würde [er] wirkliche Tiere und Blumen sehen [...].
25 Jetzt könnte der glückliche Höhlenbewohner in die Natur hinauslaufen und sich über seine frischgewon-
nene Freiheit freuen. Aber er denkt an alle, die noch unten in der Höhle sitzen. Deshalb geht er zurück. Sowie er wieder unten angekommen ist, versucht er, den anderen Höhlenbewohnern klarzumachen, dass 30 die Schattenbilder an der Höhlenwand nur zitternde Nachahmungen des *Wirklichen* sind. Aber niemand glaubt ihm. Sie zeigen auf die Höhlenwand und sagen, das, was sie da sähen, sei alles, was es gibt.

Jostein Gaarder

Aufgaben

1 Betrachtet die Abbildungen und tauscht euch in der Klasse darüber aus, welche Spiele ihr kennt und worum es geht. Sprecht über den Reiz dieser Spiele. → M1
2 Worin besteht Bens Problem? Ist es wirklich ein Problem? Warum bzw. warum nicht? → M2
3 Wie sollte Ben eurer Meinung nach mit der Situation umgehen? → M2
4 Worum geht es in dem Lied „Bürger von Konsolien"? → M3
5 Welchen Vorschlag macht Jan Delay, um das Problem der Computersucht zu vermeiden? → M3
6 Entwerft in Gruppen Vorschläge für einen sinnvollen Umgang mit dem Internet und stellt eure Ergebnisse in der Klasse vor. → M4
7 Übertrage die Gedanken dieser Geschichte auf Fernsehzuschauer oder Computernutzer. Versuche diesen Vergleich weiterzudenken, indem du eine Parallelgeschichte verfasst. → M5
8 Glaubst du, dass uns Medien eine Scheinwelt präsentieren oder die Wirklichkeit abbilden? Sammelt Argumente für beide Positionen und führt eine Pro- und Contra-Debatte durch. → M5

Projekt: Medienführer

Erstellt einen Führer mit Medientipps. Bildet dazu verschiedene Gruppen (Buch, Film, Computerspiel etc.) und vereinbart einen Zeitraum (z. B. vier Wochen).
Jeder bzw. jede von euch verfasst nach einem vorher festgelegten Muster eine kurze Beschreibung und Bewertung zu einem aktuellen Buch, Film oder Spiel, das er oder sie in diesem Zeitraum gelesen bzw. gesehen oder ausprobiert hat. Stellt eure Kritiken zu einem Informationsheft für eure Klasse oder Schule zusammen.

„Schön" und „hässlich"

1 **M1** Schön oder hässlich?

M2 Eigenschaften des Schönen und Hässlichen

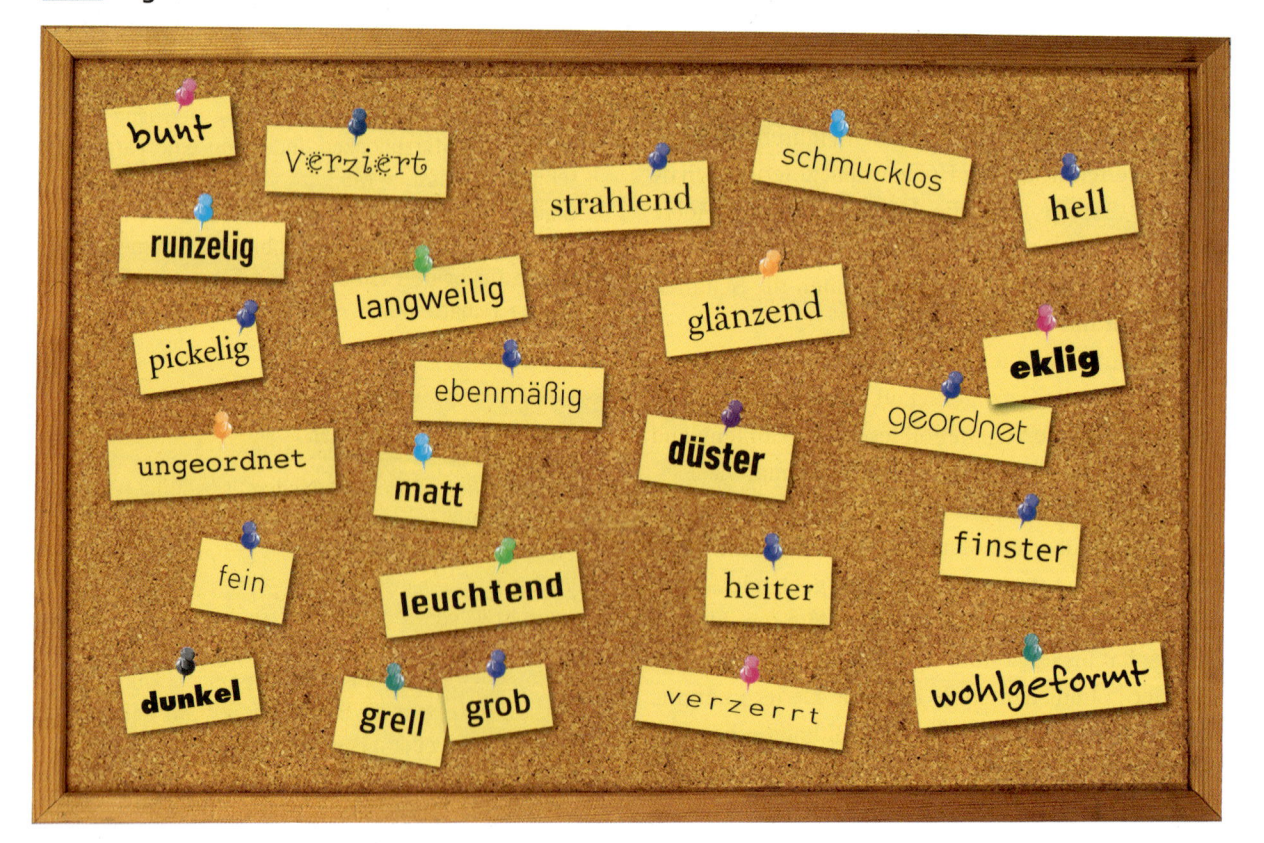

- bunt
- verziert
- strahlend
- schmucklos
- hell
- runzelig
- langweilig
- glänzend
- pickelig
- eklig
- ebenmäßig
- geordnet
- ungeordnet
- düster
- matt
- finster
- fein
- leuchtend
- heiter
- dunkel
- grell
- grob
- verzerrt
- wohlgeformt

1 „Schön schön" und „hübsch hässlich"

M3 Redensarten und Sprichwörter

Wer schön sein will, muss leiden.

Schönheit ist ein Geschenk des Himmels.

Schönheit liegt im Auge des Betrachters.

Nobody is perfect, but my name is Nobody.

Hässlich wie die Nacht.

Schönheit ist vergänglich.

Das Schöne zieht an, und das Hässliche stößt ab.

Wahre Schönheit kommt von innen.

Von einem schönen Teller allein kann man nicht essen.

Schönheit ist ein willkommener Gast.

Auch der Teufel war schön, als er jung war.

Aufgaben

1 Was von dem Abgebildeten findest du schön, was hässlich? Warum? → M1
2 Zählt weitere schöne und hässliche Dinge auf. → M1
3 Vervollständigt folgende Satzanfänge:
Schön ist …
Hässlich ist … → M1
4 Bringt Gegenstände mit in den Unterricht, die ihr schön findet. Erläutert den anderen, was ihr an ihnen schön findet.
5 Welche der Eigenschaften würdet ihr dem Schönen und welche dem Hässlichen zuschreiben? Findet weitere Beispiele. → M2
6 Suche dir eine von den Redensarten aus und erkläre den anderen, was du darunter verstehst. → M3
7 Fertigt Collagen an, in denen Schönes und Hässliches gegenübergestellt wird. Vergleicht eure Collagen. → M1–M3

„Schön" und „hässlich"

M1 Das hässliche junge Entlein

Es saß eine Ente auf ihrem Nest, um ihre Jungen auszubrüten, und so gewissenhaft sie auch von Anfang an diesem Geschäft oblegen hatte, mit der Zeit wurde sie dieser Tätigkeit doch beinahe überdrüssig. [...]
5 Endlich aber platzte doch ein Ei nach dem anderen. [...] „Seid ihr jetzt alle hübsch beisammen?", fragte die alte Ente und erhob sich. „Nein, weiß Gott nicht, es sind noch nicht alle", fuhr sie fort, „das größte Ei ist immer noch nicht ausgebrütet." [...]
10 Endlich und endlich platzte das große Ei, und das Junge kroch heraus. „Piep, piep", tönte sein feines Stimmchen, sonst aber war es sehr groß und, wie die alte Ente zu ihrem Entsetzen sah, ungeheuer hässlich. „So sahen doch die anderen nicht aus!", sagte die alte
15 Ente, das Junge von allen Seiten betrachtend. „Und wie hässlich es ist, sollte es am Ende doch ein junger Truthahn sein?" [...]
Die anderen Enten aber, als sie die Alte mit ihren Jungen sahen, betrachteten diese hochmütig und
20 sagten: „Na, was wollen denn die hier, als ob wir unser nicht schon genug wären! Und wie hässlich das eine von ihnen aussieht! Nein, so etwas! Und solch eine Vogelscheuche sollen wir unter uns dulden? Da wird nichts draus!" Damit flog eine der Enten auf das
25 Junge zu und gab ihm einen tüchtigen Schnabelhieb. [...] Es wurde von den anderen Enten wie von den Hühnern verlacht, verspottet, gehänselt und gebissen. Jeden Augenblick bekam es einen Puff, so dass das arme Entlein zuletzt gar nicht mehr wusste, wie
30 es gehen oder wo es stehen sollte. Mit Schaudern dachte es daran, wie hässlich es war, und dass es dem ganzen Entenhof zum Gespött dienen müsse. Seine eigenen Geschwister waren recht garstig gegen dasselbe, und mehr als einmal sagten sie: „Wenn dich
35 nur die Katze holen würde, du garstiges Ding!" Die Enten bissen es, die Hühner sprangen auf dasselbe los und hackten mit dem Schnabel, auch die Futtermagd stieß es mit dem Fuße. „Das halte ich nicht länger aus!", sagte das junge Entlein und flog erschrocken
40 über den Zaun, „meine Hässlichkeit ist an all meinem Unglück schuld, ich will in die weite Welt gehen, wo mich niemand kennt", und dann lief es auf gut Glück immer gerade fort. [...]
Ach, und der Winter wurde mit jedem Tage grimmi-
45 ger; unaufhörlich musste es hin- und herschwimmen, damit das Wasser nicht zufror. [...] Da lag es nun bis zum Tode erschöpft, und nur mühsam schleppte es sich hinunter zu dem Röhricht am Moor. Hu, wie kalt es dort war, und der Winter dauerte so lange, so ent-
50 setzlich lange! Endlich kam aber doch der Frühling wieder mit seinem warmen Sonnenschein [...]. Da trieb es auch das junge Entlein mächtig, seine Schwingen zu entfalten. Die waren groß und mächtig geworden. [...]
55 Und dort, an der Mündung des Kanals kamen jetzt aus dem Dickicht drei schöne, schneeweiße Schwäne dahergeschwommen, ruhig glitten sie über das Wasser, es war majestätisch anzuschauen. [...] „Wie wäre es, wenn ich zu ihnen hinflöge?", sagte es zu sich
60 selbst; „aber sie werden mich totbeißen, weil ich so hässlich bin und es trotzdem wage, mich zu ihnen gesellen zu wollen. Nun, was liegt mir schließlich daran? Wenn sie mich töten, so soll mir das doch hundertmal lieber sein, als wenn mich wie bisher die
65 Enten zwacken, die Hühner picken, die Hühnermagd pufft und ich im Winter alles Ungemach über mich ergehen lassen soll." So flog es denn aufs Wasser und schwamm den prächtigen Schwänen entgegen. Mit gesträubten Federn schossen alle auf das junge Ent-
70 lein los. „Ja, ihr habt recht, tötet mich nur", sagte es und neigte sein Köpfchen gegen das Wasser, den Tod erwartend – aber, was sah es in dem klaren Spiegel? Sein eigen Bild, aber so ganz anders als bisher. Das war kein plumper, schwarzgrauer Vogel mehr, den

2 Umgang mit dem Schönen und Hässlichen

alle hässlich genannt und von dem sie sich mit Abscheu abgewandt hatten; nein, das hässliche Entlein war jetzt selbst ein Schwan! [...] Ach, wie glücklich war jetzt das junge Entlein, vergessen war alles, was es zu erdulden gehabt, alle Not und alle Widerwärtigkeiten, die großen Schwäne kamen zu ihm herangeschwommen und streichelten es mit ihren Schnäbeln. Eben kamen einige kleine Kinder in den Garten und warfen Brot in das Wasser, das kleinste aber rief: „Da ist ein neuer!" und all die anderen Kinder klatschten vor Freude in die Hände, tanzten, sprangen und riefen Vater und Mutter herbei: „Seht nur, seht doch, da ist ein neuer Schwan, ein ganz junger", und die Eltern, die das besser verstanden als die Kinder, sagten: „Der neue ist der schönste von allen, er ist noch so jung, und dennoch schon so majestätisch!" Ja, das war es, man sah es schon an der Art und Weise, wie er die ihm zugeworfenen Brocken auffing. All die alten Schwäne verneigten sich tief vor ihm. – Wie seltsam war ihm da zumute! Er musste daran denken, wie elend es ihm ergangen war, als es noch als ein garstiges, verachtetes Entlein auf dem Hühnerhofe umhergelaufen war, damals glaubte jedes, nach ihm picken, es mit dem Schnabel zerzausen zu dürfen, und nun sagten alle Leute, er sei der schönste von all den herrlichen, prächtigen Vögeln! [...] Wonneschauernd sträubte er sein Gefieder und legte seinen schlanken Hals auf den Rücken. „Wo hätte ich mir all diese Pracht und Herrlichkeit träumen lassen", sagte er, „als ich noch das kleine, garstige, von allen verachtete, hässliche junge Entlein war!"

Christian Andersen

M2 Nur ein Märchen?

„Nein, Liebes, das ist nur ein Märchen. Du wirst wahrscheinlich wie dein Vater zu einer hässlichen Ente heranwachsen."

M3 Schön = erfolgreich?

Haben gut aussehende Menschen Vorteile? Werden sie besser behandelt als weniger gut aussehende? Um dies zu überprüfen, legten Forscher der Universität Regensburg Versuchspersonen unterschiedliche Gesichter vor und baten sie, die Eigenschaften der gezeigten Personen zu beurteilen. Das Ergebnis: Je attraktiver die gezeigten Gesichter waren, desto sympathischer, fleißiger, intelligenter und erfolgreicher werden die Personen eingeschätzt. Für unattraktive Gesichter gilt das Gegenteil.

Martin Gründl

Aufgaben

1 Wie verhalten sich Tiere und Menschen gegenüber dem hässlichen Entlein vor und nach seiner Verwandlung? → M1
2 Welchen Einfluss hat das Verhalten der anderen auf das hässliche Entlein? → M1
3 Wie bewertet ihr das Verhalten der anderen im Märchen? → M1
4 Sprecht über die Karikatur. → M2
5 Vergleiche das Märchen mit der Wirklichkeit. → M1–M3
6 Was wäre mit dem hässlichen Entlein geschehen, wenn es kein schöner Schwan geworden wäre? Schreibt ein neues Ende des Märchens. → M1–M3

„Schön" und „hässlich"

M1 Man nennt mich Ameisenbär

Als Thesi noch sehr klein gewesen war, hatte sie natürlich nicht gewusst, dass ihre Nase zu groß, ihr Kinn zu klein und ihre Augen zu dicht beieinander waren, um ein Gesicht zu ergeben, dass die Leute hübsch finden. „Hübsch und hässlich" hat für sehr kleine Kinder gar keine Bedeutung. Was hübsch und was hässlich ist, bringen einem erst die anderen Leute bei. Dass mit ihrem Gesicht etwas nicht in Ordnung war, hatte sie zum ersten Mal in der Schule, in der zweiten Klasse, bemerkt. [...] Damals hatte die Frau Lehrerin zu Weihnachten mit der Klasse ein Krippenspiel gemacht. Und da hatte sie an alle Mädchen der Klasse Zettel verteilt. Auf denen war der Text abgedruckt gewesen, den die Jungfrau Maria im Krippenspiel zu sprechen hatte. „Wer den Text bis nächsten Montag am besten aufsagen kann", hatte die Frau Lehrerin gesagt, „der wird unsere Jungfrau Maria!" Am nächsten Montag hatte Thesi den Text am besten aufsagen können. Sie hatte kein einziges Mal gestockt, sie hatte keine Zeile ausgelassen und sie hatte auch – laut Frau Lehrerin – „sehr gefühlvoll" betont. Doch alle in der Klasse hatten laut protestiert, als die Frau Lehrerin erklärt hatte: „Also, ich glaube, der Fall ist klar! Unsere Thesi wird die Jungfrau Maria!" Thesi hatte genau gehört, wie die Eva-Maria hinter ihr der Margit zugeflüstert hatte: „Mit der Nase kann sie doch höchstens den Esel oder den Ochsen spielen!" Und dann hatte die Karin zurückgeflüstert: „Und Kinn hat sie auch keins! Meine Mama hat gesagt, von der Seite schaut sie wie ein Vogel aus!"

Thesi war vor Schreck stocksteif geworden. In der nächsten Pause war sie zur Frau Lehrerin gegangen und hatte der Frau Lehrerin gesagt, dass sie die Jungfrau Maria gar nicht spielen mag und dass die Frau Lehrerin jemand anderen für die Rolle suchen solle. „Ja, warum denn nur?", hatte die Frau Lehrerin gefragt. Thesi hatte ihr keine Antwort gegeben; wahrscheinlich hatte die Frau Lehrerin den Grund ohnehin genau gekannt. In der nächsten Stunde jedenfalls hatte die Margit die Jungfrau-Maria-Rolle bekommen und alle in der Klasse hatten Beifall geklatscht.

Von diesem Tag an hatte Thesi ständig laute oder leise Bemerkungen über ihr Gesicht gehört. Ob das deshalb gewesen war, weil sie nun – misstrauisch geworden – dauernd genau aufpasste, was die Kinder redeten, oder ob die Kinder, wenn sie älter werden, auch boshafter und bissiger werden und Thesi deshalb immer öfter schlimme Sätze zu hören bekam, ist nicht genau zu entscheiden. Wahrscheinlich traf sowohl das eine als auch das andere ein wenig zu. [...]

Als Thesi ins Gymnasium kam, wurde alles noch ärger. [...] Einer, der Charlie, erfand gleich in der ersten Woche für Thesi den Spitznamen „Ameisenbär". Und seine Freundin, die Bigi, konnte gut zeichnen und spezialisierte sich auf Porträts von Thesi. Die waren ja auch leicht zu machen. In fast jeder langweiligen Unterrichtsstunde zeichnete die Bigi „Ameisenbären im Profil" und ließ sie durch die Pultreihen gehen. Und alle kicherten.

Thesi versuchte ihr Kinn und ihre Nase zu verstecken. Ganz gleich, ob sie gerade zuhörte oder schrieb oder zur Tafel gerufen wurde, immer hatte sie die linke Hand über Kinn und Nase; unter dem Handballen das Kinn, über der Nase Zeigefinger und Ringfinger. Das sah so aus, als habe sie sich gerade die Nase irgendwo gestoßen und versuche nun den Schmerz durch Auflegen der Hand zu lindern. Auch darüber lachten viele in der Klasse und der Mathe-Lehrer ärgerte sich darüber. Wenn er Thesi eine Frage stellte und wegen der vorgehaltenen Hand eine undeutliche Antwort bekam, rüffelte er sie an: „Nuschel doch nicht so, Bockskandl! Was ist denn das für eine blöde Angewohnheit, dauernd die Hand vor dem Maul zu haben? Weg mit der Pfote!"

3 Thesi, der Ameisenbär

M2 „Mein schöner schwarzer Rabe"

Eines Tages besucht Thesi ihre Großmutter Emma. Diese merkt, dass ihre Enkelin Kummer hat.

„In meinem Alter ist so ein Zinken ja kaum noch von Bedeutung, aber wie ich jung war ..." Die Großmutter seufzte. „Ich wollte nämlich partout Schauspielerin werden! Und überhaupt ..." Die Großmutter seufzte wieder. „Wenn ich mich richtig erinnere, so wollte ich mich viermal umbringen wegen dem Zinken. Beim letzten Mal, da war ich schon ganz erwachsen. Da habe ich schon deinen Vater gehabt. Das war, wie mir der verdammte kosmetische Chirurg erklärt hat, dass er aus diesem Zinken keine Stupsnase schneidern kann." Die Großmutter trank das Glas leer. „So eine kosmetische Operation war nämlich immer meine große Hoffnung. Aber vorher hatte ich ja nie Geld für so etwas. Das ist ja horrend teuer! Und früher war es, glaub ich, noch viel teurer. Aber dann, wie dein Großvater sehr wohlhabend geworden ist, da hab ich ihn um eine neue Nase angefleht." Die Großmutter lachte. „Er war ja dagegen. Nicht wegen dem Geld. Geizig war er nie. Aber er hat sich an meine Nase schon so gewöhnt, hat er gesagt. Ich will keine andere Frau, hat er gesagt. Und mit einer anderen Nase bist du eine andere Frau, hat er gesagt! [...] Und außerdem hat er behauptet, dass eine Stupsnase gar nicht zu meinen Augen und zu meinem Kinn passen würde. Es würde die Harmonie meines Gesichts stören, hat er gesagt. [...] Das war nicht nur so ein Trost von ihm. Das hat er wirklich so gemeint, der komische Kerl. Weißt du, wie er mich immer genannt hat? Mein schöner, schwarzer Rabe hat er mich genannt!"

M3 Der Ohrwaschelkönig

Thesi trifft bei ihrer Großmutter den Nachbarsjungen Josef-Maria wieder, mit dem sie schon im Sandkasten gespielt hatte.

„Ich weiß es genau", beharrte der Josef-Maria. „Ganz deutlich sehe ich deine Nase vor mir!" Thesi senkte den Kopf. „Ja, dann wird es wohl stimmen", murmelte sie. „Ach du grüne Scheiße", rief der Josef-Maria. „Sei nicht so angerührt! Bloß weil du deine Nase nicht magst, glaubst du dauernd, jeder andere mag sie auch nicht!" „Es mag sie ja auch keiner", sagte Thesi. „Doch!" Der Josef-Maria nahm Thesis Kopf in beide Hände und küsste ihre Nasenspitze. „Hör sofort auf", rief Thesi. Der Josef-Maria hörte nicht auf. Er küsste sich den Nasenrücken hinauf und wieder hinunter. Erst dann ließ er Thesis Kopf los. Thesi wischte mit dem Handrücken über die feuchte Nase. „Ich küsse nichts, was ich nicht mag", sagte der Josef-Maria. „Meine Ohren zum Beispiel würd ich nie im Leben küssen!" „Was ist mit deinen Ohren?", fragte Thesi. „Na hör einmal!" Der Josef-Maria griff sich mit jeder Hand ein Ohr und zog es vom Kopf weg. „Irrsinnswascheln sind das! Eselsohren! Fleischig und widerlich!" Thesi besah sich die Ohren. Schön waren sie wahrlich nicht. „Ohren sind doch Wurscht", sagte sie. „Nasen sind auch Wurscht", sagte der Josef-Maria. „Nasen sind wichtiger", sagte Thesi. „Warum?", fragte der Josef-Maria. „So eben", sagte Thesi. „Ob man mir Ohrwaschelkönig oder dir Nasenpeter hinterherruft, kommt doch aufs selbe heraus!" „Ohrwaschelkönig ist nicht so arg", beharrte Thesi. „Du spinnst ja", lachte der Josef-Maria. „Nur weil es dich angeht, hältst du es für ärger!" „Aber du leidest unter deinen Ohren nicht", rief Thesi. „Doch!" Der Josef-Maria machte ein Kummergesicht. „Weil sie mir niemand küsst!" [...] Als Thesi an diesem Tag von der Emma heimging, begleitete sie der Josef-Maria zur Straßenbahnhaltestelle. Thesi wartete, bis die Straßenbahn in die Haltestelle eingefahren war, dann küsste sie den Josef-Maria blitzschnell auf das rechte Ohr und auf das linke auch und sprang in die Straßenbahn. Die Straßenbahntüren klappten zu. Durch die Türscheibe sah Thesi den Josef-Maria. Er stand an der Haltestellentafel und hielt sich die Hände an die Ohren und lächelte ihr zu.

M1-M3: Christine Nöstlinger

Aufgaben

1 Welche Probleme hat Thesi in der Schule? → M1
2 Die Großmutter erzählt Thesi von ihren eigenen Erfahrungen. Denkt ihr, dass das, was die Großmutter erzählt, Thesi weiterhelfen kann? Begründet eure Meinung. → M2
3 Was bedeutet die Freundschaft mit Josef-Maria für Thesi? → M3
4 Schreibe Thesi einen Brief, wie sie mit ihrem Problem umgehen soll. → M1-M3

„Schön" und „hässlich"

4 **M1** Das neueste Wort des Tages

Fridolin geht in die fünfte Klasse und lebt in Bremen. Mittags ist er oft allein, weil seine Mutter, die geschieden ist, in einem Naturkundemuseum arbeitet. Sein bester Freund ist sein Hund, genannt Schnitzel.

Auf dem Küchentisch lag ein kleiner, eilig geschriebener Brief:

*Liebster Fridolin,
iss bitte etwas Vernünftiges! Im Kühlschrank steht ein Topf mit Gemüsebratlingen und Reis! Guten Appetit und Grüßchen und Küsschen, Mama.
PS: Wenn das neue Modell steht, komme ich nach Hause! Drück mir die Daumen, dass es nicht einkracht!*

Gemüsebratlinge und Reis! Puh! Noch einmal durchstöberte ich den Kühlschrank. Schließlich entschied
5 ich mich für ein großes Stück Fleischwurst, fünf Babybel-Käsestücke und drei Becher Schokoladenpudding mit Sahne. Das Wasser lief mir im Mund zusammen. Aus meinem Geheimversteck hinter dem Schrank schnappte ich mir außerdem noch eine Tüte
10 Käsechips. Dann schaltete ich meinen Computer ein und öffnete meine Geheimdatei. Ohne nachzudenken, tippte ich das Wort des Tages hinein:

FETTKUGEL.

So, das war es, das Wort des Tages. Die Liste der
15 Geheimdatei war lang:

* SCHLEIMBEUTEL.
* FETTWURM.
* HÄNGEBAUCHSCHWEIN.
* SCHWABBELKLOPS.
* SCHWEISSBERG.
* XXL-TORNADO.
* KALORIENBOMBE.
* MONSTER-E.T.
* MISTER SPECK.
* FETT-GAU.
* WITZBLATTKLOSS.
* NATURKATASTROPHE.
* BUDDHA-DOUBLE.
* SIEGER VON DEUTSCHLAND SUCHT DIE HORROR-FRESSE.
* GAMMELFLEISCHBROCKEN.
* FETTFRATZE.
* KLOSSKLUMPEN.
* KLUMPENKLOSS.
* GRÖSSTER ANZUNEHMENDER FETTBERG.
* SCHWABBEL-ALIEN.
* FRIDOLIN FATTY.

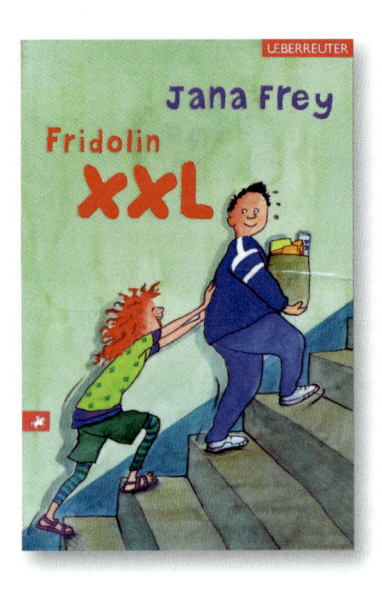

Schnitzel kam gähnend in mein Zimmer getrottet und legte seinen schweren, war-
20 men Zottelkopf auf meinem Knie ab. „Mannomann, Schnitzel", flüster-
25 te ich, stellte den Computer ab und aß die Chipstüte leer. Dabei rollte ab und zu eine salzige Träne über
30 mein Gesicht und landete auf Schnitzels Kopf. [...]
[Am nächsten Morgen in der Schule:] „Achtung, der Speck-Tsunami rollt an! In Deckung!", riefen Sebastian und Sebastian und Luca am anderen Morgen, kaum dass ich zur Klassentür hereingekommen war.
35 „Sebastian Dink! Sebastian Muxa! Luca Hoffesommer!", schimpfte Frau Backenstoß, die dabei war, die Mathearbeit der letzten Woche auszuteilen. Aber die Dreierbande achtete nicht weiter auf sie.

„Arrgh!", röchelte der eine Sebastian und tat so, als
40 würde eine unsichtbare Kraft ihn niederreißen. „Der größte Speck-Tsunami aller Zeiten, nichts und niemand kann ihn aufhalten!" Der andere Sebastian und Luca lachten.

Speck-Tsunami. Das neueste Wort des Tages. Ich 45
schluckte und ging leise und ohne jemanden anzusehen zu meinem Platz.

„Nun lasst ihn doch mal in Ruhe", sagte Tom hinter meinem Rücken ärgerlich. „Das wird doch allmählich langweilig." – „Sag selbst, ist er eine fette Tonne oder 50 ist er keine?", flüsterte Sebastian so laut, dass es alle hörten. „Mannomann", brummte Tom, was nicht ja und nicht nein hieß. Ich fühlte mich miserabel.

4 Fridolin XXL

M2 „Das muss anders werden!"

Fridolins Vater, der mittlerweile in Paris lebt, ist zu Besuch gekommen. Er hat seine beiden neuen Kinder Anna-Belle und Jean-Claude mitgebracht.

Mein Vater zwinkerte mir zu, klopfte mir auf die Schulter, überreichte mir ein Päckchen und sagte: „Na, Frido! Lange nicht gesehen! Wie ist es, willst du immer noch Polarforscher werden wie früher, als du klein warst?" Dabei schaute er mich irgendwie merkwürdig an, von Kopf bis Fuß. Er versuchte es unauffällig zu tun, aber ich sah es trotzdem.

Meine Mutter kochte Kaffee und rief aus der Küche: „Soll ich ein paar Windbeutel auftauen? Oder lieber Käsekuchen? Oder Miniberliner?" Und so begann der Streit. „Du lieber Himmel, Iphigenie!", fauchte mein Vater nämlich mit eisiger Eiswürfelstimme.

Ich war mit Schnitzel und Jean-Claude in mein Zimmer gegangen, aber ich hörte es trotzdem. „Was?", fragte meine Mutter. „Es muss nicht jeder ein Athlet sein, aber wie konntest du es so weit kommen lassen?" „Was meinst du?" Die Stimme meiner Mutter klang verwundert. [...] „Nun tu doch nicht so, als wüsstest du nicht, wovon ich spreche!" Mein Vater senkte die Stimme, aber unsere Wohnung hat dünne Wände. Jean-Claude und ich in meinem Zimmer verstanden jedes Wort. „Er ist erschreckend dick geworden, seit ich ihn das letzte Mal gesehen habe, verflixt." „Sie reden über dich", sagte Jean-Claude und schaute mich an. Wir saßen vor meinem Computer. Ich schwitzte vor Entsetzen. „Was für Spiele hast du?", erkundigte sich Jean-Claude im nächsten Moment unbekümmert, gerade als meine Mutter rief: „Kummerspeck! Das ist alles Kummerspeck, begreifst du das nicht? Du bist es doch, der sich rar macht! Du meldest dich doch höchstens zwei-, dreimal im Jahr!" „So ein Unsinn!", fauchte mein Vater, dabei stimmte das, was meine Mutter sagte. Zumindest der zweite Teil: Mein Vater rief mich nur zu meinem Geburtstag und zu Weihnachten an. Aber stimmte auch die Sache mit dem Kummerspeck? Wurde ich dicker und dicker, weil mein Vater sich so wenig um mich scherte? „Puh", murmelte ich. [...]

„Das muss anders werden, Iphigenie!", rief mein Vater in der Küche laut, ehe ich eine Antwort geben konnte. „Warum treibt Frido eigentlich keinen Sport? Er kann sich doch, so kugelrund, wie er ist, unmöglich wohlfühlen in seiner Haut! Wie ist es denn in der Schule?" „Was soll in der Schule sein?", rief meine Mutter aufgebracht zurück. Ich seufzte. „Na, er wird doch mit Sicherheit gehänselt - so, wie er aussieht!" „Unsinn", fauchte meine Mutter, aber ihre Stimme klang auf einmal ein bisschen unsicher, das war nicht zu überhören. Am liebsten hätte ich mir die Ohren zugehalten. „Puh", murmelte ich stattdessen wieder. „Warum sagst du immer ‚puh'?", fragte Jean-Claude neugierig und schoss mit meinem Joystick eine Rakete ab. Ich gab keine Antwort. „Und wie ist es, wirst du geärgert in der Schule?" Ich gab wieder keine Antwort. „Also, bei uns in der Klasse ist so ein Dicker, der wird dauernd geärgert", erzählte Jean-Claude und schoss ein paar Mal ins Leere. [...] „Letzte Woche hat er sich den ganzen Morgen auf der Jungentoilette eingeschlossen und gesagt, er werde nie mehr rauskommen, weil er die ganze Welt hassen würde, und er könnte schließlich nichts dafür, dass er so dick sei", erzählte Jean-Claude weiter. „Stell dir vor, zum Schluss musste der Hausmeister mit einem Brecheisen das Türschloss aufbrechen! Und jetzt geht Hendrik, so heißt der dicke Junge in meiner Klasse, in so ein Camp zum Abnehmen. Die anderen in meiner Klasse sagen, dort bekommt man so lange nur Wasser und Brot, bis man komplett abgemagert ist!"

In meinem Kopf drehte sich alles. *Kummerspeck? Ein Camp zum Abnehmen? Wasser und Brot?*

„Da, ich habe sie alle erwischt!", rief Jean-Claude zufrieden und begutachtete sein Ergebnis auf dem Monitor. „Komme ich jetzt in den nächsten Level?"

In diesem Moment kam mein Vater herein. ...

M1/M2: Jana Frey

Aufgaben

1 Welche Probleme hat Fridolin in der Schule? (Siehe hierzu auch S. 42, M2.) Wie geht er damit um? → M1
2 Was bespricht der Vater jetzt wohl mit Fridolin? Schreibe das Gespräch zwischen Sohn und Vater auf. → M2
3 Vergleiche die Situation Fridolins mit der Situation Thesis (s. S. 164–165). → M1/M2

"Schön" und "hässlich"

M1 Schönheitsideal der Mursi

Die Mursi leben in einem Nationalpark im Süden Äthiopiens. Bekannt sind die Mursi für die Tellerlippen der Frauen. Dazu wird den Mädchen die Unterlippe aufgeschnitten und allmählich ausgedehnt, indem immer größere Tonteller eingesetzt werden. Die Tellerlippen sind Pflicht im Stamm der Mursi. Bei manchen Mädchen werden auf diese Art auch die Ohrläppchen behandelt. Große Tellerlippen werden als besonders schön angesehen, und je größer die Lippen sind, desto mehr Respekt kann die Frau von den Männern erwarten. In einer reinen Frauengruppe und im Alltag nehmen die Mursi-Frauen ihre Tonprothesen aus den Lippen heraus.

Der Mursi-Mann dagegen verziert seine Haut mit einer Vielzahl von geometrisch angeordneten Narben am ganzen Körper. Dazu wird die Haut aufgeritzt und Asche in die Wunde gestreut, um diese zu verunreinigen. Heute verdienen die Mursi einen Teil ihres Unterhalts mit der Zurschaustellung ihrer Narben und Tellerlippen, indem sie sich von Touristen fotografieren lassen. Die Regierung schickt gelegentlich Vertreter in die Region, die von dieser Art des Schmuckes abraten sollen. Mädchen, die im staatlichen Schulprogramm unterrichtet wurden, weigern sich manchmal nach der Rückkehr in ihr Stammesdorf, sich die Lippen aufschlitzen zu lassen.

M2 Schönheitsideal in China

In China galten kleine, schmale Füße als schön. Um das Schönheitsideal zu erreichen, wurden jungen Mädchen die Füße mit einem Stein gebrochen und dann so eng mit Bandagen umschlungen, dass der Fuß im Wachstum gehemmt und zum Klumpfuß verformt wurde. Wenn es nach Jahren voller Pein gelungen war, die Füße auf diese Art zu formen, entfaltete sich ein kleinschrittiger, trippeliger Gang, der von Männern gelobt und von Dichtern besungen wurde. Die Frauen konnten keine weiten Strecken mehr laufen und das Haus ohne fremde Hilfe nicht mehr verlassen. Nach Gründung der Volksrepublik China durch Mao Zedong 1949 wurde der Brauch endgültig verboten. Heute gibt es in China nur noch ältere Frauen mit Lotosfüßen.

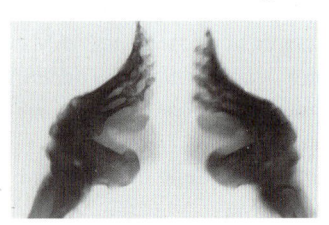

M3 Schönheitsvorstellung eines Indianerstammes

Für Angehörige eines nordamerikanischen Indianerstammes gehörte die Spitzform des Schädels zum Aussehen eines schönen Menschen. Um das Schädelwachstum in die die gewünschte Richtung zu zwingen, wurden die Köpfe der Säuglinge in eine Konstruktion von Holzplatten eingespannt.

5 Unterschiedliche Schönheitsideale

M4 Verrückte Frauen-Schönheitsideale von gestern

Jede Epoche der Menschheit hat ihr ganz spezielles Schönheitsideal geschaffen. Die Skala reicht von der üppigen Fruchtbarkeitsgöttin mit den Riesenbrüsten über die blassen, großäugigen Jungfern des Mittelalters und üppigen Barockschönen mit den Superbusen bis zum magersüchtigen Model von heute. In keinem Zeitabschnitt entsprach dieses Schönheitsideal jedoch dem üblichen Aussehen einer Frau, die in dieser Epoche aufwuchs und lebte. So musste die Jungfer von nebenan im Mittelalter auf dem Feld schuften, solange das Tageslicht dafür ausreichte. Sie konnte gar nicht so modisch blass sein, wie es das Wunschbild vorschrieb. Auch im lebenslustigen Frankreich der tief dekolletierten, üppigen Madam Pompadours, waren die übrigen neunundachtzig Prozent der Bevölkerung darauf angewiesen, dass ihre Töchter und Frauen mithalfen, das tägliche Brot zu verdienen. In Paris, der Stadt der Mode und Schönheit, schufteten junge Mädchen in erster Linie als Näherinnen, Lastenträgerinnen und Wäscherinnen, und ihre mageren, dünnen Körper erzählten von Armut und Not. Mädchen von heute dagegen riskieren die eigene Gesundheit, damit sie genau jenen idealen Hunger-Look verkörpern, den man damals peinlich, arm und sehr hässlich fand.

Dabei sagt schon das Wörtchen „ideal", dass die allerwenigsten von uns diesem Anspruch gerecht werden können. Ideal heißt „den höchsten Vorstellungen entsprechend", „von einer Art, wie es besser nicht mehr sein kann". Einen Level, den höchstens ein paar Sonntagskinder wie Olympiasieger, Nobelpreisträger oder Oscar-Preisträgerinnen verkörpern. Mit normalen Anstrengungen war diese Spitzenposition noch nie zu erreichen. Deswegen ist in Sachen Schönheit schon immer heftig getrickst worden. Mit allen Mitteln und mit aller Macht. Manchmal auch mit sehr seltsamen und gefährlichen Methoden. Wenn wir ein bisschen im Geschichtsbuch der Schönheitsideale blättern, finden wir unendlich viele [...] Beispiele dafür. [...] Oder würdest du dir wie ein mittelalterliches Burgfräulein den Haaransatz über der Stirn eine ganze Handbreit ausrasieren? Das war damals eine modische Selbstverständlichkeit, damit der spitze, schleierbewehrte Tütenhut über einer gewölbten, makellos blassen Stirn schwebte, die Reinheit und Unschuld verkörperte. [...] Gnadenlos schön wollten auch die französischen Edeldamen des 18. Jahrhunderts sein. Nicht nur, dass ihr Körper mithilfe von Stahlrippen im Korsett zusammengeschnürt wurde, sie trugen auch noch eine Planchette. Das war ein dreieckiges Metallstück, das den Bauch abflachte und den Busen gewaltsam hochdrückte. Im Verein mit der Turmfrisur, die jede Menge falsches Haar erforderte, schleppte Miss Rokoko für ihre Schönheit den Ballast eines vollen Mineralwasser-Kastens mit sich herum. Dabei konnte sie wegen des engen Mieders nicht einmal richtig durchatmen.

M5 Über Schönheit lässt sich streiten?

Nach dem Duden bedeutet „schön": von einem Aussehen, das so anziehend wirkt, dass es als wohlgefällig und bewundernswert empfunden wird.

Das erklärt zwar einiges, weist aber auch gleichzeitig auf die größte Schwierigkeit an der Sache hin. Empfindungen sind nämlich etwas sehr Persönliches und sehr Unterschiedliches. Beispiel gefällig?

Neutral gesehen ist die Farbe Pink ein intensives Rosa. Persönlich findest du Pink jedoch abscheulich und deine Freundin hält Pink für total schön. Wer von euch hat Recht? Jede! Denn jede von euch hat das Recht auf ihre eigenen Empfindungen und ihre eigene Meinung. Beides wird jedoch entscheidend von deiner Umgebung geprägt, von der Zeit, in der du lebst, von den aktuellen Modetrends und deinen eigenen Möglichkeiten.

M4/M5: Gaby Schuster

Aufgaben

1 Sprecht über die Schönheitsvorstellungen, die bei den Mursi, in China und bei dem Indianerstamm galten. → M1-M3

2 Welche weiteren Schönheitsvorstellungen werden genannt? Sagt eure Meinung dazu und begründet sie. → M4

3 Wie sieht das Schönheitsideal für Frauen (und Männer) heute aus? Sammelt dazu Materialien und erstellt eine Mindmap. → M4

4 Warum lässt sich über Schönheit nicht streiten? → M5

„Schön" und „hässlich"

6

M1 Zwei Werbekampagnen

Werbeanzeige der Bekleidungsmarke New Yorker in der Zeitschrift Bravo vom 15.04.09

Die Kosmetikmarke Dove betreibt die Kampagne „Immer noch keine Models" und setzt schon seit Jahren darauf, „ganz normale" Frauen abzubilden.

M2 Wie Schönheit hergestellt wird

Mit welchen Tricks in der Werbung gearbeitet wird, hat die Firma Dove in einem Videoclip einmal dargestellt.

6 Schönheitswahn

M3 Schönheitsoperationen in Reality-Serien

Schönheit durch Operationen ist geradezu ein Konsumartikel geworden. Man kauft sich den perfekten Körper zusammen. Auf MTV entdeckten wir eine Show namens *True Life* [...]. Da kamen Jugendliche
5 zu Wort, die sich hässlich fühlten und schön werden wollten. [...] Eine Frau, gerade mal 19, erklärte, Lippen und Nase korrigieren zu wollen; eine andere redete davon, sich „die Hüfte machen" zu lassen. Eine gewisse Lauren fühlte sich mit 50 Kilo bei 1,70 Meter
10 Körpergröße pummelig. Ein perfekt aussehender Mann namens Luke ließ sich tatsächlich die Waden vergrößern, mit folgender Begründung: „Ich bin gehemmt, wenn Leute meine Beine anstarren [...]." Sichtlich unter Schmerzen, aber glücklich über seine knubbeli-
15 gen Unterbeine, verließ Luke später die Klinik, und die Kamera hielt drauf. Das war aber noch nicht alles. Es folgte *I want a famous face*. Die Sendung zeigte, wie sich Jugendliche durch Operationen in ihren Lieblingsstar verwandelten, auch wenn sie ihm ursprüng-
20 lich kein bisschen ähnlich sahen. Zum Beispiel die 21-jährigen Zwillingsjungs Mike und Matthew, hoch gewachsen, nett und freundlich, etwas pickelig – und todtraurig über ihr Aussehen. Ihr gemeinsames Idol hieß Brad Pitt. Vom Gesicht des Schauspielers waren
25 beide regelrecht besessen: „Wenn wir in einem Club Girls ansprechen, wollen die gar nichts von uns wissen. Wenn wir wie Brad aussehen, fliegen sie auf uns." Mike war verliebt in die blonde Monica, doch die erteilte ihm so charmant wie möglich eine Absage: „Ich
30 will ehrlich keinen Freund." Mike glaubte dennoch felsenfest: „Nach der OP wird's ihr noch Leid tun." Und dann begann die Umgestaltung der beiden Brüder: Schönheitschirurg, Zahnchirurg, Friseur [...]. Mike ließ sich Wangen, Kiefer und Kinn neu formen,
35 außerdem die Nase verkleinern und Porzellanverblendungen über die Zähne kleben. Kosten: 12.700 Dollar. [...] Sie ließen Profi-Fotos anfertigen, bewarben sich bei Schauspielschulen. Einen kleinen Haken hatte die Sache aber doch. Die seit fünf Jahren ange-
40 betete Monica fand die neuen Zwillinge zwar sexy, sagte aber: „Ich würde trotzdem nichts mit Mike haben wollen. Nur weil er anders aussieht, sind meine Gefühle nicht anders."

Harald und Regina Gasper

M4 Gegen den Schönheitswahn

Prof. Dr. Jörg-Dietrich Hoppe

Die Medien reden unseren Kindern ständig ein, dass sie nichts wert sind, wenn sie nicht so aussehen wie die Stars und Sternchen. Es wird der Eindruck erweckt, dass man sein Aussehen verändern kann, ohne Gefahren für seine Gesundheit einzugehen. Das darf nicht sein. Persönlichkeit ist keine Frage der Chirurgie.

Aufgaben

1 Beschreibe die beiden Werbungen. → M1
2 Erläutere, welche Werbung dem heutigen Schönheitsideal eher entspricht. → M1
3 Wie lässt sich der Erfolg der Dove-Kampagne erklären? → M1
4 Beschreibe, wie das schöne Gesicht auf dem Plakat zustande kommt. Schaut euch den Videoclip dazu auf www.youtube.com/watch?v=hibyAJOSW8U&NR=1 an. → M2
5 Worum geht es in den Sendungen *True Life* und *I want a famous face*? → M3
6 Warum lehnt Monica Mike auch nach den Schönheitsoperationen ab? Erarbeitet ein Rollenspiel zwischen Monica und Mike. → M3
7 Hättest du gerne das Aussehen deines Lieblingsstars? Begründe. → M3
8 Sprecht über die Aussage von Prof. Hoppe. Was ist deine Meinung dazu? Begründe. → M4

Projekt: Morphing

Bearbeite ein digitales Foto von dir durch ein Morph-Programm. Erstelle sowohl ein schönes als auch ein hässliches Bild von dir. Stelle dir vor, die beiden seien Zwillinge. Erzähle ihre jeweilige Lebensgeschichte. Ein Morphing-Programm kannst du z. B. auf
http://www.softonic.de/s/morphing-programm/ kostenlos herunterladen.

"Schön" und "hässlich"

7

M1 Wabi Sabi

„Wabi Sabi" ist Japanisch und meint die Freude an den Dingen, die nicht perfekt sind, weil sie Gebrauchsspuren aufweisen oder schon Spuren der Vergänglichkeit zeigen. Deshalb werden Teeschalen wie diese oft so hergestellt. Sie weisen feine Risse, Sprünge und Flecken auf. Die Japaner sind überzeugt, dass man etwas, dass vollkommen ist, gar nicht als schön wahrnehmen kann. Als schön erscheint ihnen etwas erst, wenn es kleinere Fehler enthält, also nicht perfekt ist.

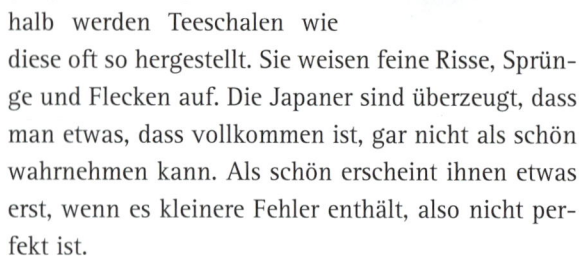

M2 Das Wichtigste ist, du selbst zu sein

Niemand spielt freiwillig die undankbare Rolle der grauen Maus oder des hässlichen Entchens. Dafür sorgen schon die Medien, die dir [...] einimpfen, dass Schönheit waaaahnsinnig wichtig ist. Sie sagen dir, dass schöne Mädchen auf der ganzen Linie mehr vom Leben haben. Attraktivere Freunde, bessere Jobs, mehr Anerkennung, mehr Spaß, mehr Geld, mehr ... [...]
Was denkt er oder sie von mir? Um diese simple Frage kreist dann dein Denken und du beziehst sie wahrscheinlich fast ausschließlich auf dein Aussehen. Bin ich schön genug, damit er oder sie auf mich aufmerksam wird? Du zweifelst an dir. Dabei solltest du lieber an dem Bild zweifeln, das du in deinem Kopf hast. Du glaubst zu wissen, was schön ist, weil in deinem Kopf ein Medienideal existiert, mit dem du dich vergleichst. Dabei bist nicht du mangelhaft, sondern das künstliche Bild ist es! Es hat verflixt wenig mit echter Schönheit zu tun. Echte Schönheit ist eine Prinzessin, die ein böser Drache in einem unentwirrbaren Labyrinth aus Vorurteilen, Rätseln, Gefühlen, Fehleinschätzungen, Irrtümern, Modetrends und Peinlichkeiten versteckt hat! Um sie zu finden und zu erobern, musst du nicht das hundertste Abziehbild einer Hollywood-Schönheit werden, sondern – du selbst!

Gaby Schuster

M3 Schönheit zum Hören

Durch Talentsendungen wie Britain's got Talent *und* Das Supertalent *sind Menschen zu Stars geworden, die nicht dem üblichen Schönheitsideal entsprechen. Sie haben die Menschen durch die Schönheit ihrer Musik berührt.*

Susan Boyle

Die Jury sagte über Susan Boyles Darbietung von *I dreamed a dream* aus dem Musical *Les Misérables* Folgendes: Ehrlich gesagt, glaube ich, dass wir uns am Anfang alle über dein Aussehen lustig gemacht haben. Als du dann noch sagtest, du wolltest eine Gesangskarriere beginnen, fing jeder hier an zu lachen. Jetzt lacht keiner mehr. Dein Auftritt war unglaublich. Es war das Beste, was ich in drei Jahren *Britain's got Talent* gehört habe. Ich möchte dir sagen, dass dein Beitrag mich zu Tränen gerührt hat. Du hast gesungen wie ein Engel.

Paul Potts

7 Nobody is perfect

Sechzig Sekunden benötigte Paul Potts, um vom Nobody zum Helden emporzusteigen. Er sang die Arie *Nessun Dorma*, die einst Puccini geschrieben hatte, so schön, dass er die Herzen von Millionen TV-Zuschauern im Sturm eroberte. Sein Debütalbum *One Chance*, das sich bis 2009 weltweit mehr als 3,5 Millionen Mal verkaufte, setzte sich in dreizehn Ländern der Erde auf Platz eins der Charts. Die Telekom benutzte die Bilder seines Auftritts sogar für einen Werbespot.

Durch einen Unfall, der sein rechtes Auge und sein linkes Bein in Mitleidenschaft zog, verlor Michael Hirte seine Existenz als LKW-Fahrer und schlug sich als Straßenmusiker durchs Leben. In der Sendung *Das Supertalent* trug er das *Ave Maria* von Johann Sebastian Bach auf seiner Mundharmonika so schön vor, dass selbst Dieter Bohlen sich zu Lobeshymnen hinreißen ließ. Bis 2009 hat er seine CD mehr als 600.000-mal verkauft.

Michael Hirte

M4 Innere Schönheit

Zu Schönheit kommen einem meistens blitzschnell Assoziationen zu Körperformen in den Sinn, oder? Zugegeben, diese äußerliche Schönheit hat viele Formen, ist einzigartig und doch auch ganz bestimmt Ansichtssache oder gar eine Herzensangelegenheit.

Ein älterer Herr verliebte sich in eine ältere Dame. Alle belächelten ihn, was er denn gerade an dieser Frau finde, denn sie war, im Gegensatz zu ihm als Gentleman, alles andere als eine wirklich feine Lady, meinten einige. Er sagte mit leuchtenden Augen: „Schau mal mit meinen Augen, dann wirst du sehen, was ich sehe. Die Liebe macht Menschen schön und das Herz kennt die wahre Schönheit!" [...]

Wo ist die Quelle der Schönheit? Was unterscheidet Schönheit von innen her von der Schönheit von außen her? Äußere Schönheit wird vom Zeitgeist diktiert, die Zeit und Epoche sagt, was schön ist an Körperformen, in der Kunst wie Architektur, Gemälden usw. Äußere Schönheit wird auch vermarktet in Tourismus, Mode, Schönheitsindustrie usw. Dahinter steckt Wunsch- und Profitdenken. In dieser Schönheit steckt auch die Freude zu besitzen; sie ist vergänglich und kann doch auch blenden, nicht wahr? Innere Schönheit zeigt sich im Denken, Sprechen, Handeln, in der Art und Weise, wie wir uns zu einander verhalten. Sie zeigt sich in Herzlichkeit, Treue, Menschlichkeit, liebendem Verstehen, Fröhlichkeit, Hilfsbereitschaft. Innere Schönheit nehmen wir durch nobles Denken und einen edlen Charakter wahr. Strahlende Augen und ein freudiges Lächeln getragen von inniger Herzlichkeit, von der Freude zu geben, zu helfen, zu erfreuen, gehören zu ihren Merkmalen. All dies macht das runzligste, verhutzeltste Gesicht liebenswürdig und wunderschön, denn so drückt es die Schönheit der Seele, die ihren Thron im Herzen hat, aus. Sie ist unvergänglich, denn die Quelle innerer Schönheit liegt in der Tiefe unserer Herzen. Wo solche echte Schönheit ist, ist deshalb auch Wahrheit, Freundschaft, Liebe zu finden.

nach Erika Röthlisberger

Aufgaben

1 Warum wird in japanische Teeschalen bewusst ein Fehler eingearbeitet? ➜ M1
2 Was ist deine schönste Unvollkommenheit? ➜ M1
3 Welcher Rat wird den Mädchen erteilt? ➜ M2
4 Kann dieser Rat auch auf Jungen übertragen werden? Begründe. ➜ M2
5 Was ist das Besondere an den drei dargestellten Personen? ➜ M3
6 Seht euch die Video-Clips von Susan Boyle, Paul Potts und Michael Hirte auf www.youtube.com an und sagt, was ihr davon haltet.
7 Was ist der Unterschied zwischen äußerer und innerer Schönheit? ➜ M4
8 Was ist deine Meinung über innere Schönheit? ➜ M4

Vom Anfang der Welt

1 **M1** Zeittafel

M2 Reisen mit der Zeitmaschine

Stell dir vor, du hättest eine Maschine, mit der man in die Vergangenheit reisen könnte. Nur ein paar Jahre oder auch ganz weit zurück – so weit, wie du es eben möchtest. Mit einem kleinen Hebel ließe sich bestimmen, ob die Maschine dich 1 Jahr, 10 Jahre oder sogar 100 Jahre in die Vergangenheit mitnimmt. Du könntest zum Beispiel deine Eltern in ihrer Kindheit besuchen und sehen, wie sie mit ihren Eltern klarkamen. Vielleicht möchtest du auch gerne deine Ururururgroßeltern kennenlernen. Alles möglich: ein kleiner Zug am Hebel und das Rad der Zeit fängt an, sich zurückzudrehen.

Seine eigenen Vorfahren kennenzulernen wäre schon toll. Aber wäre nicht auch ein Besuch bei den Rittern aufregend? Oder sogar bei den alten Römern? Schließlich wolltest du immer schon mal einen richtigen Gladiatorenkampf sehen. Etwas Schlimmes zustoßen könnte dir in der Maschine natürlich nicht, du müsstest nur rechtzeitig den Unsichtbarkeits-Schutzmodus aktivieren.

Vielleicht solltest du noch ein wenig weiter gehen. Warum nicht einmal einen lebenden Säbelzahntiger oder gar Dinosaurier sehen? Dann würde deiner Karriere als echter Kenner von Vorzeit-Tieren oder als größter Dinosaurier-Forscher aller Zeiten nichts mehr im Wege stehen!

Aber was wäre, wenn du den Schalter bis ganz an den Anfang zurückschiebst? An den Anfang der Welt!

Zeitmaschine aus dem Film Time Machine *(1960) von George Pal*

174

1 Zurück zum Anfang

M3 Viktoria und der Anfang der Menschheit

Die kleine Viktoria machte ein nachdenkliches Gesicht, während sie dem winzigen Wesen auf ihrem Arm über das Gesicht streichelte.
5 „Papa, woher kommen eigentlich Babys?"
Ihr Vater sah auf. Er hatte sich schon gedacht, dass diese Frage kommen würde. „Also, wenn sich
10 zwei Menschen so richtig gerne mögen..."
Viktoria lachte los. „Ach Papa, das weiß ich doch alles schon. Ich möchte wissen, warum es über-
15 haupt Babys gibt. Warum bekommen Menschen Kinder?"
Auch ihr Vater fing an zu lachen. „Na, weil alles Leben sich fortpflanzen muss", erklärte er. „Wenn
20 keine neuen Menschen geboren würden, dann würde es bald keine Menschheit mehr geben. Irgendwann wären alle gestorben."
„Stimmt!" Viktoria nickte. „Wenn
25 Menschen immer Babys bekommen, wird es immer Menschen geben, ganz klar. Und dass ihr ebenfalls Eltern hattet und diese ebenfalls und immer so weiter, das verstehe
30 ich auch."
Ihr Papa lächelte. „Genau. Das geht schon viele tausend Jahre so. Kinder werden geboren, die als Erwachsene selber Kinder bekommen."
35 Trotzdem war Viktoria noch nicht zufrieden. „Aber irgendwann einmal", sagte sie zögernd, „da muss es doch den allerersten Menschen gegeben haben, mit dem alles an-
40 gefangen hat, die ganze lange Reihe von Mamas, Papas und Babys. Oder?"

M4 Viele Fragen – viele Antworten

- Wie hat alles angefangen?
- Wird es die Erde ewig geben?
- Haben Menschen und Affen gemeinsame Vorfahren?
- Gibt es Leben auf anderen Planeten?
- Wurde die Welt von Gott erschaffen?
- Seit wann gibt es den Menschen?
- Wann ist die Erde entstanden?
- Ist das Weltall unendlich?
- Wie sollen wir mit der Erde umgehen?

Aufgaben

1 Beschreibe die Abbildung. Was war wann? ➜ M1
2 Gestaltet in Gruppen eigene Zeitleisten zu einem bestimmten Thema und versucht, so weit wie möglich in die Vergangenheit zurückzugehen. ➜ M1
3 Führt das Gedankenexperiment einer Reise in die Vergangenheit durch. In welche Zeit würdest du am liebsten zurückreisen? ➜ M2
4 Wie würdest du die letzte Frage beantworten? ➜ M2
5 Spielt die Szene nach und überlegt die Antwort des Vaters. ➜ M3
6 Sucht euch drei Fragen aus und sprecht darüber. ➜ M4

Vom Anfang der Welt

2 M1 Wanna Issa

In Finnland ist zwischen Oktober und April an manchen Tagen das Nordlicht zu sehen. Eltern erklären ihren Kindern dann oft seine Entstehung durch folgende Geschichte:

Ganz am Anfang gab es nur den tiefen, dunklen, unendlichen Himmel. In diesem Himmel wohnte Wanna Issa, der Älteste. Und mit ihm lebten die Brüder Wäjnämöjne und Ilmarine. Diese beiden Brüder besaßen ganz besondere Fähigkeiten. Der ältere Bruder, Wäjnämöjne war ein unglaublich guter Sänger und der jüngere Bruder, Ilmarine, schwang den Hammer wie kein zweiter.

Eines Tages gingen die beiden Brüder zu Wanna Issa, dem Ältesten, weil sie mit ihm reden wollten. Aber der Älteste hörte ihnen gar nicht zu. Er schaute schweigend in die tiefe, unendliche Finsternis des Himmels. Schließlich wandte er sich den beiden Brüdern zu und sagte: „Jetzt ist die Zeit zur Erschaffung der Erde gekommen."

Die beiden Brüder waren ein wenig ratlos. Sie fanden die Idee großartig, sie wussten nur nicht so recht, was das bedeutete. Aber der Älteste beachtete sie nicht weiter. Er wartete ab, bis die Brüder schliefen, und erschuf dann mit all seiner Macht die Erde.

Das war natürlich nicht einfach und deshalb war er danach sehr müde. Er wartete noch, bis die Brüder aufwachten, und gab ihnen den Auftrag, auf die Erde achtzugeben. Dann legte er sich schlafen.

Die Brüder nahmen den Auftrag sehr ernst. Unablässig schauten sie vom Himmel auf die Erde hinab. Viel gab es da noch nicht zu sehen. Die Erde war steinig und unbewohnt und außerdem immerfort von Dunkelheit umgeben. Der jüngere Bruder wurde immer unruhiger. Schließlich hielt er es nicht mehr aus. Er lief zu seinem Gluthaufen und fachte das Feuer an, bis es mit seiner Glut den Himmel erleuchtete. Dann nahm er ein riesiges Stück Metall, erhitzte es und ließ seinen Schmiedehammer immer wieder darauf niederknallen. Die Funken stoben zu allen Seiten. Es war ein hartes Stück Arbeit, aber schließlich schien er mit seinem Werk zufrieden. Er hatte einen gewaltigen Bogen aus Metall geschaffen, dessen Enden sich in der Unendlichkeit verloren.

Als der jüngere Bruder den Bogen über die Erde herabließ, sah es aus wie ein riesiges Gewölbe. Aber Ilmarine war noch nicht fertig. Wieder packte er den Schmiedehammer und ließ die Funken stieben. Zahllose große und kleine funkelnde Sterne stellte er her und heftete sie an das Gewölbe. Dann schmiedete er den silbernen Mond. Das Himmelsgewölbe war nun sehr schön, aber immer noch war die Erde dunkel. Da überlegte sich der himmlische Schmied, wie er eine Sonne anbringen könne. Er holte sich eine große Lampe und befestigte sie so an dem Himmelsgewölbe, dass sie langsam vom Rand hinauf bis zur Mitte und wieder hinab zum gegenüber liegenden Rand des Himmelsgewölbes zog. Nun hatte die Erde also auch Tag und Nacht.

Der ältere Bruder hatte die ganze Zeit schweigend zugesehen. Jetzt griff er nach seiner Harfe und fing an sein Lied von der Erde zu singen. Er stand auf, nahm gewaltigen Anlauf und sprang mit einem Satz vom Himmel auf die Erde. Mit ihm kamen die Himmelsvögel, die sein Lied begleiteten. Überall, wo seine Füße die Erde berührten, wuchsen Blumen, Sträucher und Bäume. Bald war die Erde ganz grün und voller Leben. Der Gesang des älteren Bruders weckte auch Wanna Issa, den Ältesten. Als dieser sah, wie sehr sich die Erde verändert hatte, staunte er. Er war hocherfreut über das Licht und die Schönheit der Erde, aber er fühlte, dass noch etwas fehlte. Gedankenverloren blickte er auf die Erde herab. Dann lächelte er. „Jetzt endlich ist die Zeit gekommen, den Menschen und die Tiere zu erschaffen", beschloss er. Und das hat er dann auch getan.

2 Wanna Issa und die Himmelsfrau

M2 Die Himmelsfrau

Einst lebte die Menschheit in einem himmlischen Paradies. Unter dem Himmel lag nicht die Erde, sondern so weit man blicken konnte, dehnte sich das Meer aus, in dem Wasservögel und andere Tiere wohnten. Über dem großen Wasser stand keine Sonne; doch der Himmel war erleuchtet vom Baum des Lichtes, der vor dem Haus des Himmelsherrn wuchs. Ein Traum riet dem Herrscher über das himmlische Paradies eine schöne, junge Frau zu heiraten und er tat, wie ihm im Traum befohlen worden war. Vom Atem des Himmelsherrn wurde die Frau schwanger, doch der Mann begriff nicht das Wunder der Natur, sondern entbrannte in Wut und Zorn. Da träumte er abermals und die Stimme des Traums riet ihm den Baum des Lichts vor der Schwelle seines Palastes auszureißen. Und wieder hörte er auf die Stimme seines Traums. So entstand draußen vor dem Haus ein großes, klaffendes Loch.

Als der Himmelsherr nun sah, wie sein Weib neugierig durch das Loch hinabblickte, überkam ihn wieder eifersüchtiger Zorn und er gab ihr von hinten einen Stoß. Da stürzte sie aus dem himmlischen Paradies und fiel hinab, dem großen Wasser entgegen.

Immer noch zornig, warf ihr der Himmelsherr alle Gegenstände und Lebewesen nach, die ihr lieb und wert gewesen waren, einen Maiskolben, Tabakblätter, ein Reh, Wölfe, Bären und Biber, die später alle in der unteren Welt leben sollten. Aber noch gab es diese Welt nicht, die jetzt unsere Welt ist. Das unglückliche Weib des Himmelsherrn stürzte durch die Luft herab und die weite Wasserfläche, in der sie ertrinken würde, kam immer näher. Das sahen die Tiere, die in dem großen Wasser wohnten, und sie beschlossen ihr zu helfen. Die Wasservögel breiteten ihre Flügel aus und flogen so dicht nebeneinander her, dass sich die Spitzen ihrer Federn berührten. Sie wollten die Himmelsfrau auffangen. Die Wassertiere suchten einen Landeplatz. Die große Wasserschildkröte tauchte auf und hob ihren Panzer über den Meeresspiegel, während die anderen Tiere zum Meeresboden hinabtauchten um dort Schlamm und Sand zu holen.

Die Bisamratte brachte ein paar Steine und die Kröte schleppte Algen und Tang herbei und sie warfen Schlamm, Sand und Algen und Steine auf den Panzer der Schildkröte. So entstand eine Insel, die nach und nach immer größer wurde. Unterdessen hatten die Vögel die Frau in der Luft aufgefangen und trugen sie zur unteren Welt hinab. [...] Endlich landete die Himmelsfrau wohlbehalten auf der Insel der großen Wasserschildkröte. Sie dankte den Vögeln, die ihr und dem Kind in ihrem Leib das Leben gerettet hatten. Sie nahm eine Handvoll Erde und warf die Erde von sich. Da vermehrte sich das Land durch die Zauberkraft, die in den Fingerspitzen der Himmelsfrau sitzt; die Insel wuchs und wuchs und wurde eine Welt und die Horizonte rückten in die Ferne. Pflanzen und Bäume begannen zu sprießen und die Tiere, die der Himmelsherr seiner Frau nachgeworfen hatte, fanden Wohnung und Nahrung und vermehrten sich. So entstand die Erde und die Himmelsfrau wurde die Große Erdmutter.

Frederik Hetmann

Aufgaben

1 Erzähle die altnordische Schöpfungsgeschichte mit eigenen Worten nach. ➜ M1
2 Wie wird in der Geschichte die Entstehung der Erde und des Nordlichtes beschrieben? Welche anderen Dinge werden noch erklärt? ➜ M1
3 Erzähle die indianische Schöpfungsgeschichte mit eigenen Worten nach. ➜ M2
4 Was soll dadurch alles erklärt werden? ➜ M2
5 Vergleiche die beiden Schöpfungsgeschichten miteinander. Welche gefällt dir besser? Warum? ➜ M1/M2

Vom Anfang der Welt

3 M1 Die Geburt der Welt aus Yin und Yang

In China gehören die meisten Menschen entweder der taoistischen Religion, dem Buddhismus oder dem Konfuzianismus an. Obwohl diese drei Religionen in manchen Punkten recht unterschiedlich sind, lehren sie alle die Bedeutung von Yin und Yang.

Im Ursprung war das Universum wie ein riesiges Ei, in dem ein großes Chaos herrschte. Aus diesem Chaos entstanden Yin und Yang.

Yang ist wie ein feuriger Drache, männlich und voller Energie. Yin hingegen ist eher einer Wolke ähnlich: weiblich, kühl und langsam dahintreibend. Yin und Yang haben eine so unglaubliche Kraft, jedes von ihnen könnte allein die ganze Welt zerstören. Doch solange beide Kräfte gleich stark sind, gleichen sie einander aus und bilden zusammen eine wunderbare Harmonie.

Nachdem Yin und Yang entstanden waren, brachten sie gemeinsam P'an Ku hervor. Er wird auch „der Älteste" genannt. P'an Ku wuchs im Innern des Eis heran. Niemals hörte er auf zu wachsen und wurde größer und größer, jeden Tag mehrere Meter! Schließlich war er zu groß für das Ei und sein gewaltiger Körper brach die Schale entzwei. Daraufhin sank alles Schwere, das sich in dem Ei befand, hinab und formte so die Erde. Alles Leichte hingegen stieg hinauf und so entstand der Himmel.

P'an Ku war froh, nicht mehr so eingeengt zu sein. Er stand auf und mit seinem großen Körper drängte er Himmel und Erde immer weiter auseinander. Er begann die Welt zu gestalten, schichtete Berge auf und hob Täler aus. Viele tausend Jahre lebte er so und er wuchs immer weiter. Aber schließlich wurde er müde und erschöpft legte er sich zum Sterben nieder.

Nach seinem Tod verwandelte sich sein Körper: Aus seinem linken Auge bildete sich die Sonne, die die Erde mit ihrem Licht erwärmt. Aus seinem rechten Auge wurde der Mond, der die Nacht erhellt. Seine Knochen wurden zu Steinen und aus seinem Haar entstanden Bäume und Gräser. Während sein Blut sich als Flüsse in die Täler ergoss, wurde sein Schweiß zu Regen. Und aus dem winzigen Ungeziefer, das auf seinem Körper lebte, wurden die Menschen.

3 Yin und Yang

M2 Die Lehre von Yin und Yang

Yin und Yang sind wichtige Begriffe in der chinesischen Philosophie. Sie stehen für die Gegensätze, die man überall in unserer Welt finden kann. Ist Yin das Dunkle und die Nacht, so ist Yang das Helle und der Tag. Steht Yin für Feuer, so steht Yang für Wasser.
Die ganze Welt wird auf diese Weise beschrieben: Dinge und Naturerscheinungen (Sommer – Winter) ebenso wie Gedanken (gut – böse) und Gefühle (glücklich – traurig). Sie alle können Gegensatzpaare bilden.
Ob etwas dem Yin oder dem Yang zugehört, steht aber nicht von vornherein fest. Yin und Yang stehen sich nicht starr gegenüber. Der Übergang zwischen ihnen ist fließend wie der Wechsel vom Tag zur Nacht. Manchmal gehört etwas eine Zeitlang zum Yin und dann wieder zum Yang. Das Licht einer Kerze beispielsweise ist verglichen mit dem Lichtschein des Mondes hell – und gehört so zum Yang. Gegenüber dem Licht der Sonne ist es dunkel – und gehört dann zum Yin.
Haben alle Eigenschaften des Yin ein Gegenüber im Yang, herrscht vollkommene Harmonie.
Das wird auch in dem Yin-Yang-Symbol deutlich. Es bildet sich aus zwei gleichen Hälften und wo das Eine aufhört, fängt das Andere an.

M3 Chinesische Lebensweisheit

Alle Dinge haben
Zeiten des Vorangehens
und Zeiten des Folgens,
Zeiten des Flammens
und Zeiten des Erkaltens,
Zeiten der Kraft
und Zeiten der Schwäche,
Zeiten des Gewinnens
und Zeiten des Verlierens.

Deshalb meidet der Weise
Übertreibungen
Maßlosigkeit und
Überheblichkeit.

Laotse

Aufgaben

1. Welcher Moment der Schöpfungsgeschichte wird in dem Bild dargestellt? Beschreibt das Geschehen mit Hilfe von Gegensätzen (Feuer – Wasser, heiß – kalt etc.). → M1
2. Suche dir einen Teil der Schöpfungsgeschichte aus, den du besonders spannend oder wichtig findet. Stelle diesen Moment zeichnerisch dar. → M1
3. Ordne die im Yin und Yang-Feld der Abbildung genannten Eigenschaften in Gegensatzpaare. Erstellt eine Tabelle aus den Gegensatzpaaren. → M2
4. Im Yang ist immer etwas Yin und im Yin ist immer etwas Yang enthalten. Wodurch wird dies im Symbol zum Ausdruck gebracht? → M2
5. Mit welchen Eigenschaften findest du dich dem Yin und mit welchen dem Yang zugehörig? Stelle fest, ob du eher ein „Yin-Typ" oder ein „Yang-Typ" bist. → M2
6. Setze den Gedanken Laotses in Bezug zur Vorstellung von Yin und Yang. → M2/M3
7. Die Vorstellung von Yin und Yang findet unter dem Begriff Feng Shui auch Anhänger in Europa. Recherchiere im Internet die aktuelle Bedeutung dieses Begriffs. **R**

Vom Anfang der Welt

4 M1 Die Sechs-Tage-Werke Gottes

Genesis bedeutet „Entstehung", „Ursprung" oder „Werden" und ist der Name einer Erzählung aus der Mythologie der Hebräer. Die jüdischen, christlichen und islamischen Geschichten über die Schöpfung der Welt beziehen sich auf diese Erzählung.
So wird die Schöpfungsgeschichte in der Bibel, dem heiligen Buch der Christen, erzählt:

Am Anfang schuf Gott Himmel und Erde.

Michelangelo, Erschaffung von Sonne und Mond, 1508-1512

Noch war die Erde öde und ohne Leben. Wasser bedeckte das Land und es war überall dunkel.

Am ersten Tag aber sprach Gott: „Es werde Licht!" Und es geschah, wie Gott gesagt hatte: Über der Erde wurde es ganz hell. Und Gott sah, dass das Licht gut war. Er nannte das Licht „Tag". Und die Dunkelheit nannte er „Nacht". Als es Abend wurde, lag die Erde wieder im Dunkeln. Der erste Tag war vorüber.

Am zweiten Tag sprach Gott: „Über der Erde soll ein Himmel sein!" Da geschah es, wie Gott gesagt hatte: Ein blauer Himmel leuchtete über der Erde. Und weiße Wolken zogen am Himmel dahin. Und Gott sah, dass es gut war, was er gemacht hatte. Da wurde es wieder Abend. Der zweite Tag war vorüber.

Am dritten Tag sprach Gott: „Alles Wasser soll weichen!" Da geschah es, wie Gott gesagt hatte: Das Wasser floss zusammen. Das Land wurde trocken. Und Gott nannte das Wasser „Meer". Und das Trockene nannte er „Land". Und er ließ auf dem trockenen Land alles wachsen, Gras, Sträucher und Bäume. Und Gott sah, dass es gut war, was er gemacht hatte. Da wurde es wieder Abend. Der dritte Tag war vorüber.

Am vierten Tag sprach Gott: „Lichter sollen am Himmel leuchten, die Sonne am Tag und der Mond und die Sterne in der Nacht!" Da geschah es, wie Gott gesagt hatte: Die Sonne ging über der Erde auf und schien warm auf die Erde. Und als es Abend wurde, stand der Mond am Himmel und leuchtete hell, und viele, viele Sterne funkelten in der dunklen Nacht. Und Gott sah, dass es gut war, was er gemacht hatte. Da war der vierte Tag vorüber.

Am fünften Tag sprach Gott: „Im Wasser sollten Fische leben und Vögel in der Luft!" Da geschah es, wie Gott gesagt hatte: Das Wasser wimmelte bald von Fischen. Und Vögel flogen in großen Schwärmen herbei. Sie krächzten und zwitscherten und erfüllten die Luft mit ihrem Lärm. Und Gott sprach zu ihnen: „Eier sollt ihr legen und sie ausbrüten! Immer mehr Fische und immer mehr Vögel soll es geben. Alles Wasser und alle Luft soll von euch erfüllt sein." Und Gott sah, dass es gut war, was er gemacht hatte: die Fische im Wasser und die Vögel in der Luft. Da wurde es Abend. Der fünfte Tag war vorüber.

Am sechsten Tag sprach Gott: „Auch auf dem Land sollen Tiere wohnen!" Da geschah es, wie Gott gesagt hatte: Gott schuf Tiere, große und kleine, flinke und lahme, wilde und zahme, alles was kriecht und was Beine hat. Und Gott sah, dass es gut war, was er gemacht hatte.

4 Das Werk Gottes

Zuletzt aber schuf Gott das Wunderbarste: den Menschen. Gott sprach: „Ich will Menschen machen, die mir gleichen und über allen Tieren stehen."
Und Gott schuf den Menschen nach seinem Bild. Und Gott segnete ihn und sprach: „Alles, was ich gemacht habe, soll für dich da sein: die Bäume und die Früchte, die Fische und die Vögel und die Tiere auf dem Land. Alles soll dir gehören und den Menschen, die einmal auf der Erde leben werden. Aber du sollst mir gehören!" Und Gott sah auf alles, was er gemacht

Michelangelo, Erschaffung Adams, 1508–1512

hatte: Es war alles sehr gut. Da wurde es Abend. Der sechste Tag war vorüber.
Am siebten Tag aber ruhte Gott. Und Gott segnete diesen Tag und sprach: „Dieser Tag soll mein Tag sein. Alle Arbeit soll ruhen an diesem Tag."

**So wurden Himmel und Erde geschaffen durch Gott, den Herrn.
Alles was in dieser Welt ist, kommt von ihm.**

M2 Die Erschaffung Evas

Gott, der Herr, sprach: „Es ist nicht gut, dass der Mensch [= Adam] allein sei; ich will ihm eine Hilfe machen als sein Gegenstück." So bildete Gott, der Herr, aus der Erde allerlei Tiere des Feldes und alle Vögel des Himmels und brachte sie zum Menschen [...].
Der Mensch gab allem Vieh, allen Vögeln des Himmels und allem Feldgetier Namen; aber für den Menschen fand sich keine Hilfe als sein Gegenstück.

Michelangelo, Erschaffung Evas, 1508–1512

Da ließ Gott, der Herr, einen Tiefschlaf auf den Menschen fallen, so dass er einschlief, nahm ihm eine seiner Rippen und verschloss deren Stelle mit Fleisch. Gott, der Herr, baute die Rippe, die er dem Menschen entnommen hatte, zu einer Frau aus und führte sie ihm zu. Da sprach der Mensch: „Das ist nun endlich Bein von meinem Gebein und Fleisch von meinem Fleisch. Diese soll man Männin heißen; denn vom Manne ist sie genommen."

M1/M2: Irmgard Weth nach 1. Mose 1, 1–2, 23

Aufgaben

1 Erzähle die Schöpfungsgeschichte mit deinen eigenen Worten nach. ➔ M1

2 Zeichne eine kleine Bildergeschichte, auf der man erkennen kann, wie sich das Aussehen der Erde in der biblischen Schöpfungsgeschichte nach und nach verändert. Male für jeden der sechs Schöpfungstage ein Bild. Achte genau auf die Reihenfolge der Erschaffung von Dingen und Lebewesen. ➔ M1

3 Stelle auch den siebten Tag zeichnerisch dar. Was ist das Besondere an diesem Tag? ➔ M1

4 Beschreibe die besondere Stellung des Menschen gegenüber allen anderen Lebewesen der Schöpfung. An welchen Stellen der Genesis wird diese Stellung besonders deutlich? ➔ M1

5 Wie erklärt die Bibel die Entstehung der Frau? Nimm Stellung zu dieser Sichtweise. ➔ M2

6 Vergleiche den biblischen Schöpfungsbericht mit den anderen Schöpfungsmythen (s. S. 176–179). ➔ M2

Vom Anfang der Welt

5 M1 Die Götter!

„Die Götter!!!"

M2 Was ist ein Blitz?

Ein Blitz ist ein kurz aufblitzender Lichtbogen, der aufgrund unterschiedlicher Ladungen von Wassertröpfchen in der Luft elektrische Ströme fließen lässt. So erklären wir heute einen Blitz. Schließlich wird diese Wettererscheinung schon seit Hunderten von Jahren genauestens erforscht.

Vorher allerdings, im Altertum und bis ins hohe Mittelalter, erklärte man Schülern Blitze auf andere Weise. Blitze waren ein Zeichen für die Gegenwart Gottes. Im griechischen Altertum beispielsweise war Zeus, der oberste Gott der Griechen, als treffsicherer Schleuderer von Blitzen bekannt. Damals hätten die Schüler wohl am ehesten einen Priester nach der Erklärung für einen Blitz befragt.

Heute erwartet man auf die Frage „Was ist ein Blitz?" Erläuterungen mit Hilfe naturwissenschaftlicher Gesetze. Dabei schließt die Kenntnis der physikalischen Ursache eines Blitzes eine göttliche Absicht nicht unbedingt aus. Einem allmächtigen Gott wäre es sicher ohne Weiteres möglich, entsprechende Spannungen in der Luft zu bewirken und einen Blitz in ein bestimmtes Haus zu lenken.

Aber würdet ihr euch nicht wundern, wenn der aktuellste Wikipedia-Artikel zum Stichwort „Blitz" religiöse Erklärungen anböte? Und wie würden Lehrer und Mitschüler reagieren, wenn das Physikreferat eines Schülers oder einer Schülerin zum Thema „Wie entstehen Blitze?" nicht nur von elektrischen Strömen, sondern auch von den Absichten Gottes handelte? – Man wäre sicher ziemlich erstaunt, denn normalerweise unterscheiden wir genau: Entweder wir reden über wissenschaftliche Erklärungen oder wir diskutieren über religiöse Fragen.

M3 Veränderungen des Weltbildes

Die Erde als flache Scheibe: Im altorientalischen Weltbild, wie es ungefähr 500 v. Chr. beschrieben wurde, stellte man sich die Erde als eine flache Scheibe vor, die auf riesigen Säulen steht. Eine durchsichtige Halbkugel, das Firmament, trennt die Erde von der sie umströmenden Urflut. Sterne und Mond sind fest am Firmament befestigt. Durch Schleusen dringt von Zeit zu Zeit Wasser ein, der als Regen auf die Erde fällt.

Die Erde im Zentrum: Das geozentrische Weltbild (von gr. geo- = erd-) beherrschte die Vorstellung der Menschen während des Altertums und des Mittelalters. Zwar wussten die meisten Menschen schon, dass die Erde wie eine Kugel geformt ist, sie glaubten aber, dass die Erde der Mittelpunkt eines Universums ist, das von mehreren Kristallschalen, den Sphären, umgeben ist. Diese drehen sich mittels eines Räderwerkes um die Erde. An ihnen sind die Planeten und die Sonne befestigt.

5 Weltbilder im Wandel

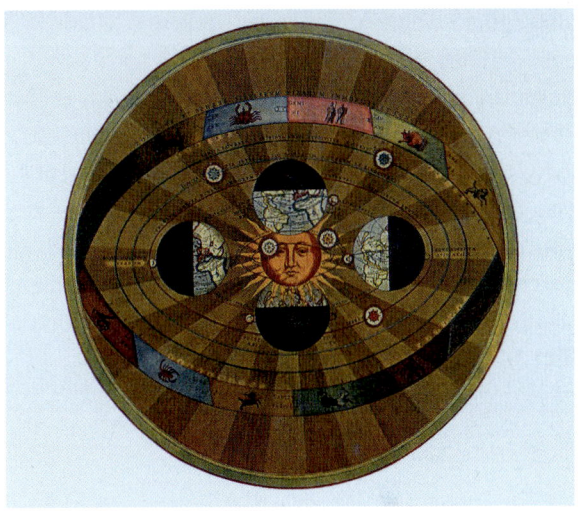

Die Sonne im Zentrum: Das heliozentrische Weltbild (von gr. helios = Sonne) stellte die Sonne in den Mittelpunkt der Planetenbewegungen. Um das Jahr 1500 hatte Nikolaus Kopernikus die revolutionäre Idee, dass die Erde um die Sonne kreist, was später auch bewiesen werden konnte. Das Universum, wie Kopernikus es sich vorstellte, ist immer noch von kristallenen Sphären umgeben. Aber hundert Jahre später legten Beobachtungen Galileo Galileis mit einem Fernrohr nahe, dass auch die Annahme solcher Sphären falsch ist.

Das Weltbild der modernen Naturwissenschaft geht von folgenden Annahmen aus: Unsere Erde ist ungefähr 4,6 Milliarden Jahre alt. In einer Entfernung von 150 Millionen km dreht sie sich um die Sonne. Sie ist ein Planet des Sonnensystems, zu dem neben der Erde acht weitere Planeten gehören. Das Sonnensystem befindet sich in einem Sternensystem, das wir Milchstraße nennen. Zu ihm gehören etwa 300 Millionen Sterne. Im Universum gibt es viele Milliarden solcher Sternensysteme, die Galaxien genannt werden.

Aufgaben

1 Was geht in dem Urmenschen vor? Wie erklärt er sich Naturerscheinungen? ➔ M1
2 Wie wurden Blitze im Altertum und wie werden sie heute erklärt? ➔ M2
3 Ordne die Erläuterungen den Abbildungen zu. ➔ M3
4 Informiere dich über die Lebensgeschichten von Nikolaus Kopernikus und Galileo Galilei. ➔ M3

Vom Anfang der Welt

6 M1 Wie entstand das Universum?

Zu dieser Frage gibt es verschiedene Erklärungsversuche. Die heute am weitesten verbreitete Theorie ist die Urknalltheorie. Sie beruht
5 auf der Beobachtung, dass sich das Weltall ständig ausdehnt. Wissenschaftler konnten feststellen, dass sich die anderen Sternensysteme
10 immer weiter von uns entfernen. Auch unser eigenes Sternensystem dehnt sich aus. Wie nach einer großen Explosion strebt alles immer weiter auseinander. Außer-
15 dem können Wissenschaftler überall im Kosmos eine gleichmäßig verteilte Strahlung nachweisen, die sich nur als Nachhall einer gewaltigen Explosion erklären lässt. Deshalb geht man davon aus, dass unser Universum vor Milliarden
20 von Jahren ganz klein gewesen sein muss und dann durch einen Urknall begann, auseinander zu treiben. Physikalische Berechnungen ergeben, dass dieser Urknall ungefähr 14 Milliarden Jahre her ist.

Modell zur Entstehung des Universums

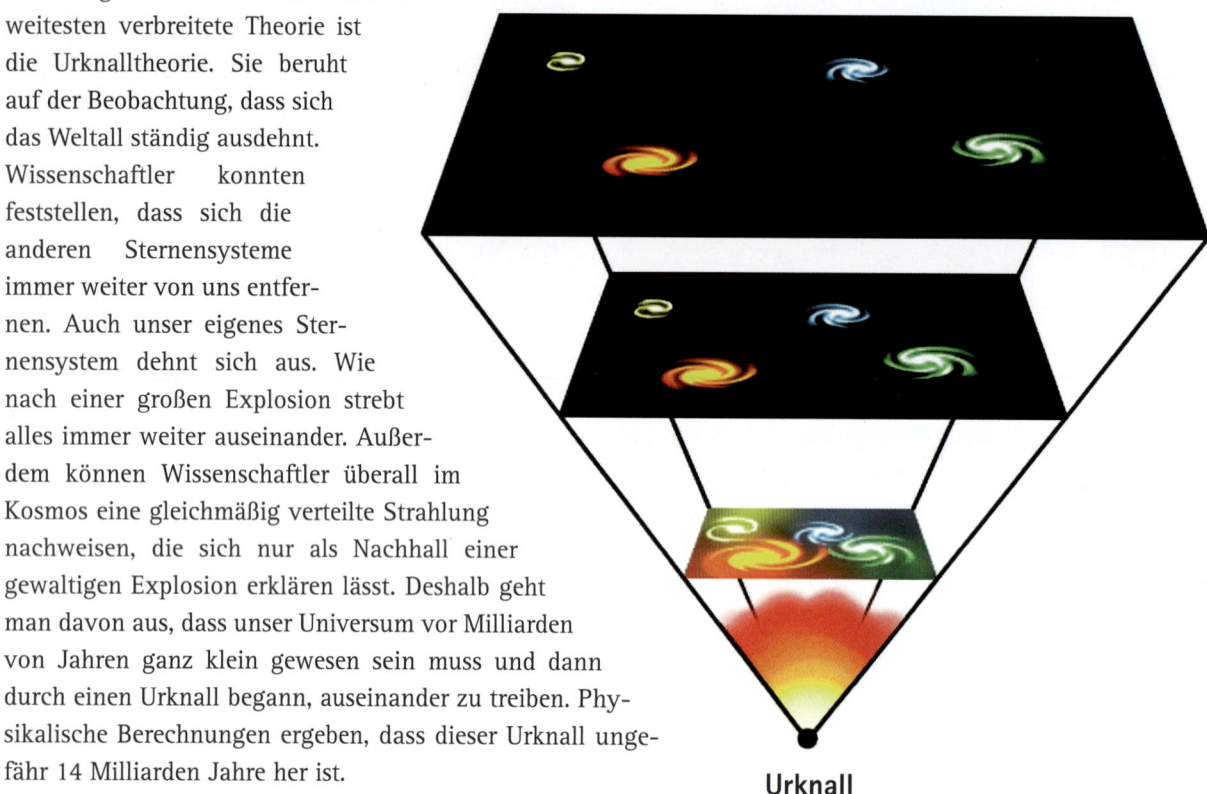

Urknall

M2 Wie entstand die Erde?

Wissenschaftler haben errechnet, dass unsere Erde vor ungefähr 4 Milliarden Jahren entstanden ist. Das Urmaterial, aus dem sich die Erde ebenso wie die Sonne und die anderen Planeten bildete, glich einer
5 gigantischen Staubwolke. Aus dieser Wolke entstand durch Zusammenballung der Staubteilchen unser Sonnensystem. Zuerst hatte die Erde noch keine feste Oberfläche, denn sie war so heiß, dass sie glühte. Erst nach vielen Millionen Jahren kühlte sie sich so weit
10 ab, dass das Gestein an der Erdoberfläche erstarrte. Aber es dauerte noch weitere Jahrmillionen, bis die Entwicklung von Lebewesen auf der Erde möglich wurde.

6 Erklärungsversuche der Naturwissenschaft

M3 Wie entstand das Leben?

Wie und wann das Leben auf der Erde entstanden ist, kann die Naturwissenschaft bis heute nicht genau erklären. Forscher nehmen an, dass sich der Beginn vor etwa 3,5 Milliarden Jahren im Ozean zugetragen hat. Heftige Gewitter und ausbrechende Vulkane mit ihren heißen Dämpfen und ihrer glühenden Lava brachten das mineralhaltige Wasser zum Kochen. Es konnte nachgewiesen werden, dass in einer solchen „Ursuppe" einfache Aminosäuren, die Grundbausteine des Lebens, entstehen. Daraus müssen sich immer umfassendere Verbindungen und schließlich die ersten lebenden Zellen gebildet haben, die sich fortpflanzen konnten. Wie dies genau geschehen konnte, ist allerdings bis heute ein Rätsel.

Eine andere Theorie besagt, dass das Leben im All entstand und durch Kometeneinschläge auf die Erde gebracht wurde. Man kann nämlich im Staub von Kometen Bausteine des Lebens nachweisen. Allerdings beantwortet auch diese Theorie nicht die Frage, wie Leben entstanden ist, sondern verlagert lediglich den Ort der Entstehung des Lebens ins All.

M4 Wie entstand der Mensch?

Die Forscher sind sich ziemlich sicher, dass das Leben mit mikroskopisch kleinen Wesen begann, die nur aus einer einzigen Zelle bestanden. Daraus entwickelten sich nach und nach mehrzellige Pflanzen und Tiere. Bis die ersten Lebewesen mit Wirbelsäule auftraten, dauerte es viele Millionen Jahre. Zu den ältesten Tierarten gehören Krebse und Insekten. Amphibien (z. B. Frösche) und Reptilien (z. B. Schlangen und Krokodile) sind ebenfalls viel älter als der Mensch. Aus affenartigen Vorfahren entwickelte sich nach und nach der *homo sapiens*, also der eigentliche Mensch. Dies geschah wahrscheinlich vor ungefähr 200 000 Jahren in Afrika. Von dort breitete er sich auf alle Kontinente aus.

Aufgaben

1. Wie erklärt die moderne Naturwissenschaft die Entstehung der Welt, der Erde, des Lebens und des Menschen? → M1-M4
2. Was davon ist gesicherte Erkenntnis, was Vermutung? → M1-M4
3. Vor wie vielen Jahren ist nach den Theorien der Naturwissenschaft die Welt, die Erde, das Leben, der Mensch entstanden? Fertige dazu eine Zeittafel an. → M1-M4
4. Beschreibe, was auf den Bildern dieser Doppelseite zu sehen ist. → M1-M4
5. Vergleiche die Erklärungen der Naturwissenschaft mit den Erklärungsversuchen, die ihr auf den Seiten 176-181 gelesen habt. → M1-M4

Vom Anfang der Welt

7 **M1** Gott und der Urknall

ALS ERSTES SCHUF DER HERR DEN URKNALL

M2 Tom denkt über Gott und die Welt nach

Aisha hat das Wochenende mit ihrem Freund Tom in Frankreich verbracht und im Moment fahren sie auf der Fähre zurück nach England. Sie liegen oben an Deck, auf Sonnenstühlen, und trinken gemütlich Tee,
5 während die Fähre friedlich durch die Nacht gleitet. Es ist kalt und am Himmel leuchten viele Sterne. Rechts von ihnen, wo gerade die Sonne unterging, ist noch ein schwacher rötlicher Glanz zu erkennen, vor dem ein paar Wolkenstreifen zu sehen sind. Zu ihrer
10 Linken schiebt sich der Vollmond über den Rand des Horizonts. Hinter ihnen, im Süden, können sie noch die letzten Lichter der französischen Küste ausmachen. Tom nimmt einen Schluck Tee und stellt seine Tasse dann behutsam auf dem kleinen Tischchen
15 zwischen ihnen ab. Auf einmal hören sie ein leises Zischen, gefolgt von einer Explosion von Licht in südlicher Richtung. Auf einem Schiff wurde ein Feuerwerkskörper abgeschossen. Tom beobachtet, wie die Lichtfunken langsam nach unten schweben und
20 den Horizont in ein gespenstisch grünes Licht tauchen. Dann greift Tom erneut zu seiner Tasse und blickt auf Aisha.

Tom: Weißt du, je mehr ich darüber nachdenke, desto sicherer bin ich mir, dass es einen Gott geben muss.

Aisha: Was macht dich da so sicher? [...] 25
Tom: Klar. Vor etlichen Milliardenjahren entstand das Universum. Damals gab es den Urknall.
Aisha: Ich weiß.
Tom: Aber ich möchte dir erklären, wie es zu dem Urknall kam. Wie konnte auf einmal, aus dem Nichts 30 heraus, plötzlich ein Universum entstehen?
Aisha: Na, könnte das nicht einfach ganz ohne Grund passiert sein?
Tom: Sei nicht albern! Dinge geschehen nicht einfach so. Alles hat eine Ursache. Lawinen, Erdbeben, ein- 35 stürzende Brücken, ein Börsenkrach – in all diesen Fällen haben wir keine Zweifel, dass es eine oder mehrere Ursachen gibt, obwohl wir nicht immer begreifen, welche es genau waren. [...]
Nehmen wir zum Beispiel diesen Feuerwerkskörper eben. Kein Mensch käme auf die Idee, zu behaupten, er wäre einfach so in die Luft geschossen, oder? Das passiert nicht einfach so. Wir gehen logischerweise davon aus, dass die Explosion 50 eine Ursache hatte, selbst wenn wir diese nicht kennen. Stimmt's?
Aisha: Klar. Es ist logisch, dass jemand die Rakete abgeschossen hat. [...]
Tom: Na, siehst du? Gott muss es geben! Wenn [auch] 55 der Urknall eine Ursache hatte, dann kann nur Gott diese Ursache sein!
Aisha: Gott hat die Zündschnur gezündet?
Tom: Logisch!

7 Philosophische Gedanken zum Weltbeginn

M3 Aisha hat ein Problem

Doch Aisha ist nicht so recht davon überzeugt. Sie glaubt einen Fehler in Toms Erklärung erkannt zu haben.

Aisha: Deine These hinkt etwas, Tom. Du stützt dich auf die Behauptung, dass alles eine Ursache haben muss, richtig?

Tom: Ja.

Aisha: Aber wenn alles eine Ursache hat, dann folgt daraus, dass auch Gott eine Ursache haben müsste, nicht wahr?

Tom: Hm, ja, du hast Recht.

Aisha: Dann würde ich gern Folgendes wissen: Wenn alles eine Ursache hat, welches ist dann die Ursache für die Existenz Gottes?

Aishas Frage ist nicht unberechtigt. Angenommen, Gott ist wirklich die Ursache dafür, dass es das Universum überhaupt gibt.

Das Problem mit Toms These ist, dass – wenn er Gott als Ursache des Universums nennt – er dann zugleich auch etwas anderes mit ins Spiel bringt: eine Ursache für Gottes Existenz.

Doch wenn *alles* eine Ursache hat, dann muss es auch für Gott eine Ursache geben. Er kann nicht „einfach so" aus dem Nichts heraus entstanden sein.

M4 Ein unergründliches Geheimnis

Tom ist nicht zufrieden. Aishas Einwände haben ihn noch nicht überzeugt.

Tom: Okay, aber dann erklär mir bitte, woher das Universum kommen soll, wenn nicht von Gott? Wie willst du seine Existenz erklären?

Aisha: Um ganz ehrlich zu sein – das kann ich nicht. Ich habe mir nur erlaubt zu sagen, dass du mir nicht den kleinsten Beweis dafür geliefert hast, dass es von Gott erschaffen wurde.

Tom: Hmmm ... [...] Ich. fürchte, du hast Recht. Kann dieses Rätsel also *niemals* gelöst werden?

Aisha: Vermutlich nicht. [...] Du siehst, dass ich durchaus bereit bin zuzugeben, dass es wirklich ein unergründliches Geheimnis ist, warum es das Universum gibt und nicht etwa nichts.

M2-M4: Stephen Law

Aufgaben

1 Beschreibe die Karikatur. Erkläre, was mit der Unterschrift gemeint ist. ➔ M1
2 Was ist es, das Tom zum Nachdenken bringt? ➔ M2
3 Warum denkt Tom, es muss Gott geben? ➔ M2
4 Warum hält Aisha Toms Beweis nicht für überzeugend? ➔ M3
5 Wieso kommen Aisha und Tom zum Schluss ihrer Unterhaltung zu der Auffassung, dass die Entstehung der Welt „ein unergründliches Geheimnis" ist? ➔ M4
6 Was ist deine Auffassung zu der Frage nach dem Anfang der Welt? ➔ M1-M4

**Projekt:
Ausstellung „Die Entstehung der Welt"**

Gestaltet eine Ausstellung zum Thema „Die Entstehung der Welt".

Bildet dazu verschiedene Gruppen, die
- Argumente für und gegen die naturwissenschaftliche Auffassung zusammentragen,
- Argumente für und gegen den religiösen Standpunkt sammeln und
- Argumente für und gegen die philosophische Position finden.

Malt z. B. Bilder, die die unterschiedlichen Meinungen zu diesem Thema darstellen, oder fertigt Poster an oder bastelt Modelle oder verfasst kurze Texte oder ... oder ...

Präsentiert eure Ergebnisse schließlich im Schulgebäude.

Leben und Feste in unterschiedlichen Religionen

Stationenlernen

Liebe Schülerinnen und Schüler,

in diesem Kapitel habt ihr – vielleicht mehr als sonst – die Gelegenheit, selbständig zu arbeiten. An jeder der folgenden sieben Stationen erhaltet ihr ein Angebot an unterschiedlichen Aufgaben. Einige davon sind freiwillig. Manche Aufgaben können nur in Partner- oder Gruppenarbeit gelöst werden. Eure Lehrerin oder euer Lehrer kann euch zu jeder Station einen Arbeitsbogen zur Verfügung stellen. Anhand eines Lösungsblattes könnt ihr selber kontrollieren, ob eure Ergebnisse richtig und vollständig sind. Auf einem Übersichtsbogen vermerkt ihr, welche Aufgaben ihr bearbeitet habt. Einen Download für den Übersichtsbogen, die Arbeits- und Lösungsblätter findet eure Lehrerin oder euer Lehrer auf www.ccbuchner.de, Suchwort 6665.

M1 Michael und Harun

Michael geht durch die Düsseldorfer Altstadt. „Hey, Harun!", ruft er plötzlich, als er seinen Schulkameraden auf der anderen Seite der Straße sieht. „Hallo Michael, was machst du denn hier?" – „Ich bin hungrig. Ich habe nämlich heute in der Schule nicht zu Mittag gegessen …" – „Ich auch nicht", unterbricht Harun Michael. „Ich wollte mir gerade einen Döner holen." –

„Was hältst du davon, wenn wir uns eine Currywurst mit Pommes und Mayo holen?", schlägt Michael prompt vor. Aber Harun verzieht seinen Mund. „Currywurst kommt überhaupt nicht in Frage. So etwas esse ich nicht." – „Wie, du isst keine Currywurst?", wundert sich Michael. „Aber die schmeckt doch echt lecker!" – „Für euch Deutsche vielleicht. Aber nicht für mich als Türken. Hast du denn noch nie gehört, dass Muslime kein Schweinefleisch essen dürfen? Das verbietet uns der Koran." – „Wieso?", fragt Michael interessiert nach. „Pass auf, ich versuche es dir zu erklären. Für uns Muslime gibt es Speisevorschriften. Sie sind in *halal* und *haram* unterteilt." – „In was sind sie unterteilt?", fragt Michael nach. „In *halal* und *haram*. *Halal* sind alle Lebensmittel, die wir nach dem Koran essen dürfen, also alle Pflanzenprodukte, Rindfleisch, Lamm und Hühnchen. Damit Fleisch *halal* ist, muss ein ausgebildeter muslimischer Metzger die Tiere schächten. Schächten ist das Schlachten von Tieren ohne Betäubung." – „O. K., das habe ich verstanden. Kannst du mir auch noch sagen, was …" – „… *haram* bedeutet?", vervollständigt Harun Michaels Frage. – „Ja, genau." – „*Haram* sind Schweinefleisch, tote Tiere, Blut, Rauschmittel und alkoholische Getränke." – „Wow, da sind die Dinge, die ihr essen dürft, aber ganz schön eingeschränkt." Michael holt eine Tüte Gummibärchen aus seiner Jackentasche und bietet sie Harun an. „Die darfst du doch sicherlich essen, oder?" – „Nein, eigentlich nicht." – „Das verstehe ich nicht." – „In Gummibärchen ist Gelatine enthalten. Und die wird aus Bestandteilen vom Schwein hergestellt. Daher sind Gummibärchen *haram*."

M2 Halal oder haram

Im Koran lassen sich folgende Aussagen über Lebensmittel, die *halal* bzw. *haram* sind, finden:

> Verwehrt ist euch Krepiertes, Blut, Schweinefleisch und das, über dem ein anderer Name als Allahs beim Schlachten gerufen ward, das Erwürgte, das Erschlagene, das durch Sturz oder Hörnerstoß Umgekommene, das von reißenden Tieren Gefressene […] und das auf (Götzen-)Steinen Geschlachtete.
>
> *Sure 5, 4 (3)*

> O ihr, die ihr glaubt, siehe, der Wein[genuss], das Spiel, die Opfersteine und Pfeile [, die beim Losen und Orakel benötigt wurden,] sind ein Gräuel von Satans Werk.
>
> *Sure 5, 92 (90)*

188

Station 1 Currywurst, Döner und Schawarma

M3 Simon und sein Vater

Michael und Harun sind sich nicht einig, was sie essen sollen. An der nächsten Kreuzung treffen sie ihren Klassenkameraden Simon und seinen Vater. „Hey Simon, willst du mit uns Döner essen und
5 Ayran trinken gehen?", fragt Harun. „Oder lieber Currywurst und Cola?", ergänzt Michael. „Hm, da gibt es jetzt mehrere Probleme", sagt Simons Vater, zunächst an Harun gerichtet, „Döner kann Simon nicht essen, höchstens Schawarma, und das auch
10 nicht zusammen mit einem Milchgetränk. Und ..." – hier wendet er sich Michael zu – „Schweinefleisch geht auch nicht. Das Einzige, was ich ihm erlauben könnte, ist, mit euch zusammen eine Cola zu trinken." „Warum das denn?", wundert sich Harun. „Ich
15 habe auch nichts verstanden", sagt Michael. „Ihr wisst doch, dass ich Jude bin", sagt Simon, „und wir Juden richten uns nach der Thora – das ist unsere heilige Schrift. Dort sind alle Regeln enthalten, die verlangen, dass wir *koscher* leben." „*Koscher*? Den
20 Begriff habe ich noch nie gehört", unterbricht Harun seinen Klassenkameraden. „Das erkläre ich euch jetzt", sagt Simons Vater, „*koscher* bedeutet in unserer Sprache *rein*; und *rein* sind nach der Thora alle Früchte und Milchprodukte und das Fleisch von
25 wiederkäuenden Säugetieren mit gespaltenen Hufen. Damit sind Kühe, Schafe, Ziegen und Wild gemeint. Schweine haben zwar auch gespaltene Hufe, aber sie sind keine Wiederkäuer, und damit gelten sie für uns Juden als unrein. Verboten ist es auch, Fische zu
30 essen, die keine Schuppen besitzen, und Schalentiere, weil sie keine Gräten und Flossen haben." „Dann dürfen Juden also geschuppte Fische, Hühner und Tauben essen, oder nicht?", will Michael wissen. „Ja", entgegnet Simons Vater, „aber nur wenn die Tiere
35 koscher geschlachtet wurden." – „Was soll das denn heißen?", fragt Michael. „Das Tier", sagt Simons Vater, „muss so getötet werden, dass es ausblutet. Danach wird das Fleisch mit Salz eingerieben und mit Wasser gespült, damit kein Blut im Fleisch zurück-
40 bleibt. Wir glauben nämlich daran, dass die Seele jedes Lebewesens im Blut liegt. Aber das ist noch nicht alles. In der Thora steht geschrieben: ‚Du sollst ein Zicklein nicht in der Milch seiner Mutter kochen.'

Essen ist nämlich nur dann *koscher*, wenn Milch und Fleisch streng voneinander getrennt werden.
45 Deshalb ist es für uns Juden z. B. verboten, Rinderbraten mit Sahnesoße zu essen. Eigentlich darf man Milch und Fleisch noch nicht einmal im selben Raum zubereiten. Deshalb essen fromme Juden daheim nur Fischgerichte und gehen für Fleischgerichte in ein
50 koscheres Restaurant." – „Ja, aber wann können Juden dann Fleisch und Milchprodukte zu sich nehmen?", fragt Michael nach. „Ganz einfach, sie müssen nach einem Fleischgericht mindestens drei Stunden vergehen lassen, bevor sie ein Milchprodukt
55 zu sich nehmen." „Papa, können Michael und Harun nicht mal zum Schawarmaessen zu uns nach Hause kommen?", fragt Simon dazwischen. „Das würde ich gerne", sagt Harun, obwohl er einige Zweifel hat, ob er Schawarma essen darf oder nicht. Michael nickt: „Au ja! Ich würde dich auch gerne mal wieder besuchen." „Aber jetzt", sagt Simons Vater, „lade ich euch erst einmal zu Falafel ein. Was haltet ihr davon?"

---

1 Was bedeutet *halal*? Wie kann man *haram* übersetzen? Was dürfen Muslime essen, was nicht? Führe Beispiele aus dem Text an. ➔ M1

2 Trage die folgenden Begriffe nach *halal* bzw. *haram* geordnet in eine Tabelle ein: ➔ M2
Schlange, von einem deutschen Jäger geschossenes Reh, Muscheln, Salat, Sauerbraten vom Pferd, Rüben, Mayonnaise, Raki, Sülze, Käse, Olivenöl, Lammkeule, Tomaten, Cola, Schnitzel, Eis, Fisch, Gummibärchen, Gehacktes, Wein, Gulasch, Huhn – vom Auto getötet, Steaks, Lammkeule aus deutscher Metzgerei, Hummer.

3 Was erlauben die Speisevorschriften der Thora den Juden zu essen, was nicht? ➔ M3

4 Warum hat Harun Zweifel, ob er Schawarma essen darf? ➔ M3

5 Welche Schwierigkeiten können bei der Beachtung religiöser Speisevorschriften im (deutschen) Alltag auftreten? ➔ M1–M3

6 Kennt ihr auch Speisevorschriften, die für Christen gelten? Welche sind es?

Leben und Feste in unterschiedlichen Religionen

2

Judentum, Christentum und Islam sind die drei großen monotheistischen Weltreligionen, d. h. ihre Anhänger glauben an einen einzigen allmächtigen Gott, der bei den Juden „Jahwe" und bei den Muslimen „Allah" heißt. Mit diesem Puzzle könnt ihr testen, was ihr über die drei Religionen wisst.

BILD 1

TEXT 1
Die zentralen religiösen Figuren im Islam sind Mullahs und Imame. Sie legen den Koran aus. Ihre Aussagen sind nicht bindend, werden aber meistens befolgt.

BILD 2

TEXT 2
Die *Mondsichel* mit dem Stern ist das Symbol der islamischen Welt. Die Mondsichel deutet an, dass sich der Islam von einem zum anderen Ende der Welt ausbreiten soll. Die fünf Zacken des Sterns weisen auf die fünf Säulen des Islam hin (Glaubensbekenntnis, Gebet, Spenden, Fasten und Pilgerfahrt).

BILD 3

TEXT 3
Die *Moschee* ist der Ort, an dem Muslime – wenn möglich – ihre Gebete verrichten. Außerdem ist die Moschee ein Treffpunkt, an dem unter anderem Unterricht und Feiern stattfinden.

BILD 4

TEXT 4
Die *Bibel* ist die heilige Schrift der Christen. Sie umfasst zwei Teile: Im ersten Teil, dem Alten Testament, sind vor allem die Offenbarungen Gottes gegenüber den jüdischen Propheten enthalten. Im zweiten Teil, dem Neuen Testament, geht es um die Lebensgeschichte von Jesus und seine Lehre.

TEXT 5
Um dem christlichen Glauben Ausdruck zu verleihen, bedarf es *keiner besonderen Kleidung* und keines besonderen Zeichens. Allerdings tragen viele Christen eine Halskette mit Kreuz.

BILD 5

BILD 6

TEXT 6
Der *Davidstern* ist nach König David benannt und besteht aus zwei ineinander verschränkten Dreiecken. Er stellt die Beziehung zwischen den Menschen und Gott dar. Die sechs Dreiecke stehen für die sechs Schöpfungstage. Das Sechseck in der Mitte soll den siebten Tag, den Ruhetag, anzeigen.

BILD 7

TEXT 7
Als *Kirche* (vom griechischen Wort *kyriake*: dem Herrn gehörig) wird bei den Christen ein Bauwerk bezeichnet, in dem sich Gläubige zum Gebet, zur Andacht oder zum Gottesdienst treffen.

BILD 8

TEXT 8
Die zentrale religiöse Figur im Judentum ist der *Rabbi*. Er ist ein frommer Gelehrter, der sich mit Glaubensfragen beschäftigt und der Gemeinde mit Rat zur Seite steht.

Station 2 Religionenpuzzle

BILD 9

TEXT 9
Der christliche Glaube wird in erster Linie von Priestern gelehrt. Priester der katholischen Kirche dürfen nicht heiraten. Für sie gilt ein Keuschheitsgelübde. Evangelische Pfarrer dagegen dürfen heiraten und eine Familie gründen.

BILD 10

TEXT 10
Eine *Synagoge* ist ein jüdisches Versammlungs- und Gebetshaus, das außerdem der Unterweisung in und dem Studium der Thora dient. Es werden mindestens zehn männliche Beter benötigt, ein sogenanntes *Minjan*, um eine Gemeinde aufbauen zu können.

BILD 11

TEXT 11
Muslimische Kleidung darf nicht körperbetont sein. Männer müssen von der Hüfte bis zum Knie bekleidet sein. Für Frauen schreibt der Koran eine Verhüllung der weiblichen Reize vor.

TEXT 12
Der *Koran* ist das heilige Buch der Muslime. Darin sind Gottes Offenbarungen an Mohammed in 114 Kapiteln, Suren genannt, enthalten. Ebenfalls verbindlich ist die Sunna, in der der vorbildliche Weg des Propheten dargestellt ist.

BILD 12

TEXT 13
Das christliche Symbol ist das *Kreuz*. Es weist auf den Tod von Jesus hin, der am Kreuz gestorben ist. Es zeigt aber auch die Beziehung zwischen Gott und Mensch (von oben nach unten) und zwischen den Menschen (von links nach rechts) an.

BILD 13

BILD 14

TEXT 14
Die heilige Schrift der Juden ist die *Thora*, deren Kernstück aus den fünf Büchern Mose besteht.

BILD 15

TEXT 15
Für jüdische Männer ist das Tragen von *Gebetsschal* und *Gebetskapseln an Stirn und Arm* während der Gebete Pflicht. Die *Kippa*, das Käppchen der Männer, ist weit verbreitet, doch nicht überall Pflicht. In orthodoxen (strenggläubigen) Gemeinden tragen die Männer *schwarze Hüte, Anzüge* und *Mäntel*, die Frauen *Perücken, Kopftücher* und *lange Gewänder*.

Aufgaben

1. Die Texte und Bilder sind durcheinander geraten. Ordne die Texte den richtigen Bildern zu.
2. Ordne die religiösen Symbole dem Judentum, dem Christentum und dem Islam in einer Tabelle zu. Schneide dazu die Bilder auf dem Arbeitsblatt aus und klebe sie an der entsprechenden Stelle ein.
3. Schreibe auf, in welchen Bereichen die drei Religionen sich gleichen und worin sie sich unterscheiden.

Leben und Feste in unterschiedlichen Religionen

Ihr habt schon einiges über Judentum, Christentum und Islam erfahren. Aber vielleicht sind gerade deshalb bei euch noch viele weitere Fragen aufgetaucht. philopraktisch hat sich aus diesem Grund auf den Weg gemacht und mit gläubigen Jugendlichen über ihre Religion gesprochen.

M1 Studiere die Schrift

philopraktisch: Ben, was sind die Grundlagen des Judentums?

Ben: Das jüdische Leben ist durch die *Thora*, die fünf Bücher Mose, geregelt. Sie beinhaltet 613 Gebote. Diese Gebote sollen uns Juden unterweisen, wie wir leben sollen. Die .... soll uns vom Bösen fernhalten und uns auf den rechten Weg bringen. Wichtig ist in diesem Zusammenhang noch der Talmud. Der Talmud ist das jüdische ...., in dem die Befolgung und Anwendung der Regeln erklärt sind, die in der Thora aufgezählt werden.

philopraktisch: Wie wird man eigentlich Jude?

Ben: Ganz einfach, wenn deine Mutter .... ist, dann bist du nämlich von Geburt an Jude. Schwieriger ist es, wenn du aus einer anderen Religion zum Judentum übertreten willst. Zunächst einmal wird dein Wunsch von einem Rabbi .... abgelehnt. Warum? Der Rabbi will nämlich sicher sein, dass dein Wunsch, Jude zu werden, ernst gemeint ist. Wenn du dich danach noch ein viertes Mal bei ihm meldest und du überzeugend auf den .... wirkst, kannst du nach ungefähr zwei Jahren zum .... übertreten. In diesen zwei Jahren musst du aber unter anderem Gebete, Hebräisch und die .... erlernen sowie die Schriften des Judentums studieren. Danach trittst du vor das *Beit Din*, den jüdischen Gerichtshof, an dem drei Rabbiner deinen .... prüfen. Kompliziert, nicht wahr?

philopraktisch: Welche Feiertage sind besonders wichtig?

Ben: Wir unterscheiden zwischen Hohen Feiertagen, Wallfahrtsfesten und Historischen Festen. Wichtig sind z. B. der Neujahrstag, *Rosch ha-Schana*, und der Versöhnungstag, *Jom Kippur*, aber am wichtigsten ist uns das ...., *Pessach*, das wir feiern, weil .... uns aus Ägypten herausgeführt hat.

philopraktisch: Wieso ist der Samstag der wichtigste Tag der Woche für einen Juden?

Ben: *Sabbat*, meinst du. .... beginnt bereits am Freitagabend mit dem Sonnenuntergang und dauert bis zum nächsten Sonnenuntergang. Es ist der Tag, an dem wir die .... feiern. .... erschuf die Welt in sechs Tagen, am .... aber ruhte er. Deshalb soll der Mensch an diesem Tag auch nichts tun. An *Sabbat* sollen wir uns auf Gott konzentrieren und ihn verehren. Deshalb dürfen wir an diesem Tag noch nicht einmal kochen, denn Kochen bedeutet .... Wir dürfen an diesem Tag auch nicht Feuer oder Strom anmachen und auch kein Auto fahren.

M2 Liebe deinen Nächsten

philopraktisch: Tobias, was sind die Grundlagen des Christentums?

Tobias: Für uns Christen sind die Zehn Gebote und die Lehre von Jesus bedeutend. Die .... sagen uns, was wir tun sollen bzw. zu unterlassen haben. .... ist uns in seinem Handeln ein Vorbild. Nach seinem Handeln sollen wir Christen unser Leben ausrichten, wobei seine Forderung „............ deinen .... wie dich selbst" dabei im Vordergrund steht. Wenn wir die Lehre Jesu umsetzen wollen, dann müssen wir uns für Menschen, die unsere .... benötigen, so einsetzen, wie Jesus sich für sie eingesetzt hat.

philopraktisch: Wie wird man eigentlich Christ?

Tobias: Ein Mensch wird durch die .... zum Chris-

Station 3 Meine Religion – deine Religion

ten. Sie ist der sichtbare Eintritt in die Religionsgemeinschaft. Der Priester gießt während der Taufe einige Tropfen Wasser über die Stirn des Täuflings. Dieser Vorgang soll an den Taufvorgang im Fluss .... erinnern, durch den die Christen von ihren Sünden befreit wurden.

philopraktisch: Welche Feiertage sind besonders wichtig?

Tobias: Der höchste Feiertag für alle christlichen Kirchen ist das Osterfest. Es ist das .... von Jesus Christus, der den Tod überwunden und damit den Beweis erbracht hat, dass er wahrer Mensch und wahrer Gott ist. Das zweite wichtige Fest ist Pfingsten, an dem das Kommen und Wirken des .... gefeiert wird. Mein liebster Feiertag aber ist Weihnachten, an dem wir die Geburt von Jesus Christus begehen. Am 24. Dezember, dem ...., beschenken meine Eltern, meine Geschwister und ich uns gegenseitig. Das .... dient als Sinnbild der Liebe und Zuwendung Gottes zu den Menschen.

philopraktisch: Wieso ist der Sonntag eigentlich der wichtigste Tag der Woche für einen Christen?

Tobias: Dass der Sonntag für uns Christen zum Ruhe- und .... wurde, hängt wahrscheinlich damit zusammen, dass Jesus drei Tage nach seiner .... von den Toten auferstanden ist – und das war ein ....

M3 Auf fünf Säulen gebaut

philopraktisch: Zehra, was sind die Grundlagen des Islam?

Zehra: Als Muslim musst du die .... achten. Manche nennen sie auch die *Grundpflichten*, die jeder Muslim zu erfüllen hat. Die Säulen sind 1. das Glaubensbekenntnis (*Schahada*), 2. die fünf täglichen .... (*Salat*), 3. das Geben von .... (*Zakat*), 4. das Fasten (*Saum*) und 5. schließlich die .... nach Mekka (*Hadsch*).

philopraktisch: Wie wird man eigentlich Muslim?

Zehra: Wenn deine Eltern schon Muslime sind, dann bist du automatisch auch ein .... Wenn du aber zum Islam übertreten willst, musst du zweimal das Glaubensbekenntnis im Beisein von zwei Zeugen aufsagen. Übrigens: Das Erste, was ein Baby zu hören bekommt, ist fast immer das .... Es heißt: „Ich bezeuge, dass es keinen Gott außer Gott gibt und dass Mohammed Gesandter Gottes ist".

philopraktisch: Welche Feiertage sind besonders wichtig?

Zehra: Das wichtigste Fest ist sicherlich das ...., das daran erinnert, dass Gott von .... die Opferung seines Sohnes gefordert hat. Ein weiteres wichtiges Fest ist der *Seker Bayramı*, das Zuckerfest. An diesem Tag endet die ...., der sogenannte *Ramazan* (im Deutschen: *Ramadan*). In dieser Zeit dürfen wir zwischen der Morgendämmerung und dem .... weder etwas essen noch trinken. Aber das drei Tage dauernde .... beginnt damit, dass wir wie unser Prophet Mohammed das .... mit einer Dattel und einem Glas Milch brechen.

philopraktisch: Wieso ist der Freitag der wichtigste Tag der Woche für einen Muslim?

Zehra: Der Freitag war wahrscheinlich schon in der Zeit vor Mohammed ein Versammlungstag. Aus diesem Grund treffen sich die Muslime an diesem Tag auch zum .... Dieses Gebet unterscheidet sich von anderen Gebeten, weil es eigentlich in der .... verrichtet werden soll und ihm eine .... vorangeht.

Aufgaben

Bearbeite mindestens zwei der drei Materialien. In den Texten siehst du Lücken, die es mit folgenden Begriffen zu ergänzen gilt:

1 dreimal, Jüdin, Erschaffung der Welt, Rabbi, Thora, Speisevorschriften, Judentum, Glauben, Moses, Fest der Freiheit, Sabbat, siebten Tag, Gesetzeswerk, Arbeit, Gott. ➜ M1

2 Fest der Auferstehung, Zehn Gebote, Liebe, Sonntag, Gebetstag, Schenken, Heiligen Abend, Heiligen Geistes, Jordan, Jesus, Taufe, Hilfe, Nächsten, Kreuzigung. ➜ M2

3 Pilgerfahrt, Gebete, Sonnenuntergang, Almosen, Glaubensbekenntnis, Zuckerfest, Opferfest, Fasten, Abraham, Freitagsgebet, Muslim, Moschee, fünf Säulen, Predigt, Fastenzeit. ➜ M3

Leben und Feste in unterschiedlichen Religionen

4

Station 4 ist freiwillig.

M1 Pessach

Das Pessach-Fest erinnert uns an die Knechtschaft der Israeliten in Ägypten, an ihre Befreiung durch Gott und den Aufbruch in die Freiheit als jüdisches Volk. Der Abend vor dem Pessach-Fest ist der sogenannte *Seder*-Abend, der den wichtigsten Teil des gesamten Festes darstellt und den ich jedes Jahr total gerne habe. Der Abend beginnt mit dem Essen vom Seder-Teller, das nach einer bestimmten Ordnung geschieht. *Seder* heißt nämlich im Hebräischen „Ordnung": *Seroa* ist ein Stück gegrillter Fleischknochen, der sowohl an das Pessach-Opfer im Tempel als auch an den starken Arm Gottes erinnern soll, der die Israeliten aus Ägypten geführt hat. *Charosset* ist ein Fruchtmus aus Äpfeln, Datteln, Walnüssen und Zimt, das die Farbe von Ziegeln hat. Diese Speise soll die Sklavenarbeit in Ägypten symbolisieren. *Maror* sind Bitterkräuter wie Meerrettich oder Radieschen, die die bittere Zeit in Ägypten anzeigen. *Karpas* sind Erdfrüchte wie z. B. Petersilie, Sellerie oder Kartoffeln, die auf die kargen Mahlzeiten in Ägypten verweisen. *Beiza*: Das hartgekochte Ei verdeutlicht die Bitte um Fruchtbarkeit während der Sklavenzeit. Auf dem Seder-Teller steht auch eine kleine Schüssel mit Salzwasser, in welches man vor dem Essen das Ei und das Gemüse taucht. Das Wasser steht für die vielen Tränen, die die Israeliten in Ägypten geweint haben. Dazu gibt es Wein, aber auch einen leeren Weinbecher, der für den Propheten Elia gedacht ist. Man erwartet nämlich jederzeit seine Teilnahme am Seder-Mahl. Schließlich findet man noch drei Stück *Mazzot*. Dieses Brot wird nur aus Weizenmehl und Wasser gebacken und ist ungesäuert. Unsere Ahnen hatten nämlich bei der Flucht aus Ägypten keine Zeit, einen Sauerteig anzusetzen.

Nachdem sich unsere Familie durch den Seder-Teller auf den Abend eingestimmt hat, stellt das jüngste Kind auf Hebräisch vier Fragen. Sie beginnen alle mit den Worten: „Warum ist diese Nacht anders als alle anderen Nächte?" Die Fragen werden dadurch beantwortet, dass unser Vater der Familie die Haggada, also die Geschichte vom Auszug aus Ägypten, vorliest. Anschließend gibt es ein großes Festessen, das bis tief in die Nacht dauert, denn von dem Essen auf dem Seder-Teller wird keiner satt.

nach Wolfgang Straßer

M2 Der Heilige Abend

Ich bin Christina. Ich will euch erzählen, wie bei uns in der Familie Heiligabend gefeiert wird. [...] Morgens schmücken wir Kinder mit Vater den Weihnachtsbaum. Wir holen die Kerzenhalter, die silbernen Kugeln und den bunten Baumschmuck vom Dachboden und schmücken den Baum. [...] Danach legen wir unsere eingepackten Geschenke für die Eltern und für unseren Großvater unter den Baum. Bis zum Abend dürfen wir das Wohnzimmer nicht mehr betreten. Vater holt dann [...] unseren Großvater aus einem kleinen Dorf in der Nähe. [...] Währenddessen bereitet Mutter das festliche Essen vor. [...] Um vier Uhr trinken wir gemeinsam gemütlich Kaffee und schneiden dabei den Stollen, den Mutter jedes Jahr bäckt, an. Um fünf Uhr ziehen wir schnell festliche Kleidung an. Dann müssen wir uns auch schon beeilen, um in die Christ-

Station 4 Feste feiern

mette zu kommen. Bei uns in der Kirche gibt es an Heiligabend zwei Gottesdienste, einen um sechs Uhr und einen anderen um elf Uhr, der aber für uns Kinder zu spät ist.

Heute müssen wir früh da sein, um noch einen Platz zu bekommen, denn an Heiligabend gehen viele Leute in die Kirche. [...] Es ist schön, mit so vielen Menschen Lieder zu singen und zur Kommunion zu gehen. Wenn wir die Kirche verlassen, wünschen wir allen „Ein frohes Weihnachtsfest". Der Pastor steht an der Kirchentür und begrüßt auch jeden mit dem Weihnachtsgruß.

Zuhause [...] [wird es jetzt] aufregend! Vater verschwindet auf einmal und ein kleines Glöckchen erklingt. Wir dürfen endlich in das Wohnzimmer. Hell erstrahlt der Tannenbaum. Unsere Geschenke stehen überall im Wohnzimmer herum. Jeder sucht nach Päckchen mit seinem Namen. Später liest der Großvater die Weihnachtsgeschichte vor, die erzählt, wie Gott als kleines Kind auf die Welt gekommen ist und in einem Stall geboren wurde. Danach essen wir unser festliches Abendessen.

M3 Das Opferfest

Zwei Monate und zehn Tage nach dem Ramadanfest feiern wir Muslime das Opferfest. Mein Vater sagt immer: „Für uns Muslime ist es in Deutschland fast unmöglich, das Opferfest richtig zu feiern. Wo und wie sollen wir hier ein Tier, z. B. ein Schaf, richtig schlachten?" [...]

In diesem Jahr aber ist alles ganz anders. Mein Vater hat sich mit sechs Freunden zusammengetan. Vor vierzehn Tagen sind sie zu einem in der Nähe liegenden Bauernhof gefahren und haben sich dort eine von dreißig Kühen ausgesucht, lange mit dem Bauern gehandelt und sie schließlich gekauft. Der Bauer [...] war damit einverstanden, dass wir die Kuh auf seinem Hofe schlachten und dass wir dort das Opferfest feiern. Endlich ist der Festtag gekommen. Zusammen mit den Familien der Freunde meiner Eltern sind wir zum Bauernhof gefahren. Im Kofferraum hatten wir Messer, Hackbeile und Grillöfen eingepackt. Zunächst haben wir gebetet, und nach dem Gebet haben die Männer dort, wo es der Bauer uns erlaubt hatte, das Tier geschlachtet. Ein Tierarzt, den mein Vater vorher benachrichtigt hatte, hat ein Stück der Leber untersucht, „gesund" gesagt und damit die Kuh zum Verzehr freigegeben. Wir haben das Fleisch in sieben Teile aufgeteilt und Lose gezogen. So hat jede Familie ihren Anteil bekommen. Dann haben wir etwas vom Fleisch am offenen Feuer gegrillt. Es war sehr lecker.

Den Rest des Fleisches haben wir nach Hause mitgenommen und es in drei Teile aufgeteilt. Einen Teil haben unsere türkischen Nachbarn bekommen, die in diesem Jahr kein Tier geschlachtet haben. Auch unsere deutschen [...] Nachbarn haben sich gefreut, als wir ihnen ein Stück Fleisch von unserer Kuh gebracht haben. Am nächsten Wochenende werden wir den zweiten Teil zusammen mit Freunden essen, die meine Eltern eingeladen haben. Den dritten Teil wird meine Mutter einfrieren. So werden wir in den nächsten Wochen immer wieder ein Stück von „unserer Kuh" essen, die wir am Opferfest geschlachtet haben.

M2/M3 nach Halim Cepni u. a.

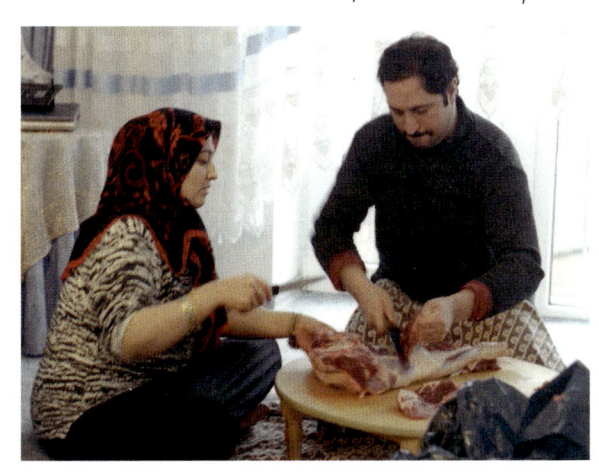

Aufgaben

1 Welche Speisen könnt ihr auf dem Seder-Teller entdecken? Ordnet die Lebensmittel den einzelnen Nummern auf der Abbildung zu. Woran sollen die einzelnen Speisen erinnern? → M1

2 Wähle eine Situation der Weihnachtsfeier aus und male ein Bild dazu. → M2

3 Lege eine Tabelle an, in der du alle Tätigkeiten auflistest, die die Familie im Zusammenhang mit dem Opferfest verrichtet. → M3

4 Welche weiteren Feste in den drei Religionen kennt ihr? Listet sie auf und beschreibt eines davon.

Leben und Feste in unterschiedlichen Religionen

5

Ihr habt auf Seite 194–195 den Verlauf einiger Feste kennengelernt. Die folgenden biblischen Geschichten verraten etwas darüber, warum sie gefeiert werden.

M1 Auszug aus Ägypten

Wegen der großen Hungersnot flohen viele Israeliten aus Kanaan nach Ägypten. Der ägyptische König fürchtete aber, das Volk Israel könne zu stark werden. Deshalb machte er alle Israeliten zu Sklaven.
Eines Tages war Moses mit seiner Schafherde unterwegs, als er einen brennenden Busch sah. Der Busch sprach zu ihm: „Moses. Ich bin Gott, der Herr. Ich sehe, wie mein Volk leidet. Ich will, dass du zum König gehst und ihn bittest, dein Volk fortziehen zu lassen." Natürlich gab der ägyptische König das israelische Volk nicht frei. Da ließ Gott neun Plagen über das Land hereinbrechen, doch der ägyptische König blieb stur. Gott beschloss daher, dass der älteste Sohn einer jeden ägyptischen Familie, egal welchen Alters, sterben sollte. Als der ägyptische König das Unglück seines Volkes sah, ließ er Moses ausrichten: „Zieht fort! Kehrt nie wieder zurück, und dient eurem Gott in einem anderen Land!" Am nächsten Morgen machten sich die Israeliten auf den Weg nach Kanaan, dem Land, das Gott ihnen versprochen hatte. Auf ihrer langen Reise durch die Wüste erhielt Moses am Berg Sinai die Zehn Gebote von Gott ausgehändigt. Schließlich gelangten sie an die Grenzen zu Kanaan. Moses schickte zwölf Kundschafter aus, sich das Land genau anzuschauen. Sie kamen mit der Nachricht zurück: „Kanaan ist ein Land, in dem Milch und Honig fließen, doch die Menschen, die dort leben, sind groß wie Riesen. Sie werden uns nicht in ihr Land einziehen lassen." Nur zwei Kundschafter glaubten noch an Gottes Wort, dass sie dort leben würden. Da wurde Gott zornig und beschloss, die Menschen zu strafen. Er ließ ihnen durch Moses sagen, dass sie weitere vierzig Jahre durch die Wüste ziehen müssten, weil sie Gott nicht vertraut hätten. Keiner von ihnen würde jemals Kanaan betreten – nur ihre Kinder und die beiden Kundschafter.

M2 Abraham soll Isaak opfern

Abraham und Sara waren traurig, weil sie schon so alt waren und keine Kinder hatten. Da sprach Gott zu Abraham: „Ich will dir einen Sohn schenken, und dieses Land wird deinen Nachkommen gehören. Sie werden mein Volk und ich ihr Gott sein." Bald darauf sandte Gott ihnen drei Boten, die zu Abraham sprachen: „In neun Monaten wird dein Weib einen Sohn gebären." Sara konnte es nicht glauben: „Ich bin doch schon viel zu alt." Aber Gott hielt Wort. Bald war Sara schwanger, und sie freute sich über alle Maßen. Als das Kind zur Welt kam, waren Abraham und Sara sehr glücklich, denn es war ein Sohn, so wie es Gott versprochen hatte, und sie nannten ihn Isaak.
Gott beschloss, Abraham auf die Probe zu stellen. Er befahl ihm, das größte Opfer zu bringen, das er jemals einem Menschen abverlangt hatte. „Abraham", sprach er, „ich weiß, dass du deinen Sohn über alles liebst. Nun, ich will, dass du Isaak nimmst, zu einem Berg im Land Morija führst und ihn dort als Brandopfer für mich opferst." Obwohl Abraham verzweifelt war, fügte er sich Gottes Willen und brach mit Isaak zu dem besagten Berg auf. Unterwegs fragte Isaak erstaunt: „Vater, wir haben Feuer und Holz für das Opfer, doch wo ist das Lamm, das wir opfern wollen?" „Gott selbst wird für das Lamm sorgen", erwiderte Abraham. An einem geeigneten Platz

Station 5 Von Moses, Abraham und Jesus

errichteten sie einen Altar aus Steinen und stapelten das Holz auf. Dann fesselte Abraham seinen Sohn und legte ihn auf das Holz. Doch als er zu seinem Messer greifen wollte, um Isaak zu töten, hörte er die Stimme Gottes: „Abraham! Abraham! Lass dein Messer fallen. Jetzt weiß ich, dass du mich über alles liebst. Schau dich um!" Und als Abraham die Augen hob, da sah er einen Widder, der sich mit seinen Hörnern in einem Strauch verfangen hatte. Schnell befreite er Isaak von seinen Fesseln. Dann tötete er den Widder und opferte ihn Gott.

M3 Die Geburt Jesu

Maria war mit dem Zimmermann Josef verlobt. Eines Tages stand ein Engel vor ihr, der sprach: „Ich bin gekommen, um dir eine frohe Botschaft zu überbringen. Der Herr hat mich geschickt, um dich für deinen Glauben und deine Güte zu belohnen. Du wirst bald einen Sohn gebären, den du Jesus nennen sollst. Er wird der Sohn des Höchsten sein, und Gott wird ihn zum König machen. Das Königreich, über das Jesus herrschen soll, wird nie ein Ende haben." Maria verbeugte sich ehrfurchtsvoll vor dem Engel und sagte: „Ich will Gott dienen und gehorchen, so gut ich kann." Als sie spürte, dass Gottes Sohn in ihr wuchs, erzählte sie Josef alles, was sich ereignet hatte. Aber Josef wollte ihr die Geschichte nicht glauben. Doch eines Nachts erschien auch ihm ein Engel. Der Engel versicherte ihm, dass Marias Kind der Sohn Gottes sei. Da hatte Josef keine Zweifel mehr, und er heiratete Maria. Zu dieser Zeit ließ Kaiser Augustus eine Volkszählung ausrufen. Jeder musste mit seiner Familie an seinen Geburtsort ziehen und seinen Namen dort in eine Liste eintragen lassen. Josef machte sich mit Maria auf die lange Reise von Nazaret nach Betlehem. Als sie Betlehem erreichten, suchten sie nach einer Unterkunft, doch die Stadt war überfüllt und alle Häuser belegt. Schließlich fanden sie Obdach in einem Stall, wo sonst nur das Vieh übernachtete. Josef bereitete Maria ein weiches Lager im Heu, und dort gebar sie noch in derselben Nacht ihr Kind. Sie wickelte es in Windeln und legte es in eine Krippe, die Josef zuvor wie ein Kinderbettchen zurechtgemacht hatte. Die Hirten auf dem Felde, die ihre Schafe hüteten, wurden plötzlich von einem grellen Licht geblendet und ein Engel stand vor ihnen. Er sagte: „Fürchtet euch nicht, denn ich bringe euch eine gute Botschaft, die die ganze Welt erfreuen wird. Eben wurde in Betlehem euer Retter, Christus der Herr, geboren. Ihr findet ihn in Windeln gewickelt in einer Krippe liegen." Die Hirten machten sich auf den Weg zur Krippe. Sie knieten ehrfürchtig davor nieder.

M1–M3 nach Geoffrey Marshall-Taylor

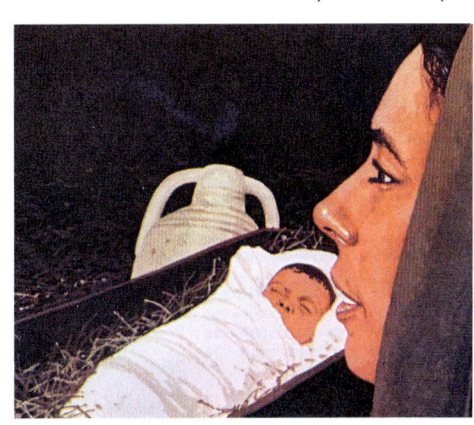

Aufgaben

1 Diese Station richtet sich an *Dreiergruppen*. Jeder bzw. jede von euch liest eine der Geschichten und erzählt sie den beiden anderen. Diese schreiben die Geschichten, die sie zu hören bekommen haben, so exakt wie möglich auf. Die schriftlichen Nacherzählungen werden dann von demjenigen bzw. derjenigen korrigiert, der oder die die Geschichte ursprünglich erzählt hat. → M1–M3

2 Welcher Feiertag leitet sich jeweils von den Geschichten ab? → M1–M3

3 Was bedeutet es, dass die Feste der drei Religionen auf biblische Geschichten zurückgehen? → M1–M3

Leben und Feste in unterschiedlichen Religionen

Auf dem Bild seht ihr von links nach rechts den Muslimen Yusuf, den Christen Benedikt und den Juden Adam. Da die drei gute Freunde sind, treffen sie sich regelmäßig, um die Religion und Kultur der anderen besser kennen und verstehen zu lernen. Heute reden sie darüber, wie man in ihre jeweilige Religionsgemeinschaft aufgenommen wird.

M1 Bar Mitzwa und Bat Mitzwa

Adam: Bei uns Juden werden Jungen oder Mädchen dann als erwachsen angesehen, wenn sie in der Lage sind, die Zehn Gebote sowohl zu verstehen als auch zu befolgen. Das ist der Fall, wenn die Jungen 13 Jahre und die Mädchen 12 Jahre alt sind. Wir bezeichnen einen Jungen dann als *Bar Mitzwa* und ein Mädchen als *Bat Mitzwa*.

Yusuf: *Bar Mitzwa*? *Bat Mitzwa*?

Adam: Wörtlich übersetzt heißt *Bar Mitzwa* „Sohn des Gebotes" oder „Sohn des Gesetzes" oder auch „Sohn der Pflichten". *Bat Mitzwa* ist die dementsprechende weibliche Form. Damit bezeichnen wir Jugendliche, die religionsmündig geworden sind. Außerdem ist damit der Tag gemeint, an dem die Jugendlichen die Religionsmündigkeit erhalten und auch die Familienfeier, die nach der Aufnahme in die Religionsgemeinschaft stattfindet.

Yusuf: Wie geht die Aufnahme vonstatten?

Adam: Die Jugendlichen bereiten sich lange auf die Feier vor. Sie lernen den für diesen Tag vorgesehenen *Thora*-Abschnitt auf Hebräisch vorzulesen und eventuell sogar zu singen. Wenn die Jugendlichen zum ersten Mal aus der *Thora* vorgelesen haben, ist die Aufnahme in die Religionsgemeinschaft besiegelt.

Yusuf: Und was ist das Besondere an der *Bar Mitzwa*?

Adam: Mit der *Bar Mitzwa* gelten die Jugendlichen als Erwachsene und dürfen alle religiösen Aufgaben erfüllen. So kann ein Junge als einer der zehn Männer gerechnet werden, die man benötigt, um einen Gottesdienst durchzuführen. Außerdem dürfen die Jugendlichen jetzt auch die symbolische Kleidung des Judentums tragen: Männer setzen sich nämlich, wenn sie eine Synagoge betreten, eine *Kippa* auf. Sie tragen die *Kippa* beim Gebet oder auch beim Lesen aus der *Thora*, um ihre Ehrfurcht vor Gott zu bezeugen. Sowohl Männer als auch Frauen schnüren sich zum Gottesdienst die *Tefillin* um. Das sind kleine Lederkapseln, in denen sich Verse aus der *Thora* befinden. Die *Tefillin* werden an Hand und Stirn – so wie bei mir – befestigt. Außerdem hängen sie sich einen *Tallit*, einen Gebetsschal, um. Dieser Schal ist rechteckig und besitzt Fransen mit genau 613 Knoten. Die Knoten zeigen die Anzahl an Gesetzen an, die in der Thora enthalten sind. Schließlich sollte jeder noch ein *Siddur*, ein Gebetbuch, mit sich tragen.

M2 Sünnet – Die Beschneidung

Benedikt: Man hat mir erzählt, nur wer beschnitten sei, gehöre der muslimischen Gemeinschaft an.

Yusuf: Das ist so nicht ganz richtig, mein Freund. Die Beschneidung findet nämlich nur bei muslimischen Jungen, aber nicht bei Mädchen statt. Aber du hast insofern recht, als die Beschneidung der Jungen als ein Zeichen der Religionszugehörigkeit angesehen wird. Die Beschneidung – die es übrigens auch im Judentum gibt, stimmt's Adam? – muss bis zum Alter von dreizehn Jahren erfolgt sein.

Benedikt: Und was wäre, wenn ich mich zum Islam bekehren würde?

Yusuf: Abgesehen davon, dass ich es großartig fände, bräuchtest du dich nicht beschneiden zu lassen. Das Beschnittensein ist kein Entscheidungskriterium, ob du ein Muslim bist oder nicht. Dies ist nämlich allein das bewusste Glaubensbekenntnis, die *Schahada*. Aber

Station 6 Jetzt gehöre ich dazu!

die Beschneidung wird ausdrücklich in der *Sunna* beschrieben. Deshalb ist die Beschneidung des Mannes nach islamischem Recht heute sogar Pflicht.
Benedikt: Nach allem, was du bisher erzählt hast, müsste ein Beschneidungsfest eine große Feier sein.
Yusuf: Oh ja. Die Kosten für eine Beschneidungsfeier sind sehr hoch. Wenn eine Familie die Kosten nicht tragen kann, springen Verwandte für sie ein. Reiche Leute nehmen sich zusätzlich zu der Beschneidung ihres eigenen Sohnes auch armer Jungen an, deren Beschneidung sie dann bezahlen.
Benedikt: Und wie wird die Beschneidung vollzogen?
Yusuf: Der Junge trägt schon vor der Beschneidung einen extra für diesen Anlass gekauften prächtigen Anzug. Am Beschneidungstag trägt das Kind dann ein langes weißes Hemd. 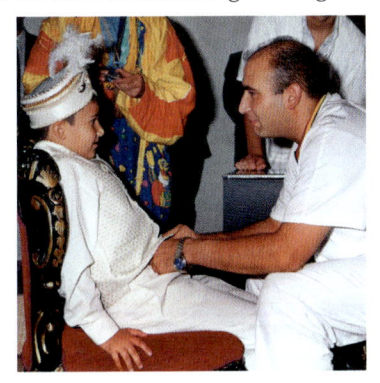
Was die Durchführung der Beschneidung betrifft, wird sie in der Türkei meist von einem professionellem Beschneider, dem *Sünetci*, oder von Ärzten im Krankenhaus durchgeführt. Wenn die Beschneidung vollzogen ist, ruht sich der Junge auf einem prachtvoll geschmückten Bett aus. Die zur Feier eingeladenen Gäste bringen dem Kind als Geschenke Goldmünzen oder Geld mit. Dann wird gegessen und getanzt.

M3 Taufe, Firmung und Konfirmation

Adam: Benedikt, wie werden denn die Christen in die Glaubensgemeinschaft aufgenommen?
Benedikt: Zunächst einmal durch die *Taufe*. Durch diesen Akt wird ein Mensch zum Christen. Die Taufe gibt es eigentlich schon sehr lange. Bekannt geworden ist sie aber durch Johannes, den Täufer. Die bekannteste Person, die er getauft bzw. – was dasselbe ist – getaucht hat, war Jesus. Er hat ihn und viele andere Menschen, die Christen werden wollten, im Jordan untergetaucht. Die Taufe war und ist immer noch das äußere Zeichen, dass man dem Teufel entsagt hat und nach dem christlichen Glauben leben will. 
Adam: In welchem Alter findet die Taufe statt?
Benedikt: Ursprünglich wurden Erwachsene getauft. Aber das hat sich geändert. Heute werden fast ausschließlich Babys getauft.
Adam: Aber Babys haben doch keinen eigenen Willen?
Benedikt: Deshalb übernehmen auch die Eltern und die Paten die Entscheidung. Außerdem gibt es bei den Katholiken noch die *Firmung*. Im Alter von 14 oder 15 Jahren bestätigen die Jugendlichen noch einmal das *Glaubensbekenntnis* aus freiem Willen. Kurz gesagt, die Firmung vollendet erst die Taufe.
Protestanten werden durch die *Konfirmation*, die mit 13 oder 14 Jahren erfolgt, zu vollwertigen Mitgliedern der Kirchengemeinde.

Aufgabe

1 Ergänze in den folgenden Sätzen die Begriffe, die fehlen. Die Aussagen 1-12 stehen nicht in der richtigen Reihenfolge.
Wenn du das Arbeitsblatt hast, dann trage die Begriffe in die dafür vorgesehenen Kästchen ein. Du erhältst dann ein Lösungswort.
1. Die Taufe wurde bekannt durch Johannes, den .... 2. Ein Tallit besteht aus 613 .... 3. Ein Getaufter lebt nach christlichem .... 4. Die kleinen Lederkapseln, ..., werden zum Gebet getragen. 5. Die Bekräftigung des Glaubens nennen die Katholiken .... 6. Ein türkischer Junge, der beschnitten werden soll, trägt einen prunkvollen .... 7. Evangelische Jugendliche werden als vollwertige Mitglieder in die Gemeinde aufgenommen, wenn sie zur ... gegangen sind. 8. „Tochter des Gebotes" heißt auf Hebräisch .... 9. Im Türkischen bezeichnet man mit ... eine Beschneidung. 10. Als Geschenke erhält der Beschnittene Goldmünzen oder .... 11. Jeder Mann muss eine ... tragen, wenn er eine Synagoge betreten will. 12. In der ... wird die Beschneidung beschrieben und sie ist deshalb für männliche Muslime Pflicht.

2 Stell dir vor, du warst bei einer der drei Feiern eingeladen. Beschreibe einem Freund oder einer Freundin deine Eindrücke. → M1/M2/M3

Leben und Feste in unterschiedlichen Religionen

7   M1   Eine deutsche Hochzeit

1 Papa hat Britta in der Kirche an Jens übergeben. Dann hat der Pfarrer die Trauung vollzogen, wobei Jens und Britta sich vor Gott gegenseitig versprechen mussten, zusammenzubleiben, bis dass der Tod sie scheide.

2 Sie haben gesagt, dass auf diese Weise alle bösen Geister, die über der Ehe schweben könnten, vertrieben würden. Danach ist Britta mit ihren Freundinnen und Jens mit seinen Freunden losgezogen. Sie haben an verschiedenen Orten ihre Junggesellenabschiede gefeiert.

3 Liebe Mandy, Britta hat geheiratet. Drei Tage haben wir gefeiert. Am Donnerstag war der Polterabend. Unsere Verwandten und Nachbarn und die Freunde von Britta und Jens kamen und haben vor unserer Tür eine Menge Porzellan zerschlagen.

4 Auf der anschließenden Feier waren ungefähr 80 Gäste. Natürlich haben wir viel getanzt und gegessen. Um Mitternacht ist Britta der Schleier abgenommen worden. Diese Geste kennzeichnet sie als verheiratete Frau. Danach hat sie ihren Brautstrauß in die Menge der unverheirateten Frauen geworfen. Man sagt, diejenige, die den Brautstrauß auffängt, werde als Nächste heiraten.

5 Schließlich haben Britta und Jens die Hochzeitstorte angeschnitten. Man sagt, der Ehepartner, der beim gemeinsamen Anschneiden der Torte die Hand obenauf liegen hat, hat das Sagen in der Ehe. Ich glaube, Brittas Hand lag oben. Armer Jens! Auf bald, Marie

6 Sie mussten durch ihre Unterschriften bestätigen, dass Britta und Jens sich aus freiem Willen und aus eigenem Wunsch für die Ehe entschieden und dies vor dem Standesbeamten bestätigt haben. Danach haben wir bei meinen Eltern noch zu Mittag gegessen, bevor das Brautpaar dann nach Hause fuhr.

7 Am Freitag sind die beiden dann um 10:00 Uhr im Standesamt getraut worden. Vanessa und Harald waren die Trauzeugen.

8 Am Samstag um 15:00 Uhr sind Britta und ich in einem Cabrio vor der Kirche vorgefahren. Jens durfte Britta vor der kirchlichen Trauung nicht sehen, denn es heißt, das würde Unglück für die Ehe bringen. Also wartete er geduldig am Altar auf seine Frau, die ein prachtvolles weißes Brautkleid mit einer irre langen Schleppe trug.

M2   Eine türkische Hochzeit

1 Wie damals, als meine Eltern nach ihrer Hochzeit zusammengezogen sind, habe auch ich in unser Haus einen Koran mitgebracht, damit unser Glaube an Allah stark bleibt, eine Kerze, damit wir immer Licht haben, ein bisschen Reis, damit es uns immer gut geht, Eier, damit ich bald schwanger werde, Salz, damit unsere Ehe harmonisch verläuft, und etwas Zucker für die Süße des Lebens.

2 Bei der Unterzeichnung habe ich Muzaffer leicht mit dem Fuß getreten. Ich hoffe, es hilft, denn es heißt, dass derjenige, der den anderen zuerst leicht tritt, angeblich der Chef in der Ehe sein soll.

3 Eintrag vom 25.04.09 – Gestern haben Muzaffer und ich geheiratet und sind danach direkt in unsere neue Wohnung gezogen.

4 Dass wir alle viel gegessen und getrunken haben, versteht sich ja von selbst. Als Hochzeitsgeschenke haben wir hauptsächlich Geld und Gold bekommen. Das ist Tradition bei uns, damit wir als Frischvermählte sozial abgesichert sind.

5 Die letzten drei Tage waren anstrengend. Viele Verwandte, Bekannte und Freunde haben die Hochzeit mit uns gefeiert. Es war schön, dass wir Frauen die ganze Zeit unter uns waren. Muzaffer hat mit den Männern gefeiert. Das hat ihm gut gefallen, weil sie zu traditionellen Liedern getanzt haben.

6 Die eigentliche Trauung fand gestern Abend in der Moschee statt. Sie wurde von unserem hoça vollzogen. Heute Morgen sind wir direkt zum Standesamt gefahren, und haben uns unsere Ehe durch einen Ehevertrag gesetzlich besiegeln lassen.

Station 7 Hohe Zeit – Hochzeit

M3 Eine jüdische Hochzeit

1 19:00 Uhr: Am Eingang des gemieteten Hochzeitsaals steht ein Tresor, in dem ein Schlitz eingelassen ist. Als Lars und Maria kommen, sagt Maria: „Mach's wie ich und wirf deinen Scheck in den Tresor. Das Geld brauchen Rahel und Joel, um dieses Fest finanzieren zu können. Außerdem sorgst du wahrscheinlich für eine Starthilfe in ihre Ehe."

2 Maria nimmt Lars an die Hand und sagt: „Sie gehen zur Chuppa. Das ist ein Tuch, das von vier Stangen gehalten und nur bei Hochzeiten benutzt wird. Die Chuppa soll an die alten Israeliten erinnern, die in Zelten lebten, sowie an die Beduinen, die für ein Brautpaar ein besonderes Zelt errichteten. Sieh mal, unter der Chuppa steht schon der Rabbi. Er wird jetzt die Eheschließung vollziehen."

3 15:00 Uhr: Die Trauung beginnt. Lars und Maria stehen nebeneinander. „Soll ich dir erzählen, was jetzt passiert?", fragt Maria Lars. „Das wäre echt toll", strahlt er die hübsche junge Frau an. „O.K. Der erste Teil der Hochzeit heißt Erussin. Er ist so etwas wie eine Verlobung. Der Rabbi hat einen Segen über den Becher Wein gesprochen, aus dem Rahel und Joel gerade trinken. Joel streift ihr jetzt einen Ring auf den Zeigefinger der rechten Hand und sagt dabei: ‚Durch diesen Ring bist du mir angelobt nach dem Gesetz Moses und Israels.' Nun beginnt der zweite Teil der Hochzeit. Der Rabbi verliest die Ketubba. Diesen Vertrag muss Joel gleich Rahel übergeben." „Da passiert es!", ruft Lars.

4 Maria und Lars verstehen sich wirklich gut und tanzen, essen und trinken den ganzen Abend, bis pünktlich um 24 Uhr die israelische Nationalhymne ertönt und die Feier beendet. Rahel und Joel werden von den Gästen mit Reis und Walnüssen beworfen, die allgemein als Fruchtbarkeitssymbole gelten und dann in den Bund der Ehe verabschiedet. Lars bringt Maria an diesem Abend noch nach Hause.

5 14:00 Uhr: „Sag mal, Maria, wo sind denn Rahel und Joel?", fragt Lars, der mit Maria und vielen anderen Gästen im parkähnlichen Garten von Rahels Eltern auf das Brautpaar wartet. „Sie kommen gleich. Im Moment sind sie mit dem Rabbi im Haus, um die Ketubba, so nennen wir einen Ehevertrag, aufzusetzen. Es wird gerade die Summe festgelegt, die im Falle einer Scheidung Joel an Rahel zu zahlen hat. Aber schau mal, da kommen sie ja." „Oh", staunt Lars, „Rahel und Joel sehen wirklich schön aus. Aber wo gehen die beiden denn jetzt hin?"

6 „Genau", sagt Maria. „Und jetzt beginnt der letzte Teil der Eheschließung. Der Rabbi spricht gleich die sieben Hochzeitssegen. Danach trinken Rahel und Joel einen Schluck Wein, und Joel zertritt dann mit dem rechten Fuß das Weinglas. Dann rufen wir ‚Masal tov!', was so viel wie ‚Ein guter Stern sei über euch!' bedeutet und die Trauung ist beendet. Heute Abend findet eine Party statt, zu der ungefähr 600 Leute eingeladen sind."

Leider sind die drei Texte auf dieser Doppelseite jeweils ziemlich durcheinandergeraten. Deine Aufgabe ist es jetzt, die drei Puzzles wieder richtig zusammenzusetzen.
➜ M1–M3

Projekt 1: Hochzeiten in aller Welt

Erkundigt euch über Hochzeitsfeiern in anderen Ländern. Malt Plakate, die zeigen, wie unterschiedlich „der schönste Tag im Leben" begangen wird. Viele nützliche Hinweise findet ihr dazu z. B. unter:
http://www.brigitte.de/liebe-sex/hochzeit/hochzeit-in-aller-welt-562416/10.html,
http://www.abenteuer-hochzeit.de/hochzeitsbraeuche.html oder
http://freenet-homepage.de/reimzeitung/rituale3.htm

Projekt 2: Gemeinsamkeiten der Religionen

Im Laufe der einzelnen Stationen habt ihr gesehen, welche Unterschiede zwischen Judentum, Christentum und Islam bestehen, dass es aber auch viele Gemeinsamkeiten gibt. Bereitet eine Ausstellung zum Thema „Gemeinsamkeiten von Judentum, Christentum und Islam" vor und präsentiert sie bei euch in der Schule.

Methodenüberblick

Methodenüberblick

Neben den allgemein bekannten und üblichen Verfahren des Lernens und Arbeitens werden in diesem Unterrichtswerk einige Methoden besonders hervorgehoben, die helfen können, Informationen zu beschaffen, Sachverhalte adäquat zu erfassen, Probleme zu lösen und den Unterricht interessant und abwechslungsreich zu gestalten.

B Bildbetrachtung

Die Lebenswelt der Jugendlichen ist in zunehmendem Maße durch Medien geprägt. Neben der Möglichkeit, die audiovisuellen Medien zur Veranschaulichung von Sachzusammenhängen zu nutzen, geht es im Unterricht auch darum, zu thematisieren, wie durch Medien manipuliert wird. Im Rahmen eines Buches liegt der Schwerpunkt naturgemäß bei Bildern, insbesondere Gemälden, Comics und Cartoons. Bei einer Bildbetrachtung könnten u. a. folgende Fragen leitend sein:
1. Was ist zu sehen?
2. Was fällt besonders auf?
3. Wie ist das Bild gestaltet?
4. Was löst es in mir aus?
5. Welche Wirkung hat es auf mich?
6. Wie ist das Dargestellte zu deuten?
7. Welche Fragen oder Probleme werden durch das Bild aufgeworfen? ∎

BB Buddy Book

Das Buddy Book ist ein kleines, aus einem DIN-A4-Blatt gefaltetes Büchlein mit acht Seiten, das die Schüler ohne großen Aufwand selbst herstellen können. Es kann als Merk-, Vokabel- oder als Reflexionsheft eingesetzt werden. Bastelanleitung s. S. 205. ∎

C Clustering

Clustering kann als Ideenfindungstechnik in einer Gruppe genutzt werden. Ein Kernwort steht auf einer Tafel, und alle Teilnehmer schreiben in einer Art Brainstorming Begriffe auf Karteikarten, die um den Kernbegriff an die Tafel geklebt werden. Anschließend werden die Begriffe auf den Karteikarten geordnet und zu Gruppen zusammengefasst, um dann mit dem so gefundenen Ideenmaterial weiterzuarbeiten. ∎

D Diskussion

Mit einer Pro- und Contra-Diskussion oder einem Streitgespräch können unterschiedliche Standpunkte zum Ausdruck gebracht und auf ihre Tragfähigkeit hin geprüft werden. Eine Diskussion bietet sich dann an, wenn ein umstrittenes Thema oder eine Entscheidungsfrage ansteht. Der in der Sache harte, aber faire Austausch von Argumenten soll die gegnerische Partei von der eigenen Meinung überzeugen. Eine Diskussion kann z. B. so geführt werden:
1. Vorstellung des zu diskutierenden Problems
2. Erste Abstimmung
3. Sammeln von Argumenten in Pro- und Contra-Gruppen
4. Vorstellen der Argumente vor der Klasse
5. Gedankenaustausch über die Argumente
6. Zweite Abstimmung ∎

G Gedankenexperiment

Im Gedankenexperiment abstrahieren die Schülerinnen und Schüler von (faktischen oder erdachten) Gegebenheiten und ziehen Konstellationen in Betracht, die in der Realität zwar nicht existieren, aber existieren könnten. So werden sie angeregt, fiktive alternative Lösungen für bestimmte Probleme zu finden, d. h. neue Sichtweisen, Fragerichtungen und Modelle zu entwickeln und zu erproben. Ein Gedankenexperiment wird in folgenden Schritten durchgeführt:
1. Formulierung einer Grundfrage, auf die das Gedankenexperiment Antwort geben soll.
2. Versuchsanordnung: Annahme („Angenommen, ...", „Stell dir einmal vor ...").
3. Versuch: Durchführung des Experiments („... was wäre dann?")
4. Folgerungen aus dem Experiment („Was folgt aus dem Gedachten bezüglich der anfangs gestellten Frage?") ∎

Methodenüberblick

GF Gespräche führen

Um Sachverhalte in Gesprächen zu klären, empfiehlt sich die Einhaltung folgender Regeln:
1. Höre deinen Mitschülern gut zu.
2. Falle ihnen nicht ins Wort; lasse sie ausreden.
3. Knüpfe an die Gedanken deiner Vorredner an.
4. Drücke dich so klar wie möglich aus. ∎

HS Der heiße Stuhl

Der heiße Stuhl ist eine Methode, bei der eine Schülerin oder ein Schüler eine bestimmte philosophische Position vertritt und Fragen von den übrigen Schülerinnen und Schülern beantwortet. Dies sind in der Regel zunächst einfache Fragen, die aber zunehmend immer mehr die Belastbarkeit des Standpunkts bzw. der Theorie auf die Probe stellen. Der Schüler, der auf dem heißen Stuhl sitzt, ist gefordert, die von ihm zu vertretende Position zu verteidigen, vor allem dann, wenn Kritik laut wird. ∎

K Kreatives Gestalten

Kreative Verfahren wie das **Zeichnen**, **Collagieren**, Gestalten von **Plakaten** usw. tragen nicht nur zur Entwicklung schöpferischer Fähigkeiten bei, sondern bieten Schülerinnen und Schülern Gelegenheit, Erfahrungen, Fragen und Ergebnisse des Unterrichts nicht nur intellektuell-kognitiv, sondern auch affektiv zu verarbeiten. ∎

M Mindmapping

Die Schülerinnen und Schüler bringen ihre Gedanken, Assoziationen etc. zu einem Thema zum Ausdruck, indem sie Wörter oder kurze Sätze zu einem Thema aufschreiben und deren Zusammenhang grafisch gestalten. ∎

P Projektlernen

Projekte geben Schülerinnen und Schülern die Möglichkeit zur selbstgesteuerten Organisation und Durchführung von Lernprozessen. Dazu sind folgende Schritte nötig:
1. Wahl der Projektaufgabe
2. Planung des Projektweges
3. Ausführung
4. Dokumentation
5. Reflexion des Projektes ∎

R Recherche

Infolge der Vernetzung durch die neuen Medien werden Erkenntnisse und Problemlösungen zunehmend schneller überholt bzw. umgewichtet. Daher wird in diesem Unterrichtswerk Wert gelegt auf die Förderung der Fähigkeit zur selbständigen Beschaffung und Verarbeitung von Informationen. Schülerinnen und Schüler erhalten Anregungen in Lexika, im Internet usw. ∎

RB Realbegegnung

Realbegegnungen stellen Möglichkeiten dar, Schülerinnen und Schüler authentische Erfahrungen machen zu lassen und die Schulwirklichkeit stärker als bisher mit der außerschulischen Wirklichkeit zu verbinden. Dies kann geschehen durch die Verlagerung des Lernorts von der Schule nach außen (Besuch von Behörden, Institutionen usw.) bzw. die Einbeziehung der außerschulischen Realität in den Unterricht (Einladen von Vertretern von Behörden, Institutionen usw. in die Schule). ∎

RS Rollenspiel

Plan-, Entscheidungs- und Rollenspiele bieten die Möglichkeit, spielerisch die Realität zu simulieren, Argumentationsmuster zu erproben und auf Probe zu handeln. Individuelle oder gesellschaftliche Konflikte können aufgegriffen und in verteilten Rollen in Hinblick auf mögliche Lösungsalternativen durchgespielt werden. Dadurch werden insbesondere auch ganzheitliches Lernen und selbstbestimmtes Handeln gefördert. Ein Rollenspiel kann folgendermaßen durchgeführt werden:
1. Vorbereitungsphase: Das Rollenspiel wird geplant, die Rollenbesetzung festgelegt und die Spielhandlung abgesprochen.
2. Spielphase: Während eine Gruppe ihr Rollenspiel aufführt, beobachten die anderen Schüler die Vorführung unter festgelegten Kriterien.
3. Reflexionsphase: Auswertung des Rollenspiels unter anderem aufgrund der Rückmeldung der Beobachter. ∎

Methodenüberblick

S — Schreiben

Schüler und Schülerinnen erhalten durch Schreibanlässe Anstöße, ihre eigenen Gedanken und Gefühle zu formulieren und dadurch eigene Antworten auf bestimmte Fragen zu finden. Geeignet sind neben journalistischen Formen wie **Zeitungsartikeln** auch subjektive Formen wie **philosophisches Tagebuch** und **Brief**. Weitere Schreibformen sind z. B. das **Schreibgespräch**, das **Weiterschreiben von Szenen oder Geschichten**, das Erstellen von **Steckbriefen**, **Definitionen** oder **Dialogen**. ■

SL — Stationenlernen (Kapitel 7b)

Beim Stationenlernen gibt es Arbeitspläne mit Pflicht- und Wahlaufgaben, die Stationen genannt werden. Die Schülerinnen und Schüler haben Wahlmöglichkeiten hinsichtlich Zeiteinteilung, Reihenfolge der Aufgaben und Sozialform (Einzel-, Paar-, Gruppenarbeit), um die Aufgaben in einer bestimmten Zeit zu erledigen. Die Arbeitsaufträge umfassen Pflichtaufgaben und Wahlaufgaben. Pflichtaufgaben dienen der Erarbeitung neuen Stoffs oder der Festigung und Übung, Wahlaufgaben der Erweiterung und Vertiefung oder Wiederholung. Unterschiedliche Arbeitsformen wie z. B. Lesen, Nacherzählen, Zuhören, Schreiben, Basteln sorgen für Abwechslung. Die Schüler lernen die Durchführung von Selbstkontrollen (Genauigkeit, Erkennen von Fehlern), Zeitplanung, Selbsteinschätzung und Reflexion des eigenen Lernfortschritts, Planung und Durchführung der jeweiligen nächsten Schritte und Übernahme von Verantwortung. ■

SP — Spiel

Spielerische Unterrichtsformen fördern nicht nur die Motivation der Schülerinnen und Schüler, sondern bieten auch die Möglichkeit, in einem fiktiven Bereich Problemlösungen und alternative Handlungsmöglichkeiten auszuprobieren. Abgelöst von der Realität werden Erkenntnisse gewonnen, die sich dennoch auf die Realität übertragen lassen. ■

ST — Standbild

Ein Standbild ist eine mit Körpern von Personen gestaltete Darstellung eines Problems, eines Themas oder einer sozialen Situation. Durch diese Methode können Haltungen, Einstellungen und Gefühle verbildlicht werden, ohne dass gesprochen wird.
1. Im Vorhinein kann sich eine Gruppe darüber verständigen, wie sie das Standbild aufbauen möchte;
2. während des Aufbaus wird dann aber nicht mehr geredet.
3. Derjenige, der als Baumeister bestimmt wurde, stellt die Personen – wie abgesprochen – auf.
4. Der Baumeister korrigiert Positionen und Ausdruck, bis alle ihre endgültige Haltung eingenommen haben.
5. Diejenigen, die dem Standbildbau zugesehen haben, versuchen herauszufinden, was dargestellt wird. ■

WZ — Wandzeitung

Eine Wandzeitung kann dazu dienen, Arbeitsergebnisse zu präsentieren oder zusätzliche Informationen zu vermitteln. Sie besteht aus einer Sammlung von Zeitungsartikeln, selbstgeschriebenen Texten, Fotos, etc. Bei der Herstellung muss darauf geachtet werden, dass die Seiten einen klaren Aufbau haben, dass die einzelnen Beiträge eine Struktur aufweisen und gestalterische Teile beinhalten. Vgl. hierzu auch: http://www.bpb.de/methodik/WOPSKW,0,0,3_Wandzeitung_gestalten.html ■

Weitere Informationen zu den hier vorgestellten und anderen Methoden gibt es im Internet:

http://www.learnline.de/angebote/methodensammlung

http://de.wikipedia.org/wiki/Liste_der_Unterrichtsmethoden

http://www.teachsam.de/arbtec.htm

Methodenüberblick

Buddy Book – Bastelanleitung

Schritt 1

Starte mit einem DIN-A4-Blatt und falte es entlang der längeren Mittellinie. Um den Falz zu verstärken, falte es wieder auseinander und falte es nun noch einmal entlang der Falzlinie zur anderen Seite. Ziehe nun den Falz mit dem Fingernagel nach, um ihn zu verschärfen. Falte das Blatt wieder auseinander.

Schritt 2

Nun falte das Blatt entlang der kürzeren Mittellinie, falte es wieder auseinander und wiederhole wie oben den Prozess zur anderen Seite.

Schritt 3

Nun falte noch einmal, indem du entlang der kurzen Mittellinie halbierst. (Auch hier zur Verschärfung des Falzes nach beiden Seiten einmal einknicken.)

Schritt 4

Die beiden offenen Enden des so halbierten Blattes jetzt so knicken, dass die abgebildete Form entsteht.

Schritt 5

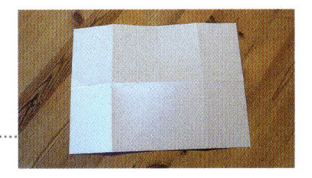

Das Blatt wieder vollständig auseinander falten. Es muss nun einen mittleren Längsfalz und drei Querfalze haben.

Schritt 6

Falte das Blatt nun wieder entlang der kürzeren Mittellinie und schneide (oder reiße) es von der geschlossenen Kante her bis zum ersten Querfalz ein. Falte es wieder auseinander und ...

Schritt 7

... falte es nun an der längeren Mittellinie. Es entsteht die abgebildete Form.

Schritt 8

Schiebe nun das Blatt zusammen und falze die Kanten noch einmal nach.

Schritt 9

Lege die vier Doppelseiten nun zu einem Buch zusammen und falze den „Buchrücken" noch einmal mit dem Fingernagel nach. Das Buddy Book ist fertig und kann nun von dir beschriftet werden.

nach www.kooperatives-lernen.de

Personenregister

Abedi, Isabel 50
Abraham 196f.
Andersen, Christian 162f.
Aristoteles 120f.
Äsop 64
Auer, Martin 9, 12
Augustinus 65
Bellermann, Erhard Horst 11
Benjamin, Walter 126
Bohlen, Dieter 153
Böhm, Karlheinz 114
Bolz, Norbert 146
Borcholte, Andreas 152f.
Boyle, Susan 172
Brezina, Thomas 80
Brüggeshemke, Irina 143
Busch, Wihelm 78
Cepni, Halim 194f.
Collodi, Carlo 62f.
Corey, Peter 10
Coville, Bruce 69
D'Aluisio, Faith 106f.
Delay, Jan 158
Descartes, René 75
Egger, Christine 13
Eide, Torill 26
Elisabeth von Thüringen 112
Ende, Michael 28f.
Erlinger, Rainer 69, 153
Franziskus 144
Frey, Jana 42, 166f.
Friederichs, Hauke 40
Funke, Cornelia 44, 148f.
Gaarder, Jostein 133, 159
Galilei, Galileo 183
Gasper, Harald 170
Gasper, Regina 170
Gebrüder Grimm 35, 76, 105
Gordon, Thomas 58
Götsch, Antonia 152
Grober, Ulrich 131
Gründl, Martin 163
Hartig, Monika 17
Heine, Heinrich 134
Hetmann, Frederik 177
Hilgers, Heinz 109
Hilton, Paris 134
Hirte, Michael 173
Hobbes, Thomas 95
Hoffmann, Heinrich 84
Holighaus, Kristin 49, 61
Hoppe, Jörg-Dietrich 171
Isaak 196f.
Iwan der Schreckliche 11
Jackson, Michael 116
Jacoby, Edmund 71
Kandinsky, Wassily 19
Karl der Große 11
Karl der Kühne 11
Kästner, Erich 80, 111
Kopernikus, Nikolaus 183

Kosack, Gabriele 151
Labbé, Brigitte 82
Lagerlöf, Selma 85
Laotse 179
Lassahn, Bernhard 70
Law, Stephen 186f.
Lindgren, Astrid 12, 14, 24
Lobe, Mira 8
Locke, John 95
Maar, Paul 9
Mann, Thomas 134
Marshall-Taylor, Geoffrey 196f.
Masannek, Joachim 96, 148f.
Matisse, Henri 19
Menenius Agrippa 45
Menzel, Peter 106f.
Mey, Reinhard 80
Meyer-Timpe, Ulrike 109
Michelangelo 180f.
Mill, John Stuart 95
Modler, Jutta 79
Moses 64, 196
Münchhausen, Baron von 70f.
Münnix, Gabriele 15, 16
Nöstlinger, Christine 77, 164f.
O'Dell, Scott 34
Paulsen, Gary 118f.
Pausewang, Gudrun 37
Perikles 46
Persephone 122
Peterson Haddix, Margaret 24f.
Picasso, Pablo 19, 32
Potts, Paul 172f.
Puech, Michel 82
Pueschel, Peter 130
Pyle, Howard 83
Radecki, Sigismund von 71
Riboud, Franck 115
Richie, Lionel 116
Rockwell, Norman 7, 72
Röthlisberger, Erika 173
Rosenberg, Susanne 177
Rosenberg, Thomas 177
Rowling, Joanne K. 10, 56f., 98
Rusch, Regina 110
Schlüter, Andreas 158
Schuster, Gaby 169, 172
Schweitzer, Albert 113, 144
Seattle, Häuptling 124f.
Shreve, Susan 36
Straßer, Wolfgang 194
Süß, Peter 151
Titus Livius 45
Tolkien, J. R. R. 82
Twain, Mark 50f.
Weischedel, Wilhelm 69
Wilken, Walter 109
Wilson, Jacqueline 53
Wölfel, Ursula 66f.
Yunus, Muhammad 114f.
Zeller, Eva 33

206

Sachregister

ADS 36
Anfang der Menschheit 175, 185
Anfang der Welt 174ff.
Ängste 16f.
Arbeit 28f., 37
Arbeitslosigkeit 110f.
Armut 104ff.
Ausdiskutieren 58f.
Außenseiter 42f., 86, 164f., 166f.
Autoporträt 6
Bar/Bat Mitzwa 198
Barmherzigkeit 112f.
Behinderte 46
Benimmregeln 102f.
Beschneidung 198f.
Bibel 113, 180f., 190
Buddy-Projekt 61
Castingshows 152f., 172f.
Chatten 156f.
chinesische Philosophie 178f.
Christentum 64, 65, 112f., 144, 180f., 188ff.
Computerspiele 158f.
Danone 115
Davidstern 190
Dinge, natürliche und hergestellte 120f.
Dinge, notwendige und entbehrliche 106f.
Einsamkeit 24f., 34, 42, 118f.
Eisbergmodell 57
Eltern 52f., 66f., 79
Erde, Entstehung der 184
Erziehung 52f., 66f., 79, 84, 96, 167
Fabel 104
Fair Play 98f.
Fair Trade 117
Familie 36ff., 52f.
Feste, religiöse 192f., 194f., 198f., 200f.
Filme 148f.
Firmung 199
Fortschritt, technischer 127
Fragen und Antworten 175, 186f.
Freiheit 15, 24
Freizeit 20ff.
Freundschaft 36, 44, 56f., 148f., 165
Gebote, biblische 64
Gedanken 12
Gefühle 18f., 49, 56f.
Gemeinschaft 34ff., 44f.
Geschwister 52f.
Gesetze 90ff., 140
Gesetze, staatliche 95
Gesetzesverstöße 94
Gewalt 54f.
Gewaltspirale 55
Gleichnis 45
Goldene Regel 100f.
Gott, Schöpfungswerk 180f., 186f.
Grameen-Bank 114f.
Grundgesetz 95
gut und böse 76ff.

gut und schlecht 80f.
gute Taten 46, 88f.
Halal 188
Handy 154f.
haram 189
Haustiere 136f.
Heiligabend 194f.
Helfen 46
Hochzeitsfeier 200f.
Höhlengleichnis 159
Imam 190f.
Indianer 124f., 168, 177
Irrtum 72f.
Islam 64, 113, 188ff.
Islam, fünf Säulen 193
Israeliten 196
Jainismus 145
Jesus 192f., 197
Judentum 64, 188ff.
Kinderarbeit 27
Kinderarmut 108ff.
Kinderparlament 46f.
Kinderrechte 11, 47
Kinderschutzbund 109
Kippa 190f., 198
Kirche 190f.
Klassenregeln 92f.
Konfirmation 199
Konfliktbewältigung 58ff.
Konflikte 48ff.
Kooperationsspiele 45
Koran 113, 188, 190f.
koscher 189
Kreuz 190f.
Langeweile 24f.
Lebensbeginn 184f.
Lebensstandard 106f.
Logik 13
Lügen 62ff.
Lügengeschichten 70f.
Mädchen und Jungen 50 f., 148f.
Märchen 35, 76f., 105, 162f.
Medien 74f., 146ff., 170f.
Medienwirklichkeit 158f.
Mehrgenerationenhaus 39
Mensch, Sonderstellung 180f.
Menschen für Menschen 114
Menschen, erste 175, 185
Mohammed 193
Morphing 170f.
Moschee 190f.
Mullah 190f.
Muslim 188ff.
Mutter Erde 122
Mythen 176f.
Nachhaltigkeit 130f.
Namensgebung 10f.
Natur 118ff.
Naturerklärung durch Mythen 176f.

Sachregister

Naturgewalt 126f.
Naturschutz 130f.
Naturwissenschaft 184f.
Neid 56f.
Opferfest 195
Palaver 59
Pessach 194
Pfadfinder 40, 88
Pflichten 26
Philosophie 69, 73, 75, 95, 120f., 159, 178f., 186f.
Rabbi 190f.
Ramadan 195
Regeln 90ff.
Regenwald 129
Reichtum 104ff.
Religionen 188ff.
Religionszugehörigkeit 192f.
Sabbat 192
Sage 104
Schahada 193
Scheidungskinder 37, 53, 166f.
Scheinwelt 158f.
schön und hässlich 160ff.
Schönheit und Erfolg 163
Schönheit, innere 173
Schönheitsideale 168f., 170f.
Schönheitsoperationen 171
Schönheitswahn 170f.
Schöpfungsgeschichte, biblische 180f.
Schöpfungsmythen 176ff.
Schulkleidung 41
Schulprobleme 42, 86, 164, 166
Schulstrafen 97
Seifenopern 150f.
Selbsterkenntnis 8f.
Selbstverpflichtung 93
Serien 150f.
Siddur 198
Skeptiker 75
Soaps 150f.
SOS-Kinderdorf 39
Speisevorschriften, religiöse 188f.
Spielanleitung 90
Spielregeln 98f.
Spielsucht 158
Stars 152f., 170f., 172f.
Steinzeit 123

Strafe 84f., 96f.
Streiche 78
Streit 48ff.
Streitschlichtung 60
Sünnet 198f.
Symbole, religiöse 190f.
Synagoge 190f.
Tallit 190f., 198
Taufe 193, 199
Tefillin 190f., 198
Thora 190f., 192, 198
Tierarten, bedrohte 128
Tiere 132ff.
Tiere, Bedeutung für den Menschen 134f.
Tierhaltung 138ff.
Tierhaltung, artgerechte 140f.
Tierheim 136f.
Tierparadies 142f.
Tierschutz 130f., 144f.
Tierschutzgesetz 140
Übergewicht 42, 166f.
Überleben in der Natur 34, 118f.
Umgangsformen 102f.
Urknalltheorie 184f., 186f.
Verbote 91f.
Vereinsabzeichen 40
Verkehrsregeln 90
Wabi Sabi 172
Wahrhaftigkeit 62ff.
Wahrheit 69, 73
Weihnachten 194f.
Weltbeginn 174ff.
Weltbilder 182f.
Weltentstehung 184f.
Werbung 170f.
Wochenplan 23
Wohlstand 104ff.
Wünsche 9, 14f.
Yin und Yang 178f.
Zehn Gebote 64, 192f., 196
Zeit 28f.
Zeitreise 174
Zirkustiere 139
Zivilcourage 87
Zootiere 138f.

Textnachweise

Ich und mein Leben
S. 6/7: M1/2 Bohschke, Christa: Originalbeiträge
S. 8/9: M1 Lobe, Mira / Weigel, Susi: Das kleine Ich bin ich, Verlag Jungbrunnen, Wien – München, o. J., Erstauflage 1972, S. 40-51; M2 Maar, Paul: Sams in Gefahr, Verlag Friedrich Oetinger, Hamburg 2002, S. 63-64; M3 Auer, Martin: „Das ‚Ich' – ein Zufall?", in: Hainmüller, Hiltrud: Eine Persönlichkeit sein, Verlag an der Ruhr 1998, S. 9; M4 Schulz, Charles M.: Snoopy & Die Peanuts: Allzeit bereit, 35. Buch, Wolfgang Krüger Verlag, Frankfurt am Main 1999, o. S.
S. 10/11: M1 Bohschke, Christa: Originalbeitrag; M2 nach Corey, Peter: Alles Easy – So bekommst du deine Eltern in den Griff, Ueberreuter, Wien 2002, S. 37-38; M3 Rowling, Joanne K.: Harry Potter und der Stein der Weisen, aus dem Englischen von Klaus Fritz, Carlsen Verlag, Hamburg [19]1998, S. 62, 119; M5 Bellermann, Erhard Horst: Karl der Große, auf: http://www.aphorismen.de/display_aphorismen.php (Stand: 28.10.2007); M6 United Nations: Kinderrechtskonvention, auf: http://www.tdh.de/content/themen/schwerpunkte/kinderrechte/kinderrechtskonvention.htm#a7 (Stand: 02.09.2008).
S. 12/13: Bohschke, Christa: Originalbeitrag, in Anlehnung an: Cam, Philip: Sterben Äpfel auch?, Arbeitsmappe, Verlag an der Ruhr, Mülheim/Ruhr 1996, S. 18; M2 Astrid Lindgren: Ronja Räubertochter, deutsch von Anna-Liese Kornitzky, Verlag Friedrich Oetinger, Hamburg 1982, S. 19; M3 Auer, Martin: „Allein mit seinen Gedanken", in: Münnix, Gabriele: Menschlich?, Klett Verlag, Leipzig 1997, S. 144; M4 Egger, Christine: „Manipulation im Genlabor", in: Egger, Christine: Bea Luchs und die Schwarze Witwe. 25 Ratekrimis, mit Illustrationen von Uli Gleis, Arena Verlag GmbH, Würzburg 2003, S. 52-54
S. 14/15: M2 Lindgren, Astrid: Ronja Räubertochter, deutsch von Anna-Liese Kornitzky, Verlag Friedrich Oetinger, Hamburg 1982, S. 225-226; M3 Bohschke, Christa: Originalbeitrag; M4 nach Münnix, Gabriele: Anderwelten, Beltz & Gelberg, Weinheim 2001, S. 189-191
S. 16/17: M1 Aliki: Gefühle sind wie Farben, Beltz & Gelberg, Weinheim 2000, S. 14; M2 Münnix, Gabriele: Anderwelten, Beltz & Gelberg, Weinheim 2001, S. 253-255; M3 Schulz, Charles M.: Snoopy & Die Peanuts: Allzeit bereit, 35. Buch, Wolfgang Krüger Verlag, Frankfurt am Main 1999, o. S.; ©2009 United Features Syndicate, Inc./distr. kipkakomiks.de, München; M4 Hartig, Monika: Von dir und den anderen. Eine erste Begegnung mit der Psychologie, Verlag Friedrich Oetinger, Hamburg 1993, S. 47-48
S. 18/19: M2 in Anlehnung an: Wilms, Heiner / Wilms, Ellen: „Alles im Eimer", in: Wilms, Heiner / Wilms, Ellen: Erwachsen werden, Life-Skills-Programm für Schülerinnen und Schüler der Sekundarstufe I, Lions Clubs International, Thema 3.3, Seite KV III-7; M3 Bohschke, Christa: Originalbeitrag

Freizeit, freie Zeit
S. 20/21: M2 Peters, Jörg: Originalbeitrag
S. 22/23: M2 Reinlein, Tanja / Schneiderwind, Georg: Originalbeiträge und http://www.dueppel.de/index.php?id=51 (Stand: 09.12.2008); M3 Reinlein, Tanja / Schneiderwind, Georg: Originalbeitrag
S. 24/25: M1 Lindgren, Astrid: Pippi Langstrumpf, deutsch von Cäcilie Heinig, Verlag Friedrich Oetinger, Hamburg 1987, S. 35-37; M2 Peterson Haddix, Margaret: Schattenkinder, aus dem Amerikanischen von Bettina Münch, dtv, München 2000, 12. Auflage 2008, S. 44-45, 46-47, 48, 52-53
S. 26/27: M1 Eide, Torill: Maries Geheimnis, aus dem Norwegischen von Senta Kapoun, Verlag St. Gabriel, Mödling-Wien 1997, S. 43-46; M2 nach Große-Oetringhaus, Hans-Martin, auf: www.kinderrechtteams.de/kinderwelten/karte/arnold.htm (Stand: 09.12.2008); M3 nach Schott, Marlen / Fischer, Andreas, auf: www.helles-koepfchen.de/artikel/1923.html (Stand: 09.12.2008); M4 Große-Oetringhaus, Hans-Martin, auf: www.kinderrechtsteams.de/kinderwelten/karte/jogan.htm (Stand: 09.12.2008)
S. 28/29: M1/2/3 Ende, Michael: Momo, K. Thienemanns Verlag, Stuttgart 1973, S. 57, 58, 67, 68-69, 70, 71, 72
S. 30/31: M1 Ende, Michael: Momo, K. Thienemanns Verlag, Stuttgart 1973, S. 35-37; M2 Goscinny / Uderzo: Asterix und der Avernerschild, Delta Verlag GmbH, Stuttgart 1972, Nachdruck 1984, Herausgeber: Adolf Kabatek, Übersetzung: Gudrun Penndorf; M3 Rolf, Bernd: „Der Fischer", nach: Böll, Heinrich: „Anekdote zur Senkung der Arbeitsmoral", in: Böll, Heinrich: Erzählungen 1937-1983, Band 4, hrgg. von Böll, Viktor/Busse, Karl Heiner, Kiepenheuer & Witsch, Köln 1997, S. 68-70; M4 Scheurmann, Erich: Der Papalagi, Die Reden des Südseehäuptlings Tuiavii aus Tiavea, Tanner+Staehelin Verlag, Zürich [11]1998, S. 63-67
S. 32/33: M2 Reinlein, Tanja, Originalbeitrag; M3 www.ndjugendzentrum.de (Stand: 09.12.2008); M4 Eva Zeller: „Postskriptum", in: Zeller, Eva, Unveränderliche Kennzeichen. Ausgewählte Erzählungen und Gedichte, Union Verlag, Berlin 1983, S. 200

Der Mensch in der Gemeinschaft
S. 34/35: M2 O'Dell, Scott: Insel der blauen Delphine, übersetzt von Roswitha Plancherel-Walter, dtv junior, München [20]1993, S. 48-49, 50, 51; M3 nach Gebrüder Grimm: Die Bremer Stadtmusikanten, Projekt Gutenberg: http://gutenberg.spiegel.de/?id=5&xid=969&kapitel=266&cHash=b2042df08bstadtmu1#gb_found (Stand: 06.02.2009)
S. 36/37: M2 Shreve, Susan: Mein Freund Twist. Ein Junge hat ADS, aus dem Englischen von Catrin Frischer, Erika Klopp Verlag GmbH, Hamburg 2005, S. 82-84; M3 Pausewang, Gudrun: Und dann kommt Emilio, Ravensburger Buchverlag, Ravensburg 1974, S. 3-5
S. 38/39: M2 Rolf, Bernd: Originalbeitrag, basierend auf: http://mehrgenerationenhaus-schwalbach.de/was-ist-das-mehrgenerationenhaus.html (Stand: 03.03.2009); M3 www.sos-kinderdorf.de/sos_info/sos_in_deutschland (Stand: 10.10.2008)
S. 40/41: M2 Friederichs, Hauke: Der Windjäger, Kinder Zeit vom 09.10.2008, auf: http://blog.zeit.de/kinderzeit/2008/10/09/der-windjager_84 (Stand: 02.01.2009); M4/5 Peters, Jörg: Originalbeiträge
S. 42/43: M2 Frey, Jana: Fridolin XXL, Carl Ueberreuter, Wien 2008, S. 10-11, 19; M3 Gran Paradiso (D 2000); DVD Erscheinungstermin: 8. August 2002; Sprache: Deutsch; Dolby, Surround Sound; Laufzeit: 102 Minuten; ASIN: B00005B95S (Transkription und Bearbeitung: Peters, Jörg)
S. 44/45: M1 White, Jack: Fußball ist unser Leben, Montana Musikverlag, München; M2 Funke, Cornelia: Die wilden Hühner, Fuchsalarm, Cecilie Dressler Verlag GmbH & Co. KG, Hamburg 1998, S. 196-197; M3 Faller, Kurt; Kerntke, Wilfried, Wackmann, Maria: „La Ola", in: Faller, Kurt; Kerntke, Wilfried: Konflikte selber lösen. Ein Trainingshandbuch für Mediation und Konfliktmanagement in Schule und Jugendarbeit, Verlag an der Ruhr, Mülheim a.d. Ruhr 1996, S. 196 – Faller, Kurt; Kerntke, Wilfried; Wackmann, Maria: „Der Aufstand", in: Faller, Kurt; Kerntke,

Textnachweise

Wilfried: Konflikte selber lösen. Ein Trainingshandbuch für Mediation und Konfliktmanagement in Schule und Jugendarbeit, Verlag an der Ruhr, Mülheim a.d. Ruhr 1996, S. 197 – Glander, Jan: „Gerettet", in: Glander, Jan: Das Spielemagazin. Eine Sammlung von Spielen, zusammengetragen in dem Seminar Spielewerkstatt an der WWU Münster, S. 43, auf: http://www.glanderweb.de/index.php?option=com_remository&Itemid=7&func=finishdown&id=4 (Stand: 10.03.2009); M4 Livius, Titus: „Das Gleichnis vom Körper und Magen", in: Livius, Titus: Ab urbe condita (Römische Geschichte), 2. Buch, Kapitel 32, 8-12, auf: http://www.eduhi.at/gegenstand/latein/data/Das_Gleichnis_vom_Koerper_und_dem_Magen.doc (Stand: 17.03.2009)

S. 46/47: M1 Peters, Jörg: Originalbeitrag, basierend auf: www.echt-gut-bw.de/archiv/story_detail.php?id=1928&kat_id=8&jahr=2005 (Stand: 19.03.2009); M2 Peters, Jörg: Originalbeitrag, basierend auf: http://de.wikipedia.org/wiki/Ehrenamt (Stand: 18.03.2009); M3 www.geo.de/GEO/kultur/geo_tv/2474.html (Stand: 17.03.2009); Projekt: www.younicef.de/botschafter-werden.html (Stand: 17.03.2009)

Umgang mit Konflikten

S. 48/49: M1 nach http://www.xtrakt.muc.kobis.de/sin_clubs/Maedchen/Storys/Story1/story.htm (Stand: 17.02.2009) M2 nach Holighaus, Kristin: Zoff in der Schule. Tipps gegen Mobbing und Gewalt, Beltz & Gelberg, Weinheim/Basel 2004, S. 12, 14, 15; M3 Faller, Kurt; Kerntke, Wilfried; Wackmann, Maria: Konflikte selber lösen. Ein Trainingsbuch für Mediation und Konfliktmanagement in Schule und Jugendarbeit, Verlag an der Ruhr, Mühlheim a. d. Ruhr 1996, S. 42; M4 Draken, Klaus: Originalbeitrag

S. 50/51: M1 Watterson, Bill: Calvin und Hobbes. Bloß nicht ärgern, Krüger Comic / S. Fischer Verlag GmbH, Frankfurt am Main 1989, o. S.; M2 Abedi, Isabel: Hier kommt Lola!, Loewe Verlag, Bindlach 2004, ⁴2005, S. 82-85; M3 Twain, Mark: Tom Sawyer, Deutsche Bearbeitung von Susanne Bestmann, cbj (Verlagsgruppe Random House), 5. Auflage, München 2005, S. 13-17

S. 52/53: M1/2 Draken, Klaus: Originalbeiträge; M3 Wilson, Jaqueline: Das Kofferkind, deutsch von Gerda Bean, Friedrich Oetinger, Hamburg 2000, S. 68-71

S. 54/55: M1 Draken, Klaus: Originalbeitrag; M2 Helmut Engels: Blaue Schokolade. Geschichten zum Denken und Querdenken, Siebert Verlag, Hannover 2007, Seite 10-12; M3/4 Draken, Klaus: Originalbeiträge

S. 56/57: M1 Rowling, Joanne K.: Harry Potter und der Feuerkelch, aus dem Englischen von Klaus Fritz, Carlsen Verlag, Hamburg 2000, S. 285, 299-300, 302-303; M2 Draken, Klaus: Das Eisbergmodell, basierend auf: Faller, Kurt; Kerntke, Wilfried; Wackmann, Maria: Konflikte selber lösen. Ein Trainingsbuch für Mediation und Konfliktmanagement in Schule und Jugendarbeit, Verlag an der Ruhr, Mühlheim a. d. Ruhr 1996, S. 58

S. 58/59: M2 nach Gordon, Thomas: Familienkonferenz. Die Lösung von Konflikten zwischen Eltern und Kind, übersetzt von Maren Organ, Wilhelm Heyne Verlag GmbH & Co. KG, München 1989, 33. Auflage 2001, S. 167-169, 212-213; M3 Draken, Klaus: Originalbeitrag; Projekt: Rolf, Bernd: Wir halten Palaver, basierend auf: Siebert, Ute: Bildung vom Menschen aus. Das sokratische Gespräch im Entwicklungsprozess Einer Welt, Weber & Zucht, Kassel 2002, S. 150, 152-154

S. 60/61: M1 www.medienwerkstatt-online.de/lws_wissen/vorlagen/showcard.php?id=1618&edit=0 (Stand: 25.11.2007, ergänzt von Peters, Jörg und Rolf, Bernd); M2 Draken, Klaus: Originalbeitrag, basierend auf: Faller, Kurt; Kerntke, Wilfried; Wackmann, Maria: Konflikte selber lösen. Ein Trainingsbuch für Mediation und Konfliktmanagement in Schule und Jugendarbeit, Verlag an der Ruhr, Mühlheim a. d. 1996. Seite 153; und Braun, G.; Hünicke, W.; Regniet, M.; Sprink, E.: Streitschlichtung durch Schülerinnen und Schüler. Schüler regeln untereinander gewaltfrei und selbstverantwortlich ihren Streit, Pädagogisches Zentrum Rheinland-Pfalz, Bad Kreuznach 1997; M3 Holighaus, Kristin: Zoff in der Schule. Tipps gegen Mobbing und Gewalt, Beltz & Gelberg, Weinheim/Basel 2004, S. 97-99

Wahrhaftigkeit und Lüge

S. 62/63: M1 Rolf, Bernd: Originalbeitrag; M2 Collodi, Carlo: Pinocchio, deutsch von Paula Goldschmidt, Illustrationen von Thorsten Tenberken, Nachwort von Birgit Dankert, Cecilie Dressler Verlag, Hamburg 2001, S. 79-82

S. 64/65: M1 nach Äsop, http://www.wer-weiss-was.de/app/archive/show/3288824?archived=1;sr=#3288824 (Stand 22.06.2008); M2 Peters, Jörg, Originalbeitrag; M4 Augustinus, Aurelius: „Über die Lüge", in: Augustinus, Aurelius: Die Lüge und Gegen die Lüge, übers. und hrg. von Paul Keseling, Augustinus Verlag, Würzburg 1986, S. 3; M5 Engels, Helmut: Originalbeitrag

S. 66/67: M2 Wölfel, Ursula: „Lügen", in: Wölfel, Ursula: Spielgeschichten, -entwürfe, -ideen, Anrich Verlag, Weinheim 1993, S. 124-127

S. 68/69: M1 Schulz, Charles M.: Charlie Brown. Das dritte große Peanuts Buch, Aar Verlag, Wiesbaden 1972, S. 136-137, ©2009 United Features Syndicate, Inc./distr. kipkakomiks.de, München; M2/3: Engels, Helmut: Originalbeiträge; M4 Erlinger, Rainer: Lügen haben rote Ohren. Gewissensfragen für große und kleine Menschen, Ullstein, Berlin ²2006, S. 145-147; M5 Coville, Bruce: Der verflixte Wahrheitszauber, aus dem Amerikanischen von Petra Wiese, mit Illustrationen von Almud Kunert, Ravensburger Buchverlag Otto Maier GmbH, Ravensburg 2004, S. 61-62, 222 (Zitat in Aufgabe 7); M6 Weischedel, Wilhelm: Skeptische Ethik, Suhrkamp Verlag, Frankfurt a. M. 1980, S. 202-203

S. 70/71: M1 Lassahn, Bernhard: „Die traurigen Seegurken", in: Lassahn, Bernhard: Käpt'n Blaubärs Seebär-Geschichten, nach Figuren von Walter Moers, Motiven von Bernhard Lassahn, Rolf Silber, Walter Moers und Bildern von Matthias Siebert, Otto Maier Verlag, Ravensburg ²1993, S. 101-104; M2 nach Schmidt, C. W. (Hg.): Wunderbare Reisen zu Wasser und zu Lande und lustige Abenteuer des Freiherrn von Münchhausen, Emil Vollmer Verlag, Wiesbaden o. J.; M3 Jacoby, Edmund: Gesammelte Gedichte. Verse, Reime und Gedichte, Gerstenberg 1999; M4 Radecki, Sigismund von: Das ABC des Lachens, Rowohlt Verlag, Hamburg 1953, S. 138

S. 72/73: M2 Peters, Jörg: Originalbeitrag; M3 Engels, Helmut: Originalbeitrag; M4 nach www.irrtum.ch/startseite.html (Stand: 21.10.2008); M5 Peters, Jörg: Originalbeitrag; M6 Peters, Jörg: Originalbeitrag in Anlehnung an: Krämer, Walter; Trenkler, Götz: Lexikon der populären Irrtümer. 500 kapitale Missverständnisse, Vorurteile und Denkfehler von Abendrot bis Zeppelin, Piper Verlag, München – Zürich ³2007

S. 74/75: M1 nach Haus der Geschichte der Bundesrepublik Deutschland (Hrg.): Bilder, die lügen, Bouvier Verlag, Bonn 2003, S. 70; M2 nach Brunner, Florian / Hoos, Harald: Kornkreise – ein modernes Phänomen?, auf: http://www.kornkreise.de/Einfuehrung.htm (Stand: 24.10.2008); M3 Haus der Geschichte der Bundesrepublik Deutschland (Hrg.): Bilder, die lügen, Bouvier Verlag, Bonn 2003, S. 29; M4 Engels, Helmut / Rolf, Bernd: Originalbeitrag (frei nach René Descartes)

„Gut" und „böse"

S. 76/77: M1 Märchen der Gebrüder Grimm in: Strich, Christian (Hrg.): Das große Märchenbuch, Diogenes Verlag AG, Zürich 1987, S. 171-172, 326, 590-591; M2 Nöstlinger, Christine: Das große Nöstlinger Lesebuch. Geschichten für Kinder. Mit vielen Bildern, Beltz & Gelberg, Weinheim – Basel 21996, S. 114-115

Textnachweise

S. 78/79: M1 Busch, Wilhelm: „Max und Moritz. Eine Bubengeschichte in sieben Streichen", in: Busch, Wilhelm: Das große Wilhelm Busch Album. Mit 1800 Zeichnungen, Deutscher Bücherbund, Stuttgart - Hamburg o. J., S. 180-181; M2 Modler, Jutta: Mit dreizehn ist alles ganz anders, Kerle Verlag, Freiburg 1990, S. 36-37
S. 80/81: M2/3 Kästner, Erich: „Gustav hat abgeschrieben", in: Gutzschhahn, Uwe-Michael (Hg.): Ich möchte einfach alles sein. Geschichten, Gedichte und Bilder aus der Kindheit, dtv Reihe Hanser, dtv, München 1999, S. 65-67; M4 Brezina, Thomas: Pssst! Unser Geheimnis, Bd. 10: Schlechte Noten gehören verboten, Ravensburger Verlag, Ravensburg 2007, S. 9-10; M5 Mey, Reinhard: „Zeugnistag", auf: Mey, Reinhard: Ich denke, ich muss so 12 Jahre alt gewesen sein, Chanson-Edition Reinhard Mey, Berlin
S. 82/83: M1 Labbé, Brigitte / Puech, Michel: Denk dir die Welt. Philosophie für Kinder, Loewe, Bindlach 2003, S. 111; M2 Tolkien, J.R.R.: Der Herr der Ringe. Teil 1: Die Gefährten. Aus dem Englischen von Margaret Carroux. Gedichtübertragungen von E.-M. von Freymann. ©1966 by George Allen & Unwin Ltd., London. Published by arrangement with HarperCollins Publishers Ltd., London. Klett-Cotta, Stuttgart 1969, ⁶1979, S. 74-75; M3 nach Pyle, Howard: Robin Hood, nacherzählt von Inge M. Artl, Arena Kinderbuch-Klassiker, Arena Verlag GmbH, Würzburg 2005, S. 104-107
S. 84/85: M1 Hoffmann, Dr. Heinrich: „Die Geschichte von den schwarzen Buben", in: Hoffmann, Dr. Heinrich: Der Struwwelpeter, Pestalozzi Verlag, Erlangen 1999, o. S.; M2 Lagerlöf, Selma: Nils Holgersson, übers. von Gisela Perlet, Geolino Edition, Bd. 5, cbj, München 2006, S. 5, 13-14, 17-18
S. 86/87: M1/2 Peters, Martina: Originalbeiträge; M3 http://www.friedenspaedagogik.de/var/corporate/storage/images/media/images/plakat_eingr/9332-1-ger-DE/plakat_eingr.jpg (Stand: 04.04.2009); M5 http://www.bvr.de/jc.nsf/9285F1034669D3CEC12574F1004BCFA3/$FILE/IJW39Arbeitsblaetter.pdf (Stand: 04.04.2009)
S. 88/89: M2 http://www.kirchengemeinde-wacken.de/Pfadfinder/pfadfinderversprechen_pfadfindergesetz.pdf (Stand: 05.04.2009); M4 Nöstlinger, Christine / Bauer, Jutta: Ein und alles. Kalender für jeden Tag, Beltz & Gelberg, Weinheim, Basel 1992

Regeln und Gesetze
S. 90/91: M2 nach www.versicherung-und-verkehr.de/index.php/3.0.11;cmid;8;crid;8 (Stand: 19.04.2009); M3 nach Bully auf: www.gamestar.de/community/gspinboard/archive/index.php/t-113876.html (Stand: 20.04.2009); M5 Gansel, Markus: Kuriose Gesetze, auf: www.unmoralische.de/law.htm (Stand: 20.04.2009)
S. 92/93: M2 Peters, Jörg / Rolf, Bernd: Originalbeitrag; M3 Peters, Jörg / Rolf, Bernd: Eine neue Idee, Originalbeitrag; Franz-Ludwig-Gymnasium, Bamberg: Wir Schüler wollen ..., auf: http://www.bnv-bamberg.de/home/ba2282/main/flg-info/schulstandards.pdf (Stand: 23.04.2009)
S. 94/95: M1 Morris: Lucky Luke, Bd. 81: Die Gesetzlosen, übersetzt von Gudrun Penndorf, Ehapa Verlag, Stuttgart 2007, S. 5; M2 Peters, Jörg / Rolf, Bernd: Originalbeitrag nach http://www.kuppelkucker.de/index.php/Fragen/Detail/Beitrag/49/Page/1 und http://www.kuppelkucker.de/index.php/Fragen/Detail/Beitrag/49/Page/2 (Stand: 23.04.2009); M3 Peters, Jörg / Rolf, Bernd: Originalbeitrag (frei nach Thomas Hobbes, John Locke, John Stuart Mill)
S. 96/97: M1 Engels, Helmut: Originalbeitrag; M2 Masannek, Joachim: Die wilden Fußballkerle, Bd. 7: Maxi „Tippkick" Maximilian, dtv junior, München 2005, S. 58-59; M3 Peters, Jörg / Rolf, Bernd: Originalbeitrag; M4 Engels, Helmut: Originalbeitrag
S. 98/99: : M1 Engels, Helmut: Originalbeitrag; M2 nach Rowling, Joanne K.: Harry Potter und der Orden des Phönix, aus dem Englischen von Klaus Fritz, Carlsen Verlag GmbH, Hamburg 2003, S. 470-471, 477, 481; M3 dpa, 03.12.1998, siehe auch: www.sportunterricht.de/fairplay/eigentot.html (Stand: 17.04.2009); M4 nach http://www.sportunterricht.de/fairplay/klose05.html (Stand: 17.04.2009); M5 Engels, Helmut: Originalbeitrag
S. 100/101: M3 Engels, Helmut: Originalbeitrag
S. 102/103: M2/3 Engels, Helmut: Originalbeiträge; M4 Zitate aus: Giesder, Gabriele: Gutes Benehmen. Sicher in allen Lebenslagen, Econ Taschenbuch Verlag, Düsseldorf ²1988 und Wachtel, Joachim: Gutes Benehmen - kein Problem. Moderne Umgangsformen heute - von A bis Z, Humboldt Taschenbuchverlag, München 1977.

Armut und Wohlstand
S. 104/105: M1 Holler, Ernst: Sagen und Geschichten aus der Antike, Schwann Verlag, Düsseldorf 1955, S. 20f.; M2 Piquemal, Michel / Lagautriére, Philippe: Philo fabelhaft, 63 Fabeln aus aller Welt und ihre philosophische Bedeutung, übersetzt von Christine Belakhdar, Moses Verlag, Kempen 2004, S. 22f.; M3 Rolf, Bernd: frei nach Märchen der Gebrüder Grimm
S. 106/107: M1/3 Rolf, Bernd: Übersetzung / Informationszusammenstellung nach Menzel, Peter (Fotos) / D'Aluisio, Faith (Text): What the world eats, Tricycle Press, Berkeley/Toronto 2008, S. 70-73, 108-113; M2 Rolf, Bernd: Originalbeitrag
S. 108/109: M2 Rolf, Bernd: Originalbeitrag, nach Abromeit, Lars: Flüchtlingslager: Welten im Nirgendwo, GEO 2/06, http://www.geo.de/GEO/kultur/gesellschaft/55597.html (Stand: 15.05.2009); M3 http://www.unicef.de/index.php?id=5075 (Stand 30.04.2009); M4 nach Meyer-Timpe, Ulrike: Verlierer von Geburt an, in: DIE ZEIT Nr. 33, 9. August 2007, S. 17; M5 nach: Hilgers, Heinz (Präsident des Deutschen Kinderschutzbundes) / Wilken, Walter (Landesvorsitzender des Kinderschutzbundes Berlin und ehemaliger Bundesgeschäftsführer): Nachwort, in: Rusch, Regina: Die paar Kröten, OMNIBUS/C. Bertelsmann Jugendbuch Verlag, in der Verlagsgruppe Random House GmbH, München 2003, S. 184-187
S. 110/111: M1/2 Rusch, Regina: Die paar Kröten, OMNIBUS/C. Bertelsmann Jugendbuch Verlag, in der Verlagsgruppe Random House GmbH, München 2003, S. 7-8, 40-42; M3 Kästner, Erich: Das fliegende Klassenzimmer, Cecilie Dressler Verlag, Hamburg, Lizenzausgabe des Atrium-Verlages, Zürich, für Deutschland, 128. Auflage in deutscher Sprache, 1976, S. 108-109, 153
S. 112/113: M1 Reinhardt, Mario: An Vorbildern orientieren - Elisabeth von Thüringen, Baustein 5: Legende vom Rosenwunder, nach einer Idee aus dem Buch „Lernen an (außer)gewöhnlichen Biographien" von Hans Mendl, S. 154, http://www.rpi-virtuell.net/workspace/users/785/Elisabeth%20und%20andere%20Stars/Ideen%20zu%20Elisabeth/Baustein%205.pdf (Stand: 25.05.2009); M2 Rolf, Bernd: Originalbeitrag; M4 Die Bibel, Mt. 25, 31-40; Der Koran, Sure 2, 177 (Übersetzung Azhar, vgl. Vergleichende Studien zu Texten in Bibel und Koran, www.cich.de/downloads/Bibel-Koran-Studien-Texte/Bibel Koran%20Studien_Der_juengste_Tag.pdf (Stand: 30.01.2009); Albert Schweitzer zugeschriebenes Zitat, http://www.albert-schweitzer-zentrum.de/fileadmin/dasz_asa_06_05.pdf (Stand: 25.05.2009), vermutlich nach Schweitzer, Albert: Die Entstehung der Lehre der Ehrfurcht vor dem Leben und ihre Bedeutung für unsere Kultur, in: Schweitzer, Albert: Die Ehrfurcht vor dem Leben. Grundtexte aus fünf Jahrzehnten, Beck, 10. Auflage, München 1997
S. 114/115: M1 Rolf, Bernd: Originalbeitrag, frei nach http://de.wikipedia.org/wiki/Karlheinz_B%C3%B6hm (Stand: 30.04.2009); M2/3 Rolf, Bernd nach: Senate Magazin für eine weltweite Ökosoziale Marktwirtschaft 1/2008, S. 6-11, anonym, http://www.senat-der-wirtschaft.at/dokumente/senatenews%202008-01.pdf (Stand: 25.05.2009); M4 Chinesisches Sprichwort, vielfach belegt, z. B. Aufruf von Bundespräsident Horst Köhler in

Textnachweise

Rundfunk und Fernsehen aus Anlass der Woche der Welthungerhilfe 2007, 14.10.2007, http://www.bundespraesident.de/-,2.641262/Aufruf-von-Bundespraesident-Ho.htm?global.printview=2 (Stand: 25.05.2009), auch: http://forum.sacred-game.com/showthread.php?t=29852&page=6 (Stand: 25.05.2009)
S. 116/117: M1 Jackson, Michael / Richie, Lionel: We are the world, 1985 by Mijac Music / Brockman Music / Brenda Richie Publ., für D/CH/GUS/Osteuropäische Länder: Neue Welt Musikverlag GmbH, Hamburg; M2 http://www.hildegardisgymnasium.de/fairtrade.pdf (Stand: 30.01.2009)

Leben von und mit der Natur
S. 118/119: M2/3 Paulsen, Gary: Allein in der Wildnis, aus dem Amerikanischen von Thomas Lindquist, Carlsen Verlag, Hamburg, 9. Aufl. 2008, S. 40, 41, 42, 50, 56f., 132-135
S. 120/121: M2 Rolf, Bernd: Originalbeitrag
S. 122/123: M2 Rolf, Bernd, frei nach Homer, Ilias, und Ovid, Metamorphosen; M3 www.singenundspielen.de/id69.htm (Stand: 22.02.2009); M4 Rolf, Bernd: Originalbeitrag
S. 124/125: M1 Adaption einer Rede, die Häuptling Seattle 1855 an den Präsidenten der Vereinigten Staaten gerichtet haben soll. Der Text ist eine freie Bearbeitung des Redetextes, der erstmalig publiziert wurde im „Seattle Sunday Star" 1887 und später auch in der „Washington Historical Quaterly" erschienen ist. Die deutschen Rechte liegen bei der Dedo Weigert Film GmbH, München; M2 Rolf, Bernd: Originalbeitrag
S. 126/127: M1 nach Benjamin, Walter: Aufklärung für Kinder, Rundfunkvorträge, Suhrkamp, Frankfurt a. M. 1985, S. 166-171; M2 Rolf, Bernd, frei nachhttp://www.wissen.de/wde/generator/wissen/ressorts/ natur/naturgewalten-lexikon/m/index,page=1578180.html (Stand 30.04.2009)
S. 128/129: M1 Rolf, Bernd: Originalbeitrag; M2 Luisa, http://www.helles-koepfchen.de/hauptseite/luisas_kolumne/, http://www.helles-koepfchen.de/artikel/2446.html (Stand 30.04.2009);
S. 130/131: M2 http://www.helles-koepfchen.de/artikel/2446.html (Stand: 03.04.2009); M3 Rolf, Bernd, frei nach Hirschmann, Kai (05.01.2006): Interview mit Peter Pueschel, http://www.helles-koepfchen.de/artikel/1497.html (Stand 07.04.09); M4 Rolf, Bernd, frei nach: Grober, Ulrich: Der ewige Wald, Die Zeit Nr. 31, 24. Juli 2008, S. 78

Tiere als Mit-Lebewesen
S. 132/133: M2 nach http://www.denksport.de/juniorecke/tierquiz/ (Stand: 03.01.2009); M3 Gaarder, Jostein: Hallo, ist da jemand?, übersetzt von Gabriele Haefs, Carl Hanser Verlag, München 21999, S. 47-48; M4 Peters, Jörg / Rolf, Bernd: Originalbeitrag
S. 134/135: M2 Mann, Thomas: „Herr und Hund", in: Mann, Thomas: Taschenbuchausgabe in zwölf Bänden, Bd. 2: Die Erzählungen, Fischer Bücherei, Frankfurt am Main 1967, S. 408, 412-413, 425-427; M3 Heine, Heinrich: „Dass ich dich liebe, o Möpschen", in: Heine, Heinrich: Sämtliche Schriften, Carl Hanser Verlag, München 1975, hier zitiert nach: Hildebrandt, Dieter (Hg.): Wenn der Biber Fieber kriegt. Komische Tiergedichte, Sanssouci im Verlag Nagel & Kimche AG, Zürich 2002. S. 22; M4 Peters, Jörg / Rolf, Bernd: Originalbeitrag
S. 136/137: M1/M3-5: Stermann, Arndt: Originalbeiträge
S. 138/139: M2 Stermann, Arndt: Originalbeitrag; M3 Peters, Jörg: Originalbeitrag; M4 nach http://starke-pfoten.de/pic/upload/zirkus.pdf (Stand: 10.02.2009)
S. 140/141: M2 Bundesministerium der Justiz: Tierschutzgesetz, auf: http://bundesrecht.juris.de/bundesrecht/tierschg/gesamt.pdf (Stand: 22.02.2009); M3 nach Deutscher Tierschutzbund e.V.: „Schweine im Freigehege", in: Broschüre des Deutschen Tierschutzbundes zur Schweinehaltung: Schweine – Haltung und Verhalten, S. 3-4, auf: http://www.tierschutzbund.de/fileadmin/mediendatenbank_free/Broschueren/Schweine_Haltung_und_Verhalten.pdf (Stand: 17.01.2009); M4 Deutscher Tierschutzbund e.V: „Mastschweine in der Massentierhaltung", in: Broschüre des Deutschen Tierschutzbundes zur Schweinehaltung: Schweine – Haltung und Verhalten, S.13-15, auf: http://www.tierschutzbund.de/fileadmin/mediendatenbank_free/Broschueren/Schweine_Haltung_und_Verhalten.pdf (Stand: 17.01.2009); M5 Stermann, Arndt: Originalbeitrag
S. 142/143: M1/2/3 Brüggeshemke, Irina: Das Tierparadies, in: Zeitschrift für Didaktik der Philosophie und Ethik (ZDPE) 1/1999: Natur, Siebert Verlag, Hannover 1999, S. 22-23
S. 144/145: M1 Rosenberg, Thomas und Susanne, auf: http://www.kindergarten-workshop.de/index.html?/lesen/texte/sonstige/franz_von_assisi.htm (Stand 07.04.09); M2 Schweitzer, Albert: Die Entstehung der Lehre der Ehrfurcht vor dem Leben und ihre Bedeutung für unsere Kultur, in: Schweitzer, Albert: Die Ehrfurcht vor dem Leben. Grundtexte aus fünf Jahrzehnten, Beck, 10. Auflage, München 1997, S. 13-14, 69-70, 32: M3 Rolf, Bernd: Originalbeitrag

Medienwelten
S. 146/147: M2 Rolf, Bernd: Originalbeitrag; M3 Peters, Jörg: Originalbeitrag
S. 148/149: M1 Anthoff, Jakob: Heute Nacht sind die Hühner wild, Bavaria Sonor BSM GmbH, Geiselgasteig; M2 Horn, Peter / Horn, Sebastian / Rein, Florian: Es ist geil, ein wilder Kerl zu sein, Universal Music Publ. GmbH., Berlin, Edition Base Two Music, Germany; M3 Skript: Gemeinsam sind wir stärker, aus dem Film: Die wilden Hühner, Regie: Vivian Naefe, Constantin Film AG, Deutschland 2005; M4 Skript: Es kann nur einen geben, aus dem Film: Die wilden Kerle, Regie: Joachim Masannek, Concorde Home Entertainment, Deutschland 2004
S. 150/151: M2-4 nach Süß, Peter / Kosack, Gabriele: Daily Soaps. Macher, Fans & Stars, dtv, München 2000, S. 46-101
S. 152/153: M1 Artur Stachurski: Deutschland sucht den Superstar 2007. Kreative Berliner Schnauze mit Locken. Francisca Urio, auf: www.musicanddance.de/info/mad/diverse/div99/div15/div15.htm (Stand: 16.10.2008); M2 nach Götsch, Antonia: Einmal Popstar und zurück, auf: www.spiegel.de/schulspiegel/leben/0,1518,456190,00.html (Stand: 16.10.2008); M3 nach Borcholte, Andreas: Meine verfickte Fresse, auf: www.spiegel.de/kultur/musik/0,1518,480067,00.html (Stand: 16.10.2008); M4 Bohlen, Dieter: Harte Kritik, auf: www.clickpix.de/bohlen_2007.htm und www.clickpix.de/bohlen_2008.htm (Stand: 16.10.2008); M5 nach Erlinger, Rainer: TV: „Deutschland sucht den Superstar" - Nichtschwimmer im Atlantik, Süddeutsche Zeitung vom 6.2.2008, auf: http://www.sueddeutsche.de/kultur/278/432028/text/ (Stand 07.04.2009)
S. 154/155: M2 Willems, Eric: Originalbeitrag; M3 Dinter, Stefan / Dinter, Matthias / Dinter, Jan: Die kleinen Mutter Ficker, Zwerchfell Verlag, Hamburg 2002; M4 Willems, Eric: Originalbeitrag
S. 156/157: M1 Willems, Eric: Originalbeitrag; M2 nach Carl, Verena: Herzklopfen im Cyberspace, dtv, München 1999, S. 46-48; M3 Peters, Jörg: Originalbeitrag; M4 Willems, Eric: Originalbeitrag
S. 158/159: M2 Schlüter, Andreas: Level 4 – Die Stadt der Kinder, Altberliner Verlag GmbH, Berlin – München 1994, 5. Auflage 1997, S. 13-15; M3 Delay, Jan: An die Bürger von Konsolien, Eisfeldt, Jan Pjillip / Sorge, Samy, Bushbeats Publishing Eisfeld Wiens GbR, Future World Consulting Publishing, Rückbank Musikverlag Chung eK, Hanseatic Musikverlag GmbH & Co. KG, Hamburg für Edition Turtle Bay Country Club; M4 Landeszentrale für Medien

und Kommunikation (LMK) Rheinland-Pfalz: Computerspiele. Tipps für Eltern, auf: www.klicksafe.de/cms/upload/user-data/pdf/Broschren_Ratgeber/Computerspiele-Tipps.pdf (Stand: 04.01.2009); M5 Gaarder, Jostein: Sofies Welt. Roman über die Geschichte der Philosophie, Carl Hanser Verlag, München – Wien [18]1994, S. 110-111

„Schön" und „hässlich"
S. 160/161: M2 Rolf, Bernd: Originalbeitrag; M3 Peters, Jörg / Rolf, Bernd: Originalbeitrag
S. 162/163: M1 Andersen, Christian: Das hässliche junge Entlein, in: Pichler, M. (Hrg.): Das goldene Märchenbuch, Enßlin & Laiblins Verlagsbuchhandlung, Reutlingen o. J., S. 250-262; M3 Gründl, Martin: Soziale Wahrnehmung, auf: http://www.uni-regensburg.de/Fakultaeten/phil_Fak_II/Psychologie/Psy_II/beautycheck/sozialewahrnehmung/sozialewahrnehmung.htm (Stand: 25.04.2009).
S. 164/165: M1-3 Nöstlinger, Christine: Man nennt mich Ameisenbär, Oetinger Verlag, Hamburg [6]1986, S. 108-109, 148-149
S. 166/167: M1/2 Frey, Jana: Fridolin XXL, Carl Uebereuter Verlag, Wien 2008, S. 15-17, 27-29
S. 168/169: M1-3 Albus, Vanessa: Originalbeiträge; M4/5 Schuster, Gaby: Verflixte Schönheit. Tipps für schlaue Mädchen, Kösel Verlag, München 2002, S. 13-15
S. 170/171: vgl. hierzu auch Renz, Ulrich: Schönheit, eine Wissenschaft für sich, Berlin Verlag, Berlin 2006, S. 295-298; M3 Gasper, Harald / Gasper, Regina: Herrlich hässlich!, Warum die Welt nicht den Schönen gehört, Eichborn Verlag, Frankfurt 2005, S. 56-57; M4 sinngemäß nach Hoppe, Jörg-Dietrich (Präsident der Bundesärztekammer) in: Pressemitteilung der Bundesärztekammer: Koalition gegen den Schönheitswahn – Persönlichkeit ist keine Frage der Chirurgie, Berlin 26.10.2004, auf: http://www.bundesaerztekammer.de/page.asp?his=0.1.17.3676.38 16.7161 (Stand: 26.04.2009)
S. 172/173: M1 Rolf, Bernd: Originalbeitrag; M2 Schuster, Gaby: Verflixte Schönheit. Tipps für schlaue Mädchen, Kösel Verlag, München 2002, S. 10-11; M3 Peters, Jörg / Rolf, Bernd: Originalbeitrag; M4 nach Röthlisberger, Erika, auf: http://www.kunst-zu-leben.ch/atelier/atelier_2.php (Stand: 26.04.2009)

Vom Anfang der Welt
S. 174/175: M2/3 Sandbrink, Rita: Originalbeiträge
S. 176/177: M1 Sandbrink, Rita: Originalbeitrag, Nacherzählung eines altnordischen Schöpfungsmythos; M2 Hetmann, Frederik: Indianermärchen aus Nordamerika. Frankfurt a. M. 1970
S. 178/179: M1/2 Sandbrink, Rita: Originalbeiträge; M3 Laotse zugeschriebener Aphorismus, www.aphorismen.de
S. 180/181: M1/2 Weth, Irmgard: Neukirchener Kinder-Bibel, Kalenderverlag des Erziehungsvereins, Neukirchen-Vluyn, 6. Auflage 1992
S. 182/183: M2/3 Sandbrink, Rita: Originalbeiträge
S. 184/185: M1/2 Sandbrink, Rita: Originalbeiträge; M3 Peters, Jörg / Rolf, Bernd: Originalbeitrag; M4 Sandbrink, Rita: Originalbeitrag
S. 186/187: M2-4 Law, Stephen: Philosophie. Denken ohne Grenzen, aus dem Englischen von Anne Braun, mit Bildern von Daniel Postgate, Arena Verlag, Würzburg 2004, S. 93-96, 100-101

Leben und Feste in unterschiedlichen Religionen
S. 188/189: M1 Peters, Jörg: Originalbeitrag; M2 Der Koran, übers. von Henning, Max, eingel. von Werner, Ernst und Rudolph, Kurt, Durchsicht, Anmerkungen und Register von Rudolph, Kurt, VMA-Verlag, Wiesbaden o. J., S. 119 [Sure 5,4 (3)] und S. 130-131 [Sure 5,92 (90)]; M3 Peters, Jörg: Originalbeitrag
S. 190/191: Texte zum Judentum nach: Fiedler, Teija / Schmitt, Harald: Die sechs Weltreligionen, 6 Teile, Teil 2: Judentum. Gottes auserwähltes Volk, stern 48/2004 (18.11.2004), S. 132-133; Texte zum Islam nach: Fiedler, Teija / Schmitt, Harald: Die sechs Weltreligionen, 6 Teile, Teil 4: Islam. Die Verheißungen des Propheten, stern 50/2004 (02.12.2004), S. 100-101; Texte zum Christentum nach: Fiedler, Teija / Schmitt, Harald: Die sechs Weltreligionen, 6 Teile, Teil 6: Christentum. Die Lehre der Liebe, stern 52/2004 (16.12.2004), S. 100-101
S. 192/193: M1-3 Peters, Jörg: Originalbeiträge
S. 194/195: M1 nach Straßer, Wolfgang: Eine Nacht, anders als alle anderen, in: Sänger, Monika: Abenteuer Ethik, Bd. 2, C.C. Buchner, Bamberg 2006, S. 180-181; M2/3 Cepni, Halim / Etscheid, Manfred / Papakonstantinou, Christophoros / Schubert-Hartmann, Inga: Gemeinsam feiern, Bd. 2: Essen und Trinken im Judentum, Christentum und Islam, Ein Ergänzungsheft zur Gestaltung eines thematischen Schwerpunktes in einem interreligiösen Kalender, Landesinstitut für Schule und Weiterbildung, Soest 1994, S. M 2/4 (gekürzt)
S. 196/197: M1 nach Marshall-Taylor, Geoffrey: Die Bibel. Ein Lese- und Bilderbuch für Kinder, illustriert von Aloof, Andrew / Davis, Jon / Eastland, Dick / Shearing, Collin / Thorpe, Barrie, Naumann & Göbel Verlagsgesellschaft, Köln 1991, S. 37 (1. Mose 42-50), S. 40 (2. Mose 3), S. 41 (2. Mose 5), S. 42 (2. Mose 7-10), S. 43 (2. Mose 12), S. 44-45 (2. Mose 14-15), S. 49 (2. Mose 20-31), S. 52-53 (4. Mose 13), S. 54-55 (Josua 2-3) und S. 56-57 (Josua 6); M2 ebd., S. 20-21 (1. Mose 18, 21, 22); M3 ebd., S. 150-151 (Lukas 1), S. 155 (Lukas 2)
S. 198/199: M1/2 Peters, Jörg: Originalbeiträge; M3 Peters, Jörg: Originalbeitrag, basierend auf: http://de.wikipedia.org/wiki/Konfirmation (Stand: 07.04.2009) und www.augustinus.de/bwo/dcms/sites/bistum/glauben/sakramente/firmung.html (Stand: 07.04.2009)
S. 200/201: M1-3 Peters, Jörg: Originalbeiträge

Lösungen

S. 13, Aufgabe 6:
Die Aktenblätter am Boden befinden sich unter dem Stuhl. Hätte sich die Geschichte genauso abgespielt, wie sie der Laborant erzählt, befänden sich die Blätter nicht unter den Stuhlbeinen, denn er wurde ja an den Stuhl gefesselt, bevor der Tresor ausgeräumt wurde.

S. 73, Aufgabe 10:
Bei dem bekannten Foto, das angeblich das *Seeungeheuer vom Loch Ness* (Schottland) zeigen soll, handelt es sich um eine Fälschung. *Kolumbus* stach 1492 von Südspanien aus in See, um auf einem westlichen Seeweg von Europa nach Indien zu gelangen. Im Oktober 1492 erreichte er die dem amerikanischen Kontinent vorgelagerten Karibischen Inseln und gilt damit als Entdecker Amerikas. Er selbst glaubte, eine Route nach „Hinterindien" entdeckt zu haben. Der *Koala* gehört zur Gattung der Beuteltiere.

S. 133, Aufgabe 4
1A, 2B, 3C, 4B, 5A, 6C, 7A, 8C, 9A, 10C

Bildnachweise

Einband: Ralf Eichner / tiff.any, Berlin; fotolia; http://www.bravo.de; dpa Picture-Alliance, Frankfurt; Torill Eide, Maries Geheimnis, Verlag St. Gabriel, Wien 1997; cinetext, Frankfurt; Comics & Illustration Stefan Dinter, Stuttgart; Otto Maier Verlag, Ravensburg

S. 6	Christa Bohschke, Düsseldorf (2)
S. 7	Norman Rockwell Museum, Stockbridge, Mass."
S. 8	Mira Lobe, Das kleine Ich bin ich, Illustration: Susi Weigel, Verlag Jungbrunnen, Wien 1972
S. 9	©2009 United Features Syndicate, Inc./distr. kipkakomiks.de, München
S. 11	Archiv für Kunst und Geschichte, Berlin (3)
S. 12	Jörg Peters, Hünxe; Astrid Lindgren, Ronja Räubertochter, Illustration: Ilon Wikland, Verlag Friedrich Oetinger, Hamburg 1982
S. 13	Christine Egger, Bea Luchs und die schwarze Witwe, Illustration: Uli Gleis, Arena Verlag, Würzburg 2003, S. 55
S. 14	fotolia (2); Jörg Peters, Hünxe (3); Christa Bohschke, Düsseldorf
S. 15	Ralf Eichner / tiff.any, Berlin
S. 16	Aliki, Gefühle sind wie Farben, Verlag Beltz & Gelberg, Weinheim 2000, S. 14
S. 17	©2009 United Features Syndicate, Inc./distr. kipkakomiks.de, München; fotolia
S. 18	Stefanie Perraut-Wendland, Bamberg
S. 19	Sammlung Penrose, London; Tretjakov-Galerie, Moskau; Eremitage, Leningrad
S. 20	fotolia (2); Bildagentur Mauritius, Mittenwald; Superbild, Taufkirchen
S. 21	Mayersche Buchhandlung
S. 22	fotolia (2)
S. 24	Cinetext, Frankfurt
S. 25	Margaret Peterson Haddix, Schattenkinder, Illustration: Jan Roeder, Deutscher Taschenbuch Verlag, München, 2000
S. 26	Torill Eide, Maries Geheimnis, Verlag St. Gabriel, Wien 1997
S. 27	terre des hommes, Hilfe für Kinder in Not, Osnabrück (2); Das Fotoarchiv GmbH / Klaus Rose, Essen
S. 28	Cinetext, Frankfurt
S. 30	Cinetext, Frankfurt; Les Editions Albert René, Paris
S. 31	Wieslaw Smetek, Bad Bederkesa
S. 32	Carsten-Peter Warncke, Pablo Picasso 1881-1973, Bd. 1, Benedikt Taschen Verlag, Köln
S. 33	http://www.nd-jugendzentrum.de
S. 34	Cinetext, Frankfurt; dpa Picture-Alliance, Frankfurt
S. 36	Lions Quest, Familienleben
S. 37	Bildagentur-online, Burgkunstadt
S. 38	Kathryn Lamb, Kein Schwein ruft dich an?, Illustration: Kathryn Lamb, aare Verlag 1999, S.10, 11, 12, 14
S: 39	MOBILE e.V., Eröffnung Mehrgenerationenhaus Pattensen, Oktober 2003, Pattensen; SOS Kinderdorf e.V., München
S. 40	Verlagsarchiv (4); FC Bayern München AG; Liverpool Football Club; Borussia VfL 1900 Mönchengladbach; Arne Mayntz, Hamburg / Lovis Josten, Ammerbek
S. 41	Anne-Frank-Realschule, Düsseldorf; Stefanie Perraut-Wendland, Bamberg (2)
S. 42	fotolia; Bundesverband Alphabetisierung e.V.; Vario images / Flensgraf, Bonn
S. 43	Gran Paradiso (D 2000); DVD Erscheinungstermin: 8. August 2002
S. 44	Stadtwerke, Solingen; fotolia (2)
S. 46	Känguru – die Initiative der IFB für behinderte Kinder e.V., Wiesbaden; http://www.wikipedia.de
S. 47	http://www.medienkontor; UNICEF-Deutschland, Köln
S. 48	SIN-Studio im Netz e.V., München (7)
S. 49	Les Editons Albert René, Paris
S. 50	Andrews McMeel publishing, Kansas City/USA
S. 51	Karl-Heinz Berger / Mark Twain, Tom Sawyers Abenteur, Bd. 2, Insel Taschenbuch 93, 1974, S. 16
S. 52	Karikatur-Cartoon Roger Schmidt, Brunsbüttel
S. 54	Helmut Engels, Blaue Schokolade, Siebert Verlag, Hannover 2007, S. 11
S. 56	Joanne K. Rowling, Harry Potter und der Feuerkelch, Illustration: Doris K. Küster, Carlsen Verlag, Hamburg 2000
S. 57	fotolia
S. 58	Cinetext, Frankfurt
S. 59	Les Editions Albert René, Paris
S. 60	Konflikte selber lösen – „Mediation für Schule und Jugendarbeit", Verlag an der Ruhr, Mülheim an der Ruhr, 1996, S. 153
S. 61	buddY e.V., Düsseldorf
S. 62	http://www.wikipedia.de; Carlo Collodi, Pinocchio, Dressler Verlag, Hamburg, S. 61
S. 63	Carlo Collodi, Pinocchio, Dressler Verlag, Hamburg, S. 83
S. 64	Musée Municipaux / Musée Marc Chagall, Nizza
S. 66	Ralf Eichner / tiff.any, Berlin
S. 67	fotolia
S. 68	©2009 United Features Syndicate, Inc./distr. kipkakomiks.de, München
S. 70	Otto Maier Verlag, Ravensburg; Erich Kästner / Walter Trier, Münchhausen, Atrium Verlag, Zürich 2001, S. 38
S. 72	Norman Rockwell Museum, Stockbridge/Mass.
S. 73	dpa Picture-Alliance, Frankfurt; Preußischer Kulturbesitz, Berlin; fotolia
S. 74	Haus der Geschichte der Bundesrepublik Deutschland, Bonn; Okapia, Frankfurt
S. 75	Haus der Geschichte der Bundesrepublik Deutschland, Bonn (2), dpa Picture-Alliance, Frankfurt
S. 76	Es war einmal... unsere beliebtesten Märchen, Illustration: G.J.W. Vieth, Bassermann Verlag, München, S. 93; Mein Märchenbuch nach Grimm, Pestalozzi Verlag, Erlangen, S. 140; Frau Holle, pixi Bücher, Nr. 99, Carlsen Verlag, Hamburg
S. 77	fotolia
S. 78	Wilhelm Busch, Max und Moritz, Tosa Verlag, Wien 2004
S. 79	fotolia
S. 80	Ralf Eichner / tiff.any, Berlin
S. 81	Catprint Media GmbH, Langenhagen
S. 82	http://www.pointoo.de; Brian Sibley, Der Herr der Ringe. Wie der Film gemacht wurde. Klett-Cotta, Stuttgart 2002, S. 83
S. 83	Cinetext, Frankfurt
S. 84	Heinrich Hoffmann, Der Struwwelpeter, Tosa Verlag, 2004
S. 85	Selma Lagerlöf, Nils Holgerssons wunderbare Reise, Illustration: Lars Klinting, 1989, Lentz Verlag, München 2000, S. 3
S. 87	httm://www.farm3.static.flickr.com; fotolia
S. 88	Cartoon Nitka; http://www.pfadfinder-heilig-kreuz.de
S. 89	Spotlight Musicalproduktion, Fulda; dpa Picture-Alliance, Frankfurt; Stiftung Menschen für Menschen, München; Känguru – die Initiative der IFB für behinderte Kinder e.V.,

Bildnachweise

	Wiesbaden; Archiv für Kunst und Geschichte, Berlin; http://www.helles-koepfchen.de
S. 90	fotolia (3); Stefanie Perraut-Wendland, Bamberg
S. 91	JOKER Fotojournalismus, Bonn; Fotoarchiv Argus / Klaus Andrews, Hamburg; mediacolor's Bildagentur & Produktion / Loser, Zürich
S. 92	Ellen Schildkamp (3)
S. 94	Lucky Luke, Die Gesetzlosen, Bd. 81, Ehapa-Verlag, Stuttgart 2007, S. 5
S. 95	dpa Picture-Alliance, Frankfurt; Archiv für Kunst und Geschichte, Berlin; Hulton Deutsch Collection, London
S. 96	http://wikimedia.org; Joachim Masannek, Die wilden Fußballkerle, Bd. 7, dtv Junior, München 2005, S. 58
S. 97	emo-pictures, Weinbergen
S. 98	dpa Picture-Alliance, Frankfurt; Joanne K. Rowling, Harry Potter and the Goblet of Fire, Cover illustration by Giles Greenfield, Bloomsbury, London 2000
S. 99	fotolia
S. 100	Esma Kaynar, Oberhausen
S. 102	fotolia (4)
S. 103	Peter Gayman, Schöner Essen, Cartoons: Peter Gayman, Fackelträger Verlag, Hannover 1990
S. 104	http://www.ddr-hoerspiele.de
S. 105	Rotraut Susanne Berners Märchenstunde, Illustration: Rotraut Susanne Berner, Verlag Beltz & Gelberg, Weinheim 1998 (2)
S. 106	What the world eats – Great Britain, Tricycle Press, Berkeley Cal., S. 70
S. 107	What the world eats – Mali, Tricycle Press, Berkeley Cal., S. 108
S. 108	dpa Picture-Alliance, Frankfurt; Argus / Hartmut Schwarzenbach, Hamburg
S. 109	Vario images GmbH & Co KG / Jörg Lange, Bonn
S. 110	Regina Rusch, Die paar Kröten, Illustration: Regina Kehn, Bertelsmann Jugendbuch Verlag, 2009
S. 112	Preußischer Kulturbesitz, Berlin; Spotlight Musicalproduktion, Fulda
S. 113	Rijksmuseum, Amsterdam (2)
S. 114	Stiftung Menschen für Menschen, München; dpa Picture-Alliance, Frankfurt
S. 115	Danone GmbH / Jean Bibard, Haar; Danone GmbH / Thomas Haley / Sipa Press, Haar
S. 117	Hildegardis Gymnasium, Kempten
S. 118	Cinetext, Frankfurt
S. 119	Gary Paulsen, Allein in der Wildnis, Carlsen Verlag, Hamburg
S. 120	Schering Pharmazie, Global Thinking
S. 121	Schering Pharmazie, Global Thinking
S. 122	Matthias Hollerbach, Plenum Naturgarten Kaiserstuhl, Freiburg; Jutta Stern, Berlin
S. 123	LWL Archäologie für Westfalen / M. Lagers, Herne / Westfälisches Landesmuseum, Münster; Neanderthal Museum, Mettmann
S. 124	William Arrowsmith/Michael Korth, Meine Worte sind wie Sterne, sie gehen nicht unter, Goldmann TB, 1984, S. 18
S. 125	Cinetext, Frankfurt; fotolia; Frederik Hetmann, Indianer, Ravensburger Buchverlag Otto Maier, Ravensburg 1990, S. 54
S. 126	Archiv für Kunst und Geschichte, Berlin
S. 127	Jörg Müller, Alle Jahre wieder saust der Presslufthammer nieder oder Die Veränderung der Landschaft, Mittwoch, 6. Mai 1953, 17. April 1966, 14. Juli 1969, Sauerländer AG, Aarau 1973
S. 128	fotolia (4); Verlagsarchiv
S. 129	http://www.helles-koepfchen.de
S. 130	Bündnis 90/Die Grünen, Bundesgeschäftsstelle, Berlin
S. 132	fotolia (6)
S. 133	Cinetext, Frankfurt; fotolia (2)
S. 134	dpa Picture-Alliance, Frankfurt
S. 135	fotolia (2); dpa Picture-Alliance, Frankfurt (2), RTL, Köln
S. 136	Tierschutzverein Potsdam u.U.e.V., Nuthetal; VIER PFOTEN – Stiftung für Tierschutz, Hamburg
S. 137	Arndt Stermann, Düsseldorf
S. 138	fotolia (2)
S. 139	VIER PFOTEN – Stiftung für Tierschutz, Hamburg
S. 140	Kulturamt der Stadt Rees
S. 141	PREMIUM Stock Photography GmbH / Lenz, Düsseldorf
S. 142	Bridgeman Art, Berlin
S. 144	Archiv für Kunst und Geschichte, Berlin
S. 145	dpa Picture-Alliance, Frankfurt
S. 146	fotolia (6)
S. 148	Cinetext, Frankfurt (2); Cornelia Funke, Die wilden Hühner, Verlag Cecilie Dressler, Hamburg, 1993; Joachim Masannek, Die Wilden Fußball-Kerle, dtv Junior, München 2005
S. 150	Erstes Deutsches Fernsehen / Bildrechte, München (2); RTL Television GmbH, Köln (2)
S. 152	RTL Television GmbH, Köln / Stefan Gregorowius, Leverkusen
S. 153	Cinetext, Frankfurt
S. 154	fotolia; Comics & Illustration Stefan Dinter, Stuttgart
S. 155	http://www.bavo.de
S. 156	fotolia
S. 157	fotolia
S. 158	Verlagsarchiv
S. 160	National Gallery, London; fotolia; http://www.bravo.de;
S. 161	Musée National du Louvre; Paris, fotolia (2); http://www.bravo.de;
S. 162	Hans Christian Andersen, Märchen, Illustration: Janusz Grabianski, Verlag Carl Ueberreuter, Wien, S. 40
S. 163	Hans Christian Andersen, Märchen, Illustration: Janusz Grabianski, Verlag Carl Ueberreuter, Wien, S. 5; cartoonstock, Somerset/UK
S. 164	Christine Nöstlinger, Man nennt mich Ameisenbär …, Einband: Erhard Dietl; Verlag Oettinger, Hamburg 1986
S. 166	Jana Frey, Fridolin XXL, Einband: Silke Brix, Verlag Carl Ueberreuter, Wien 2008
S. 168	http://www.wikipedia.org; Ulrich Renz, Schönheit, eine Wissenschaft für sich, Berlin Verlag, Berlin 2006, S. 286
S. 170	NewYorker / http://www.bravo.de; Unilever / Dove Deutschland, Hamburg (5)
S. 171	dpa Picture-Alliance, Frankfurt
S. 172	dpa Picture-Alliance, Frankfurt (2)
S. 173	dpa Picture-Alliance, Frankfurt
S. 174	Jonas Stalfort, Bersenbrück; Cinetext, Frankfurt
S. 175	Rita Sandbrink, Bochum
S. 176	Jonas Stalfort, Bersenbrück
S. 177	Larry J. Zimmermann, Indianer, Droemer Knaur, München 1998, S. 117
S. 178	Jonas Stalfort, Bersenbrück
S. 180	Scala Group, Florenz
S. 181	Scala Group, Florenz (2)
S. 182	Marx für Anfänger, Sachbuch rororo, Reinbek 1979, S. 35; fotolia
S. 183	Archiv für Kunst und Geschichte, Berlin; Rita Sandbrink, Bochum; David H. Levy, Die Natur erleben – Abenteuer Astronomie, Verlag Das Beste, Stuttgart 1997, Vorsatz, S. 47
S. 184	http://www.wikimedia.com; David H. Levy, Die Natur erleben – Abenteuer Astronomie, Verlag Das Beste, Stuttgart 1997, S. 267

Bildnachweise

S. 185	Jostein Gaarder, Hallo ist da jemand?, Illustration Henriette Sauvant, Carl Hanser Verlag, München 1996, S. 75; Archiv Bilderberg, Hamburg
S. 186	http://www.zeichenware.at; Stephen Law, Philosophie – Denken ohne Grenzen, Illustration: Daniel Postgate, Arena Verlag, Würzburg 2004, S. 94, 95
S. 187	Stephen Law, Philosophie – Denken ohne Grenzen, Illustration: Daniel Postgate, Arena Verlag, Würzburg 2004, S. 96
S. 188	fotolia (2)
S. 189	http://www.pixelquelle.de
S. 190	fotolia (3); Thorsten Jansen, Frankfurt; Das visuelle Lexikon der Weltreligionen, Gesternberg Verlag, Hildesheim, S. 240, 241, 255; Sehen – Staunen – Wissen, Judentum, Doring Kindersley, London 2003, S. 37
S. 191	fotolia (4); Version Photo / Herby Sachs, Köln; Jochen Tack, Essen
S. 192	dpa Picture-Alliance, Frankfurt
S. 193	Welt des Islam, Geschichte und Kultur im Zeichen des Propheten, Georg Westermann Verlag, Braunschweig 1976, S. 44
S. 194	Richard T. Nowitz. In: Peter Kliemann, Das Haus mit den vielen Wohnungen. Eine Einführung in die Religionen der Welt, Calwer Verlag, Stuttgart, S. 137
S. 195	OSTKREUZ – Agentur der Fotografen GmbH / Anne Schönharting, Berlin
S. 196	Geoffrey Marshall-Taylor, Die Bibel. Ein Lese- und Bilderbuch für Kinder, Naumann & Göbel Verlagsgesellschaft, Köln 1991, S. 40
S. 197	Geoffrey Marshall-Taylor, Die Bibel. Ein Lese- und Bilderbuch für Kinder, Naumann & Göbel Verlagsgesellschaft, Köln 1991, S. 21, 155
S. 198	Ralf Eichner / tiff.any, Berlin; Ullstein-Bild, Berlin
S. 199	dpa Picture-Alliance, Frankfurt; Sylvia Kröger, Bodelshausen
S. 200	Sylvia Kröger, Bodelshausen; Das Fotoarchiv GmbH / Yavuz Arslan, Essen
S. 201	Photopool GmbH / altrofoto Hersbruck
S. 205	Stefanie Perraut-Wendland, Bamberg